Oskar Maria Graf in seinen Briefen

verbraten, nach dem jetzigen Krieg schickten Sie — nachdem Sie ihn feierlich empfangen hatten! — Thomas Mann in die Schweiz eine Rechnung für die Aufräumungsarbeiten seiner zerstörten Bogenhauser Villa!

Oft hat man das Gefühl, man sollte, wie ich es in einem bayrischen Roßbild

einmal formuliert habe, diesem "verbummten Mittelstand" noch viel größer das Licht aufsetzen.

Das alles hindert mich nicht, mich heute über die Preisverteilung an Sie sehr herzlich zu freuen. Alle guten Wünsche für Ihr weitere Gesundheit & Schaffenslust.

Wie immer
Ihr
[Unterschrift]

OSKAR MARIA GRAF
in seinen Briefen

————

Herausgegeben von
Gerhard Bauer
und Helmut F. Pfanner

Süddeutscher Verlag München

Umschlagentwurf: Christl Aumann

Bildnachweis:

Joseph Breitbach, New York (1), Georg Bretting, München (3)
OMG-Archiv im Süddeutschen Verlag (2),
Fred Stein, New York (1).

ISBN 3-7991-6214-3

© 1984 Süddeutscher Verlag GmbH, München
Alle Rechte vorbehalten
Printed in Germany. Schrift: Palatino Antiqua
Satz: Bruno Leingärtner, Nabburg
Druck und Bindung: Kösel, Kempten

INHALT

Oskar Maria Graf war nicht nur ein äußerst produktiver Schriftsteller. Er war auch ein eifriger, hingebungsvoller, beeindruckender und – sofern man da von »Erfolg« sprechen kann – erfolgreicher Briefschreiber. In Briefen verwirklichte er sich kaum weniger als in seinen Werken, allerdings in einem anderen Schreibstil, manchmal in den gleichen Arbeitsphasen, in denen er an seinen Werken schrieb, häufiger noch in den Pausen dazwischen.

Grafs frühe, expressionistische Werke sind teilweise ganz aus der Zuwendung an einen bestimmten Menschen hervorgegangen, sie sind oft auch als Briefe oder im Brieftone veröffentlicht. So ist *Wir sind Gefangene* voll von knapp wiedergegebenen oder beschriebenen Briefen, in denen der junge Graf sich selbst anbietet: als Erfinder, als Schriftsteller, als potentieller Ehemann. Großsprecherische und »demütige« Briefe schreibt er nach Hause, »jammerselige, speichelleckerische« Briefe an Förderer, »lange, sentimentale« Briefe an seine Unglücksbekanntschaften. Seine Ansichten von der Revolution, die zu »kulant« war, die »den Unteroffizieren« erliegen wird, entwickelt er dem »Fräulein« in einem langen Brief. Er beginnt mit: »Ich weiß nicht, was ich bin und wohin ich gehöre«, und er endet: »Jetzt weiß ich's ungefähr und jetzt ist mir wohl.« Auf den letzten Seiten des Buches berichtet Graf von einem Erlebnis am Meer, wo er sich völlig preisgegeben, niedergeworfen fühlte. Daraus entstand »plötzlich der Drang, an einen Menschen zu schreiben«. »Die Feder flog. Gehackt waren die Sätze, regellos, geschleudert. Als ich zu Ende war, überflog ich die Blätter, las einmal – zweimal – dreimal und begann zu weinen.« Auch der letzte Satz des Buches ist ein schriftlicher Gruß an das Fräulein: »Ich liebe Dich unendlich . . .«.

Nach unserer Kenntnis von Grafs Arbeitsweise nehmen wir an, daß es alle diese Briefe wirklich gegeben hat – wenn auch nicht wörtlich so, wie im Roman angeführt. Vielleicht liegen sie heute noch irgendwo verborgen. Leider konnten wir von diesen keine mehr auffinden. Wie Grafs Brief an seine Schwestern zum Tod des Bruders Max, des im Krieg gefallenen Haustyrannen, wirklich ausgesehen hat, hätten wir sehr gern in Erfahrung gebracht. In *Das Leben meiner Mutter* zitiert Graf daraus (aus dem Gedächtnis, nach über 20 Jahren): »Diejenigen, die so sind wie er, haben auch diesen sinnlosen Krieg über uns gebracht. Sie bringen immer Krieg, und in jeder Form!« Der erste wichtige aufgefundene Brief, der in den Werken erwähnt wird, ist der Spottbrief an den Bruder Eugen in Amerika, der sich aufgrund von Nanndls Berichten über den unmoralischen Lebenswandel Oskars empört hatte (1922). Dagegen zeigt der Fund von schwärmerischen Briefen aus dem Feld an die Schwestern Romacker (1915) Züge eines schüchternen und exaltierten Graf, die in seinen autobiographischen Schriften kaum noch erkennbar sind. Grafs Auseinandersetzung mit dem Krieg begann offenbar von einer noch stärker ausgesetzten, nur erlebenden, persönlich-hilflosen Position aus.

In der Phase des zunehmenden Erfolgs und Selbstbewußtseins bis zum Ende der Weimarer Republik spielen persönliche Briefe die geringste Rolle. Der Könner Graf, gesehen als Thoma-Nachfolger, gefiel sich jetzt in stilisierten, fingierten, satirischen Briefen. Das *Notizbuch des Provinzschriftstellers* enthält viele solche Episteln. Seit der Emigration bekam die Verständigung mit anderen, vor allem Mitemigranten, die über halb Europa und später über die halbe Welt verstreut waren, zunehmende Bedeutung. Graf arbeitete u. a. in seiner Korrespondenz eine politische Position gegen den in Deutschland siegreichen, die Nachbarländer immer stärker bedrohenden Nationalsozialismus heraus: von Anfang an auf dem Boden der Einheitsfront aller Arbeiterparteien und aller aufrechten Intellektuellen, anfangs mit großen Hoffnungen auf eine (kommunistische) Revolution, später immer unsicherer, »realistischer«, doch immer auf eingreifende Kritik und ein unnachgiebiges Nein gegen die »braunen Menschenmetzger« gerichtet. Von den ersten Emigrationsjahren an und noch zunehmend, als es ihn nach Amerika verschlagen hatte und sein Exil allmählich in die »Diaspora« überging, sprach Graf davon, daß er seine Freunde »brauchte«. Er suchte den Austausch, wenn nötig auch den Streit. Er rang um ihre Zustimmung, entwickelte seine Positionen als Vorschläge und Beispiele für eine auch ihnen mögliche oder ihnen gefallende Aktivität. Die großen Offenen Briefe an NS-Behörden im ersten Jahr nach seiner

Vertreibung aus Deutschland sind in ihrer Empörung wie ihrem selbstbewußten, geradezu siegesgewissen Ton eigentlich »für« seine Mitemigranten geschrieben. Er griff andere an – anfangs schroff, zunehmend bitter und sarkastisch –, wenn sie mit ihren Exil-Streitereien, so wie der »Inquisitor« Julius Epstein, in seinen Augen den Nazis Vorschub leisteten. Er bekriegte und »zerkriegte« sich mit Freunden. Manchmal gelang eine Versöhnung, wie mit dem unentbehrlichen Wiener Freund und Mentor Josef Luitpold Stern; manchmal verzichtete Graf darauf, wie schließlich gegenüber dem Widerpart im New Yorker Exil, Karl Otto Paetel, oder plötzlich gegenüber dem Verleger Wieland Herzfelde, mit dem er durch drei Jahrzehnte hindurch ebenso nützlich wie herzlich zusammengearbeitet hatte. Mit denen, die (unter welchem Druck auch immer) ihren Frieden mit dem Dritten Reich gemacht hatten, wie Erich Müller, an dem Graf lange sehr gehangen hatte, war ihm jede Aussöhnung unmöglich.

Graf war aber darüber glücklich – und nach einer schweren Krise gab ihm dies großen Halt –, daß die Beziehung zu einigen Freunden (etwa Kurt Rosenwald oder dem Brünner Fabrikantenehepaar Fischer in London) hielt und immer fester wurde. Und nach 1945 hat ihn nichts so gefreut wie das Wiederauftauchen seiner »anständig« gebliebenen Freunde aus dem Dritten Reich: Hugo Hartung in Berlin, Robert Warnecke in Hamburg, viele alte Münchner, von denen er sich vor allem an die beiden Branz und an Franz Müller wandte. Mit zunehmenden Jahren spielt er auch eine Mentorenrolle, sehr anteilnehmend gegenüber dem jungen Leipziger Autor Wulf Kirsten; belustigt, »aufgefrischt«, aber auch unnachsichtig verurteilend gegenüber dem »Bazi« Kirchmeier vom Chiemsee. Seine stark anschwellende Korrespondenz seit 1963, vor allem 1965 und 1966, ist eine fortlaufende, immer neu variierte, persönlich insistierende Mahnung zur politischen Verantwortung des Schriftstellers. Graf mahnt vor allem zu einem kompromißlosen Pazifismus, zur Verurteilung des unerträglichen Krieges der USA in Vietnam. Politik und persönliche Haltung mußten sich bei ihm gegenseitig beglaubigen, so wie Engagement, Fiktion, Projektion und Witz in seinem Schreiben eine unzerreißbare Einheit bildeten.

Was ist das bewegende, organisierende Prinzip dieses umfangreichen briefschriftstellerischen Lebenswerks? Graf erlebte offenbar, an sich selbst und an anderen, wie die Zeitumstände oder das Verhalten von Zeitgenossen die persönliche Identität bedrohte und verletzte. Er suchte diese Identität und auch die notwendige Lebenslust durch Schreiben wieder ins Gleichgewicht, manchmal in ein bewußt notdürftiges Gleichgewicht zu bringen. 1938 schrieb er von New York aus über seinen Freund John Heartfield (und sprach dabei sichtlich nicht wenig von sich selbst): »Heartfield hatte nicht einmal den scharfen Intellekt, den zwar Maler weniger, aber gesellschaftskritische Künstler in hohem Maße besitzen müssen. Nein, unser lieber Johnny hatte nur eins: ein bedrängtes Herz, das auf jede widrige, ungerechte, düstere und unwürdige Äußerung unseres Gemeinlebens ungemein stark reagierte. Dies gefolterte, zerstoßene Herz allein wies ihm den Weg.« Graf reagierte auf die Ereignisse in seinem Heimatland, in vielen bedrohten Ländern, bei Freunden und bei manchen Fremden sehr persönlich, mit Sorge, Empörung und Abscheu. Und er setzte die eigene Person ein: seine Gedanken, oft die beste Schreibzeit, sein Organisationstalent, seine Überredungs- und Bettelkünste, auch einiges von dem Geld, von dem er als Emigrant nie viel hatte, um Hilfe, Ermutigung, wenigstens ein »Zeichen« seiner Anteilnahme und Verbundenheit zu geben. Nicht nur ein besonders aufmerksamer Zeitgenosse und Mitlebender war er, sondern auch ein besonders herzlicher, nach seinem Wort ein »sentimentaler«.

»Zurück zur Sentimentalität!« überschrieb Graf einen seiner letzten Aufsätze (ein Vorwort zu einer geplanten Sammlung alter und neuer Lyrik). Sicher wollte er mit dem betont altmodischen Wort auch provozieren, aber vor allem wollte er zu einer – in seiner Vorstellung immer schlichten, aus dem 18./19. Jahrhundert stammenden – Humanität aufrufen. »Seid umschlungen!«, so schließt er viele Briefe seit der Brünner Zeit, die er als besonders »glücklich« – durch den Kontrast zwischen seinen persönlichen Beziehungen und den finsteren Zeiten – empfunden hat. Leser, die ihn nicht persönlich gekannt haben, denken vielleicht an Schillers »Seid umschlungen, Millionen!«, Graf dagegen richtet sich an Einzelne, Bestimmte, sucht nur den Austausch mit ihnen

so intensiv zu machen, wie es die abstrakten Menschheits-beglücker erst den Zeiten der befreiten Menschheit vorbe-halten wollten. Er ging in beinahe jedem Brief auf die per-sönlichen Verhältnisse seiner Freunde ein, hatte für jeden einen spezifischen Ton. Dem Ehepaar Fischer gegenüber be-kannte er einmal, er brauche »auch zum Briefschreiben einen besonderen Antrieb, sowas wie eine leichte Hingeris-senheit« (1. 6. 48). In einem Brief an Katja Mann (28. 12. 65) nannte er sich einen »schauderhaft unfähigen Brief-schreiber«, weil er beim Schreiben ins Schwärmen (hier für Tschechow und andere Russen) kommt. Wenn ein Brief »kein rechtes Gesicht« annahm, machte ihm das zu schaffen (an Fischers, 11. 6. 45). Briefeschreiben könne man nicht immer, schrieb er an die »liebe Genossin Grünberg« (9. 9. 36), man brauche »die richtige Stimmung dazu, den rechten inneren Kontakt mit dem, an den man schreiben will«. Die Briefadressaten verwandelte er in Menschen »seines Geistes«, in einer Fiktion, die ihm zum Teil bewußt war, die er trotzdem nötig hatte und die ihm zuweilen frag-würdig wurde. Oft mahnte er sich und andere, die Zeit der Komplimente sei vorbei, alle sollten rücksichtslos ausspre-chen, was ist. Aber er spürte immer wieder, daß das, was zwischen Menschen, in ihrer gegenseitigen Beurteilung »ist«, nicht einfach und von sich aus feststeht.
Im Entwurf zu einem Roman »Intourist oder Gast auf dieser Erde« (wohl in den ersten Jahren in New York entstanden) hatte Graf ausgeführt: »Durch seine oft seitenlangen Briefe, die nie langweilig waren, erweckte Winternagel in den Emp-fängern stets den Eindruck [gestrichen: oder vielmehr die Illusion], als stünde er nur ihnen nahe, als seien sie ihm am wichtigsten. So etwas erwärmt jedes Menschenherz, es macht selbst den größten Skeptiker empfänglich. Briefe sind der größte Betrug!« Die unterdrückte Unterstimme gegen die eigentlich »unangenehmen« Empfänger darf sich kurz und gehässig äußern, danach aber heißt es: »Und dann ist der Briefschreiber oft recht unglücklich und voller Angst«. Graf hat seine brieflichen Ergüsse, seine Einstellung zu den Briefempfängern bewußt gestaltet. Er war aufrichtig herz-lich oder besorgt, oder wohlwollend-spöttisch – und er brachte sich selbst beim Schreiben in diese Stimmungen und Beziehungen hinein, oder manchmal auch nicht. Er miß-

traute deshalb auch Worten, besonders den eigenen. So großes Gewicht er auf die »richtigen« Worte legte, das Entscheidende suchte er in Andeutungen, in Verweisungen über den Text hinaus auf ein Vorverständnis der Empfänger oder auf eine gemeinsame, zum Teil überhaupt menschliche Einstellung zu legen. »So viel hat man im Kopf – und beim Schreiben verweht es Stück für Stück« (Graf an Katja Mann, 28. 12. 65).

Wir lesen deshalb, als nachträglich hinzutretende Zeugen, diesen Gedanken- und Befindensaustausch am richtigsten, wenn wir uns dabei Graf persönlich, in seiner Geduld, seiner Lebensfreude und seinem Zorn, vor allem in seinem breiten, befreienden Gelächter dazudenken. Ludwig Marcuse vermißte nach dem Tode Grafs vor allem sein Lachen, das Deutschland so nötig habe, das »fröhliche, kritische und wütende« Lachen. Graf war auch ein Spötter, aber ein Spötter von der Art Büchners. »Es ist wahr, ich lache oft; aber ich lache nicht darüber, *wie* jemand ein Mensch, sondern nur darüber, *daß* er ein Mensch ist, wofür er ohnehin nichts kann, und lache dabei über mich selbst, der ich sein Schicksal teile« (Georg Büchner an seine Familie, Februar 1834).

Die Bemühung um Einigkeit mit sich selbst bestimmt auch die meisten Briefinhalte. Sie prägt Grafs Urteile und Feststellungen über die Politik, die Entwicklung des Exils, seine Stellung darin, die Literatur und geistige Produktion überhaupt, seine eigenen Werke, sein Selbstbewußtsein, die Erfüllung seiner Aufgabe. Graf widersprach sich oft, manchmal in kurzen Abständen, manchmal noch in demselben Brief. Er nahm sich selbst und seine Arbeit sehr wichtig, und er zweifelte abwechselnd an so gut wie allem, was er geschrieben hatte. Ein Ton der Selbstverkleinerung wird allmählich zur vorherrschenden Redeweise über das eigene »Geschreibsel«. Das hinderte ihn nicht, sich mit der größten Rührigkeit für die durch viele widrige Verlagserfahrungen behinderte Verbreitung seiner Werke einzusetzen und seine Freunde überall dafür einzuspannen. Er stand zu diesem Geschäftsinteresse. Er wußte, daß seine Bücher es wert sind, und er hatte während des Dritten Reiches und in der ersten Zeit danach einen starken historischen Grund dafür. »In diesem Land muß man sich sozusagen mit dem

Ellenbogen durchsetzen«, schrieb er an Siegfried Bernfeld (2. 1. 41), nämlich damit nicht »die wirkliche, große, freie deutsche Literatur [auf dem amerikanischen Markt] ins Hintertreffen gerät und die Naziliteratur als ›deutsche Literatur‹ gleichsam automatisch anerkannt wird«.

Graf wußte, daß alles auch anders gesagt werden könnte – und er rang mit den Verlegern um seine eigenen Ausdrücke, sein Konzept von Richtigkeit und Vollständigkeit, um die passenden Illustrationen, um die richtige Ankündigung (bis zum Waschzettel) und Reklame. Er scheute selbst zweite und dritte Korrekturen nicht, um beruhigt zu sein, »daß das Buch meine Fassung hat« (an Desch, 29. 1. 66). Er zog sich in mehreren Stufen von der Außenwelt zurück, beschäftigte sich mit sich selbst, aber sein Lebens- und Schreibelixier dabei war die Auseinandersetzung mit anderen: sehr lange mit Thomas Mann, immer wieder mit Ludwig Thoma und anderen Epikern, in der letzten Phase vor allem mit den jungen Schriftstellern der Bundesrepublik. Er engagierte sich immer wieder für die vordringlichsten politischen Aufgaben, und er zweifelte tief und zunehmend an jeder Wirkung. Oft war er völlig verzweifelt, aber nie gab er auf. Der Selbstwiderspruch war eine Antriebskraft seines Lebens und Denkens, das Widersprechen selbst wurde ihm ein politisches Erkenntnisprinzip.

Wir sind uns bewußt, daß auch diese Akzentuierung dem so vielfältigen Briefschreiber Graf Gewalt antut. Es gibt auch viele Briefe eines widerspruchsfreien, begütigenden, tröstenden Austauschs mit anderen (auch davon sind hier einige aufgenommen). In den meisten Briefen jedoch, in denen er eine Stellungnahme, ein Urteil, ein Prinzip für sich selbst oder für andere formuliert, in denen er also faktisch nicht nur zu den bestimmten Empfängern, sondern auch zur Nachwelt spricht, arbeitet er mit Entgegensetzungen. »Nein« und »Nicht so« sind häufige Wörter in seiner Korrespondenz, oft mit direkt praktischen Absichten.

Graf war gegen alles Mitlaufen, er begriff sich im Laufe seines Exils immer mehr als einer, der »draußen« steht und gegen den Strom schwimmt. »Ich darf da nicht mittun«, scheint uns deshalb eine ganz zentrale, durchgängige Haltung auszudrücken. Als Hans Dollinger, verantwortlicher Redakteur der Zeitschrift »Die Kultur« (Desch-Verlag), ihn

1962 nach einem geeigneten Titel für eine Nachfolgezeit-
schrift der »Kultur« fragte, schlug ihm Graf vor: »Der Gegen-
grund (oder Widerspruch)« und »Von links wegen«
(6. 7. 62). Grafs frühe Selbststilisierung zum Vagabunden,
zum Lebemann, zum Immoralisten und auch die herzliche,
solidarische Geste, mit der er sich selber in den zwanziger
und dreißiger Jahren zu den »Proleten« zählte, entspringen
diesem tiefsitzenden Protest gegen alles Anerkannte und
Etablierte. Auch seine gedanklich-strategische Bemühung
um das so schwankende, durch die Nazis schwer diskredi-
tierte »Volk« als geistige Grundlage seiner Existenz, vom
Abgrund bis zum *Gelächter von außen,* im Briefwechsel vor
allem in der intensiven Auseinandersetzung mit Thomas
Mann, drückt seine Grundeinstellung der Opposition aus:
Dieses »Volk« ist in Grafs Sicht niemals bei den Mächtigen,
Befehlenden, Imponierenden – es ist immer »unten«. Es lei-
stet alle Arbeit, trägt alle Mühen der Geschichte, ist dabei
unzuverlässig, verführbar – es bildet eine unerläßliche, aber
nicht dirigierbare Bedingung jeder besseren Zukunft.
Die Intention eines solchen Lebens und Schreibens wird
Sergej Tretjakow gemeint haben, als er (am 10. 11. 35) an
Graf schrieb: » – Du bist ein richtiger Mensch«.

Gerhard Bauer/Helmut F. Pfanner

Thomas Manns Ausstoß an Briefschaften wird auf 20.000 oder mehr geschätzt. Dieser Fülle ist nur mit knappen Auswahlbänden, Edition von Einzelkorrespondenzen und mit »Regesten«, kurzen Inhaltsangaben, in mehreren Bänden beizukommen. Oskar Maria Graf mag in seinem Leben etwa ein Viertel oder ein Fünftel von Thomas Manns Brief-Produktion geschrieben haben; über 2.000 sind erhalten und bekannt. Mehr als zehn Prozent davon sind in diesem Band enthalten. Und selbst das war nur möglich, indem wir aus vielen Briefen nur einige Passagen im Wortlaut (und kurze Zusammenfassungen des übrigen Textes in Kleindruck) wiedergegeben haben.

Da das Interesse an Oskar Maria Graf sicher immer mehr anwächst, hier eine kurze Charakterisierung dessen, was in den weggelassenen Briefen zu finden ist: Noch weit mehr Anteilnahme an Freunden und ihrem Ergehen, immer wieder Nachfragen nach den Verfolgten und Umgekommenen / weitere Kommentare zum Weltgeschehen, und zwar nicht nur in »seinen« Ländern, an denen Graf mit besonderer Anteilnahme hing, sondern in vielen Teilen der Erde, auch Verallgemeinerungen über »den ganzen schauerlichen Zustand der Weltfäule« (an Fischers, 28. 4. 51) / viel mehr über seine Leseerlebnisse / viel mehr kleine Arbeitsberichte, die immer auch Urteile über die gerade entstehenden oder die früheren Werke enthalten / eine energische kontinuierliche Suche nach Veröffentlichungs-, Verbreitungs- und Verwertungsmöglichkeiten von den letzten Jahren in München bis zum letzten Jahr in New York, dazu viele Tips an andere über Druckmöglichkeiten und Honorare / sonstige Geldnöte (bis zum Verkauf seiner Autographensammlung von berühmten Zeitgenossen); sehr viel über die Wiedergutmachungssache, die sich 8 Jahre lang hinschleppte / noch mehr über seine Rückreisepläne / zunehmend viel über seine Gesundheit und den mit Sarkasmus beobachteten Prozeß des Alterns (Bruno E. Werner in Washington repliziert darauf: »Wir gehören einer Generation an, in der man nicht altert, sondern nur verwittert«, an Graf am 17. 7. 54), auch viele medizinische Ratschläge und praktische Hilfsangebote oder Hilfsersuchen (Tretjakow z. B. »dachte nie«, daß Graf »so äsculapisch« war, an Graf 3. 2. 36) / immer wieder Stammtischberichte, Bekundungen von Lebensfreude, Lebenszweifel und vielen wechselnden Stimmungen.

Der größte Teil der Briefe ist im Graf-Archiv in der Bayerischen Staatsbibliothek München gesammelt. Dort deponieren wir auch Kopien aller in diesem Band ausgewerteten Briefe in ihrem vollständigen Wortlaut. Neben vielen Auslassungen, die durch die vorgegebene Raumbeschränkung erzwungen sind, enthält der Band einige bedauerliche Lücken. Grafs Briefe an Tretjakow scheinen unauffindbar. Tretjakows Gegenbriefe (von Hans Albert Walter im Anhang zu Grafs »Reise in die Sowjetunion« veröffentlicht) geben einen Begriff davon, welche dialogische Intensität und welche Lebensfreude sich in dieser Korrespondenz ausgeprägt haben muß. Paul Guttfeld, der Revolutionär »Pegu« aus *Wir sind Gefangene*, hat, weil er an die Vergangenheit ungern erinnert wird, seine Briefe weggeworfen. Viele Briefe aus der Zeit vor 1933 und an andere Emigranten, von denen die wenigsten ihren Besitz von Land zu Land mitnehmen konnten, sind vernichtet oder verschollen. Sicher wird es weitere Briefpartner geben, die wir nicht gefunden haben. Wenn sie oder ihre Erben durch diesen Band von unserer Suche Kenntnis bekommen, sind sie herzlich gebeten, Kopien von noch vorhandenen Briefen an den Verlag zu schicken.

Um der Übersichtlichkeit willen haben wir die fortlaufende Korrespondenz Grafs in sieben Epochen eingeteilt und Angaben über seine Lebensumstände und Werke den einzelnen Abschnitten vorangestellt. Titel von Adressaten haben wir möglichst weggelassen; Graf selbst hatte etwas gegen Titel (allerdings war er auf seinen Ehrendoktor unverhohlen stolz). Als Unterschrift haben wir einheitlich (weil wir oft nur einen nicht abgezeichneten Durchschlag zur Verfügung hatten) sein Lieblingskürzel OMG genommen. Er unterschrieb meistens mit »Oskar M. Graf«, auch an Freunde, zum Teil auch an Verwandte. Orte haben wir nur bei Ortswechseln angegeben, dagegen weggelassen, wenn er von seinem Wohnsitz aus schrieb (ab 1917 München, ab Februar 1933 Wien, ab März 1934 Brünn, seit Ende Juli 1938 New York). Grafs eigenwillige Orthographie (besonders in den Jugendjahren) haben wir weitgehend beibehalten, viel weitgehender als es meist die Lektoren seiner veröffentlichten Werke getan haben (vgl. Grafs Brief an Desch, 16. 1. 66). Korrigiert haben wir nur Namen, Satzzeichen dort, wo sie das Lesen erschweren würden, außerdem offenkundige Verschreibungen. Diese sind allerdings bei Graf häufig; er hat seine Briefe nur selten durchgelesen und korrigiert. Unsichere Lesarten hatten wir in einigen der Briefe aus dem Feld (1915) und bei einigen vertippten Stellen, wo wir nur einen Durchschlag hatten. Graf schrieb seit 1917 durchweg mit der Maschine, handschriftlich nur seltene Ehrenbriefe und später einzelne Briefe vom Krankenbett.

Außer den fortlaufenden Erläuterungen zum Gang der Korrespondenz in den kleingedruckten Zwischentexten haben wir historische Hintergründe, schwerer verständliche Ereignisse in Grafs Leben, erwähnte Werke, wenn sie sich nicht aus dem Zusammenhang verstehen, im Anhang des Buches unter »Erläuterungen zu den Briefen« kommentiert. Auch haben wir dem Anhang ein »Verzeichnis der Brief-Standorte« angefügt. Personen haben wir, soweit wir sie ausfindig machen konnten, mit Lebensdaten, Berufen und ggf. Exilstationen im Register aufgeführt.

Die Herausgeber

OMG IM JAHRE 1918

I.

EXPRESSIONISMUS
UND ORIENTIERUNGSVERSUCHE

1911-1923

Oskar Graf wurde am 22. Juli 1894 als neuntes Kind eines
Bäckermeisters und einer Bauerntochter in Berg am Starnberger See geboren. Von den insgesamt elf Kindern sind nur
fünf männliche und drei weibliche aufgewachsen. Nach
dem frühen Tod des Vaters im Jahre 1906 übernahm der älteste Sohn Max die Familienherrschaft. Er tyrannisierte
seine Geschwister so stark, daß Oskar 1911, im Alter von
17 Jahren, von zu Hause weglief und sich in München nie-
derließ. Nach ersten fehlgeschlagenen Versuchen, sich als
freier Schriftsteller durchzuschlagen, mußte er sein Brot als
Gelegenheitsarbeiter verdienen. Gleichzeitig verkehrte er in
Schwabinger Bohèmekreisen und nahm die Verbindung mit
der anarcho-syndikalistischen Gruppe »Tat« auf, der u. a.
Gustav Landauer und Erich Mühsam angehörten. Seine
nächsten Freunde wurden der Maler Georg Schrimpf und
der Schriftsteller Franz Jung. Zusammen mit Schrimpf fuhr
Graf 1912 ins Tessin und lernte dort die maßgebenden Vertreter der damaligen europäischen Anarchistenbewegung
kennen. Enttäuscht über die Kluft zwischen den Zielen der
Anarchisten und ihren Lebensformen, kehrte er 1913 nach
München zurück und reiste 1914 zum ersten Mal nach
Berlin.
Die ersten Gedichte und Prosatexte von ihm erschienen 1914
in den Zeitschriften »Die Aktion«, »Neue Jugend« und »Jugend«. Bald nach Ausbruch des Ersten Weltkrieges wurde
Graf zum Militärdienst einberufen. Nach kurzer Aus-
bildungszeit in München wurde er 1915 dem Stab eines
Eisenbahnbataillons im Osten zugeteilt und nahm anschlie-
ßend an der Offensive in Ostpreußen und Litauen teil. Im
beginnenden Winter 1915 wurde er wegen »befehlswidrigen
Verhaltens« mit Einzelarrest bestraft. Graf trat in einen Hun-
gerstreik und mußte nach einem körperlichen Zusammenbruch ins Lazarett. Er wurde in die Nervenheilanstalten
Görden (Brandenburg) und Haar (bei München) eingeliefert

und Ende 1916 aus dem Militär entlassen. Die folgenden Jahre verbrachte er wieder in München, u. a. als Arbeiter in einer Keksfabrik und als Postsortierer; daneben schrieb er Rezensionen für Tageszeitungen. Seiner kurzen Ehe mit der verlassenen Verlobten eines Freundes, Karoline Bretting, entstammte die Tochter Annemarie, die von Grafs Mutter aufgezogen wurde und heute noch am Starnberger See lebt. Mit Hilfe eines von dem Münchner Universitätsprofessor Roman Wörner vermittelten Stipendiums konnte sich Graf 1918 aktiver der schriftstellerischen Tätigkeit zuwenden.

Sein erstes Buch *Die Revolutionäre* mit Gedichten im expressionistischen Stil erschien im gleichen Jahr. Um der Verwechslung mit dem gleichnamigen Kriegsmaler im Großen Hauptquartier zu entgehen, nannte er sich auf Anraten eines befreundeten Malers ab 1917 schon Oskar Maria Graf – »wie Rainer Maria Rilke«. Schon im Januar 1918, beim Streik der Münchner Munitionsarbeiter, hatte er sich an der politischen Agitation beteiligt. Er war mitgerissen von der Revolution und der Münchner Räterepublik und enttäuscht von ihren Halbheiten. Nach dem Sieg der »weißen« Truppen wurde er inhaftiert. Unter anderem dank der Fürsprache Rainer Maria Rilkes, den er durch seine Freundin und spätere Frau Mirjam Sachs kennengelernt hatte, wurde Graf aus dem Gefängnis entlassen. Von 1920 bis 1923 arbeitete er als Dramaturg des Münchner Arbeitertheaters »Die Neue Bühne« in München. Nach mehreren Buchveröffentlichungen in den frühen zwanziger Jahren – darunter vor allem der erste Band seiner Jugenderinnerungen *Frühzeit* (1922) und eine Sammlung von Kurzgeschichten *Zur freundlichen Erinnerung* (1922) – konnte er sich schließlich von der täglichen Brotarbeit frei machen und als freier Schriftsteller leben.

München, 24. 11. 1911

P. P.

Nach reifster Überlegung und Hingabe meiner ganzen geistigen Kraft habe ich nun meine Gedichtsammlung vollendet und wäre nicht abgeneigt gegen mäßiges Honorar mein Manuskript Ihrem werthen Verlage zu überlassen. Sie werden es nie bereuen mich in Ihre Autorenliste aufgenommen zu haben, denn bald bin ich in der Lage Ihnen ein Schauspiel und eine Sammlung kritischer Aufsätze vorzulegen. Mein genanntes Gedichtwerk umfaßt 3 Bücher und soll betitelt werden mit dem Namen »Die Fahrt ins Leben«. Es ist durchaus, ich darf das mit Stolz aussprechen, nichts Alltägliches. Besonders findet sich im dritten Buche eine ganz neue Dichtungsart, die von manchen bewundert wird. Es freut mich deshalb Ihnen davon Kenntnis geben zu können.

Falls Sie geneigt sein sollten mein Werk anzunehmen so bin ich gerne bereit Ihnen mein Manuskript innerhalb kurzer Zeit vorzulegen. Im voraus für alle Bemühungen dankend zeichnet

Hochachtungsvollst Oskar Graf
z. Z. Hotel Kronprinz München.

AN MAX HALBE München, 22. 9. 1912

Ew. Hochwohlgeboren

erlaube ich mir einige literarische Arbeiten einzureichen. Ich bin gegenwärtig in großer Notlage und habe keine Möglichkeit vor 4-6 Wochen Arbeiten zu verwerten. Ich richte daher die ergebenste Bitte an Sie, sich gütigst für eine Unterstützung zu verwenden.

In vorzüglichster Hochachtung ergebenst Oskar Graf

Bemerkungen auf dem Brief: Abgelehnt nach Weisung von Prof. W. (Weltrich).

Die Anlagen, »Aphorismen« aus der »Münchner Illustrierten Zeitung« und ungedruckte Gedichte, zurückgeschickt.

Berlin-Wilmersdorf, 1. 8. 1914

Ew. Hochwohlgeboren, sehr geehrter Herr Doktor!

Einem glücklichen Zufall verdanke ich die Nachricht, daß
Sie sich für junge Talente interessieren und dieselben nach
Möglichkeit fördern. Dies ermutigte mich, Ihnen beigefügte
zwei Novellenversuche einzusenden.
Ich bin 20 Jahre alt, stamme aus Berg b. Starnberg in Oberbayern, habe das Bäckerhandwerk erlernt und es bis vor
kurzem ausgeübt, bis mich eine immer mehr zunehmende
Herzkrankheit und das ausdrückliche ärztliche Verbot
daran hinderten. Seit geraumer Zeit befasse ich [mich] mit literarischen Versuchen. Da ich jedoch zu lit. Kreisen kei-
nerlei Beziehungen habe, durch mehrere Mißerfolge etwas
entmutigt bin, meine Vermögensverhältnisse äußerst knapp
sind und meine wiederholten Bitten an meinen Vormund,
mich fürs Büro ausbilden zu lassen, nutzlos waren, zwingt
mich die Not abermals schwere körperliche Arbeit anzunehmen.
Aus diesen Gründen gestattete ich mir Ihnen, sehr geehrter
Herr Doktor, einiges einzusenden und Sie um gefälliges Interesse zu bitten und ich wäre Ihnen für eine freundliche
Verwendung sehr dankbar, wenn Sie eine solche für verdient erachten.
Im Glauben, Ihnen mein bisher Wertvollstes gegeben zu
haben und in der Hoffnung auf Ihr freundliches Entgegen-
kommen rechnen zu dürfen, empfehle ich mich Ihnen
in vorzüglichster Hochachtung ergebenst Oskar Graf

Berg, 21. 8. 1914

Ew. Hochwohlgeboren, sehr geehrter Herr Doktor!

Die Ereignisse zwangen mich Berlin zu verlassen um meiner
Militär-Pflicht zu genügen. Wie Ihnen erinnerlich sein
dürfte, sandte ich noch vor Ausbruch des Krieges 2 Novellen
an Sie. Da ich jedoch in etlichen Tagen einrücke, ersuche ich
Sie, jede Rückäußerung an meine Mutter zu senden. In der
Hoffnung, daß auch mich die gerechte Sache bald ins Feuer
bringt, begrüße ich Sie in vorzüglichster Hochachtung und
Dankbarkeit
Ihr Oskar Graf

Postkarte: Foto von Graf in Uniform, offenbar direkt nach seiner Rekrutierung aufgenommen, aus der Kaserne geschickt.

Dank für alles. Bald wird das blöde Gesicht wieder auf der Bildfläche erscheinen   Gruß Graf

AN HANNA ROMACKER   Reserve-Lazarett Goldap, 29. 3. 1915

Zwischen Dank an das »werte Fräulein« für ein Feldpostpaket und »kühnsten Vermutungen«, wer die unbekannte (oder vielmehr nicht gleich erinnerte) Absenderin sein könnte:

[. . .] Der Inhalt kommt mir sehr zu Hilfe, denn mit Heutigem werde ich aus dem hiesigen Lazarett entlassen zur Front, aber ob ich an dieselbe komme, frägt sich noch, denn das hier ist ein unglaubliches Wirrwar und seine Truppe wiederfinden, gehört zu den schlimmsten Geschäften im Felde. Aber es macht auch Spaß mitunter [. . .]

AN HANNA ROMACKER   Deining, 15. 4. 1915

Schlußsatz einer Postkarte in Aufbruchstimmung am »letzten Tag meiner Freiheit«:

[. . .] Ich hoffe, daß ich soweit hergestellt bin, um für die Front tauglich zu sein. Es ist so viel tiefe Freude und Kraft in diesem Augenblick in mir und ich bitte Sie, dieselbe mit mir zu teilen.

AN ROSA ROMACKER   o.O. o.D. [vor dem 20. 5. 1915?]

Graf sitzt [in der Etappe in Masuren, nahe Lyck] in der »Schreiberstube«, muß »Ordnung machen«. Russen kommen zum Entlausen, werden in großen Mengen in »Gebäude« gestopft. Graf fühlt sich durch ihre »schönen, typisch slawischen Gesichter« an Gestalten von Dostojewski und Gogol erinnert.

[. . .] Armierungsarbeiter kommen ins Büro, möchten einen Fahrschein nach Hamburg. Die Firma hat ihnen 40 Pf. Stundenlohn zugesichert und freie Verpflegung. Als sie ankamen zog man ihnen 1 M für Menage ab, alle Tage. Da liefen viele weg, die Zivilfirma arbeitet für unsere Eisenbahnbauabteilung und bekommt für jeden Mann 8 M pro Tag ausbezahlt. Diese halb verhungerten Menschen wollen einen Fahrschein, mögen nicht mehr. Sie werden vor die Tür gesetzt. Das ginge uns nichts an.

Ich sage: Setzt euch einfach auf gut Glück in die Bahn, fahrt los; gebe ihnen meinen Zwieback, habe ja selber gar nichts weiter. Sie würden da verächtlich sagen: »Ein zur Nummer heruntergesunkener Mensch«. Warum sagen Sie das? Aus Mitleid, oder aus Haß? Sie reden viel von Egoismus. Hier sehen wir es: Sie können ja nur soweit Egoistin sein, als Sie sich irgendwie mit dem Munde rechtfertigen können, denn ein consequenter Egoist hat weder Haß noch Mitleid, ist ein gänzlich Isolierter. Entschuldigen Sie wenn ich Ihren Egoismus als plattes, bürgerliches Nützlichkeitsempfinden ansehe. Meine Mutter meinte einmal, als ich gänzlich heruntergekommen mit einem Kameraden aus Italien ankam: »Was hast Du von anderen? Jeder ist sich selbst der Nächste!« Und weinte, verstehen Sie. Da habe ich es restlos erkannt: Es gibt keinen konsequenten Egoisten, vielmehr der Egoismus hat den größten Feind im Menschen selbst: das Herz, das Gefühl. Warum weinte sie denn, wenn jeder sich selbst der Nächste ist? Eben für diesen, um diesen Nächsten. Wir aber wollen weitergehen. »Bis zum Gefühl durchdringen . . .«
Zum Kind kommen, sage ich. Max Stirner war vielleicht der einzige Mensch, der den Egoismus dialektisch ganz begriff und versuchte. Nietzsche wollte am Anfang dasselbe. Aber schon im »Zarathustra« lesen wir die Stelle: »Alle Dinge aber sind verkettet, verfädelt, verliebt —« da brach er zusammen, brachen alle zusammen. Christus und Walt Whitman stehen da als einzige Vollender, Dostojewski als Erkenner der ungeheuren Schwere des Leidens, des Zueinander (was ja in jedem Menschen unwiderleglich den Egoismus aufhebt) der Menschen. Wie Kinder!
Ich bin so kühn, selbst das Geschlecht als abhängig vom Gefühl zu machen, noch mehr – dieses Zueinander, dieses Ausdehnen zum Dritten ist der Weg zum Leben. Raskolnikow sagt einmal in gänzlicher Zerknirschung: »Ach wär ich allein! Allein! Dann brauchte ich keinen zu lieben, aber auch mich liebte keiner.«
Hier haben mich alle herzlich gern. Es war fast ein Triumpf, als ich ankam. Dennoch ist soviel kleinkrämerhafter Zank in allen gegeneinander, aber zu mir kommen sie wie Kinder, sie lachen, machen Scherze, sind gut zueinander. Manchmal quält mich das. Ich denke: Bin ich denn

Diplomat, dreckig berechnender Vermittler, daß sie alle so gut sind um mich? Und muß zuletzt doch ein *Nein!* sagen. Ich habe ja doch eigentlich gar kein Interesse, ob wer mit mir geht oder gegen mich ist. Das rechtfertigt mich und macht mich so freudig, daß ich richtig lausbübisch in die Luft jubeln kann.

Aber das ist ja jetzt nur so ein kleiner Beweis, der genug enthält um all den idiotischen Begriffen ein Ende zu machen. Sinds keine Tyrannen, die Menschen unterjochen, so sind es Begriffe, Ideen, die sie hemmen. Es ist so, schon lange, lange, *das* ist unser Glaube und deshalb sind wir [wie] Kinder zueinander.

AN HANNA ROMACKER   Marggrabowa, 20. 5. 1915

Liebe Hanna! Gestern, in nicht recht rosiger Stimmung, erhielt ich Ihre Karte. Ich sollte eigentlich wieder aussetzen, kritisieren, verflucht auch! Aber es ist ja heute mildes Wetter und es ist ja noch so sehr viel Zeit! Jetzt ist der Dienst ein ganz anderer geworden: Ich muß alle zwei Tage als Ordonanz im Büro sitzen, 2 Tage lang. Dann habe ich wieder frei, kann spazieren gehen, zum See, Kahnfahren, Reiten. Es ist ganz nett für Leute, die keine Bewegung wollen. Für mich ist's allerdings nicht so. Ich muß Reibung haben, Bewegung, Kampf! Deshalb hasse ich dieses Herumlungern. Die Stadt – wir sind in einem fast ganz neuen Haus, das vorher ein Kreistierarzt bewohnte, untergebracht, die Russen haben natürlich alles ruiniert, mußtens auch wieder aufräumen – die Stadt also ist belebt: Soldaten, gefangene Russen, alte, lausige Einwohner . . . zum Verkaufen gezwungene Mädchen in schnell hergerichteten Läden. Da gibt es Zigaretten, Pferdewurst, Häringe, Taschenlampen etc. . . . Es ist, sanft [?] ausgesprochen, vage hier für mich. Ich gehe immer weit weg, wo weite Wiesen, zusammengetretene Äcker sind, immerzu, nehme meinen Walt Whitman und die Bibel mit. Es sind Menschen um mich, die so wenig haben, *so* wenig! Mein Glaube, allein der Glaube, daß wir doch alle ein Etwas in uns haben, das uns immer zusammenführt (dieses Unnennbare offenbart sich am besten, wenn sie betrunken sind, dann fällt ein Satz, ein Wort . . .) läßt mich hier lachen, freudig sein. Menschen können in dieser unserer Zeit eigentlich nichts anderes tun, als sich betrinken, oder ihre Schauspielerei auf das Anständigste zubringen. Sind ja gezwungen dazu! Ihre Karte im Couvert ist sehr schön. Es ist ja wahr und ehrlich, daß Berge bezwungen werden müssen und daß es sehr schön ist, auf einem Berge zu stehen und so weit in ein Land der Zeichen [?] schauen [zu] können, das zeugt immer nur davon, daß *die* Berge, die in einem Menschen selber sind – Sie begreifen das ganz gut was soll ich da große dialektische Auswüchse in Sätze kleiden und aufs Papier schmieren. Lassen Sie sich erstmal für den Inhalt, den Ihnen eine quälende Stunde eingab bestens danken – herzlich! Bis zum Bruder kommen, das begriffen haben, was denn mehr?! Bis zum Bruder und zur Schwester in *allem!*

Bei Ihnen war es sehr bezeichnend, daß Sie beim Auseinandergehen (ausgelassen, schreiben Sie) so nervös waren, gar nicht wußten, was eigentlich nun? Die Angst war es, die kolossale Angst vor dem endlichen ganzen Ehrlichsein. Ich will wetten, wenn einmal die Entladung dieser Angst kommt, kommt erst nach momentanem Schmerz, ein großes Weiterwegwollen. Man empfindet da so: Wir wollen ganz allein weit über große, unendliche blumige Flächen gehen. Das Gehör, das Leben endet, man fühlt bloß: so so ists ganz richtig! So ists schön und so bleibts, muß es immer bleiben.

»Dann aber in den wachen Stunden / öffnen sich uns die Augen, / wir sehen uns liegen –: überwunden; Und weinen über eine große, stumme Qual, / und Wüsten weiten sich um uns, / und unsere Augen starren irr; / . . . was wißt denn Ihr?« heißt es in meinem Gedicht, Mädchen, das die »Aktion« brachte.

Ich wollte dieses Gefühl des heutigen Mädchens ganz erfassen. Aber wir haben ja auch Menschen um uns und da kommt denn das Schwere, das erst endet und zur Freude wird, wenn wir bei ihnen sind, wie Brüder, wie Kinder –

Ich schreibe heute sehr sentimental. Weiß der Teufel warum! Ich möchte Ihnen hier sehr Freudiges schreiben. Aber was denn. Ich habe immer noch tausend Ziele, die alle aus ihrer fetten Richtigkeit herausgehoben werden müssen, kurz gesagt! Wie soll ich denn da nicht mehr kommen und warum auch gerade kommen. Auf das kommt es ja doch letztendes nicht an, sondern auf's Beisammensein sowieso. Ich möchte Ihnen noch ein klein wenig Bücher empfehlen.

(Besser wär es ja alle beiseite zu lassen und wenn man schon Unterhaltung will, sich von Bach, Händel, Mozart [?] vorspielen lassen). Aber wenn nun einmal schon eine gewisse Notwendigkeit in einem aufwacht, so kann man ja Etliches dazu geben. Man möchte am liebsten Dostojewski allein lesen. Wedekinds »Frühlingserwachen«, Max Halbes »Jugend«. Gerhart Hauptmanns »Emanuel Quint«: diesen Roman möchte ich Ihnen sehr raten.

Am schönsten ist ja doch Adalbert Stifter, dessen »Hochwald« überhaupt eine der besten Novellen im deutschen Schrifttum ist.

Noch möchte ich Ihnen und Ihrer Mutter, allen ein recht langes Pfingsten wünschen. Ob Sie wohl meine Sachen schon haben? Und ob Sie schon Abscheu haben? Ob wohl meine kleine Schwester schon bei Ihnen war?

Euch beiden möchte ich gern beisammen sehen. Die Sonne soll Ihnen das geben was weiterführt. Der Tag soll Ihnen ewig werden. Und die Freude am Weitergehen. Leben Sie einstweilen wohl. Es kann sein daß ich jetzt oft sehr lange briefliche Auseinandersetzungen schreibe. Schade nur, daß wir nicht bis zum »Du« kommen.

Ach, ich Lausbub, zuletzt kommt mir immer wieder das richtige Ausgelassene das die tollsten Streiche in mir reif macht.

Jetzt muß ich schnell zum Armeeoberkommando, verstehen Sie – amtlich. Und große Faxen machen, und dann – ja dann muß ich mal meine Hosen flicken, den Waffenrock ausklopfen – ja das sind Arbeiten, lauter amtliche.

Und heut mittag kochen wir Bayern den »preißischen« Maultrompetern ein bajuwarisches Diné, bestehend aus Knödeln, Suppe, Gerösteten und Fleisch, so jetzt wissen Sies und fertig.

Jesus der Leutnant wann meine Hosen noch vormittags sieht?! . . .

Also Mama und rosarote Rosa und alle einen feierlichen Pfingstgruß vom Bazi.

Achtseitiger Dank vom »Grafbruder« für eine Briefkarte. Er fordert sie zum Bergsteigen auf, des »Gefühls«, der Wildheit und der »Ehrlichkeit« wegen. Wünscht sich, daß »Menschen und nicht mehr Geschlechter und nicht mehr viehische Tiere« geboren werden. Dazu ein Bericht von einem sehnsuchtsvollen Nachtspaziergang.

[. . .] Wenn man ins Leben eingehen will, muß sehr viel, alles alte sterben. Man muß neu geboren werden. Das sind nun immer wieder so verzwickte Redensarten, die bloß den einen Zweck haben, daß Sie meinen Glauben eher kennenlernen. Es führen viele Wege nach Nirwana, aber alle führen über ein Golgatha. Es quält mich so sehr, daß Sie so eingeengt sind, daß irgendein auffälliger Einfluß Sie in vielen Situationen, Handlungen bestimmt. Da muß ich denn immer an das Kapitel »Ohnmacht« in meinem Roman denken. Ich versuchte darin, die ohnmächtige Stellung des bürgerlichen Mädchens gegenüber Eltern philosophisch zu erfassen, das absolute Abgesperrtsein, Gebanntsein.

[. . .] Jawohl heute war ich baden, heute hab ich weit im See draußen geschwommen und das Wasser war sehr kalt und dunkel. Da kam mir der Gedanke, wenn Menschen zusammen gehen, so müssen sie auch den Mut haben, mit in die Tiefe gehen! Tiefe, Tod – oder Leben. Wenn man einmal alles hinter sich hätte, so dastünde wie ein Mann, dasselbe sich glaubt, zutraut, als Mädchen, die große Freiheit in sich fühlt: der soll, den will ich und den auch und wir wollen so sein, weil wir gleich stark und gleich ehrlich sind und es gibt nichts was trennt, weil der Glaube zueinander da ist. Und nichts, gar nichts kann lösen, weil es aus vollständig freien Stücken geschehen ist, so: Weil ich eben einmal so hingehe, so wie ich es will, so wie Kinder, die spielen und wieder von sich gehen und doch wissen: Heute gehen, morgen wieder
. . .

[. . .] Manchmal bin ich übervoll und könnte geben wie ein überfüllter Becher. Ja die Natur ist schön und groß und rein, aber sie gehört nicht für den Satten sondern für den Hungrigen, nicht für gemästete Figuren und geile Hunde, sondern für lebendige Menschen, denen sie das Quälende nehmen soll.

Graf will diesmal »nicht schäumen«, sondern »Übergangenes allmählich erklären«.

[. . .] Gestern war hier ein großer Festtag: Der Kaiser besuchte die Stadt und besichtigte die große Eisenbahnbrücke,
die unser Major baut. Die ganze Stadt war geschmückt, be-
flaggt, die Straßen waren abgesperrt durch Spaliere. Die Zi-
vilbevölkerung wurde zusammengepfercht und bewacht.
Dann kam gegen 1/2 5 der Allmächtige mit Hindenburg per
Auto. Anwesend war Mackensen und mehrere Generale. Es
war ein unheimlicher Anblick; mitten im Fluß ganz kleine
Manndl, wie Ameisen, ächzten, plärrten, quälten sich ab,
das Ungeheuer dastehend zu machen und oben auf der
Straße fuhr stolzen Blicks der Herr dieser Knechte. Ein zeit-
weiser Wind zerriß den allgemeinen Schrei beim jedesma-
ligen Heben und Fallenlassen des Hammers – o, dieser
Schrei, undeutlich, zerrissen, verzweifelt, wie Drohung,
Mahnung! . . . Jetzt müßte ich wieder anfangen: ich denke
dabei . . . und . . .
Aber seit langer Zeit ist mir das meist verschwommen zu
einem einzigen Weg geworden, zu einem unsäglich harten,
der mich manchmal zittern macht, – deshalb hasse ich das:
an das und das denken und Vergleiche zu ziehen.
Ich will vieles beantworten heute Hanna! Denn – ja, ich liebe
gar nicht so sehr das »deutsche Wesen«. Soll ich Ihnen beschreiben was Sie am deutschen Wesen lieben, wie und was
Ihnen dasselbe ist? Vor kurzer Zeit schickten Sie nacheinander: Ansichten aus dem Buch »Durch Felder, Wälder,
Auen« wirklich schöne richtige, ungeschminkte – *deutsche* –
Landschaften: – deutsches Wesen! Es ist sehr sprunghaft angedeutet, aber es muß stimmen. Wer sich darauf versteift, –
ich kann von Schwester nicht glauben, daß bei Ihr das der
Fall ist – deutsch als recht, undeutsch als unrecht, deutsches
Wesen als einzig ideales Wesen, undeutsches Wesen als
eine Art Verquickung von Snobismus und Unsittlichkeit,
rasseloser Verderbtheit anzusehen, der läuft Gefahr als ein
verbohrter, als ein Unmensch betrachtet zu werden – ja, ists
auch! Was mir am reindeutschen Charakter gefällt, ist das
Epische des Südens. Ich liebe die Einfachen, Schlichten, die
weiten, gelben Felder, das geruhsame, stille und doch so
weite Leben. Da fange ich zu lieben an, alles zu lieben, wo

alles vergessen macht, wo nichts mehr stöhrt, kein Untertan von Staat, Gesetz, Beamtentum, hohlem Gequatsch, Kaffeehaus. Wo die Erde ist, das Tier und der Mensch, wo *Menschen* und keine Deutschen und Franzosen etc. sind . . .

Es wachsen in unseren Gauen so prachtvolle Menschen auf, aber die Neuzeit hat die Nerven erfunden und das ist die Hölle. Die Nerven sind es, die ganze Nationen versauen, dann gehen die Leute her und – und – ja und werden Naturschwärmer, wenn sie die Stadt, das verfluchte kaufmännische Blut ganz totgeholzt hat. Die Natur wird dann ihr einziger Ruhepunkt, dort ist das Ding: die Nerven, still. Da wird die Natur zum Polstersessel, indem [!] sich gut sitzen läßt, da wird dann das Weib zu ebeneinem solchen – äh!

Sehen Sie Hanna, das ist ein furchtbar rohes Wesen, dies deutsche, es sind lauter Schlächter, statt taghelle, sonnen- und schollenfreudige Menschen, die den Gott im Boden unter sich fühlen, die so viel mitleben mit jedem Saatkorn, als ob es ihr Eigenes wäre – weil sie dem allen Leben geben, das ist nicht deutsches, sondern urmenschliches Wesen. Aber Menschen wachsen aus allen Gauen der Welt, Naturbursche sagen die Herren Buchschreiber; dieses urmenschliche, verständige, tatfrohe Wesen am Deutschen, am Süddeutschen, das liebe ich, wie ich es an jedem anders Nationalen liebe, fertig!

Graf verteidigt das »Einseitige«, als Recht der »wilden, glühenden, hinreißenden« Jugend, aber er will auch »ganz menschlich gerecht« sein – »Heiland! Ich Prediger!«

[. . .] Die Sonne geht langsam unter, draußen rauscht der Kastanienbaum. Die wilden Reben hängen leidlos an der Holzwand, drüben guckt eine Katze in den Hof – vom Giebel aus. Das Gerassel der holprigen Straßen wird zeitweilig lärmender, zu einem Klirren. Alle schlafen auf ihren Matratzen, still ist es. Und ich sitze jetzt ruhig und schaue den »Sonnenschein« an und bin so komisch traurig, daß ich eine Wut auf mich habe. Dieser verfl – Krieg.

Ich möchte ein Ast sein, ein Ast des Kastanienbaumes!
Sich strecken, die Blätter schütteln – als ob gar nichts sei, gar nichts – – – leidlos glücklich!?

Grüßgott, Schwester in München
Grafbruder

Lida, Rußland, 12. 11. 1915

»Aus strengem Dienst und Ungerechtigkeit, aus Unruhe und Bitternis« (nicht näher ausgeführt) antwortet Graf der »lieben Schwester« (mit mehr »Du« als »Sie«) auf einen »traurigen Brief«. Neun Seiten, die ihm aus Müdigkeit und Fehlen der Gegenwart des anderen schwerfallen: über seinen Begriff der »reinen Kameradschaft« mit einer Person »ganz gleich welchen Geschlechtes«, über die »einfache, unverstellte Anständigkeit« anderen gegenüber, gegen die Selbstquälerei in ihrem Brief und gegen die »Gescheitheit«. »Seichtschlüpfrige Postkartenmaler« wie Wennerberg oder Heilmann haßt er und hat sie, trotz Hannas Schrift darauf, in den Ofen geworfen »– da half nix«.

[. . .] Und doch entstand in dieser Zeit sehr Freudiges: »Verse zu Beethovens Sinphonie Eroika, die ich eigentlich der lieben Hanna schrieb – und doch nicht schickte. Ein Motiv zu einer Hinrichtung (Parodie auf eine klassische Szene) »Deus ex Machina« Tagebuchblätter – und das halbe Schauspiel »Die Furcht vor dem andern«.

[. . .] Ich will keine berechneten Machinationen, keine Bekanntschaften aus dem berechnenden Instinkt heraus, daß da Vorteile, vielleicht gar noch »Stoff« zu der und der Sache zu schnappen wäre, oder gar mit artiger Verkuppelung Bekanntschaft zu machen. Ich gehe, das ist mir ganz gleich, wer es ist (eine Dirne, oder eine unbefleckte Bürgerstochter, ein ehrsamer Arbeiter, oder ein Strolch) zu jedem und bin ihm gegenüber *ehrlich*, ich sehe es für eine der größten Gemeinheiten an, jeden nicht *ganz* zu begreifen – *ihn bessern zu wollen*. Wohl gemerkt: Bessern, einimpfen, daß diese Idee oder das das Gute ist, ist das Idiotischste, weil es Marktschreierei ist. Man kann und darf das nicht, weil man selber zuviel Sünder ist. Deshalb hasse ich Richter, Gesetz und Staat, deshalb die Religionsmanscherei von einem Gott, der doch wahrlich eine Schweinerei ist. So finde ich, wenn ich jedem gleiches, unbefangenes Vertrauen und mein klein bißl aufzubietende, menschlichste Liebe gebe, so gibt er sie mir auch. Und sollte es der böseste, verwegenste Mörder sein, ich liebe ihn und er wird am Ende mich loben, oder zu ködern trachten, aber einmal (und das ist das Religiöse der Dehmut) einmal, wie ein Blitz, wird er an mich glauben – so auch die Hure. Dieser schmutzigen Welt muß man nie Feind sein, sondern alles lieben lernen und nur trachten, daß wir dem etwas anderes entgegensetzen können. Wer kann dafür, daß er schlecht ist? Schlecht ist das Außenseitige.

Aber es liegt ganz wo versteckt, wo die Sehnsucht zu dem Menschen, zum Bund. Das ist's.
Meine Freizeit benütze ich allerdings zum Arbeiten, aber dazu sind die Nächte. Frei wenn ich sein kann, so gehe ich da und da hin, versuche mich mit Russenbuben, mit Weibern mit »Pack« sagt der deutsche Soldat zu unterhalten. Ich sehe dem und jenen in die Augen. Ich möchte – oder ich rede mit Kameraden über die Beziehung und werde verlacht. Der Leutnant haßt mich. Ich bin Trottel. Alles nehme ich und jedem versuche ich gut zu sein. Und denke oft Stunden und Aberstunden über diese kleinen Ausbrüche wütender Kameraden nach und bin ihnen Freund, selbst wenn sie mich verklagen. Und alle Drohungen gehen weg. Ich denke auf einmal mittendrin, daß alle so ganz erledigt sind und werde traurig und dann denke ich, in dieser ganzen Kriegszeit habe ich doch einen gefunden: Dich Hanna! Einen Menschen, der will. [. . .]

AN HANNA ROMACKER   Lida, Rußland, 25. 11. 1915

Zwei Seiten Klage über das ewige Wandern, »ein mühseliges, fühlloses Dahinschleifen ohne Interesse«, und Zurückweisung ihres Versprechens, »artig« zu sein, sich nach Graf zu richten.

[. . .] Also morgen gehts wieder weiter, weiter in diesem kalten Rußland in diesem friedlosen Land, das – ja so! [. . .]

AN HANNA ROMACKER   o. D. [Haar, 1916]

Kunstpostkarte, farbig, mit Reproduktion von J. V. Krausz, aus »Jugend«

Liebe Hanna Romacker!

Wieder in Haar! Endlich wieder ein Aufkeimen und eine Art Anfangen. Ich war gestern so unverschämt und wollte Sie besuchen, aber ich ging beschämt. Ich kann nicht viel sagen jetzt, aber ich schließe ein »Einmal« nicht aus. Hoffentlich sind Sie mir darob nicht böse.
Einen Gruß von der alten Art auch an Ihre liebe Mutter,

Oskar Graf

Berg, 12. 7. 1916

Sehr geehrte Frau Doktor!

Ich habe bei Kriegsbeginn Herrn Dr. Richard Dehmel meine sämtlichen Novellen-Manuskripte geschickt zwecks Begutachtung und mit der Bitte um Raterteilung.
Inzwischen bin ich eingezogen worden und habe nie mehr was erfahren von dieser Sache. Nun beabsichtige ich, da ich infolge schweren Nervenleidens nicht mehr Soldat sein kann, mit Hilfe dieser Manuskripte abermals mir schriftstellerisch eine Basis zu schaffen und würde Sie deshalb sehr höflich ersuchen mir dieselben zuschicken zu wollen, da ich nurmehr *diese* Manuskripte besitze. Aus diesem Grunde bitte ich diese Belästigung meinerseits entschuldigen zu wollen und zeichne mit verbindlichem Dank bis dahin.

Hochachtungsvollst ergebenst Oskar Graf

AN HANNA ROMACKER Berg, 13. 7. 1916

Werte Hanna Romacker!

Verzeihen Sie, daß ich die Taktlosigkeit besitze, Sie nochmals zu beschäftigen. Es handelt sich ja rundweg nur um eine Aufklärung und Entschuldigung und um ein letztes Bedanken für all' die Güte, die Sie an mir verschwendeten – nutzlos und nur mit dem bedauerlichen Tribut einer ärgerlichen Enttäuschung.
Ich habe ja, wenn ich so nachdenke wirklich gemein an Ihnen gehandelt und kann das nie mehr gutmachen. Ein Schuft bleibt eben ein Schuft, ist die nette Paraphrase, die ich als einzige Rechtfertigung hier anbringen kann. Die Briefe die ich seit *Görden* und *Haar* an Sie schrieb, kommen aus *Irrenhäusern*, wohin mich meine Qual geführt hat. Und wer sie richtig liest kann sie nur belächeln. Dies zur Aufklärung. Ich bitte auch erwähnen zu dürfen, daß in solchen Anstalten alles gelesen wird, also noch gemeiner gemacht wird als es an sich schon ist. Jetzt verbringe ich einen 6wöchigen Gnadenurlaub. Ich habe den infamen Mut oft an unseren guten und großen Briefwechsel in der Anfangszeit zu denken und freue mich sogar. Zur Entschuldigung mögen Sie auch noch hinnehmen, daß ich seit Ende Januar wirklich schwer ner-

venleidend bin. Und jetzt erst kommt das allmähliche Sichten, wo ich all das Dreckige von mir sehe.

Und jetzt denke ich oft, was habe ich als Dank für die viele Güte, als – Gemeinheit auf Gemeinheit, Lausbüberei auf Lausbüberei. Mein einziger Wunsch ist: einmal erleben zu dürfen Ihnen mit etwas danken zu können und Ihrer Mutter.

Ich hätte wohl oft ein sehr gut Teil für Sie, aber – verzeihen Sie – ich *schäme mich*.

Und das ist die Bitte die ich hier als ganz einfach und unsentimental hersetzen möchte, *vergessen* Sie einen Trottel, der Ihren guten Sinn trüben wollte – vergessen Sie mich *ganz* und *gar*. Mit aufrichtigem Dank, wenn überhaupt an mir was aufrichtig ist, schließe ich diese Zeilen. Dank auch Ihrer Mutter.

Oskar Graf

»TRÄUME« (Aus zwei Feldpostbriefen eines Künstlers)

Veröffentlicht in: »Münchner Neueste Nachrichten«, 30. 3. 1917, Abendausgabe

. . . und möchte einmal wieder bei Frauen mit weißen, langen Händen sitzen, liebe Freundin, und den Lärm der Kaffeehäuser um mich haben, denn eigentlich, siehst du, jetzt ist es so ganz anders in mir. Man lebt die Tage, wenn auch gespannt, so doch viel erhabener und mit einer gewissen Schwermut ab und ist so voller Hoffnung, kräftiger Freude, wenn eine schwerdurchkämpfte Stunde überwunden ist, daß diese Momente ein Leben aufwiegen. Viel gesagt, nicht? Ja, gewiß viel, aber man lernt das Dasein und Wandeln auf dieser Erde erst schätzen, wenn man es sich ganz schwer erkämpft, wenn jede Stunde ein Geschenk wird.

Und doch sehne ich mich nach rauchigen Lokalen und hohler Köpfe Gespräch. Warum . . .?

Weil man wohl wieder Menschen sehen will, Menschen, Freundin, denn ist es eigentlich wahr, daß man hier heraußen noch Mensch ist? . . .

Man ist's, ja, aber siehst du, ich bin das Diskutieren müde, trotzdem die überwältigende, ränkesuchende Reflexion ständig und mehr denn je in mir rumort. Also – –

Dann wieder sehnt es mich, auf frühlingswacher Heide mit dir so ganz sorglos zu gehen, und der Wind müßte gehen, daß er uns hemmte, deine Röcke – ich denke mir dich mit großem, violettem Florentinerhut und durchsichtigem Kleid – müßten flattern, wie eine Fanfare . . .

Ja, du, und du müßtest dein gescheites Lachen in deinen Mundwinkeln sitzen haben, jenes, das ich oft, so oft sehe. Du siehst, ich habe noch Hoffnungen genug und bin noch nicht ganz verrostet, trotzdem der Lehm auf meiner Uniform zu einer ziemlich starren Kruste geworden ist.

Am Ende – ja, das sage ich nun schon lang genug. Also, Grüßgott und Kopf hoch in der Heimat bei den stillen Häusern. Grüße mir aber vor allem Karo, der jetzt traurig vor seiner passablen Hütte sitzt und – ich glaube – er trauert. Gelt, tu das. Schluß jetzt – – –

*

– – Da magst du ja recht haben: Bei uns ist die größte moralische Kraft. Was kümmert es mich.

Wir haben hier einen. Er ist Baron, hat alles, was seine Laune wünscht, gehabt. Eine Art Lebemann mit anständiger Oberflächenkultur, der war in der Kaserne nicht genießbar. Seitdem sind wir ein Jahr Seite an Seite. Diese Veränderung kann man sich schwer denken. Er ist jetzt vierzig [?], sein Gesicht ist, wenn auch frühfurchig, so doch mannhaft und trägt einen sympathischen, ernsten Zug. Seine Sprache ist karg geworden, aber es klingt etwas von aufrichtigem Leben in seiner Stimme, nicht mehr das widerliche wohlbekannte: »Ach, sang' Sie mal!« Es ist mir jedesmal, als sähe ich eine Wiedergeburt mit an. Und ich bin so voller Freude in mir . . .

Die moralische Kraft, meine Liebe, denk' ich, sie wird sich erst herausschälen müssen, wenn einmal alles wieder friedensstill durch die Straßen geht, dann.

Einmal werden wir alle lernen müssen, daß wir nicht geboren sind, das Schwert zu bringen, sondern, mit Talenten begabt, sie zu vermehren, daß, wenn auch der Tod schon in uns sitzt, Verantwortung gegen unsere Nachkommen die treibende Kraft in uns ist und wir nicht mehr als Sehnsüchtige zu sterben haben, sondern als Vollender.

Unsere Jungen, Freundin, die müssen einmal an die Väter denken und sagen können: »Sie gaben uns das, wonach wir dürsten.« Es müssen gesunde, helläugige, bewegliche Menschen werden, mit dem Frühling in den Knochen und dem Geist der Bruderschaft in den frischen Hirnen. Sie müssen die Freude der müdigkeitsspendenden Arbeit mit in die Welt kriegen, sie sollen nicht wieder versauern in trübseligem Intellektualismus. O wie gern möchte ich jetzt mit dir auf einer Bank am See sitzen und mit dir so sprechen, bis der Abend uns überfiele und wir gelassen und wie von vollendeter Arbeit müde aufwachten, heimgingen bei Sternnacht . . .

Ich glaube doch, daß ich zu viel Nursehnsucht in diesen Zeilen ausspreche, aber – – Ja, ich schließe.

Gruß – – Oskar Graf

AUS EINEM BRIEF AN EINEN JUNGEN MENSCHEN   6. 7. 1919

»Einfälle« über Lebensgefühl, Moderne, Technisierung, Gemeinschaft, Strategie und Organisation (»Bund«), von Graf offenbar im inneren Dialog mit einem vorgestellten wirklichen Freund geschrieben; unter dieser Überschrift veröffentlicht in: »Menschen«, 6. und 13. 7. 1919.

[. . .] Revolution kann nur so zur Weltveränderung werden, wenn sie aus den bewußtwollenden Einzelnen gleichsam seuchenhaft um sich greift und Bewegung einer Menschheit wird. Es kann nicht wahr sein, daß die Welt den Menschen macht. Wie sollte ein Mensch jemals auf die Idee gekommen sein, ein Luftschiff zu bauen, eine Einheitssprache, eine Kurzschrift zu erfinden, wenn er nicht im letzten Grunde das dunkle Fühlen in sich trüge: Damit gebe ich der ganzen Welt einen anderen Kurs, ich ändere sie, sie richtet sich nach mir? –

Ja, wirf ein: Macht! immer nur Machtstreit! Warum soll das nicht sein! Wie langweilig das alles, was ethische Faxenmacher aus ihren vertrockneten Gehirnen zusammenkonstruieren! Und überlegen wir doch einmal, was ist denn das Streben nach Macht anderes als ein Streben mit Hilfe dieses Mittels »Macht« die Idee zu verwirklichen, unsere, nicht *deine* und *meine*, Freund! –

Ich verschaffe mir nicht Geld, um es zu haben, sondern ich trachte deshalb danach es zu besitzen, weil ich damit etwas anfangen kann. Nicht das Geld, nicht die Macht, nicht mein errungener Einfluß etc. sind mir wesentlich, sondern sie als Mittel kommen für mich in Betracht. –

Wie soll ich den Acker bebauen, wenn ich nichts habe, um ihn umgraben zu können.

[. . .] Du fragst: Man braucht aber doch das und das, um nach außen hin wirken zu können. Geld, Lokale, Büros etc. . .
Wie brächte man die Mittel auf?
Antwort: Es ist nichts nötig, gar nichts, als der Wille zur Idee, die Freiwilligkeit und die heilige Not in jedem von uns als Trieb. Mittel finden sich, wenn einer erkennt, es ist notwendig das zu tun. Er wartet nicht, er tut. Das Wie ist ihm überlassen, er hat die Wahl, die Qual und die Verantwortung und ist einer, der sie trägt, weil ein innerstes Muß ihn treibt. –
Nicht Geistige, nicht Klassen tun sich zusammen, sondern Einzelne. Jeder nach seiner Art. Gemeinsam ist nur ihr Wollen, nicht ihr Handeln. So vielleicht ginge es. –
[. . .] Man – so sagt Balzac – muß eindringen in die Gesellschaft wie schleichendes Gift. Ein andermal mehr.

Das Endziel einer anarchistischen Weltveränderung wäre: Aufteilung der ganzen Staaten in Bünde, Interessengemeinschaften, Gemeinden, Siedlungen, Basis-Beziehung von Mensch zu Mensch.
Die Form wird als kleinbürgerlich bezeichnet. Das Außen ist ganz gewiß so. Innerlich aber ist's anders, Herr!
So gäbe es doch kein Verlassen mehr, weil keine Herrschaft. Die Selbsthilfe tägliche Forderung.
Schmarotzertum wäre tod (!). Kein Verstecken mehr. Messen, Überflügeln wäre da. Freudigkeit zur Arbeit. Gemeinschaft.
Wer gibt Antwort darauf, ob sozialistische Weltform nicht abgestumpfte Mechanisten hervorbrächte. Trägheit. Der Volksstaat machts schon! Träge Ausrede!

AN EUGEN GRAF   München, 9. 12. 1922

Innigstgeliebter Bruder Eugen!

Bald wieder fällt ein Jahr vom Baume dieser trostlosen Zeit und sinkt in die Ewigkeit. Wir werden gemächlich älter und denken in diesen Tagen manchmal ein wenig nach über Sinn und Wesen unseres Daseins. Bevor sozusagen unser Herr-gott die Türen dieses vergangenen Jahres zumacht, beschert er uns noch das Weihnachtsfest – es ist fast als wollte er uns vor dem Schmerzlichen noch eine große Freude schenken. Er läßt uns so gemütlich unter einem prallen Weihnachts-baum stehen und noch einmal die ganze Fülle unseres harterstrittenen Erdenglückes, das er uns so gütig zu Teil werden ließ, auskosten. Und wir, wir singen ihm ein kräf-tiges, gesundes, andächtiges Danklied.

O wie schön ist so was doch, wie herzig, wie über alle Maßen rührend! Und siehst Du, an diesem Tage – ich kann mir nicht helfen, ich bin ein rechter Waschlappen – ich muß meiner Gewohnheit gemäß an Dich denken, der Du mir so viel Gü-tiges auf dieser Erde schon getan hast und noch viel mehr Gutes wünschest, ich muß an Dich denken! Ich muß! Ich muß! –

Ich wünsche Dir und besonders Deiner allerliebsten Frau und Deinen geliebten Kindern – o ich sehe Euch versammelt in einer hellerleuchteten Stube, um einen Weihnachtsbaum, singend und frohlockend – ich wünsche Euch allen ein Weihnachten und ein Neujahr wie Ihr es allesamt glückli-cher und seliger nie erlebt habt.

Ich bin gerührt bis auf die Tränen, daß ich Dich, allergütig-ster Bruder, in diesen Tagen nicht in meine Arme schließen und an meine Brust drücken kann.

Denke ich doch mit der aufrichtigsten Bewunderung an Dich, mit einer fast andächtigen Verehrung!

Denn, lieber, liebster Eugen, was ist Shakespeare, was ist Voltaire, was ist Goethe, was ist selbst der von Dir so ver-ehrte Nietzsche im Vergleiche zu einem Mann wie Du einer bist! Was sind alle Großen, alle Unsterblichen dieser Welt gegen einen Mann, der in Montana ehrlich und gewiß nicht ohne Anfechtung eine Bäckerei aufgemacht hat, eine Frau hat und fünf Kinder zeugte? O, sie müssen sich verkriechen vor Deiner schlichten Größe! –

Ich bin gerührt bis auf die Tränen, daß ich Dir dies nicht selber sagen kann. Und ich werde es nicht versäumen in diesen Tagen in die Kirche zu gehen und für Dein und Deiner Angehörigen ferneres Wohlergehen aus ergriffen-stem Herzen zu Gott zu beten. Ich werde es tun, wie ich es noch nie getan habe. Ich bin ja nun allerdings leberleidend, aber – meine Niere, meine Niere ist kerngesund, so gesund, daß Du Dir keinen Begriff machen kannst. Und wie sollte ein Mensch, der eine so gesunde, so eine richtige, außergewöhnlich erträgliche Niere hat, nicht in solchen Zeiten des gefühlsmäßigen Gehobenseins an seinen geliebten Bruder denken und für ihn beten!?! –

Hätte ich, innigstgeliebter Bruder, Flügel – es ist vielleicht ein wenig sentimental, aber es ist naheliegend in einem solchen Überschwang brüderlichen Liebesgefühls – hätte ich Flügel, lieber Eugen, ich flöge unbedenklich zu Dir und würde tun, was man in Weihnachtszeiten als üblich erachtet.

Besonders eindringlich danke ich Dir für die außerordentliche Sorge und Deinen Aufwand an Kräften in Bezug auf meine Schwester Anna. Ach, ich kann Dir buchstäblich keinen Begriff machen, *wie* dankbar ich dafür bin. Und im Besonderen muß ich bei dieser Gelegenheit mit einem Herzen voller Gerührtsein an Deine – entschuldige das Wort, vielleicht ist es verpönt – süße Frau denken. Wenn ich nur die paar Zeilen, die Anna mir bis jetzt zukommen ließ, überlese, so kann ich nicht umhin, ihrer – eben Deiner herzliebsten Frau – mit geradezu hinreißender Verehrung zu gedenken. So väterlich, Liebster, so mütterlich können nur ganz aufopfernde Menschen sein. Würde es mir vergönnt sein, Euch das persönlich sagen zu können, ich würde vor Dank in Tränen zerfließen.

Ach, daß doch die Welt so weit ist und man nicht einmal Weihnachten und Neujahr seinen geliebten Anverwandten und Brüdern all das zu sagen [vermag], was man unbedingt zu sagen für nötig hält!! Ich schließe mit aller Verbindlichkeit in allertiefster Devotion Dich und Deine Angehörigen grüßend Euer

Oskar M. Graf

Der in »Das Leben meiner Mutter« erwähnte »lange spöttische Brief«, mit dem Graf auf Eugens Denunziation seines »Luderlebens« (in einem Brief an die Familie) reagiert. »Wir sollten dich nicht mehr zu uns reinlassen«, zitiert die Mutter »gelassen« daraus, »ins Irrenhaus sollten wir dich tun«. Der Erfolg des Briefes war: »Von dieser Zeit ab blieben wir Feinde« (Ende des Kapitels »Die Eindringlinge«).

OMG im Jahre 1927

II.

FESTIGUNG
DER LITERARISCHEN POSITION

1923-1933

Das politisch turbulente Jahrzehnt von der Einführung der
Rentenmark und dem Münchner Bierhallenputsch des
Jahres 1923 bis zu Hitlers Machtübernahme am 30. Januar
1933 war die Periode, in der Graf sich entschieden als
Schriftsteller durchsetzte. *Die Traumdeuter* (1924) leitete eine
Reihe von erfolgreichen Romanen und Erzählungen aus
dem bayrischen Bauernstand und der eigenen Familiengeschichte ein, die mit den zwei Bänden der *Kalendergeschichten* (1929) und dem damals geschriebenen, aber erst im
Exil veröffentlichten Roman *Der harte Handel* (1935) einen
deutlichen Höhepunkt erreichten. Daneben führte der
Autor den mit *Frühzeit* begonnenen Rückblick auf sein eigenes Leben weiter. Seine um einen zweiten Teil erweiterte
und 1927 veröffentlichte Autobiographie *Wir sind Gefangene*
machte ihn über die Grenzen des deutschsprachigen
Raumes hinaus bekannt.
Die höchsten Auflagen erreichte Graf aber mit einem Band
erotischer Kurzgeschichten unter dem Titel »Das bayrische
Dekameron« (1929), der die Ursache dafür darstellte, daß
der Autor in manchen Leserkreisen nur unter dem Image
eines bayerischen Witzboldes gesehen wurde. Auf jeden
Fall ermöglichten es die wachsenden Erfolge Graf, für sich
und seine Lebensgefährtin Mirjam in München-Schwabing
ein bequemes Atelier zu mieten. Zu Vortragsreisen fuhr er
nach Berlin, durch Süddeutschland und nach Wien (Januar
1931). Seine literarische Tätigkeit beschränkte sich nicht auf
das Schreiben und den Vortrag eigener Werke; er beteiligte
sich auch an literarischen und politischen Protesten (z. B.
mit einer öffentlichen Stellungnahme im Volksbegehren
gegen den Panzerkreuzerbau, 1927), und er setzte sich mit
ästhetisch-politischen Fragen auseinander. Er äußerte sich
wiederholt zu seiner Schreibweise, teils mit gewollt selbst-
ironischer Unterschätzung, teils mit ernsthaften Aussagen
über seine Absicht, als Mensch und als Dichter im Sinne des

einfachen Volkes zu wirken. Viele seiner kürzeren Prosatexte, von essayhaften Äußerungen bis zu fiktiven Erzählungen, sind in den wichtigen deutschen Periodika (vor
allem linker Orientierung) der damaligen Zeit erschienen,
u. a. in *Simplicissimus, Die Rote Fahne, Der Bürgerkreis, Das
Tagebuch, Die literarische Welt, Die Linkskurve, Eulenspiegel.*
Graf ließ keinen Zweifel an seiner Ablehnung des Nationalsozialismus, der in der Öffentlichkeit immer stärker wurde
und vor allem den Mittelstand erfaßte. Er selbst begegnete
Hitler in München mehrmals und will ihm bei einem Gespräch im Kaffeehaus eine Abfuhr erteilt haben. Grafs Romane *Bolwieser* (1931) und *Einer gegen alle* (1932) enthalten
eine satirische Kritik einerseits an der selbstgefälligen, politisch verantwortungslosen Haltung des deutschen Klein-
bürgertums, andererseits an den negativen sozialen und
psychologischen Folgen des Krieges. Daher konnte der
Autor mit weiser Voraussicht im Vorwort zu seinem *Notizbuch des Provinzschriftstellers Oskar Maria Graf* (1932)
schreiben, daß er nicht sicher sei, ob er in den nächsten
Jahren noch die gleiche Meinung haben werde »oder eine
solche noch haben darf.«

Lieber Herr Scher!

Besten Dank für die Zurückgabe der Dorfschulgeschichte. Meine Bedenken waren also richtig. Ich will's lieber nicht versuchen, den Schluß zu ändern, weil ich dann meistens die ganze Geschichte verpfusche. Als ich bei Ihnen war, erzählte ich Ihnen bereits von der beigegebenen Geschichte »Das Scheiteln« und wenn Sie auch meinten, kürzere Geschichten sollte ich schicken, so mein' ich doch, dieses Stück geht für den Simpel. Es wäre nett, wenn Sie mir bald Antwort gäben. Übrigens dächte ich, daß sich zum »Scheiteln« sehr gut und leicht Illustrationen machen lassen könnten.

Ich verbleibe mit verbindlichsten Grüßen
Ihr sehr ergebener OMG

AN MICHAEL GEORG CONRAD   9. 7. 1926

Hochverehrter Herr Doktor!

Wie Ihnen bekannt sein dürfte, hat das beabsichtigte Gesetz »Zur Bewahrung der Jugend vor Schund- und Schmutzschriften« im Reichstagsausschuß bereits die zweite Lesung durchgemacht. Obgleich die Abwehr gegen diese das freie Schrifttum bedrohende Maßnahme schon an vielen Stellen des Reiches eingesetzt hat, ist unseres Wissens nach München bislang stumm geblieben. Wir wollen daher einen Versuch machen, die lebendigen Kräfte, die München noch in sich schließt, zu sammeln, um deren einmütigen Protest an die maßgebende Stelle weiterzuleiten.

Zu diesem Zwecke findet am
Montag, den 12. Juli 1926, abends 8.00 Uhr
eine Versammlung im
Steinicke-Saal, Adalbertstr. 15
statt, und wir gestatten uns, Sie zu dieser höflichst einzuladen. Es wird von schriftstellerischer, juristischer Seite usw. über dieses Thema referiert, doch soll das Hauptgewicht des Abends auf eine freie Aussprache gelegt werden. Angesichts der schwerwiegenden Bedeutung der Frage würden wir Ihnen sehr dankbar sein, wenn auch Sie, hoch-

verehrter Herr Doktor, durch einige Worte unserer Kundgebung besonderes Gewicht verleihen wollten.
Mit dieser Hoffnung empfehlen wir uns mit außerordentlicher Hochachtung ergebenst Jungmünchener Kulturbund.

OMG

Wörtlich das Gleiche schrieb am gleichen Tag Graf mindestens auch an den »Sehr geehrten Herrn Doktor« Hans Ludwig Held.

ZUSCHRIFT EINES »PROVINZSCHRIFTSTELLERS«.   30. 5. 1927

Werte Redaktion!

Indem daß Sie mich aufgefordert haben, ich soll was aussagen über meinen Werdegang, fühl ich mich sehr geehrt und diene Ihnen mit folgenden Mitteilungen:
Ich habe es nie nicht mit der schweren Arbeit gehabt, weil man da auch zu nichts kommt. Es ist schon lang hergegangen, bis ich mich in der Schriftstellerei installieren hab' können, aber ich könnte jetzt eigentlich nicht mehr klagen darüber, weil es eine sitzende Beschäftigung ist. Es braucht's gar kein Schwitzen dabei, bloß immer auf dem Stuhl muß man sein und natürlicherweise macht's auch Kopfarbeit.
Zuerst hab ich's lauters Gedichte geschrieben. Die sind sehr einfach gegangen. Aber ich habe bald gespannt, daß man mit Gedichten kein Geschäft nicht macht und habe es aufgesteckt. Alsdann habe ich mich spezialisiert auf Geschichten vom Land. Weil jeder Geschäftsmann auf seine Briefbogen was drucken läßt und überhaupts, weil die Leute gleich immer wissen wollen, was hinter der ganzen Gaudi ist, hab ich mir Visitenkarten drucken lassen: Oskar Maria Graf, Provinzschriftsteller.
Dasselbe hat mir mein Freund, der Imsinger Peter, welcher es bis zum Buchdruckermeister gebracht hat, auf die Briefbogen gesetzt, darunter steht »Spezialität: Ländliche Sachen«.
Mit meinen Bauerngeschichten hab ich nicht schlecht abgeschnitten. Die Leute haben das Zeigs schon gefressen. Ich hab's auch gleich herausgebracht, daß man auf das Publikum sehr aufpassen muß. Da braucht's eine feine Nasen.
Mein Vater selig hat's mir auch immer gesagt. »Wenns die

44

Kundschaft braune Semmel will, nachher macht mans halt braun, und wanns helle mag, nachher müssens hell sein«. Das ist sehr richtig.

Den Namen Maria zwischen Oskar und Graf hab ich mir zugelegt, weil's mir seinerzeit ein Schwabinger Maler gesagt hat. Lange Namen sind auch interessanter. Da meint das Publikum gleich, daß ich auf der Universität gewesen bin. Selbstredend bin ich mit der Zeit in die bessere Gesellschaft gekommen. Da ist immer von Büchern geredet worden, die wo grad rausgekommen sind. Gleich hab ichs gespannt, die Klassiker sind nicht mehr in der Mode, aber man muß schon gut reden über sie, wenn mans auch nicht kennt. In neuester Zeit ist es auch so, daß man über die Klassiker schimpfen darf. Ich habe aber lieber nichts gesagt, weils das gefährlich ist. Da könnte es sein, daß man sich verschnappt und dann kommts raus, daß ich nichts gelesen hab. Leichter ist es schon gewesen bei den neuen Büchern. Was darüber gesagt worden ist, habe ich mir gemerkt und nachher habe ich es auch gesagt. Seitdem meinen die Leute, ich les' sehr viel, aber mir gangst.

Ich möchte aber nicht versäumen, weil ichs weiß, wie schwer als es ist, bis man ein Geschäft macht und bis die Zeitungen gut über einen schreiben, indem ich's eine Erfahrung mitteile, die wo ich einmal gemacht habe.

Man macht so seine Bekannten und die können alsdann schon nicht mehr anders als einen recht loben. Mit der Zeit aber ist es mir drauf angekommen, daß seriöse Zeitungen mein Zeigs über den Schellenkönig loben. Hie und da habe ich Glück gehabt. Die Leute waren nicht zwider und haben geschrieben, daß ich es gar nicht mehr verstanden habe.

Aber ein Kritiker, der wo einen großen Anhang bei der vermöglicheren Käuferschaft gehabt hat, ist schon gar nicht hergegangen. Wart, hab ich mir gedacht, da muß man sich erkenntlich zeigen, weils ja früher auch so der Brauch gewesen ist, zu einem Fufzgerwecken hat man zwei Semmeln dreingegeben. Ich hab mich also hingesetzt und hab dem Herrn einen Brief geschrieben wie folgt:

»Hochwohlgeboren titlichen Herrn Professor Dr. J. Straßbiller, bei der Redaktion (ich laß natürlicherweise die hochlöbliche Zeitung aus und der Namen ist auch nicht der richtige).

Hochwohlgeboren Herr Professor!
Es ist mir ein schmerzliches Gefühl, daß Sie meine Bücher
gar nicht loben, wo ich mir so viel Mühe gebe, meiner
Kundschaft in jeder Hinsicht gerecht zu werden. Ich bin
auch katholisch und Mitglied der Vaterländischen Ver-
bände, weil es mir angeraten worden ist.
Ich lege natürlich ein großes Gewicht darauf, daß Sie mich
bestens empfehlen und möchte nicht, daß Sie zu kurz
kommen dabei. Infolgedessen lege ich Ihnen hier fünf
Mark bei als eine Erkenntlichkeit für Sie und hoffe bestens,
daß es Ihnen jetzt ein Leichtes ist, sich für meine Bücher
einzusetzen.
In gefälliger Hochachtung bin ich zu Gegendiensten gerne
bereit und bitte mir solche wissen zu lassen. Und verbleibe
in unbegrenzter Verehrung allerergebenst Ihr
Oskar Maria Graf,Schriftsteller.«

Aber da hab ich mich sehr gebrannt. Der Herr ist sehr ekelhaft geworden. Ich hab es gar nicht geglaubt, daß man
einem ein Geld schenkt und er nimmt es nicht an. Der Herr
hats mir zurückgeschickt. Gleich »Eingeschrieben« auch
noch. Alsdann hat er in seiner Zeitung geschrieben, daß ich
ein ganz unmoralischer Mensch bin und behauptet hat er,
ich hätte einen Bestechungsversuch bei ihm gemacht. Überhaupts hat er sehr vor mir gewarnt. Da ist mein ganzes Re-
nomee beim Teifel gewesen. Ich habe einen Rechtsanwalt
gefragt, wie er meint, was ich jetzt für Saiten aufziehen soll.
Der hat aber eine sehr schlechte Auskunft gegeben und gemeint hat er, verspielen tu ich. Nachdem hab ich ihn gefragt,
ob es dem Herrn Professor vielleicht zu wenig gewesen ist,
die fünf Mark, auf zwanzig könnt ich schon noch hinauf-
gehen, wenns was hilft.
»Das ist noch schlimmer«, hat er mir Auskunft gegeben, der
damische Hund. Ganz schwarz hat er mir die Folgen eines
solchen Schrittes ausgemalt und natürlicherweise hab ich
daraufhin meine zwanzig Mark für mich behalten. Weils
aber der Professor gar keine Ruhe nicht gegeben hat, hab ich
den Schwanz eingezogen und hab mich auf was anderes
verlegt. Jetzt schreib ich keine Bauerngeschichten mehr,
jetzt schreib ich sozialdemokratisch, die spannen es nicht so
und dann hab ich gleich behauptet, der Professor ist ein Na-

tionalist und ist bloß deswegen so ekelhaft zu mir. Das hat sofort gezogen.

Da sieht man gewiß ganz genau, was man mit der Schreiberei von Büchern alles aushalten muß.

Veröffentlicht im »Simplizissimus«, 32, Nr. 9, 30. 5. 1927

OMG AN CARL SEELIG   6. 7. 1927

Werter Genosse Seelig!

Sie hatten die Freundlichkeit auf mein Buch *Wir sind Gefangene* im Arbeiterblatt, Luzern, nachdrücklichst aufmerksam zu machen. Ich freue mich und danke Ihnen herzlich dafür. Vor allem war es mir eine große Genugtuung, daß Sie in den kurzen Worten Wesentliches über mein Buch sagten, was ich von den deutschen und ausländischen Rezensionen nicht grade immer sagen kann.

Ich bin sehr verbittert, daß der Verlag den Preis des Buches derartig hoch ansetzte. Es lag in meiner Absicht, für meine Genossen ein Werk herauszugeben, das sie sich auch zu einem einigermaßen erschwinglichen Preis hätten erstehen können. Leider ist der Schriftsteller, genau wie jeder Mensch, der seine Arbeitskraft verkaufen muß, stets verratzt, wenn er einmal in die Fänge solcher geschäftstüchtiger Verleger kommt, sie machen sich gesund und derjenige, der ihnen Ruf und Verdienst schafft, hat einen prozentual sehr geringen Teil davon.

Ich werde mir erlauben, Ihnen auch meine anderen Bücher – es erscheinen: im Herbst bei Engelhorns Nachfolger in Stuttgart *Wunderbare Menschen* und im Frühjahr 28 *Die Heimsuchung*, die bereits in der Buchgemeinde Bonn herauskam – zuzusenden und würde mich freuen, wenn wir in Verbindung blieben.

Ich bin mit proletarischen Grüßen
Ihr OMG

AN CARL SEELIG   8. 8. 1927

Lieber Genosse Seelig!

Schönsten Dank für Deine abermalige Besprechung von *Wir sind Gefangene*. Ich hatte in der letzten Zeit so viel Arbeit und

Besuch, daß ich kaum zum Schnaufen kam und hole erst heute alles nach. Ich habe endlich auch heute den Dreimaskenverlag veranlaßt, alle Bücher an Deine Adresse zu schicken. Nun wird er's wohl tun.

Wir sind Gefangene ist übrigens auch vom Russischen Staatsverlag in Moskau vor kurzem in Russisch herausgegeben worden. Der Dreimaskenverlag plant ja schon lang eine billigere Ausgabe und will jetzt, scheint es, Ernst damit machen. Sobald ich präzise Nachrichten habe, teile ichs mit. Dann könnte man vielleicht nochmal darauf (auf diese billige Ausgabe) hinweisen. Es ist gut, daß Du den Literaten eins draufgegeben hast, sehr gut. Im übrigen verhält sich die Deutsche Sozialdemokratische Partei (SPD) zum größten Teil sehr abweisend gegen das Buch. Die hiesige »Münchner Post« hat mich nach einem langen, eingehenden und gönnerhaft lobenden Aufsatz von Hermann Esswein sogar bei der Revolutionsschilderung der Geschichtsklitterung bezichtigt und geschrieben, daß dieses Buch wahrscheinlich dem Sozialismus zugeschrieben wird, wenngleich es in seiner kindlich naiven Erkenntnisseite alles andere als sozialistisch ist. Es sei eher schon nihilistisch!!!

Ich muß ja lachen drüber und habe die Herren Genossen gebeten, doch einen Ausschuß zusammenzustellen und mir auch nur die geringste »Geschichtsklitterung« nachzuweisen, ich stünde für jedes Wort (auch historisch!) ein. Darauf Schweigen und schließlich die merkwürdige Antwort, daß das Buch ein Kunstwerk sei und die SPD nicht die Absicht habe, sich mit einem Kunstwerk historisch auseinanderzusetzen. Nun gut, den Bluthund Noske und seine wunderbaren Maßnahmen gegen die deutsche Arbeiterklasse können sie nicht weglöschen, auch ihre Fehler nicht und die Masse der SPD-Arbeiter ist meiner Ansicht, was die Demokratie macht, schert mich nicht. Ich schreibe nicht für sie, genauso wenig wie für die Bürger.

Auch ich werde, was ich noch da habe an Büchern an Dich senden und danke Dir für dein schönes Swiftbuch, das ich vor langer langer Zeit einmal las und jetzt wieder lesen werde, es erscheint mir auch als eins der wichtigsten in der Weltliteratur.

Noch was zum Schluß: Hermann Hesse, der für den Swift das Vorwort schrieb, den kennst Du doch sicher. Nun, mir läg sehr, sehr viel dran, was dieser sehr ehrliche, gerade und eindringliche Mann über mein – darf ich das sagen – männliches Buch sagt? Vielleicht kannst Du da was tun. Ich habe ihm seinerzeit mein Buch zuschicken lassen wie allen anderen »Prominenten«.

Nun, laß Dir die Hand drücken, Genosse und nochmals für alles herzlichen Dank. Ich freue mich immer von Dir zu hören und wenn ich nicht gleich antworte, dann nehme nicht an, es sei böser Wille.

Schönste Grüße Dein OMG

AN GREGOR GOG   22. 9. 1927

Werter Genosse Gog!

Hier zwei Beiträge für den »Kunden«. Die Zeitschrift halte ich zwar nicht gar arg notwendig, aber, mein Gott, es gibt heutzutage soviel Schlechtes – bei Ihnen ist wenigstens ein guter Wille. Und mit Geduld wird alles einmal recht.
Lasst ab und zu was hören.

Mit proletarischem Gruß
OMG

AN HANS LUDWIG HELD   20. 6. 1928

Lieber, verehrter Herr Direktor Held!

Schon lang, sehr lang ists her, daß ich Sie nicht mehr sah. Mit großer Freude sah ich aber, daß nunmehr Ihr »Volk und Heimat« – wie wir damals sprachen – mehr und mehr in den Buchhandlungen und Kiosken auftaucht. Die zähe Arbeit scheint also Erfolg zu haben.

Ich muß Ihnen auch noch danken, daß Sie meine zwei Bücher *Wir sind Gefangene* und *Heimsuchung* auf die Vorschlagsliste gesetzt haben. Ich nehme an, sie verdienen es nach Ihrer guten Meinung.

Es wird Sie vielleicht interessieren, daß ich augenblicklich an einer größeren Sammlung wirklicher Erfolgserzählungen arbeite, die den Titel haben soll »Geschichten von meiner Mutter«. Ich versuche damit – im Gegensatz zur jetzt modern werdenden, literarischen Kurzgeschichte – tatsächlich

die schlichte, ganz und gar volkstümliche Kalenderge-
schichte wieder lebendig zu machen und hoffe, daß mir dies
gelingt.
Nun schicke ich Ihnen heute für »Volk und Heimat« eine
solche Volkserzählung und würde mich sehr freuen, wenn
Sie selbige brauchen könnten. Vielleicht geben Sie mir recht
bald drüber Bescheid. Die Erzählung ist unveröffentlicht und
– o weh, o weh! – soll allerdings ein Mindesthonorar von 180
Mark einbringen. Sagen Sie mir, bitte ganz offen, Ihre Meinung und auch, ob Sie meine Forderung als zu hoch finden.
Ich füge Rückporto bei und bin Ihrer recht baldigen Antwort
gewärtig. Wie immer

Ihr sehr ergebener OMG

AN DEN REDAKTEUR DER   April 1929
»LITERARISCHEN WELT«

Die vier Seiten lange Antwort auf die Anfrage nach seinem Leben (veröffentlicht in: »Die neue Bücherschau«, Bd. 7, 1929, Nr. 4, S. 185-89) ist eine ähnliche
Selbstverulkung wie die »Zuschrift eines Provinzschriftstellers« (s. unter
30. 5. 1927). Sie läuft auf die (noch öfter wiederholte) Enthüllung hinaus, daß
Graf nicht »links«, nicht revolutionär oder Kommunist ist, sondern – Katholik, und infolgedessen gar nichts glaubt. Uns scheint ein Passus davor,
über sein Schreiben, prägnanter, als er sich sonst in dieser Zeit äußert.

[. . .] Ich muß, wenn ich's so sagen darf, meine »Opfer« vor
mir haben, ganz greifbar nahe, ich muß mit ihnen reden, bei-
sammenhocken, trinken, streiten, lustig und traurig sein
wie sie. Und – ich habe von Niemanden das Erzählen gelernt, Stil und Form kann ich nicht recht unterscheiden –
wenn dann so Einer zu reden anfängt, weiß ich, wie ich
schreiben soll. Infolgedessen kommt natürlich dabei nie
Sowas heraus wie große Literatur. Und was herauskommt,
ist letzten Endes nicht einmal von mir. Thackeray hat irgendwo einmal gesagt, er kann nicht verstehen, warum
nicht jeder Mensch Schriftsteller ist. Ich muß ihm da bei-
stimmen, denn was gehört denn schon viel dazu? Gut zu-
hören und gut um sich schauen, weiter Nichts. Außerdem
ist's doch eine sitzende Beschäftigung!
Augenblicklich beispielsweise schreibe ich an zwei dicken
Bänden *Kalendergeschichten*. Es werden 50 Erzählungen,
könnten aber ebensogut 100 sein, denn ich *erfinde* ja Nichts.

Alles, was ich niederschreibe, habe ich dem Stoff nach aus Gerichtssälen, von Begebnissen, die ganz kurz und lakonisch in der Zeitung standen, viel haben mir Freunde erzählt, und viel hab' ich selber erlebt. Da diese Sachen alle gewöhnlich, dumm, sinnlos und unfantastisch sind, werden auch die Geschichten so. Es ist schon so – man muß das Gewöhnliche, das Alltägliche nehmen, sonst wird Alles verlogen und untypisch. [. . .]

AN MAURUS GRAF   17. 6. 1929

Lieber Maurus!

Was schreibst Du denn plötzlich so besorgt und so merkwürdig kriecherisch? Ich bin schrecklich in der Arbeit und dazu noch immer krank. Gehe jetzt täglich zum Callspacher und werde, da ich mich nicht operieren hab lassen, jedesmal bestrahlt. Das ist alles. Ich hoffe, daß ich nun endlich in zirka 14 Tagen mit dem Schreiben der zwei Bücher fertig bin. Es war vielleicht die schwerste Arbeit, die ich mir je gemacht habe.

Ich will Dir gleich etwas sagen: Zerkriegt bin ich nicht mit Dir. Dein seltsames Mißtrauen tüftelt da etwas heraus, was völlig dumm ist. Aber damals, als ich draußen war, erzählte mir Mutter wirklich zu Tode verzweifelt und tränenüberströmt, wie Du sie aus der Küche hast hinausjagen wollen. Du weißt – und ich schrieb es Dir damals auch sofort – ich war dagegen und bin es heute noch. Ich versprach Dir damals, falls Du Deine Zimmer oder den Keller ausbauen willst, etliche 100 Mark zu leihen. Meiner Meinung nach hätte sich so alles reibungslos machen lassen. Aber wie Mutter mir erzählte, Du wärest fürchterlich schimpfend in die Küche gerannt und hättest käseweiß zu plärren angefangen, Du hättest ihnen dann den Abort verweigert bis der Schatzlpauli Dich zur Rede gestellt hätte, ich weiß nicht, mir hat das arg mißfallen. Man muß da gerade nicht sentimental sein, aber schließlich unsere Mutter lebt keine Ewigkeit und hat, glaub ich, das bißchen Ruhe verdient. Mir war dies wieder ein schrecklicher Schlag, denn – ob Du es glaubst oder nicht, ist mir gleichgültig – ich fahre immer nur heim um *Mutter* zu sehen und mit ihr zu reden. Und es hat mich aufrichtig gefreut, als ich letzten Winter daheim war und alles lief friedlich. Ich habe es gesehen, wie wohl das der Mutter tat.

Daß man sich mit Resl schwer vertragen kann, weiß ich so gut wie Du. Ich kann ja schließlich nicht immer alles überschauen, jeder hat seine eigenen Sorgen und den Kopf voll. Aber ich fand diesen Streit von Dir auch furchtbar dumm. Was ists jetzt? Jetzt geht jener widerwärtige, gehässige Kleinkrieg, der in der Familie Graf so zu Hause ist, wieder an. Du hast mehr Ärger als Dir zuträglich ist, Du vermuffst und wirst alt. Und Du möchtest, das weiß ich genauso gut, auch nur einen einigermaßen erträglichen Frieden, um Dich rühren zu können. Also, überleg mal, was hast Du eigentlich mit dem Streit erreicht? Nichts, gar nichts – als eine moralische Niederlage, wie mans politisch sagt.

Außerdem wie Du das letzte Mal da warst, sah ichs deutlich. Mein Gott, ich möchte nicht sehen, wie von Euch allen jeder dem Eugen unfreiwillig in den amerikanischen Arsch kriecht. Dabei lügt man dann mit gut gemachtem Zynismus seine Handlungsweise irgendwie vorteilhaft zurecht. Mir ist das höchst widerwärtig. Ich hab allmählich mit Ach und Krach ein klein wenig gelernt, daß man schon auch was sein kann, wenn man sich zusammennimmt und daß man keinen braucht. Eugen interessiert mich so wenig und kommt mir nur in den Kopf, wenn ich Lust habe, Mutter zu sehen. Da stört er mich. Sonst denk ich nie daran und bin aufrichtig froh, daß er sich fernhält. Es käm dabei wahrscheinlich ein Krach und ich könnte vielleicht wieder etliche Tage nicht arbeiten. Wenn er weg ist, besuch ich Mutter wieder. Ich freu mich so sehr drauf.

Wahrscheinlich geh ich nach meiner Arbeit aufs Land – nach Wasserburg oder an den Ammersee. Wie das Geld langt. Ich brauch diesmal die Ruhe und Erholung wirklich notwendig. Nun, bei der Starnbergerseewoche bin ich im Kaiserin Elisabeth Hotel in Feldafing zum Signieren und zum literarischen Tee, dann lese ich einmal in Starnberg aus meinen Büchern, da muß ich ja hinaus, aber kommen tu ich natürlich nicht – ich meine, heim. So jetzt hab ich mir alles von der Leber weggeredet. Du wirst Dich ärgern und womöglich einen saudummen, spöttischen Brief schreiben, wirst meinen, ich bin Dir bitter feind und weiß Gott was, derweil ist alles bloß Unsinn. Wenn man – das hab ich auch so er-

fahren – nämlich an Dir was kritisiert, das kannst Du nie vertragen, andere sollten aber alles einstecken. So, siehst Du,
ists gut, daß es eine Post gibt und daß man ganz ruhige
Briefe schreiben kann.
Ich bin Dir nicht im mindesten feind, glaub es nur. Aber
meinst Du vielleicht, daß es mir ein Vergnügen macht, wenn
ich schon einmal zum Ausrasten heimkommen will und ich
komme in ein solches Zanknest. Das kannst Du so auf-
fassen, als möchte ich nur Bequemlichkeiten. Meinetwegen.
Einer der draußen steht, sieht mitunter doch deutlicher, als
einer der im Verhau steht, das mußt Du zugeben. Also. Ich
bin sehr müde, Schluß jetzt.

Beste Grüße an Mimy von uns beiden
Dein Oskar

ANTWORT AN EINEN UND VIELE GENOSSEN   Jan. 1930

In dem Aufsatz »Betriebsarbeiter als Literaturkritiker« in Nr.
5 der ›Linkskurve‹ wird erzählt, ein russischer Genosse Metallschmelzer hätte sich über meine Lebensgeschichte so geäußert: ». . . Komische Kritik bei euch, wo so ein Buch von
Oskar Maria Graf *Wir sind Gefangene* als links bezeichnet
wird. Ein schöner Revolutionsheld! Der geht mit seinem
Liebchen Sekt saufen und läßt andere für sich kämpfen . . .«
Um es gleich zu sagen: Ähnliches habe ich von meinen deutschen Genossen auch schon oft gehört und habe es nie be-
stritten, nur richtiggestellt. Und wenngleich es mir ziemlich
gleichgültig ist, was »linke« und »rechte« Kritiker und sonstige siebengescheite Leute über meine Bücher sagen – Genossen stehe ich gern Rede und Antwort. Ich schreibe ja
nicht für Kritiker, Dichterkollegen und Intellektuelle, sondern für das Volk. Und dieses Volk ist etwas anderes wie die
Bevölkerung, es setzt sich, so meine ich wenigstens, zusammen aus Genossen, während die Bevölkerung immer
Mischmasch ist.
Also – es stimmt vollkommen, lieber russischer Genosse, ich
war ein »schöner Revolutionsheld«, und ich bin, während
andere kämpften, Sekt saufen und zu Huren gegangen. Allerdings habe ich nirgends in meinem Buch behauptet, daß
ich revolutionärer Mitkämpfer war. Ich war ein unentschie-

dener, leicht angerebbelter, kopfloser Bohèmetyp, weiter nichts. Eine völlig indiskutable, bürgerliche Erscheinung also. Und als solche habe ich mich nach bestem Wissen und Gewissen dargestellt: 1. weil mich alle sogenannte Literatur anekelte, 2. weil ich sie grundverlogen fand und endlich 3. weil es mir darauf ankam, an meinem Beispiel *den* Typ ganz wahrhaftig und schonungslos zu zeigen, auf den einst die deutsche Revolution gehofft hat, auf den heute noch die meisten Genossen hereinfallen.

Hätte ich beispielsweise meine Lebensgeschichte nicht in Ichform, sondern als Roman geschrieben, was dann? Dann hättet wahrscheinlich ihr, Genossen, und die ganzen Kritiker ein Loblied etwa so gesungen: »Fein, er zeigt diese Revolutionswanzen richtig. Das ist einmal ein revolutionäres Buch, weil es uns aufklärt über die Verrottetheit und Unzuverlässigkeit solcher Gestalten.« Und die Kritiker hätten vielleicht noch hinzugefügt: »Dieses Buch ist eine Anklage, ein Fanal . . . na, und so weiter!«

Ich aber hätte entweder bitter lachen müssen über euch, Genossen, oder ich hätte eine Wut bekommen, weil ihr so gutgläubig und dumm seid. Gerade weil ich das Buch in Ichform schrieb, forderte ich euch und forderte ich alle heraus, denn mir kam und kommt es immer beim Schreiben darauf an, den Menschen darzustellen, wie er in Wirklichkeit ist, mit seinen Schwächen, seinem Dreck, seiner Verlogenheit und all seinen inneren und äußeren Hemmnissen. Was ist denn letzten Endes Sinn und Zweck der Literatur?

Etwa das Volk und die Menschen, den Menschen so darzustellen, wie er euch behagt, wie ihr, Genossen, ihn euch *wünscht,* etwa die Welt und ihr Getriebe zu schildern, wie *beide nicht* sind, bloß damit ein Bild herauskommt, das euch irreführt und – streng genommen – gutgläubig und unkämpferisch macht?

Oder: soll der Schriftsteller versuchen, ein Bild dieser Welt und dieser Menschen zu geben, daß jeder Genosse sich sagen muß, mit dieser Wirklichkeit haben wir zu rechnen, die haben wir totzuschlagen und zu verändern.

Mit Versen, mit Lobliedern und Romanzen, die immer nur darauf hinauslaufen, daß die Genossen recht haben, gut sind, zu Unrecht unterliegen oder mit Begeisterung siegen, ist wenig getan. Tendenz hin, Tendenz her. Literatur ist:

Das Wissen um den Menschen und das Wissen um die Hintergründe der Welt vermehren. Du, Genosse Metallschmelzer, arbeitest für den Nutzen deiner Klasse. Glaubst du wirklich, daß ein Mann, der *Wir sind Gefangene* geschrieben hat, aus Eitelkeit oder, um was Schönes für bessere Leute zu machen, Bücher schreibt? Er schreibt sie auch für den Nutzen derer, zu denen er sich zählt.

Veröffentlicht in »Die Linkskurve«, 1930, Nr. 1

AN HANS LUDWIG HELD   18. 3. 1930

Lieber, verehrter Herr Direktor Held!

Erst heute komme ich dazu, Ihnen auf Ihren Brief vom 5. März zu antworten. Sie bitten mich um ein handgeschriebenes Manuskript für die Dichterhandschriften-Sammlung der Stadtbibliothek und ich muß Ihnen wiederholen, was ich Ihnen schon öfters persönlich gesagt habe: Ich besitze keine handgeschriebene Arbeit von mir. Alles, aber auch wirklich alles was ich schreibe, tippe ich mit der Maschine. Ich kann Ihren Wunsch also nicht erfüllen, denn ein maschinengeschriebenes Manuskript – noch dazu, da die meinigen ausnahmslos ohne Verbesserungen sind, dürfte für Sie wenig Interesse haben.

Abgesehen aber davon würde ich, bei aller aufrichtigen Hochschätzung, die ich für Sie hege, der Bibliothek des Stadtrats München kein handgeschriebenes Manuskript geben, denn ich lege absolut keinen Wert darauf, beim offiziellen München bekannt zu sein. Mit einer Stadt, die Theater-Aufführungen einem Spießbürgertum zuliebe inhibiert, die die besten Filme nicht hereinläßt, und mit einer »Geistigkeit«, die das duldet, habe ich nichts zu tun. Und warum sollte der Münchner Stadtrat seine Manuskriptsammlung mit den Schriftzügen eines proletarischen Schriftstellers verunzieren – dieser Stadtrat, dessen Oberbürgermeister es nicht einmal für nötig hielt, mit hungernden Erwerbslosen zu verhandeln? Sehr ergeben

OMG

Es ist nicht leicht für die Generation, zu der ich gehöre, sich heute endgültig zu entscheiden. Wir sind im Grunde genommen mit Gewalt zu Nihilisten gemacht worden.
Man kann, um es überhaupt auszuhalten, überhaupt nur Frondeur für eine bessere Zukunft sein.

AN ROBERT WARNECKE   8. 8. 1931 [?] Postkarte

Lieber Herr Warnecke!

Immer so zwischen Streunerei auf dem Lande und etlichen Tagen in der Stadt komme ich dazu, meine Post zu lesen und zu beantworten. Glauben Sie mir, so ein Brief wie der Ihrige ist schon lang nicht mehr bei mir eingelaufen. Meistens kriege ich die unflätigsten Drohbriefe und Karten oder nichtssagendes »Verehrergeschreibe«. Ihr Brief hat mich sehr, sehr gefreut. Tausend Dank dafür. So ein verständnisvolles Ermuntern gibt neuen Mut, daß man doch nicht ganz umsonst schreibt. Auch der Artikel in der Nordischen Bäckerzeitung machte mir große Freude, denn gerade ins Volk will ich doch, nicht einfach Dichter für die Dichter sein. Sobald ich wieder einmal ein Buch rausbringe, geht es Ihnen zu und wenn Sie gern das oder jenes von mir wollen, dann schreiben Sie es mir ohne Genieren, ich werde meine Verlage veranlassen, Ihnen alle zugehen zu lassen. Ich selber besitze nie ein Buch von mir, da ja die meisten meiner Arbeiterfreunde weder Verdienst noch Geld haben, um sich sowas zu kaufen. Da verschenk ich eben meine Exemplare. Also, bitte, melden Sie Ihre Wünsche. Augenblicklich verfasse ich kleinere Sachen für Zeitungen. Ein bayrischer Bayernroman [Bauernroman] und ein Vagabundenroman sind fertig. Letzterer wird wohl im Herbst oder zu Weihnachten rauskommen, wenigstens hat der Verlag schon fast den ganzen Vorschuß bezahlt! Aber was will man in heutigen Zeiten sagen, ob noch was bestimmt ist! Ihnen einen ganz herzlichen Händedruck.

In Eile Ihr
OMG

Schlußsatz eines knappen Geschäftsbriefs über die französische Ausgabe von *Wir sind Gefangene:*

[. . .] Es ist auch grad jetzt wichtig, daß – beim Erscheinen des *Bolwieser* – immer und überall von mir gesprochen wird.

AN HERBERT GÜNTHER 27. 8. 1931

Graf schickt Günther, der ihn in diesen Jahren mehrmals rezensierte, Material und Bilder und nennt viele Zeitschriften, in denen er sich Rezensionen wünscht.

[. . .] Ich bin zu Ihrer Informierung leidenschaftlicher Mitfahrer beim Motorradfahren, und ich weiß kein größeres Vergnügen als an schönen Tagen so durch das herrliche Bayernland zu sausen. Selbst möchte ich allerdings nie ein solches Vehikel, da ich von maschinösen Sachen keine Ahnung habe. Den einzigen Sport, den ich gern treibe: Radfahren und Schwimmen. Aber beides nicht grad passioniert. Die Berge mag ich nicht, hasse sie geradezu, sie bedrücken mich und ich war bis jetzt sehr wenig im Gebirge. Das hügelige Flachland ist mir aber ganz ans Herz gewachsen.

AN RUDOLF UND ANNY SCHAAL 13. 11. 1931

Hier (mit bestem Dank) das Heft vom roten Aufbau und den Lena Christ Artikel zurück. Das mit Manfred war ein bißl aufgebauscht von den Herren Kommunisten. Ich find's halb so schlimm und es kann mir genau so gehen, weil die Leute ja immer glauben, wenn einer nicht voll und ganz linientreu ist, gehört er zur zweiten Kategorie der Menschen. »Tempo« ist ein richtiges Zörgiebelblatt, das bestreitet niemand. Manfred wird halt sich ducken müssen, um nur sein Brot zu haben. Der Arbeiter bei den Krupp-Werken kann auch nicht die Arbeit aufgeben, weil sein Chef Hakenkreuzler oder deutschnational ist. Na also [. . .]

Es folgen Terminfragen und eine Einladung. Mirjam kommentiert handschriftlich Oskars Beteiligung an einem »sehr offiziellen Buchhändler-Gansessen gegen Bezahlung«: »d. h. er kriegt dafür bezahlt, je mehr Gans er ißt, umso mehr. Mir bringt er nachher die Boana [Knochen] mit, das ist so unser gewöhnlicher Verteilungsschlüssel.«

Lieber Herr Carl Seelig!

Endlich, endlich habe ich Ihre Adresse durch Joseph Winkler wieder erfahren. Lang, lang schon wollte ich sie. Leider bin ich zu umständlich in allem. Nun – Winkler schrieb mir auch, daß Sie für die »Neue Züricher Zeitung« einen Roman suchen. Ich weiß nicht, ob Sie meinen *Bolwieser*, über den Franz Carl Endres [?] nicht grad klug und völlig unerkennend – ich glaube – in der »Neuen Züricher« geschrieben hat [kennen?]. Es handelt sich dabei keineswegs um eine Herabsetzung des Kleinbürgers à la Sternheim, ganz das Gegenteil ist gerade in diesem Buche der Fall: Mein »Kleinbürger« Bolwieser ist irgendein Mensch, der einfach ins Tragische versinkt. Ob Sie allerdings diesen wirklich guten, aber wahrscheinlich zu »pikant« realistischen Roman brauchen können, fragt sich sehr. Ich lasse Ihnen vom Drei Masken Verlag Berlin sofort ein Exemplar zugehen. Da ich Ihre früheren Rezensionen besonders wegen Ihrer sachlichen Aufrichtigkeit schätze, bin ich auch – unabhängig davon, ob Sie sich (eventuell mit etlichen Streichungen) für einen Abdruck in der NZZ entscheiden – sehr gespannt drauf, was Sie überhaupt zu meinem neuen Buch sagen werden.

Ich habe allerdings grade in der letzten Zeit einen bayrischen Bauernroman *(Der harte Handel)* fertig geschrieben, und habe große, große Pläne. Leider aber zwingt mich meine derzeitige Notlage, alles liegen zu lassen. Ich muß mit aller Qual Kleingeschichten für Zeitungen verfertigen und – bring sie dann doch nicht an. Auch die jetzige niedergedrückte Lage in Deutschland macht mich zeitweise völlig arbeitsunfähig. Ich will mich endlich einmal ruhig hinsetzen und arbeiten, aber wie und wo das noch möglich ist, weiß ich nicht. Mein neuer (noch unveröffentlichter) Bauernroman *Der harte Handel* wird sicher schon wegen des vielen Dialektes – der, wenn er auch in Klammern meist verdeutscht ist, sicher stört – nicht für Ihre Zeitung passen. In der Schweiz hat man sicher andere Interessen. Nun habe ich aber im Sinn, einmal zwei oder drei Monate in die Südschweiz zu gehen und dort in aller Ruhe meine Pläne durchzuführen. Leider weiß ich nicht, wovon, denn – Winkler wird Ihnen das wohl geschildert haben – ich bekomme seit drei Monaten nicht einen Pfennig mehr vom Drei Masken Verlag und muß ihm, infolge meines hohen Vorschusses, dennoch alles geben. Geben – und kriege nichts dafür. Das sind bittere Zustände. Ich glaube aber, daß mir etliche Freunde einige hundert Mark leihen werden. Mit diesen will ich mein Glück da drunten in der Ruhe versuchen. Was meinen Sie dazu? Vielleicht können Sie mir etwas billiges raten, wissen was. Dann bitte. Schreiben Sie mir gleich, seien Sie so gut.

Hoffen wir, daß wir uns bald sehen. Ich schließe für heute und grüße Sie so kameradschaftlich und herzlich wie immer

Ihr OMG

AN HANNA NAHDE   31. 12. 1931

Liebe Frau Hanna Nahde, geb. Romacker!

Das war nett, daß ich auch mal von Ihnen was erfuhr. Oft habe ich der seltsamen Zeit gedacht, die uns bekannt machte, damals beim Delphin-Verlag und wie ich draußen in Rußland war.

Was wird wohl inzwischen alles passiert sein, mein Gott! Ich hoffe, Sie sind gut verheiratet und es geht Ihnen anständig. Ich wünsche Ihnen ein recht, recht schönes Neujahr.

Ihr Brief nämlich kam erst heute in meine Hand. Ich war in Wien bis jetzt und las dort am Sender und sonst so herum. Inzwischen ist also das Christkindl schon weggeflogen – und: Gern würde ich Ihnen ein Buch schenken, wenn ich eins hätte. Leider aber gehts bei mir immer so: Wenn eins rauskommt, erscheinen so und soviel arbeitslose Genossen und bitten mich drum. Die können sich ja sowas nie kaufen, also! Ich selber besitze fast nie ein Buch von mir, aber wenn einmal wieder was neues rauskommt, denke ich sicher an Sie. Bis dahin müssen Sie schon Geduld haben.

Ob Ihnen allerdings meine Bücher Freude machen würden, steht noch sehr dahin. Das müßten schon *Sie* beurteilen.

Nun grüßen Sie mir Ihren Schwager Sattler und seien Sie ebenso herzlich begrüßt und bedankt für die Weihnachtswünsche.

Ihr OMG

Lieber Herr!

Ihr Brief hat mich sehr gefreut. Leider habe ich zuviel Arbeit und zu wenig Zeit, um Ihnen auseinanderzusetzen wie *Die Heimsuchung* und das beiliegende kleine Bücherl, das ich Ihnen als einem unbekannten, aber sympathischen Leser schenke, zustande kamen. Da ich selber aus der katholisch bayrischen Bauernwelt komme, ist vieles verständlich.
Mein bester Bauernroman ist *Die Chronik von Flechting* (Drei Masken Verlag), der schon *vor* der *Heimsuchung* herausgekommen ist. Leider wird Ihnen dieser Roman Schwierigkeiten machen, da er sehr mit Dialekt durchsetzt ist. Im übrigen: Ich (und wahrscheinlich jeder Dichter) kann Ihnen nur meine ganz subjektive Meinung über die Bücher sagen, die ich geschrieben habe. Das müssen wohl die Leser tun – ich meine –: Herausfinden, was bleibt und was echt ist.
Unsereins kann eben nur arbeiten. Was draus wird, muß sich zeigen.

Anlage: *Traumdeuter*.   Recht herzlich Ihr OMG

Graf war »in der wüstesten Arbeit«. Er dankt dem Kritiker Günther für seine »liebenswürdige Pionierarbeit«.

[. . .] Übrigens, daß ich ab und zu Wortverdeutschungen in Klammern machen muß, verlangen mehr die Verleger, meinethalben würd ichs nur zu gern lassen.
Mein neuer Roman [*Einer gegen alle*] handelt von einem Menschen, der – plump gesagt – nach seiner Rückkehr aus dem Feld den Krieg in der Heimat einfach weitermacht und daran eben zu Grunde geht. Es ist ein Roman, der sicher überall anstoßen wird, weil zuviel Nihilismus drinnen ist. Er soll im Herbst rauskommen.
Vielleicht läßt mich das ewige Geldverdienen mal ganz zur Sammlung kommen, dann nämlich möchte ich mich hinsetzen und meinen ewigen Sehnsuchtsplan verwirklichen: Den Roman des deutschen Bauernkriegs zu schreiben. Ich habe nun nebenher schon drei Jahre Vorstudien gemacht und finde immer noch kein Ende. Ich bin aber sicher, daß diese Arbeit mein bestes werden wird. [. . .]

Lieber, verehrter Herr Warnecke!

Schon damals, als Sie über meine *Dorfbanditen* und über das *Notizbuch* schrieben, wollte ich Ihnen aufrichtige Grüße senden und Ihnen recht recht gut danken für Ihr ehrliches Eintreten. Wenn ich immer so große Rezensionen in Blättern, die ganz weit weg sind, lese, ergehts mir ja ein bißl seltsam: Ich bin überrascht, denn ich habe immer so das Gefühl, als kennt man mich höchstenfalls im Kreise meiner Verwandten und Bekannten, um München herum und vielleicht in Bayern noch ein wenig. Die Herren von der großen »Literatur« wollen schon gar nichts wissen von mir, eins nur freut mich stets aufrichtig, daß die Arbeiter, meine Genossen, mich lesen und lieben. Von ihnen krieg ich ja auch oft von recht weit her Briefe und da find' ich dann, daß es doch der Mühe wert ist, heute noch Bücher zu verfassen.

Daß Sie grad an meinem Geburtstag über alle meine Bücher so nachdrücklich überzeugt geschrieben haben und – wie aus jeder ihrer Zeilen hervorgeht – sich auch wirklich hineingelesen haben, das hat mich groß ermuntert zu weiterer Arbeit. So was braucht man in heutiger Zeit, weiß Gott, notwendig, besonders wenn man, wie ich, immer auf das Lapidarste und Einfachste abzielt und zum Schluß so einer Arbeit dann oft das Gefühl hat, als könnt's jeder andere besser . . . Nun gut, Sie haben so gute Worte für mein Schaffen gefunden, tausend Dank und recht herzliche Grüße. Wenn wieder ein Buch rauskommt schick ich Ihnen eins mit einer netten Widmung und vielleicht ereignet es sich gar einmal, daß man einander begegnet. Da gibts dann viel zu erzählen. Für heute nur das. Ich drücke Ihnen die Hand und verbleibe

Ihr ergebener OMG

[. . .] Auch wegen der Korrespondenzbüros – die ich im Schutzverband seit Jahr und Tag bekämpfe – sagen Sie mir nichts Neues. Die Not der Schriftsteller ist eben auch deshalb so groß, weil sie in ihrer Einzel- und Gesamtheit so machtlos sind. Auch ich habe einmal in einer sehr schweren

Zeit etliche Sachen an ein Korrespondenzbüro Oppermann, Hannover, verkauft und kann nun gar nichts machen, wann und wo auch meine damaligen Skizzen erscheinen. Seither war mir das eine gute Lehre. Und wenn ich verhungern müßte, gäbe ich kein Stück mehr in eine solche Räuberküche.

Es wird mich freilich sehr freuen, lieber Herr Warnecke, wenn sie die Geschichte »Ein melancholisches Herz« in Ihrer Zeitung unterbringen und ich bin mit zwanzig Mark zufrieden, denn – Sie fühlten das ganz richtig – auch ich bin trotz alles Fleißes, trotz aller Bekanntheit ein ziemlich notiger Mensch. Geht es aber einfach nicht, daß Sie die Geschichte unterbringen, nun ja – *ich* bin der Letzte, der einem Schriftleiter Vorwürfe mache, weil ich den Betrieb zu genau kenne.

Ja, lieber Herr Warnecke, gern würde ich einmal nach Hamburg reisen und dort am Sender lesen, aber ich habe leider rausgekriegt, daß erstens die Sender, um zu sparen, einfach den Autor von seinem Standort aus über die betreffende Welle lesen lassen und zweitens wenn schon der Autor hinkommen soll, springt dabei so wenig raus, daß man wirklich meist vollkommen abgebrannt nach Hause kommt. Und da gehn gleich wieder die Sorgen von vorn an [. . .].

Es folgt noch eine halbe Seite über seine Zurückhaltung gegenüber Sendern, begründet auch mit seiner »politischen Anrüchigkeit« und der Erfahrung, daß man »mehr und strenger herumschnüffelt als in der Wilhelminischen Zeit und dabei das rein Menschliche und das politisch-enge in einen Topf wirft«.

AN HERBERT GÜNTHER   26. 10. 1932

Günther hat nach Grafs Plänen gefragt. Da »hapert's«, weil er in einem Prozeß gegen den Drei Masken Verlag steht. Er will von ihm loskommen und sucht einen festen Verlag für alle seine Bücher. Vorerst muß er sich weiter mit »windigen Zeitungsarbeiten« durchbringen und hat überdies »meist Pech im Anbringen«. »Aber es wird wohl den meisten meiner Kollegen so gehen in dieser idiotischen Zeit.«

[. . .] Der neue Nachkriegs- und vor allem Nachrevolutionsroman *Einer gegen Alle* erschien im Universitas Verlag, Berlin W. 50, Tauentzienstraße 5. Es ist meiner Meinung nach ein sehr bedrückendes Buch, deshalb schon, weil dort nur noch der vollkommen vereinsamte Mensch sinn- und zusammenhanglos im Wirrwarr der Zeit steht und eben durch die Kriegserlebnisse gar nicht dazu kommt anders zu handeln als eben – einsam, losgelöst, zerfahren, nihilistisch. Ich wette, das Buch wird sehr mißverstanden werden, weil es einen Helden zeigt, den man nicht im mindesten lieben kann. Der Roman ist für mich innerlich die Konsequenz meiner Glaubenslosigkeit, wenn ich so sagen darf. Nun, Sie werden ihn ja lesen und ich bin sehr begierig, was Sie dazu sagen.

OMG IM JAHRE 1933

III

EXIL IN WIEN UND BRÜNN

1933-1938

Wie gefährdet sich Graf nach Hitlers Machtübernahme in Deutschland gefühlt hat, ergibt sich aus seiner überstürzten Abreise aus München am 24. Februar 1933, wenige Stunden nachdem er eine Einladung zu einer Vortragsreise nach Österreich erhalten hatte. Mirjam folgte ihm bald darauf, nachdem sie noch die letzte Gelegenheit wahrgenommen hatte, in der von Hitler anberaumten Wahl ihre Stimme gegen die neuen deutschen Machthaber abzugeben. Obwohl Graf schon am 5. März seinen Austritt aus dem Schutzverband deutscher Schriftsteller erklärt hatte und am 12. Mai in einem offenen Brief (»Verbrennt mich!«) gegen die Empfehlung seiner Bücher durch die Machthaber des Dritten Reiches protestierte, versuchten die »Schrifttums«-Überwacher des Hitler-Staates noch länger, den nun weithin bekannten Dichter zur Rückkehr nach Deutschland zu bewegen. Graf parierte diese politische Anbiederung mit offenen Angriffen auf den Terror und die Lügen des Nationalsozialismus. Als Mitherausgeber der im September begründeten Exilzeitschrift »Neue Deutsche Blätter« (Erscheinungsort Prag) konnte er auch direkt auf die Richtung und die literarischen Mittel der Fehde gegen das gehaßte politische Regime in Deutschland einwirken.

Grafs und Mirjams Aufenthalt in Wien war von kurzer Dauer. Da sie sich 1934 am Februaraufstand der österreichischen Arbeiter beteiligt hatten, mußten sie nach dessen blutiger Niederwerfung durch die Dollfußregierung in die Tschechoslowakei fliehen. In einer geräumigen, sonnigen Wohnung in Brünn verbrachten Graf und seine Lebensgefährtin vier relativ glückliche Jahre. Während dieser Zeit nahm er auch am 1. Unionskongreß der sozialistischen Schriftsteller in Moskau teil (August 1934, mit anschließender Reise in den Süden der Sowjetunion) und fuhr ein paar Mal nach Prag (zuletzt zum Kongreß des Internationalen PEN-Clubs im Juni 1938). In Brünn beteiligte sich Graf aktiv an der Veranstaltung von öffentlichen Vorträgen und

Lesungen, die deutsche Emigranten und andere Vertreter der europäischen Literatur (u. a. Klaus Mann, Sergej Tretjakow, Ilja Ehrenburg) gaben.

Grafs politische Ziele richteten sich seit Beginn seines Exils auf die Schaffung einer Einheitsfront der zwei großen marxistischen Parteien gegen den Faschismus. Als er diesen Kampf auch in seinem literarischen Schaffen führte, vor allem in seinem Roman *Der Abgrund,* stieß er auf entschiedene Gegnerschaft der betroffenen Parteifunktionäre unter den deutschen Emigranten, was die Veröffentlichung des Romans verzögerte und nach dessen Erscheinen eine einseitige, hauptsächlich parteipolitische Kritik verursachte. Diese Erfahrungen mögen dazu beigetragen haben, daß der Dichter sich, nachdem eine wirksame Volksfront gegen den Faschismus ausblieb, von 1937 an auf ein neues Werk aus dem Bereich seiner Familiengeschichte konzentrierte. Grafs Arbeit an *Das Leben meiner Mutter* wurde allerdings unterbrochen, als die politische Lage in der Tschechoslowakei 1938 immer brenzliger wurde und er sich nach einem neuen Exilland umsehen mußte. Seine Bemühungen um Einreisevisen in die Schweiz und nach Norwegen schlugen fehl. So ließ er sich von seinen in Amerika lebenden Geschwistern Lenz und Nanndl Affidavits (Bürgschaftserklärungen für Einwanderer) ausstellen, aufgrund derer ihm und Mirjam schließlich die Einreise in die Vereinigten Staaten bewilligt wurde. Anfang Juli 1938 flogen sie über NS-Deutschland hinweg nach Holland; kurz darauf überquerten sie getrennt (aus Furcht vor der puritanischen Einstellung der amerikanischen Einreisebehörden) mit dem Schiff den Atlantik.

Ein Protest von Oskar Maria Graf

Wie fast alle linksgerichteten, entschieden sozialistischen Geistigen in Deutschland habe auch ich etliche Segnungen des neuen Regimes zu spüren bekommen: Während meiner zufälligen Abwesenheit aus München erschien die Polizei in meiner dortigen Wohnung, um mich zu verhaften. Sie beschlagnahmte einen großen Teil unwiederbringlicher Manuskripte, mühsam zusammengetragenes Quellenstudienmaterial, meine sämtlichen Geschäftspapiere und einen großen Teil meiner Bücher. Das alles harrt nun der wahrscheinlichen Verbrennung. Ich habe also mein Heim, meine Arbeit und – was vielleicht am schlimmsten ist – die heimatliche Erde verlassen müssen, um dem Konzentrationslager zu entgehen.

Die schönste Überraschung aber ist mir erst jetzt zuteil geworden: Laut »Berliner Börsencourier« stehe ich auf der *weißen* Autorenliste des neuen Deutschland und alle meine Bücher, mit Ausnahme meines Hauptwerkes *Wir sind Gefangene*, werden *empfohlen!* Ich bin also dazu berufen, einer der Exponenten des »neuen« deutschen Geistes zu sein!

Vergebens frage ich mich, womit ich diese Schmach verdient habe.

Das Dritte Reich hat fast das ganze deutsche Schrifttum von Bedeutung ausgestoßen, hat sich losgesagt von der wirklichen deutschen Dichtung, hat die größte Zahl ihrer [seiner] wesentlichsten Schriftsteller ins Exil gejagt und das Erscheinen ihrer Werke in Deutschland unmöglich gemacht. Die Ahnungslosigkeit einiger wichtigtuerischer Konjunkturschreiber und der hemmungslose Vandalismus der augenblicklich herrschenden Gewalthaber versuchen all das, was von unserer Dichtung und Kunst Weltgeltung hat, auszurotten, und den Begriff »deutsch« durch engstirnigsten Nationalismus zu ersetzen. Ein Nationalismus, auf dessen Eingebung selbst die geringste freiheitliche Regung unterdrückt wird, ein Nationalismus, auf dessen Befehl alle meine aufrechten sozialistischen Genossen verfolgt, eingekerkert, gefoltert, ermordet oder aus Verzweiflung in den Freitod getrieben werden!

Und die Vertreter dieses barbarischen Nationalismus, der mit Deutschsein nichts, aber auch schon gar nichts zu tun hat, unterstehen sich, mich als einen ihrer »Geistigen« zu beanspruchen, mich auf ihre sogenannte weiße Liste zu setzen, die vor dem Weltgewissen nur eine schwarze Liste sein kann!

Diese Unehre habe ich nicht verdient!

Nach meinem ganzen Leben und nach meinem ganzen Schreiben habe ich das Recht, zu verlangen, daß meine Bücher der reinen Flamme des Scheiterhaufens überantwortet werden und nicht in die blutigen Hände und die verdorbenen Hirne der braunen Mordbanden gelangen!

Verbrennt die Werke des deutschen Geistes! Er selbst wird unauslöschlich sein, wie eure Schmach!

(Alle anständigen Zeitungen werden um Abdruck dieses Protestes ersucht. Oskar Maria Graf)

Veröffentlicht in: »Arbeiter-Zeitung« (Wien), 12. 5. 1933, nachgedruckt in zahlreichen Zeitungen des Auslands, deutsch und in Übersetzungen.

AN DEN P.E.N.-CLUB, DEUTSCHE GRUPPE   3. 10. 1933

Sie, Herr Sekretär Hanns Martin Elster, schicken mir am 1. September 1933 ein Schreiben mit der Überschrift: »Sehr geehrtes P.E.N.-Club-Mitglied!« Ich muß Sie darauf aufmerksam machen, daß schon diese Anrede eine Lüge ist. Erstens bin ich von Ihnen und Ihresgleichen nicht »sehr geehrt« und möchte mich auch gefälligst dagegen verwahren, und zweitens wollte ich nie Mitglied dieses seltsamen Abendessen-Clubs sein. Vielleicht sehen Sie nach, was ich seinerzeit nach Berlin schrieb, als mich – wie ich später erfuhr – Herr Mahrholz selig, Herr Walter von Molo und Herr Joseph Ponten ohne mein Zutun und Wissen da hineinwählten. Ich schrieb, daß ich nicht wüßte, was ich in diesem Verein eigentlich sollte, schrieb, daß ich kein Geld zur Beitragsleistung hätte und schrieb ferner, daß – bei jeder Clubzusammenkunft war dunkler Anzug vorgeschrieben – ich wohl für allfällige familiäre Trauerfälle einen schwarzen Anzug hätte, nicht aber die rechte Manierlichkeit für so eine noble Gesellschaft. Später bat ich Herrn Mahrholz des öfteren ausdrücklich, er sollte mich aus der Mitgliederliste doch endlich streichen. Er tat's nicht. Ich bekam einmal, als ich in Berlin

68

war, Einblick, was »P.E.N.-Club« eigentlich ist, nämlich, ich machte ein Abendessen mit. Im Laufe von sechs oder sieben Jahren habe ich vom P.E.N.-Club immer nur monatlich eine sehr schön gedruckte Einladung zu einem solchen Abendessen in irgendeinem vornehmen Berliner Restaurant zugeschickt bekommen. Die Tätigkeit und die Verpflichtungen schienen also sehr anstrengend und ungemein wichtig zu sein.

Jetzt, höre ich, sollen diese Zusammenkünfte noch viel prunkvoller sein und ins bunte Bild der Teilnehmer sollen sich SS.- und SA.-Uniformen mischen, vor denen die deutschen Schriftsteller stramm stehen. Jetzt soll überhaupt dieser ganze schöne Unterhaltungsverein etwas belustigend Uniformiertes angenommen haben – ich kann's verstehen, so was kostet auch allerhand. Darum senden Sie mir also Ihren Brief und verlangen von mir einen Beitrag von Mk. 20.— für das Jahr 1933. Früher war, soviel ich weiß, das billiger. Man hätte nur 12 Mark zu zahlen gehabt. Sie sind auch absolut menschlich, Herr Sekretär! Sie erinnern mich daran, daß Sie bei Beginn des Jahres, dann im April von mir das Geld haben wollten, die Nachnahme sei aber uneingelöst zurückgegangen. Daraufhin hätten Sie im Mai abermals eine »Erinnerung« an mich geschickt und eine Nachnahme für den 15. Juli angekündigt. Diese aber hätten Sie – so heißt es in Ihrem Brief – »nicht abgesandt, um meine Sommerruhe nicht zu stören«. Und nun bitten Sie mich »zum dritten Male herzlich« doch zu zahlen.

Herr Sekretär? Wo leben Sie eigentlich, wenn ich fragen darf? Wissen Sie nicht, daß Sie einem Verein Dienste tun, der die Verfemung und Vertreibung aller deutschen Schriftsteller von Rang und Weltgeltung ruhig mit angesehen hat! Und wer eigentlich bestimmt Sie dazu, den Geldeintreiber zu machen für einen Club, der heute den Herren Goebbels, Rust und Goering zu Gnaden sein muß, die alles, was »deutscher und freier Geist« heißt, nur noch vom Unteroffiziers-Standpunkt aus kommandieren wollen!

Herr Sekretär? Sie waren auch als Beauftragter – nicht etwa des P.E.N.-Clubs, sondern der deutschen Machthaber – in Ragusa beim Kongreß aller P.E.N.-Clubs der Welt und haben gehört, was die Geistigen der anderen Nationen zu dieser deutschen Schande gesagt haben. Und Sie sind heim-

gefahren und haben mitgeholfen, den deutschen P.E.N.-Club gleichzuschalten. Und nun wenden Sie sich an mich, an ein unfreiwilliges, längst ausgetretenes Mitglied, an einen emigrierten und verfemten deutschen Schriftsteller, an einen seit Jahren bekannten Kämpfer gegen die stockreaktionäre, kulturfeindliche Hitlerei! Sie wenden sich an mich, dessen Bücher von der Polizei aus den Buchläden heraus beschlagnahmt werden, weil ich es gewagt habe, das Empfohlenwerden von den heutigen deutschen Machthabern zurückzuweisen – Sie, Herr Sekretär, müssen so tun, als sei Ihnen das alles unbekannt und müssen um Geld betteln für den Komikerverein, der sich heute noch »P.E.N.-Club, deutsche Gruppe« nennt, um Geld betteln bei feindlich gesinnten Emigranten, bei Verjagten und Verfolgten!
Wahrhaftig, ein bitteres Geschäft, armer Herr Sekretär! Wahrhaftig, etwas, das sich dem »Deutschtum« Ihrer Herren gut anpaßt, bei denen es auch heißt: »Geld stinkt nicht!«
In diesem Sinne grüße ich alle Mitglieder der »deutschen Gruppe«.

Veröffentlicht in: »Neue deutsche Blätter«, Prag, 15. 10. 1933

AN MAURUS GRAF   7. 10. 1933

Lieber Maurus!

Dein Brief hat mich sehr, sehr gefreut. Vielen Dank dafür. Jetzt ist uns leichter und – Du darfst mirs glauben – längst hätt ich das so gemacht, aber ich hab schon erwartet, daß da mit Resl wieder Wirbel wird. Ich steh aber da absolut auf *Deiner* Seite und laß nur die Resl schreiben, ich antworte ihr dann schon demgemäß. Es ist ekelhaft, so eine idiotische Raffgesinnung!
Die Sachen, die Du hast – das kannst Du ja Resl gelegentlich sagen – gehören ja gar nicht mir. Sie sind laut notariellem Beschluß Mirjams Eigentum und schon Lina hat damals, als sie prozessierte, dagegen verspielt. Am besten ists wohl, Du laßt Dich gern haben von dem Gesurms und bleibst einfach hart. Was will man gegen so verrückte Weiber machen.
Wirklich, beide haben wir uns sehr gefreut über Deinen Brief und es ist schon so – manchmal hab ich sehr den Wunsch wieder mit Dir zusammenzusitzen und halt so zu reden,

aber das wird wohl lang, lang hergehen. Und wie wirds dann sein?!

Eigentlich gehts ganz gut um bei uns, besser als zuletzt in M. Nur eins ist bitter, man muß jeden Tag für irgendeine Zeitung was fabrizieren und hat keine Ruhe mehr, sich hinzusetzen und an großem Zeug zu arbeiten. Man hat ja schließlich auch noch keine Sammlung dazu.

Nun hätt ich bloß (ganz gelegentlich, es eilt nicht) gewußt, was Du für Bilder hast? Ist darunter folgendes: 2 Ölbilder von Schrimpf (ein hockendes Mädchen und ein Stilleben mit einer Zigarettenschachtel?), 1 Schulz-Matanbild »Frau im Regen«, 1 Bild von Mense »Ungarischer Bauernhof«, 1 Bahnhofsbild von Radler (Werburg), 1 Stadtteil von Radler (Ich hätte gern Schrimpf verkauft)

Vielleicht hat Radler die Bilder wieder zu sich genommen, das weiß ich nicht. Die Zeichnung von hinten ist von einem gewissen Wentig.

Ja, die Mimy? Wir haben halt so einen ordentlichen Haushalt gehabt. Jetzt liegt das alles weit hinter uns. Und, eigentlich, ich muß sagen, man ist froh, daß man nichts mehr besitzt. Die Hausfrau bei Dir soll sich freuen über die Hausfrau bei mir. Grüß die Mimy herzlich.

Am meisten freut mich natürlich immer, wenn ich etliche Zeilen von meiner lieben Mutter lese. Das ist so echt und halt so, daß man alles rausliest.

Hat Dich eigentlich einmal »Juhe« aufgesucht? Er ist nett. Nun, sonst weiß ich nichts mehr. Eben erscheint *Einer gegen alle* englisch, der *Bolwieser* ist vor drei Monaten dort erschienen. Ja, das wär freilich die beste Lösung, wenn Du Annamirl adoptieren tätst, aber ich kann verstehen, daß die Resl das nicht mag. Ich seh so manchmal, wenn ich mir alles so vergegenwärtige, was Du für ein Kreuz hast mit diesem ewigen Gestreit daheim. Um *mich* brauchst Du Dich in keiner Weise kümmern und sorgen, das Fortkommen haben wir immer. Hauptsache ist, daß es der lb. Mutter und Euch allen gut geht. (Von Katl hab ich eine Karte gekriegt aus Italien mit Grüßen von Euch allen. Grüß mir auch den Paul).

Heut will ich einmal dem Lenz schreiben. Leider hab ich immer sehr viel Arbeit, komm zum notwendigsten nicht.

Nun Schluß! Laßt Euch alle umschlingen wie immer

Dein Oskar

Hochnotpeinliche Herren!

Ihnen obliegt, soviel mir bekannt ist, die Reinigung des deutschen Schrifttums von artfremden, staatsfeindlichen und marxistisch-zersetzenden Erzeugnissen. Ihr Gremium, so nehme ich an, wird wohl auch seinerzeit die berühmt gewordene Bücherverbrennung in Deutschland veranstaltet haben, es veranlaßte die Ächtung einer stattlichen Anzahl von Werken weltbekannter deutscher Schriftsteller, es wird wohl auch die sogenannten »schwarzen Listen« mit großer Gesinnungstüchtigkeit und Beflissenheit zusammengestellt haben. In allerletzter Zeit ist Ihrer Reichsstelle eine neue Aufgabe zugeteilt worden:

Sie hat auszukundschaften, welche deutschen Schriftsteller in Emigranten-Zeitungen und -Zeitschriften mitarbeiten, die betreffenden Schriftsteller werden von ihr des »geistigen Landesverrates« bezichtigt und Sie, meine Herren, verfügen sodann, daß kein deutscher Verleger mehr ein Werk eines solchen »Landesverräters« verlegen darf und auch, daß bisher unbeanstandete, früher in deutschen Verlagen erschienene Bücher derartiger Autoren nicht mehr vertrieben werden dürfen. Diese Konsequenz ist löblich, denn sie treibt die deutschen Schriftsteller zur Entscheidung.

Ich stelle mir aber nun vor, meine Herren von der Reichsstelle, daß jeder von Ihnen ungewöhnlich viel Arbeit hat. Jeder von Ihnen wird schwitzend in einem überheizten Büro sitzen, auf seinem Schreibtisch, daneben auf dem Boden, überall im ganzen Raum liegen, hoch aufgestapelt, verdächtige Bücher und Zeitschriften und der arme Mensch wird, wenn auch angeekelt von all dem infamen »Schmutz und Schund«, durch den er sich täglich arbeiten muß, unangefochten seiner schweren Pflicht nachkommen.

Dies, Ihr hochnotpeinlichen Herren, ist der Grund, weshalb ich an Sie schreibe. Ich habe – offen gestanden – ein wenig Mitleid mit Ihnen und will Ihnen wenigstens in meinem Falle behilflich sein. Nämlich die Sache verhält sich so: Ich habe mich bereits in einem Schreiben am 5. März dieses Jahres an den Gau Bayern des Schutzverbandes deutscher Schriftsteller, worin ich meinen Austritt mitteilte, mit meinen verfemten und ver-

jagten deutschen Kollegen solidarisch erklärt. Ich habe am
11. März [12. Mai], als ich erfuhr, daß eine Anzahl meiner Bücher empfehlenderweise auf die sogenannte »weiße Liste«
gesetzt worden waren, in der Wiener »Arbeiterzeitung«
unter dem Titel »Verbrennt mich!« dagegen protestiert und
die Verbrennung und Verfemung meiner Werke verlangt.
Ich habe hinwiederum außerordentlich »staatsfeindlich« auf
einen Brief geantwortet, in welchem mir die Zentrale des
Schutzverbandes deutscher Schriftsteller (Berlin) schrieb,
»aufgrund der Veröffentlichung in der Wiener AZ. habe sich
die Aufnahme- und Prüfungskommission gezwungen gesehen, mich aus der Mitgliederliste zu streichen«. Ich habe
diesen Brief in vielen außerdeutschen Zeitungen und Zeitschriften veröffentlicht. Desgleichen einen Briefwechsel,
den ich erst kürzlich mit der deutschen Gruppe des PEN-
Klubs (Berlin) gehabt habe.
Ich habe, seit es einen solchen überhaupt gibt, den Nationalsozialismus stets mit Geisteskrankheit gleichgesetzt und ihn
von jeher bekämpft. Ich sehe in dem derzeitigen Hitler-Re-
gime den Ruin des deutschen Volkes und bin aktiver Antifaschist. Ich arbeite nicht nur in Emigrantenzeitschriften mit,
nein, noch viel schlimmer! Ich bin sogar Mitredakteur der in
Prag erscheinenden »Neuen deutschen Blätter«.
All diese aufgezählten Tatsachen dürften doch genügen, um
meine schriftstellerischen Erzeugnisse dem deutschen
staatstreuen Leser vorzuenthalten. Sie als gewissermaßen
amtliche Bewachungsstelle der deutschen Literatur können
also nicht mehr zulassen, daß ein Verleger oder Buchhändler in Deutschland überhaupt noch ein Buch von mir
führt und feilhält. Ihr hohes Gremium, denke ich, setzt sich
zusammen aus absolut zuverlässigen, ehrenamtlich tätigen
nationalsozialistischen Idealisten, die weit davon entfernt
sind, geschäftliche Erwägungen mit Gesinnung zu ver-
quicken. Infolgedessen werden Sie wohl kaum mehr gestatten können, daß meine bisherigen deutschen Verleger
immer noch Geschäfte machen mit den Erzeugnissen eines
ausgesprochenen Gegners des derzeitigen Regimes. Der
Verleger begeht damit, meiner bescheidenen Meinung
nach, dasselbe Verbrechen wie etwa der Verbreiter mißlie-
biger illegaler Flugblätter, nur mit dem einen Unterschied,
daß er sich die verbreiteten Produkte bezahlen läßt.

73

Mit Ausnahme meiner Bücher *Kalendergeschichten* und *Wunderbare Menschen* sind, soviel ich weiß, alle meine Werke in Deutschland verfemt. Zweifellos stünden auch die namentlich angeführten auf dem Index, wenn man sie gelesen hätte. Und nun stellen Sie sich vor, meine Herren – ungeachtet dessen verkaufen meine deutschen Verleger bis heute meine verfemten Werke. Aufrichtig gesagt, wenn Sie als Reichsstelle nicht dagegen einschreiten, belächelt jeder Mensch Ihre Wichtigkeit. Sie fördern durch solche Laxheit ja geradezu die Verbreitung »vergiftender« Literatur. Dazu wird Sie die hohe Regierung kaum ausersehen haben.

Noch mehr aber: Sinn, Aufgabe und Streben Ihres Amtes muß es doch auch sein, dem nunmehr unverfälschten, allein sanktionierten teutonischen Hitlergeist nicht *nur in Deutschland,* sondern *auch in allen anderen Ländern* der Welt zu Verbreitung und Wirkung zu verhelfen. Es kann Ihnen also keineswegs gleichgültig sein, wenn gerade die in Deutschland nicht mehr geduldete Literatur in fremde Sprachen übersetzt wird und im Ausland als wirklicher deutscher Geist kursiert. All das müßte, so stelle ich mir vor, von Ihnen unterbunden werden! Hingegen, was geschieht? Die Verleger in Deutschland verschieben ihre Vorräte an verfemter Literatur ins Ausland – konjunkturgewitzigt, wie sie sind – sorgen sie sogar sehr dafür, daß nur ja möglichst viel von solch verächtlichen Büchern in fremde Sprachen übersetzt werden!

Hochnotpeinliche Herren! Sie sehen, ich bin ein wohlmeinender Feind. Ich kann nicht mit ansehen, daß Sie sich vor Ihren gottbegnadeten Auftraggebern so blamieren. Schon allein die Tatsache, daß Sie ein Gegner auf die Lückenhaftigkeit ihrer Reinigungsarbeit aufmerksam macht, finde ich blamabel genug.

Sie werden sich vielleicht fragen, wieso und weshalb ich dazu komme, Ihnen geradezu Fingerzeige für Ihre ferneren – wie ich hoffe – weit strengeren Maßnahmen zu geben. Ich will Ihnen die Antwort darauf nicht schuldig bleiben. Gesetzt der Fall, in Frankreich, Italien, England und Amerika hätte man nach dem Weltkrieg die eroberten deutschen Regimentsfahnen pietätloser Weise im Straßenhandel an ganz zufällige Käufer verschachert, welche Empörung würde eine solche Handlungsweise bei allen nationalgesinnten Deutschen hervorgerufen haben!

Ein Werk, meine Herren, ist für einen wesentlichen Schriftsteller immer so etwas wie eine Fahne. Die Fahne seines unverfälschten Menschentums und seiner politischen Gesinnung.

Darum empfinde ich es als unverwindbare Schmach, wenn
die derzeitigen deutschen Regierungsstellen und Sie als
deren Amtswalter in literarischen Angelegenheiten es
immer noch dulden, daß Bücher von mir heute noch in
Deutschland verbreitet werden dürfen. Ich rechne nun
damit, daß Sie meine literarischen Erzeugnisse in meiner
Heimat ausrotten.

Es wird Ihnen bekannt sein, daß der Drei Masken Verlag,
Berlin, J. Engelhorns Nachfolger, Stuttgart, der Verlag
Herder & Co, Freiburg i. Brsg. und die Universitas Verlags
A.G., Berlin, mich verlegt haben. Zirka 20 Bücher habe ich
geschrieben – verfemte und unverfemte sind darunter – aber
die regelmäßigen Abrechnungen, die ich von meinen Verlegern in Deutschland noch immer erhalte, weisen mir, daß
sie diese Bücher wie eh und je verkaufen. Der Drei Masken
Verlag zum Beispiel hat gleich nach der Verfemung meines
Buches *Wir sind Gefangene* die Restbestände der Auflage
einer holländischen Firma angeboten, statt daß er, wie es
doch seine »treudeutsche« Pflicht gewesen wäre, das geäch-
tete Werk den beflissenen Vernichtungsstellen für staatsge-
fährliche Literatur übergeben hätte. Merkwürdigerweise
scheint ja die in Deutschland verfemte Literatur im zivilisa-
tions-angekränkelten Ausland sehr begehrt zu sein, die jetzige »nationale« hingegen gar nicht. Und die Herren Verleger passen sich diesem Umstand skrupellos an. Im Inland
gebärden sie sich absolut national und hitlertreu, das Ausland aber versorgen sie mit dem »Gift des undeutschen Geistes«.

Sie berufen sich allerdings in meinem Falle darauf, daß sie
infolge der Vorschüsse, die sie mir ausbezahlt haben, noch
immer die Rechte auf die betreffenden Bücher hätten und
verzichten als gute Kapitalisten nicht darauf. Als ich vor etlichen Monaten den Herren des Drei Masken Verlages entge-
genhielt, ob sie vielleicht nicht an einen allzu langen Bestand
des Hitler-Regimens glaubten und nur darum auf eine Ver-
zichtsleistung dieser Rechte nicht eingingen, weil sie sich
nach einem Umschwung das zweifellos einsetzende Kon-

junkturgeschäft nicht entgehen lassen wollten – da natürlich
waren diese wackren Ehrenmänner sofort maßlos empört
und verbaten sich eine derartige Unterstellung meinerseits.
Die Hartnäckigkeit aber, mit welcher sie ihre fragwürdigen
»Rechte« verteidigen, scheint meine Mutmaßungen zu bestätigen. Man kann dem »nationalen Deutschland« zu
diesen Rauschebärten des übernationalen Börsenvereins
deutscher Buchhändler nur gratulieren. Man erlebt es ja täglich: In der Öffentlichkeit weisen sie jegliche Verbindung mit
solch anrüchigen Autoren, wie ich einer bin, weit von sich,
indessen, wenn ein Geschäft damit zu machen ist, da stört
sie das alles nicht im mindesten.
Als naiver Mensch habe ich immer geglaubt, die so schön be-
titelte »Reichsstelle zur Förderung des deutschen Schrifttums« habe irgendwelchen »reinigenden« Einfluß auf Haltung, Geschäftsgebaren und Gesinnung der deutschen Verleger! Nun sehe ich – allerdings zu meiner Belustigung – sie
ist eigentlich nur eine Attrappe wie so viele neugeschaffene
Ämter in meiner Heimat! Sie scheint nur aus überheizten
Büros und fleißigen Lesern »anrüchiger, zersetzender Literatur« zu bestehen. Denn wie hätte es sonst sein können,
daß meine Verleger in Deutschland, nachdem sie meine ver-
ruchte Tätigkeit im Ausland erfuhren, meine Bücher nicht
sofort einstampften?
Ich gebe mich der angenehmen Hoffnung hin, daß wenigstens dieser Brief die von mir gewünschte Wirkung hat.

Graf veröffentlichte zwei Jahre später den Brief unter der Überschrift »Das
Recht der Verfemten« in der »Neuen Weltbühne« (14. 11. 1935) zusammen mit
der prompten, »launig« stilisierten Antwort (vom 14. 11.), in der aber die
»Reichsstelle« jede wirkliche Antwort und die von Graf provozierte Konsequenz vermeidet. – Noch am 17. 11. 1933 fragte Heinz Ostwald bei Graf in Wien
an, ob er an einer großen Aufklärungsarbeit über das bäuerliche alte Germanien
im Auftrag des Propagandaministeriums mitarbeiten würde.

AN KURT ROSENWALD   21. 11. 1933

[. . .] Daß Du von den zirka drei Millionen »Nein« Stimmen
bei der Hitlerwahl so begeistert bist freut uns ja, immerhin
ist auch das zweifelhaft, es sieht eher so aus, als hätten die
allmachtbewußten Herrn in Deutschland einfach irgendeine
willkürliche Zahl bestimmt, damit es glaubhafter wirkt, ihr
Theaterstück.

Sicher ist es vielen bei der äußerst raffinierten Fragestellung gar nicht einmal zum Bewußtsein gekommen, da mit »Nein« zu antworten. Und, wir brauchen gar keine Patrioten zu sein, wenn wir uns zugestehen, daß bei einer Milderung oder gänzlichen Unterlassung des Versailler Vertrages nie ein Hitler gekommen wäre in Deutschland. Solang eben kapitalistische Staaten siegend und besiegt einander gegenüberstehen, wird ein solcher Selbstmord immer vorkommen und – der Bolschewismus, das sagt heute jeder in Deutschland, ist nicht mehr aufzuhalten. Denn das *Gewesene* kommt nie wieder, soweit ist, glaub ich, sich jeder heute klar.

Von unseren gemeinsamen Bekannten weiß auch ich wenig. Von zu Hause erfuhr ich, daß Schrimpf eine Berufung nach Berlin bekommen haben soll. Fragen kann ich nicht, aber wenn dem wirklich so ist, dann muß Schrimpf sich zu Hitler bekannt haben.

Von Radler hören wir nichts mehr. Über das Konzentrationslager Dachau und dessen (uns bekannte) Insassen bin ich ziemlich genau informiert. Dort ist von der SPD und von den Gewerkschaften: Branz, Unterleitner, Simon, Stöhr, Nimmerfall, Zerfaß und noch verschiedene andere, dann von der KPD Holy Max und seine zwei Brüder, Stadtrat Hirsch, Freiberger – entkommen ist Beimler nach schrecklichen Mißhandlungen, einen Fluchtversuch soll gemacht haben Fruth, von dem man aber annehmen muß, daß er erschossen wurde. Denn ein Entkommen aus Dachau ist unmöglich.

Hörsts [Hast] Du eigentlich von dem inzwischen sicher zum Nazi gewordenen Steinberger über Wiggerl einmal was gehört? Und was wird wohl Wiggerl machen? Von Politz fühle ich durch die Luft, daß er nicht nur sehr feig, sondern auch so sehr schwankend geworden ist. Ich glaube, man erlebt noch manche Überraschungen und die bittersten. Unverändert scheint der Wasserburger zu sein. Er schrieb uns sogar ab und zu und ganz fröhlich und frech.

Hier sind verschiedene Münchner Emigranten aus der SP, sonderbarerweise vertragen sie sich absolut nicht, einer beißt auf dem anderen herum, eine typische Emigrantenkrankheit. Es geht ja jedem auch sehr schlecht. Einige aber sind sehr tapfer und sympathisch.

Wie hier die politische Lage ist, wirst Du wahrscheinlich aus

77

den Pariser Zeitungen besser wissen. Immerhin sieht man im Ausland dennoch alles viel schärfer, es schleicht hier sozusagen, es verfault langsam alles, hat man das Gefühl. Alles wird halb gemacht. Schön ist anders, aber es läßt sich schließlich noch halbwegs dabei leben. Uns gehts auch immer noch einigermaßen.

So jetzt weiß ich wirklich nichts mehr. Die »Neuen deutschen Blätter« wirst Du ja in Paris öfter schon gesehen haben, ich bin Redakteur für Schweiz, Österreich und Ungarn und krieg stoßweise eingeschickt und *welches* Zeug! Die Zeitschrift geht zu unserem Erstaunen gut, Auflage 6600 erstes Heft, es kamen 60 zurück, die Hefte 2 und 3 mußen mit einer Auflage von 7500 rausgebracht werden. Die Zeitschrift ist ja auch sehr gut und solid in jeder Hinsicht, sie zahlt gut und pünktlich, sie sortiert außerordentlich sorgfältig und ist nicht langweilig. Hast Du meinen Briefwechsel mit dem Deutschen Pen-Club drinnen gelesen? Eben habe ich wieder einen mit der Reichsstelle zur Förderung des deutschen Schrifttums – sehr amüsant!

Wenn Du gelegentlich Beiträge von mir in der »Deutschen Freiheit« oder in sonst irgendwelchen Blätter liest, sende sie mir mit genauer Angabe der Nummer und des Datums.

Semigranten scheinen ungewöhnlich viel in Paris zu sein. Ich höre die merkwürdigsten Berichte. Sicher werden sie dahin wirken, daß die Hitlerei auch in Frankreich und besonders in Paris lebendig wird. Das niederschmetternde ist, daß hier die SP unten völlig antisemitisch ist und zwar erschreckend stark! Und das Bittere ist, daß in der Leitung leider viel zu viel Juden (und nicht die besten!) sitzen. Was auch stutzig macht, wenn man die Parteiverhältnisse einmal genauer kennenlernt, ist, daß infolge der abstinenten Bewegung ein unnatürlicher Puritanismus in der Jugend verbreitet ist und daß man diese Jugend absolut nicht ranläßt! Es sieht mir gar nicht gut aus: Eine Partei, die soviel geleistet hat, läßt nur Veteranen nach oben! [. . .]

Anfangs- und Schlußpassagen berichten über Rosenwalds Erfolg als vegetarischer Wirt in Paris und Grafs Distanz von Deutschland: Ihm fehlt, schreibt Graf, die Lust zur Antwort auf einen »harmlosen« Brief aus Fürth.

Lieber, verehrter Bruno Frank!

Immer habe ich an Sie und Ihre liebe Frau gedacht, nachdem
ich – von München bereits wegen einer Vortragsreise in
Wien und Österreich am 24. Februar 33 weg – endgültig emigrieren mußte. Immer habe ich im stillen gewußt, daß *Sie*
sich nicht dem Deutschland des Hakenkreuzes beugen oder
einordnen werden. Nun hat mich Ihr Brief an das Reichspro-
paganda-Ministerium, abgedruckt in der Wiener »Arbeiter-
Zeitung«, vor kurzem unendlich erfreut. Sie glauben nicht,
wie die Haltung der deutschen Geistigen grade bei der österreichischen Arbeiterschaft verfolgt wird, Sie wissen nicht,
welche Begeisterung jedesmal ausbricht, wenn wieder einer
aufrechte Gesinnung zeigt und welche wahre Erschütterung
in diese – man kann es mit Fug sagen – Elite-Masse des Pro-
letariats einreißt, wenn einer von uns vor Hitler kuscht. Ich,
der ich seit einem halben Jahr unentwegt mitten in diesem
sehr leidenden Proletariat stehe, erlebe das alles mit.
Ich wollte Ihnen für heute (nachdem ich lange nach Ihrer
Adresse forschte) nur ganz herzlich und aufrichtig die Hand
drücken und bitte, auch Ihre liebe, gute Frau ebenso zu
grüßen. Ich hoffe, es geht Ihnen beiden gut, was ich – bis
jetzt wenigstens – auch von mir sagen kann.

Wie immer Ihr OMG

Lieber, lieber Rosenwald!

Du wirst uns schon böse sein. Vielleicht hast Du auch schon
nach Wien geschrieben. Bekommen haben wir nichts von
Dir, obwohl die Briefe via Wien uns – soweit sich übersehen
läßt – nachgesendet worden sind. Nun laß nur schnell alles
erzählen. Am Montag brach der Generalstreik in Wien aus,
er war kläglich. Nur die Straßenbahnen standen, das Licht
brannte bei uns schon wieder um 7 Uhr abends, in anderen
Stadtteilen, wo 220 Volt waren, brannte es erst am nächsten
Tag. So gings an. Die Massen waren gar nicht für den Kampf
und viele gingen wie gewohnt zur Arbeit. Zweiter bedrük-
kender Fehlschlag. Die Schutzbündler fingen Montag zu

kämpfen an. In den Häuserblöcken statt auf der Straße, statt um die Polizeistationen! Das Militär schoß einfach mit schweren Geschützen auf diese wunderbaren Wohnhausblöcke und trotzdem hielten sich die Schutzbündler drei Tage, an manchen Stellen sogar vier und fünf!

Die NDB mit Ehrenburgs Aufsatz sind das beste, was über Wien geschrieben wurde, ich saß dabei, als er alle Mitkämpfer und Augenzeugen vernahm. Und ich veranlaßte auch noch die Nachprüfung des Manuskriptes durch einen Wiener Genossen. Er gab zu: So ists gewesen. Es stimmt. Ich brauch Dir also nichts mehr erzählen. Du wirst das alles gelesen haben. (Die Broschüre von Otto Bauer wirst Du auch gelesen haben. Sie ist eine einzige Schmach. Der Mann gibt offen zu, wie sie Dollfuß in den Arsch kriechen wollten. Du kannst Dir nicht vorstellen, welche Wut bei den geflohenen Schutzbündlern über Bauer und Deutsch herrscht. Viele davon gehen in diesem Monat nach Rußland, sie sind überzeugte Kommunisten geworden).

Aber das nur nebenbei. Unsere privaten Erlebnisse will ich Dir nun endlich schreiben: Also, wir wollten ursprünglich in Wien bleiben. Plötzlich gab die Regierung in den Kampftagen eine Notverordnung raus, wonach der Schubparagraph vom 3. August 1871 (!!!) wieder in Kraft trete. Vorher, als man Seitz die Sicherheitsagenda genommen hatte, war bereits das Asylrecht für pol. Flüchtlinge automatisch aufgehoben worden, ausgewiesen wären wir also sowieso worden, der Schubparagraph aber schien zu bedeuten, daß man *in die Heimat* abgeschubst wird und das gab uns den Rest. Also mußten wir eben doch packen und wandern. Wir sind aus Wien weg am Freitag, der Kampf war so ziemlich zu Ende, nur ganz vereinzelt schossen noch Todesmutige aus Verstecken. Wir packten also unsere Koffer, packten unsere Körbe und Kisten übersendungsbereit und fuhren nachts nach Preßburg (Bratislawa), dort stießen wir schon auf dem Parteisekretariat auf eine Menge Schutzbündler, die über die Grenze geflohen waren. Außerdem traf auch am anderen Tag (wenigstens stands so in der Zeitung) Deutsch ein; wir sahen alte Wiener Bekannte, Schutzbundführer, Parteifunktionäre, die unverantwortlich feig geflüchtet waren. Die Haare konnten einem zu Berge stehen: Die Proleten kämpften, die ganz Oberen versagten nicht nur im

Kampf, sie kämpften überhaupt nicht und trieben ein ganzes Jahr lang eine Politik des Selbstmordes.

Von Bratislawa wollten wir ursprünglich zu einem Freund nach Wiese in der C.S.R., der uns eine kleine Villa zur Verfügung gestellt hatte. Es war auf dem Lande. Wir fuhren also nach Brünn. Da wieder aufs Parteisekretariat, schon wieder die ekelhaftesten Oberen, die sich weggemacht hatten. Wir blieben eine Nacht im Hotel, am anderen Tag wurde uns eine billige Pension empfohlen, dort wohnten wir über 8 Tage. Wir hatten gar keine Lust in die ländliche Einsamkeit zu gehen und erkundigten uns rein zufällig nach Zimmern, hatten riesiges Glück, eine Frau schickte uns zu ihrer Schwägerin, die uns eine sehr nette billige Wohnung (kleines Kücherl, kleines Zimmerl, großes Schlafzimmer und riesige Sonnenterrasse) für 350 Kc monatlich vermietete. Wir sind seither glücklich, denn so haben wir noch nie gewohnt, in einem Villenviertel, zwischen lauter Gärten, bei außergewöhnlich netten, wenn auch nationalen Leuten. Seither arbeite ich wie ein Roß an meinem neuen Roman, der ja bis Herbst fertig sein muß. Ich war, während Putzl einrichtete, in Wiese und Prag. Prag hat mir ungeheuer mißfallen, die dortige politische Emigration ist widerwärtig. Außerdem ist Pr. unendlich teuer. Wie überhaupt das Märchen von der Billigkeit der C.S.R. verwunderlich ist, man zahlt z. T. mehr als in Wien. Nur wohnen tun wir billiger hier, aber auch nur wir. Das ist reines Glück, sonst zahlt man für Wohnen sehr viel. Und dadurch, daß Putzl hier wieder selber kocht und wirtschaftet, stellen wir uns natürlich billiger als in Wien. Gottseidank, das ist auch sehr, sehr nötig. Nachdem in Wien sowieso eine Dollfußgleichschaltung aller soz. Unternehmungen u. Zeitungen eingesetzt hat, wäre ja für mich soviel wie nichts mehr zu verdienen gewesen. Brünn ist eine sehr saubere kleine, nette Stadt. Viele reden deutsch und die Umgebung mit den Hügeln erinnert sogar an Wien, das wir ganz lieb gewonnen haben. Man kann aber hier nicht bummeln, die Gasthäuser machen um 12 Uhr, die Kaffeehäuser um 1 Uhr zu. Bekannte haben wir wohl etliche aus Wien hier, außerdem auch noch genug illegale Verbindungen zu Genossen in Wien, allerdings die »Alös« [Auslandstelle der Öst. SP] meiden wir. Aber mit den Schutzbündlern – es kommen jeden Tag neue und gehen ins »Innere« oder nach der Sowjetunion – haben wir guten Kontakt, die kennen und lieben mich ja alle. In Österreich ist natürlich ein anderer, viel schlampigerer und auch hilfloserer Faschismus, aber man kotzt doch auf dieses scheinheilig blutrünstige Katholische eines Innitzers und hat einen Haß wie nie auf Dollfuß und Fey. Rein aus Rachedurst bekommt Hitler in Österreich von der Arbeiterschaft Anhang, das ist eine Gefahr, die andere ist die, daß viele noch an Bauer und Deutsch hängen, aber die KP wächst sehr. In Österreich und in Wien – welch ein Unterschied zu Deutschland! – ist die Arbeiterschaft gar nicht bedrückt, froh gehen die Roten Falken in ihrer Tracht und ganze Sektionen machen sonntags ihre gewohnten Ausflüge. Auch wird dort sehr stark und ziemlich mit Erfolg illegal gearbeitet, ungebeugt versuchen sich die Arbeiter in allem durchzusetzen. Sie fürchten Verhaftetwerden nicht, sie werden mitunter von der Regierung sogar mit Zugeständnissen gelockt. Aber diese Lockungen helfen Dollfuß nichts. Der brutale Kampf ist eben nicht vergessen.

Sonst kann ich Dir nicht viel schreiben, lieber Kurt. Meinem Bruder hat man die Kaffeehauskonzession genommen wegen mir, und dem Wasserburger hat man den Paß abgenommen. Verbindung mit München und Zuhause habe ich gar nicht mehr, darf sie nicht mehr haben, weil ich aus Italien noch nach Wien einen Brief eines Unbekannten erhielt. Der schrieb, ich sollte um Gotteswillen niemandem mehr schreiben, es wäre viel, viel schlimmer als am Anfang in Deutschland und besonders in Bayern. Daß ich (zu meiner Erheiterung!) ausgebürgert worden bin, wirst Du ja wissen und noch mehr hat mich erheitert, als ich eines Tages las, meine Bankkonten habe man beschlagnahmt!!!

Von Fritz aus San Franzisko erhalten wir regelmäßig Briefe. Seine Eltern sind nun auch drüben. Es geht ihm ganz gut. Er sucht vergeblich Arbeit, aber er hat zu leben. Erich hat uns auch schon nach hier geschrieben, doch ist es in der C.S.R. nicht sehr ratsam, viel aus Rußland zu kriegen, in dieser Beziehung war Wien sogar loyaler. Das bedrückt. Die Tschechen selber sind ein freundliches, nettes Volk. Ruhig, zivilistisch und auf gutes Essen aus. Bier ist sehr gut, vor allem Pilsner. Die Honorare sind allerdings grauenhaft niedrig! Man verdient 20-100 Kc für eine Geschichte und 100 findet man schon viel. In Wien war das auch weit besser.

Nun, und wie geht es Dir, mein Lieber? Hoffentlich gut und wir wünschen nur, Dein Lokal möge sich rentieren. Kannst Du uns nicht ab und zu (allerdings ohne jede Anmerkung mit Bleistift und so) »Pariser Tageblatt« oder Interessantes per Drucksache senden. Leg um Gotteswillen nie was Schriftliches bei. Hier wird jede Drucksache durchgesehen und kostet dann 4 oder 8 Kronen Strafporto. Gern würden wir natürlich auch von Dir über Münchner Freunde und über Deutschland was erfahren. Schreib bald und recht viel. Und notiere Dir unsere Adresse und schreibe bitte die Deine jedesmal deutlich im Brief drinnen auf den Kopf. Unsere wie oben: Brno (Brünn) C.S.R. – Zelena 6.

Zelena heißt Grüngasse und führt ihren Namen mit Recht. Lauter kleine Beamtenhäuser auf der Höhe, man sieht zum berühmten Spielberg und über die ganze nette Stadt und abends wenn alle Lichter funkeln ist das fast noch schöner. Ob man sich wohl einmal wiedersieht? Wer weiß. Vielleicht hälts auch hier nicht und bei Euch erst recht nicht, was dann? Bei Euch scheint ja auch langsam der Faschismus anzugehen. Hier sehen wir noch nicht so genau. Die Deutschen sind meistens national, aber doch sehr sanft hitlerisch. Es läßt sich aushalten. So jetzt Schluß. Laß Dich umschlingen, alter guter Freund.

Wie immer Dein OMG

AN RUDOLF BRUNNGRABER   4. 6. 1934

Lieber Rudolf!

Du mußt mir nicht böse sein (vor Schuldbewußtsein, wie Du siehst, verschiebt sich meine Maschine!) – ich konnte einfach nicht eher schreiben. Nun gut, ich muß auch heute kurz sein und hätte nur gern gewußt, wie es nun eigentlich mit Deinen Erfolgen oder Mißerfolgen bezüglich der Unterbringung Deines Romans steht. Hat jemand geantwortet? An wen hast Du geschrieben und was ist dabei rausgekommen? Der Grund weshalb ich schreibe, ist aber ein anderer. Nämlich wegen dem Mann, den ich in meinen vorhergehenden Briefen beschuldigt habe. Du irrst, wenn Du etwa glaubst, ich hätte das von *hier* erfahren, nein – eben das machte mich ja so sicher und zugleich so bestürzt, weil es *Wiener* waren, die mir die Botschaften über ihn mitteilten. Und zwar waren es Leute, an deren Glaubhaftigkeit ich einfach nicht zweifeln konnte. Ich war vorsichtig genug, von *drei* Seiten von dort Erkundigungen einzuholen und sie stimmten überein. Jetzt erfuhr ich ebenfalls wieder von dort durch ein einwandfreies Zeugnis, daß der Mann seit geraumer Zeit *sehr viel tut* und sich gut hält.

Ich weiß wirklich nicht, wem man noch glauben soll und bin äußerst mißtrauisch und vorsichtig. Was Du übrigens über hier schreibst, unterstreiche ich ganz. Ich selber habe mit den Leuten aber nichts oder fast nichts zu tun und war erst ein einziges Mal per Zufall bei ihnen. Ich negiere sie völlig und bin da so ziemlich Deiner Meinung, trotzdem muß ich der Wahrheit gemäß sagen, daß gerade unter den wichtigen Leuten hier eine äußerst gewissenhafte Prüfung aller Nachrichten (nach meinem Dafürhalten sogar eine zu gewissenhafte!) stattfindet. Aber sonst – du lieber Gott, man könnt schwarz und blau werden darüber!

Nun muß man natürlich die Sachen gerecht anschauen. Ich, der ich die Emigration ziemlich zu kennen glaube, beurteile manches anders, als Ihr in Wien. Man darf nicht vergessen, daß sich gerade in der E.[migration] ein Klärungsprozeß vollzieht wie nie zuvor, der demjenigen, welcher zu Hause ist, nicht so schnell verständlich wird. Die Geister, die da waren, scheiden sich nicht nur, sie gehen in die Binsen und man kann oft nur sagen – es ist gut so! (Das trifft von unseren beiderseitigen besten Freunden zu!)

Ich arbeite wüst. Mein Roman ist eigentlich viel mehr geworden, als ich ursprünglich annahm, er beschreibt das ganze deutsche Panorama von 24 bis 34, politisch und menschlich, von innen und von draußen, es ist ein schweres Stück Arbeit gewesen all das umfängliche Material durchzuackern und dabei doch lebendig zu bleiben. Ich muß zugeben, manchmal war mir's als ginge mir der Atem aus, immer wieder Neues und Wichtiges kam daher und wollte bewältigt sein, wegen eines einzigen Satzes mußte ich nicht selten ein ganzes Buch durchlesen!

In Rußland verkünden Radio und Presse derzeit, daß ich zum Schriftstellerkongreß hinüberkomme. Leider muß ich ablehnen und will's im Herbst nachholen, wenn ich fertig bin.

Es wäre außerordentlich wichtig, lieber Rudolf, wenn man sich einmal aussprechen könnte. Hat Luitpold nicht wegen Radio geschrieben? Er wollte Dich hierherengagieren für eine Vorlesung. Alles aber geht hier so grauenhaft langsam! Hoffentlich, lieber Rudolf geht es Dir und Deiner lieben Frau gut, gebt einmal ein Lebenszeichen und seid herzlich gegrüßt von Eurem OMG

AN RUTH UND ERNST FISCHER   24. 7. 1934

Liebe Ruth Fischer! Lieber Ernst!

Endlich also haben wir wieder einmal von Euch was gehört und wenns auch geschimpft war, macht nichts, es hat uns trotzdem sehr gefreut. Die Sache mit der Photographie hat mich damals ungeheuer aufgebracht, in Sonderheit, da grade um diese Zeit viele Wiener Genossen bei mir zu Besuch waren und nicht zum freundlichsten über Euch geredet haben. Zudem mußte ich doch zu allererst – wo ich von all dem noch nicht unterrichtet war – eine Wut haben, denn ich fand's dumm und – entschuldige – cliquenhaft überheblich. Nun schrieb ich natürlich, wie ichs ja meistens tu, sofort an Wieland und bat um Aufklärung. Die Wiener Genossen aber fuhren heim und zwar eben mit dem Eindruck, Ihr würdet Euch durch die Photographie sozusagen rausstreichen wollen. Ihr könnt Euch denken, was nun in Wien über Ernst und Dich geredet worden ist. Wieland schrieb mir dann erst, wie sich alles verhielt. Ich bekam nichtsdestoweniger auf unseren Freund Weiskopf eine Wut, weil er so nachlässig war. Kurzum, es war ein Rattenschwanz von Ärger. Noch dazu macht man ja auch im Gegenangriff Fehler auf Fehler – z. B. der Angriff damals auf Seitz und Tandler. Die Haare kann man sich raufen, wenn man das alles immer mitansieht und dabei immer wieder die Wiener Genossen irgendwie plausibel beruhigen soll. Man mag doch stehen zu Seitz und zu Tandler, wie immer, sie sind eben doch rein psychologisch angesehen für die Wiener verehrungswürdige Männer und – unter uns – auch ich muß zugeben, ich achte sie beide. Man darf aber nicht dem Arbeiter seine Heroen nehmen, notabene wenns ganz gleichgültig ist ob sie da[s] sind oder nicht, d. h. wenn sie der Bewegung nicht schaden, eher schon nützen. Seitz benimmt sich übrigens mannhaft in der Haft. Das ist auch schon allerhand.

Daß ich Dich als feig etc. beschimpft habe, daran kann ich mich nicht erinnern, liebe Ruth. Jedenfalls wüßte ich nicht bei welcher Gelegenheit, ich will aber trotzdem nicht abstreiten, daß ich vielleicht damals in meiner Wut über das Veröffentlichen des Photos so was fallengelassen habe, als habest Du meiner Meinung nach nicht arg viel gemacht. Naja, mag dem sein wie ihm will. Schließlich steht mir ja da kein Urteil zu. Ich will Euch aber nur eines sagen: Freunde, teure und zuverlässige Freunde von mir haben mir auf einmal einen ganz genau detaillierten Bericht gegeben, wo Ernst während des Kampfes überall war und es waren junge Menschen, die sehr auf ihn gehofft haben und die jetzt eben nichts mehr wissen wollen von ihm, weil er sie »verlassen« hat. Sie betonen als Zeichen, daß Ernst gar nicht so sehr gefährdet war, übereinstimmend, daß sein letzter [letztes] Gehalt abholungsbereit bei der Arbeiterzeitung bereit gelegen habe. Na und so weiter. Glaub mir, sowas wurmt einen, denn schließlich müßt Ihr nicht glauben, daß ich nun nur denjenigen für besonders genossengut halte, der gekämpft hat. Wenn Du aber in Deinem Brief schreibst, was Ernst noch für eine wichtige und große Rolle in der Zukunft der österreichischen Arbeiterbewegung bevorstünde, so glaub ich, es ist gut, ich erzähle Euch das alles. Ich leide bestimmt nicht an Emigrantenkrankheiten. Mir kommt es immer wieder nur darauf an, die Arbeiterschaft endlich auf die Linie der Einheitsfront zu bringen und ich sehe überall die wertvollsten Kräfte, wie sie sich bekämpfen und lauter so Kleinkram auspacken.

Seid nicht bös, wenn ich Euch bitte, mir diese zwei Fragen zu beantworten:

1. Ist es wahr, daß Ernst von Genossen geraten worden ist, er soll in die Emigration gehen und dort eine Broschüre schreiben und sofort die illegale Arbeit im Sinne dieser Genossen organisieren?
2. Ist es wahr, daß Ernst sein Wort in bezug auf die Broschüre und auf die gestellten Forderungen nicht erfüllt hat?

Die Genossen sind sehr, sehr enttäuscht deshalb. Vielleicht könntet Ihr mir Aufklärung geben, damit ich alles richtigstelle. Ich denke mir, es wird so gewesen sein, daß Ihr durch Eure letzten Entschlüsse in der CSR überhaupt nicht mehr dazu gekommen seid diese Forderungen zu erfüllen. Aber ich kann mich gegen die Genossen nicht wehren, bevor ich nichts weiß von Euch. Seid also so gut.

Ich habe also nun alles nochmal wiedergekäut. Nun aber zum Privaten.

Wie geht es Euch? Was macht Ihr? Ja, von den meisten Genossen (Roscher, Morberger, Erjautz, Ascher, Fritzl) bekomme ich ja immer wieder ausführliche Botschaften und so bin ich ziemlich im Bild, wies den Österreichern geht und was sie machen. Daß es noch viele solche Zwischenfälle wie Du sie in Deinem Brief andeutest, geben wird, dessen bin ich sicher. Das liegt aber in der Natur des Verpflanztwerdens in eine andere Atmosphäre und vor allem wohl auch daran, daß der Österreicher an sich viel privater ist, als andere Proleten und wiederum nicht zuletzt daran, daß man die Genossen zuvielt (!) in einem Haus unterbringt.

Würdet Ihr hier so die ganze Brünner Lagerperiode so wie ich sie beobachten konnte, miterlebt haben, mein Gott, wieviel würdet Ihr schon vorher geahnt haben! Und dann noch hier das ganze Spiel der Alös! Dieses gegenseitige Intrigieren, zum Speien! Und dabei sind doch auch Menschen darunter, die ich heute noch, obwohl ich niemals auf die Linie ihrer Politik eingehen könnte, sehr, sehr hoch schätze. Z. B. – wir sehen uns nie, wie ich überhaupt alles vermeide, um mit den Alösleuten zusammenzukommen – den Otto Bauer. Er ist eben trotzdem etwas. Vor allem sehr *sauber!* Und vor allem ein gewissenhafter Mensch, der sehr bescheiden bleibt. (Aber es ist besser, wir unterhalten uns darüber einmal mündlich.)

Ich habe mit Hans Becher oft über O. B. gesprochen. Vielleicht sagt er Euch etliches. Ob Ihr wohl einmal nach Brünn kommt? Ob und wann wir uns wiedersehen?

Ich soll ja hinüber zum Kongreß, das würde mich ja ungeheuer freuen, aber immer noch bin ich nicht fertig mit meinem Roman. Es wird leider ein Wälzer. Ich habe schon den Eindruck, daß er gut wird, jedenfalls nicht unnützlich. Ob ich aber bis zum 15. August fertig werde, ist dennoch fraglich. Bis zum 1. September muß ich ja fertig sein.

Was habt Ihr da drüben für Bekannte gesehen und mit wem

87

Euch angefreundet. Wer ist besonders nett? Ich habe ja allerhand gute Bekannte drüben, sogar meinen nächststehenden Freund Erich Müller. Solltet Ihr ihn einmal sehen, grüßt ihn. Das Neueste ist, daß ich mich mit Joseph Luitpold völlig verkracht habe und zwar eigentlich wegen eines geringen Anlasses. Er hat Manuskripte, die er von mir wegen eines Radiovertrages einverlangt hatte, verschlampt, man kündigte mich schon an, ich aber sagte einfach brüsk ab. Der Anlaß war an sich lächerlich, aber wir sahen schon seit seinem Hiersein, daß wir kluftweit auseinandergekommen sind. Er ist jetzt leider ganz zum Diskutanten geworden, schade! Ist nun eigentlich Wieland drüben? Es wäre, meiner Meinung nach, so sehr notwendig! Was wird er wohl alles erreichen? Er arbeitet sich ja sowieso auf und kann sich hinten und vorn nicht rühren! Er war ein paar Mal da, war sehr nett, leider hatte er ja nie recht Zeit zum Gemütlichsein und – wie gesagt – das brauche ich immer, in jeder Situation, da ich wohl noch immer Spießbürger bin. Denn schließlich, das Leben ist zu kurz, viel zu kurz! Hols der Teufel! So jetzt schreibt uns auch bald so einen langen Brief, liebe Freunde! Ärgert Euch nur, wenn ich was geschrieben habe, was für Euch nicht angebracht erscheint, nur durch Streiten und Raunzen, find' ich, kommt man einander ein bißl näher. Schluß jetzt und grüßt alle Österreicher herzlich

wie immer Euer OMG

AN ISABELLA GRÜNBERG   4. 12. 1934

Liebe Genossin Grünberg!

Ihr Brief und die Hefte, in welchen Sie Übersetzungen einiger meiner Kalendergeschichten veröffentlicht haben, hat mich erreicht und sehr, sehr gefreut. Recht vielen, vielen Dank dafür. Zum Glück habe ich hier einen Litauer, bei dem ich mit Eifer versuchte, Russisch zu lernen. Dieser sagte mir nach der Lektüre der Übersetzungen, daß sie außerordentlich gut seien. Ich selber hätte ja das nicht beurteilen können. Es freut mich doppelt, daß ich nun auch in Leningrad, wohin ich leider nicht mehr gekommen bin, etwas bekannt werde und Menschen dort weiß, an die ich mich in literarischen Dingen wenden kann.

Ich erinnere mich noch sehr gut der paar Stunden, an denen wir im schönen Krimsanatorium beisammen waren. Ich habe so viele Menschen kennen gelernt und so viele Eindrücke aus der Sowjetunion mitgenommen, daß ich erst sondern muß. Augenblicklich arbeite ich an einem Vortrag über meine Erlebnisse auf dem Kongreß und auf der Reise, den ich am 10. d. M. hier in Brno im größten Saale halten werde. Vor Weihnachten kommt übrigens noch ein bayrischer Bauernroman im Amsterdamer Querido-Verlag von mir heraus, den ich Ihnen gern schicken möchte, nur fürchte ich, Sie können den bayrischen Dialekt nicht lesen. Dafür erscheint aber im März beim Malik-Verlag in Prag mein großer politischer Roman *Der Abgrund,* den ja auch der Moskauer Staatsverlag erworben hat. Dieser will die russische Übersetzung im Juni/Juli 1935 herausbringen. Sie sehen, ich bin fleißig gewesen und auch jetzt sitze ich bereits wieder über allerhand geplanten größeren Arbeiten.

Es ist nämlich meine feste Absicht, bereits im August 1935 wieder in die Sowjetunion zu fahren und dort meine bis jetzt nur allzuflüchtig gemachten Beobachtungen zu Studien auszubauen.

Wichtig erscheint mir vor allem eine weit regere Zusammenarbeit der Sowjetschriftsteller mit den Schriftstellern des Auslandes, wichtig auch der beständige Briefverkehr der Übersetzer mit den Autoren, welche sie übersetzen. Ich glaube nicht zu irren, wenn ich behaupte, daß die Übersetzungen der derzeitigen russischen Bücher ins Deutsche und umgekehrt sehr im argen liegt. Die meisten Übersetzungen scheinen mir überhaupt keinen Begriff zu geben über die dichterische Eigenart so eines Verfassers. Ich unterhielt mich darüber sehr eingehend mit Babel und Tretjakow und sie waren meiner Meinung. Ich, der ich die klassische und vorrevolutionäre russische Literatur ziemlich weitgehend kenne, bedaure immer, daß wir jetzt auf einmal keine so guten, gewissenhaften Übersetzer mehr haben als damals. Unsere ehemaligen Tolstoi-, Dostojewski-, Gogol-, Gorki- und Korolenko-Ausgaben waren mustergültig. Auch die letzte Ausgabe meines besonders geliebten Lesskow durch meinen Freund Erich Müller – er ist in Moskau seit vier Jahren Dozent – ist sehr gut. Die Übersetzungen der jetzigen Sowjetdichter aber sind miserabel. Vielleicht, liebe Genossin

Grünberg, könnten Sie auch etwas dazutun, daß hier Wandel geschaffen wird. Ich schlug auf dem Kongreß damals vor, es müßte eine Kontrollkommission für die Überwachung von Übersetzungen gegründet werden. Ich weiß aber nicht, ob der Gedanke, der ja sehr begrüßt wurde, auch aufgegriffen und in die Tat umgesetzt worden ist.

Wer an Sowjetschriftstellern lebt eigentlich in Leningrad? Ich hörte, daß Fedin, Pasternak, Tichonow und Alex. Tolstoi dort dauernd leben. Stimmt das? Für die Adresse Pasternaks wäre ich Ihnen sehr dankbar. Ich wollte ihm einige meiner – allerdings bereits 15 Jahre zurückliegenden – besten Gedichte zur Übertragung ins Russische zusenden. Glauben Sie, daß er Interesse daran hat?

Ich will Ihnen gerne demnächst Manuskripte und vielleicht auch ein Buch von mir senden, augenblicklich aber muß ich erst alles andere erledigen. Haben Sie, bitte, ein bißchen Geduld. Ich bekomme nun endlich Bücher von mir hier in verschiedenen Buchhandlungen, unter anderem auch die *Kalendergeschichten*. Sie brauchen mir also das vielgesuchte Buch nicht mehr schenken. Mit vielen herzlichen Grüßen

Ihr OMG

Lieber Egon Erwin Kisch!

Du wirst Dich wohl kaum mehr an den Provinzschriftsteller erinnern, der damals – so um das Jahr 1926 – wieder einmal nach Berlin kam und das Künstlerlokal »Schwannecke« besuchte. Da saß man etliche Nächte beisammen und trieb eigentlich nichts als Unsinn. Es waren damals jene Zeiten angebrochen, wo es jeder bessere Intellektuelle besonders »chik« fand, »links« zu sein. Es saßen an dieser Tischrunde Menschen, die heute zum Teil wieder ganz anders »orientiert« sind, sehr nette, in ihrer übergescheiten Beflissenheit etwas lächerliche Leute. Sie redeten im wunderbarsten Jargon »marxistischer« Gelehrsamkeit, und der Provinzschriftsteller hörte geruhig zu. Sie ereiferten sich über die Auslegung dieses und jenes »marxistischen« Begriffs – und es klang wie das Brevierbeten eines katholischen Priesters. Man gab sich generös und trank nur das Teuerste, und natürlicherweise wurde man immer gescheiter und von Mal zu Mal zungengewandter. Der Provinzschriftsteller – gewohnt an die unverschrobene und einfache Ausdrucksweise der Bauern und Arbeiter – verstand das meiste nicht. Später ging er mit Dir durch die nächtlichen Berliner Straßen und – verstand Dich sofort. Wir redeten noch etliche Male so, und man kam sich in dieser kurzen Zeit näher.

Das ist außer den Büchern, die Du, Genosse Kisch, geschrieben hast, das Einzige, was der Provinzschriftsteller mit sich herumtrug und was er den Genossen in seiner Heimat erzählte. Und er erlebte, daß diese Proleten Deine Bücher so lasen, als spräche darinnen einer von den ihrigen. Seither ists so geblieben, und das ist viel, lieber Genosse Erwin Kisch! Das ist das, was wir alle erreichen wollen: Reden in der Sprache unserer Genossen, wirken damit, kämpfen damit.

Du bist 50 Jahre und hast das erreicht. Ich drücke Dir herzlich die Hand und habe nur einen Wunsch, daß wir einst, beim Sieg, so miteinander reden können wie damals in jenen Berliner Nächten.

OMG

Veröffentlicht in der »Internationalen Literatur«, 5/1935, H. 4.

AN ERNST THÄLMANN, OFFENER BRIEF   zum 2. 8. 1935

Lieber, verehrter Genosse Thälmann!

Seit zweieinhalb Jahren sitzt Du nun in den Kerkern Hitlerdeutschlands und trägst Dein gegenwärtiges Los aufrecht und standhaft wie alle ungebeugten Antifaschisten, die sich in der Gewalt des braunen Regimes befinden. Ich glaube nicht, zu viel zu sagen, wenn ich behaupte, daß Dein Name für die Kämpfer um ein neues, freies Deutschland zum Symbol geworden ist. Wo immer in der Welt die Arbeitermassen demonstrieren gegen Unterdrückung und drohende Faschisierung, wo immer Intellektuelle zusammenkommen, um sich zu beraten, wie sie am besten an diesem Abwehrkampf mitwirken können – da wirkst Du als anfeuerndes Beispiel.

Ich, lieber Genosse Thälmann, bin schließlich nur einer von diesen Intellektuellen, die sich eingegliedert haben in die

Aktionsfront zu Deiner baldigen Befreiung und ich weiß, daß meine Stimme nicht viel wiegt. Aber im Glauben, daß wir alle dennoch das uns gesteckte Ziel erreichen, drücke ich Dir die Hand und gebe mich der Hoffnung hin, daß unser vereinter Kampf nicht umsonst sein wird.
Mit proletarischem Gruß

Dein OMG

Veröffentlicht in: »Der Gegenangriff« Prag, 1935, Nr. 31, 2. 8. 35

AN KARL SCHMÜCKLE   27. 9. 1935

Lieber Karl!

Es freut mich sehr, daß Dir mein Manuskript »Das Erbe« so gefallen hat und daß Du es in Nr. 10 oder 11 der »Internationalen Literatur« ungekürzt bringen willst, so kann ich doch endlich einmal vor die Leser der I. L. mit einer repräsentativen Arbeit hintreten.

Ich habe allerdings bis jetzt erst die Nr. 6 der I. L. erhalten und bitte Euch, mir doch die folgenden Nummern alsbald zu senden. Erscheint meine Arbeit, so bitte ich, mir mindestens *drei* Belege zuzuschicken. Zugleich möchte ich gerne wissen, welches Honorar in Rubeln mir für diesen Beitrag bei Euch gutgeschrieben wird. Es geht mir ja, wie Du weißt, sehr schlecht. Valuta – wenn auch nur einen geringen Teil – könnt Ihr mir dafür ja nicht überweisen oder?

Wie dem nun auch ist, bringe die Arbeit und es wird mich sehr freuen.

Noch etwas: ich habe soeben Friedrich Wolfs »Floridsdorf« gelesen und finde diese Arbeit geradezu katastrophal in jeder Hinsicht. Der szenische Aufbau ist übersudermannisch geschickt, der Inhalt der verschiedenen Szenen läppisch und kitschig, die meisten Szenen sind überhaupt – selbst beim Zugeständnis der größten »dichterischen Freiheit« – Hintertreppe. Dann aber noch das allerärgste, die Vergewaltigung des österreichischen Idioms in Sprache und Haltung! (Man verlangt gar nicht, daß der spezifisch Wiener Dialekt angewendet wird, immerhin aber müßte dem Denkprozeß eines Wiener Arbeiters Rechnung getragen werden! Man darf und kann nicht sagen: »Ihr Exkremente der Unterwelt« wenn eine Wiener-Arbeiterfrau spricht, man kann

92

nicht sagen »Trotzbeule« oder »Oller Bonze« oder »Da
kannst Du Strychnin und Mostrich drauf nehmen« etc.)
Dann müßte Wolf eben gleich das reine Hochdeutsch beibehalten und in einer Regiebemerkung schreiben, daß das
Stück im Wiener Dialekt gesprochen sein soll. Aber so
wirken all diese gewaltsamen Erfindungen des Autors, die
Sprache proletarisch zu machen, geradezu grotesk und wi-
dersinnig.
Aber am allerschlimmsten ist, daß einfach völlig erlogene
(wenn sie auch erdichtet sein sollen) Szenen wie die mit Otto
Bauer z. B., der seit er auf der Welt ist, Antialkoholiker ist,
auf einmal vom Redaktionsdiener Pivo gezeigt wird, wie der
letztere zwei Krügel Bier bringt, daß dieser Pivo Bauer in die
Luft hebt, einfach unmöglich. Wolf hat sich allem Anschein
nach nur von den Schutzbündlern in Moskau unterrichten
lassen und jedes Gequatsche ernst genommen, er ist nicht
einmal hergegangen und hat strenge historische Studien gemacht über seine Menschen und über die wirklich vorgefal-
lenen Tatsachen.
Und dies geschieht nun – wie übrigens der »Kampf« (das
theoretische Blatt der Rev. Sozialisten Österreichs) sehr
richtig schreibt! – gerade in dem Augenblick, da man sich allgemein bemüht, eine Einheitsfront, wenn nicht eine Ein-
heitspartei herzustellen! Ich halte dies für das Nieder-
schmetterndste an dem Schmachtstück! (Eine Szene ist besonders nett und übersudermannisch, lese sie und Du wirst
Dich totlachen: Bei der Flucht der Schutzbündler über die
tschechische Grenze kratzt ein Schutzbündler aus dem
Schnee einen Stein und nimmt ihn mit. Einer seiner Genossen fragt ihn, was er mit dem Stein will und er sagt:
»Heimat, Genosse Kommandant, österreichische Heimat« –
die will er mitnehmen, der gute Pivo! Ist das nicht schon
Raupach? Danke für diese revolutionären Dichter in der
Emigration!)
Das Stück hat, wie man sich vorstellen kann, in jenen ein-
heitswilligen Kreisen der österreichischen Arbeiter – und
wohlgemerkt in den besten Kaders der Illegalen, die ideolo-
gisch schon bei uns stehen – einen wahren Empörungs-
sturm, einen Abscheu sondergleichen hervorgerufen. Es hat
den Bemühungen um die wahre Einheitsfront wieder
einmal einen Stoß gegeben.

Ich und alle diese Genossen und die unsrigen hier fragen mit
vollem Recht: »Zu was waren eigentlich die Schriftsteller-
kongresse und zu was der VII. Weltkongreß, wenn so ein
läppischer Schmachtfetzen von uns lanciert wird?«
Ich bitte Dich, dies Wolf zu zeigen. Es scheint, daß man wiederum in das alte Fahrwasser kommt: Alles Sympathisie-
rende und Linke bloß wegen der linientreuen Gesinnung für
glänzend zu halten.
Wenn dazu die Kongresse waren, dann danke ich schön. Es
wäre notwendig, endlich die offenste Kritik gelten zu lassen
und diese Kritik schließlich zu Hilfe zu nehmen um solche
Schmachtfetzendichter, die mit ihrer Unfähigkeit und
Leichtsinnigkeit jede Einheitsbewegung gefährden, in die
Schranken zu weisen. Der »Herr Genosse Wolf« soll lieber
Arzt bleiben, wenn er nichts kann als sowas zu fabrizieren.
Es bedrückt mich aufrichtig, daß gerade unsere kommunistische Emigration bis jetzt außer Bredel noch nichts Wertbe-
ständiges herausgebracht hat. Uhse ist nur eine kleine Hoff-
nung, die Seghers ist mit ihrem »Weg durch den Februar«
weit hinten geblieben, außer etlichen Szenen, ist ihr Buch
schluderisch und in der Epik das, was zu Sudermanns
Zeiten Ganghofer war.
Bleibt – Bredel und wenn er seine Breiten zu dämmen weiß
und komponieren lernt – Scharrer. Aber der war ja immerhin schon vor Hitler etwas.
Schauerlicher Gedanke, daß wir dem national-sozialisti-
schen Schrifttum bis jetzt (denn alle die Heinrich Mann,
Döblin, Feuchtwanger etc. sind auf der unentschiedenen
Seite, sind schon groß gewesen ehe »der Kampf um die Verteidigung der Kultur« eingesetzt hat) nichts Überragendes
entgegengestellt haben!
Wenn wir nicht den Mut zur strengsten Kritik unter uns
haben werden wir es nie zu etwas bringen.

Das für heute. Dir und Willi herzliche Grüße Dein OMG

AN KURT ROSENWALD   20. 10. 1935

Du hast ganz recht, wenn Du Dich ein bissl beschwerst, daß
Du trotz unseres Schweigens an uns schreibst. Es war aber
in der letzten Zeit allerhand Wirbel bei uns, so daß wir eben
nicht dazu kamen, an Dich zu denken. Emigrantenfürsorge

nimmt mich sehr in Anspruch, dann waren die sowjetischen Schriftsteller da (darunter meine Freunde Kolzow, Tretjakow, Tolstoi, Fadejew und Kironow) und jetzt bin ich grad dran für einen Vortrag, den Tretjakow hier deutsch hält, eine kleine Einführung auszuarbeiten.

Deine Nachrichten, die Du uns von Fritz K. übermittelst, haben uns sehr interessiert. Es ist, unserer Meinung nach, wohl gut, daß Fritz auf der besagten kalifornischen Universität studiert und zu einer Existenz zu gelangen versucht. Was will er anderes machen. Die Emigration wird sicher noch lange dauern – ich rechne mindestens noch 2-3 Jahre – und da die Russen sich ja nicht allzu sehr kümmern, was mit ihren westlichen Mitkämpfern geschieht, so sind die Aussichten höchst trübe. Auch eine Einheitsfront wird so schnell keine – sagen wir – wirksame Wirklichkeit werden. Ich nehme sogar an, daß die Volksfront in Frankreich von Laval nur benutzt wird, wenn er sie braucht. Der französische Generalstab ist stärker und die Russen sind, wie man in der Diplomatensprache zu sagen pflegt, »sehr abgekühlt«! Kommt jetzt noch der Kompromiß zustande, daß man Mussolini umstimmt, so hat der Faschismus auf Jahre hinaus eine sehr feste Basis. Was bleibt da Fritz schon anderes übrig. (Daß er Selbstmord begangen, den Namen gewechselt oder nach Rußland wollen hat, wußten wir nicht. Wir nahmen das auch nie ernstlich an.)

Ich riet ja Fritz zuletzt, er sollte sich eine reiche Frau nehmen und *dann* die Bewegung unterstützen. Es ist ja leider so, daß man auch bei uns im rev. Kampf nur angesehen ist, wenn man aufgrund irgendwelcher persönlicher Positionen »angeben« kann. Bedauerlich, aber wahr! Bei dieser Gelegenheit kann ich Dir auch gleichzeitig über unseren lieben Freund Erich was sagen. Seine Frau hat mir aus Moskau jetzt zweimal geschrieben: a) daß seine dortigen Freunde alle von ihm abgerückt sind und nichts für ihn tun, b) daß er dauernd seine Unschuld beteuert und c) daß man ihn jetzt nach dem hohen Norden verschickt hat. Ich habe die Gelegenheit der Anwesenheit der Sowjetschriftsteller benützt, um Brief[e] für Dimitroff, Bela Kun und Pieck mitzugeben. Ob sie wirklich an Ort und Stelle kommen, wird sich erst herausstellen. Erichs Frau hat jedenfalls schon viele Eingaben gemacht, die aber alle, wie sie schreibt, einfach in den Akten verschwinden und unwirksam geblieben sind bis jetzt. Der Apparat scheint da drüben in gewissen Sachen absichtlich nicht zu funktionieren. Und die Kriecherei besonders in den Instanzen der deutschen KP ist unwahrscheinlich borniert. [. . .]

Graf schreibt weiter von: Streit um die Freigabe seiner Bücher vom Drei Masken Verlag/Vorsicht gegenüber dem Angebot eines literarischen Agenten (Lieber), Grafs Interessen in Amerika zu übernehmen/Verschärfung der Verhältnisse für die Juden im Reich: »In der CSR erwartet man noch vor dem Winter eine neue jüdische Flüchtlingswelle«. Mirjam hat große Sorgen um die ihrigen im Dritten Reich/Grafs geht es trotzdem verhältnismäßig noch gut. Er hofft, seinen *Sittinger* bald bei einem Verlag anzubringen.

AN KURT ROSENWALD   16. 12. 1935

Du mußt entschuldigen, daß ich Dir erst heute auf Deinen letzten Brief vom 15. November antworte, aber es ging nicht eher, ich hatte viel Arbeit und viel Ärger. Ich weiß nicht, ob ich Dir schon schrieb, daß durch die Annäherung der CSR an die USSR eine bedeutende kulturelle Zusammenarbeit zustande gekommen ist, die auch mich immer ein wenig beschäftigt: Ich arrangierte mit Prof. Iltis (dem Biographen und Erbwalter Mendels und Leiter der hiesigen deutschen Masarykvolkshochschule) zwei Vorträge: Den meines Freundes Sergej Tretjakow am 24. Okt. und den Ilja Ehrenburgs am 13. Dezember. Ich mußte jedesmal die Einleitung sprechen und hatte damit neben den Russen einen sehr großen Erfolg. Ich mußte aber auch zugleich für die Russen als Berichterstatter über diese Vorträge fungieren und nicht nur die Zeitungsrezensionen, sondern auch die Privatmeinungen hiesiger prominenter Leute zusammenholen und an die betreffenden russischen amtlichen Stellen senden. Das machte viel Kleinarbeit.

Es folgen Hinweise auf seine Rezensionen und kleinen Feuilletons, mit denen Graf sich über Wasser halten muß.

[. . .] Das Buch *[Der Abgrund*, bei Malik] ist also völlig fertig gedruckt, braucht nur noch auf gutes Papier übertragen und gebunden zu werden, die Prospekte sind längst herausgegangen, die Zeitungen haben Propaganda gemacht, alles ist gespannt auf das Buch – und nun auf einmal kommen die Herren der deutschen Kominternabteilung daher (wohlgemerkt nach fast einem Jahr! und nachdem sie das Buch fertig gedruckt haben!) und schreiben mir einen langen, gewundenen Brief, sie könnten das Buch nur dann herausgeben, wenn ich es völlig ändere – meine Schilderung der Haltung der KPD und der Kommunisten wäre zum Teil falsch, zum Teil gehässig, im Gegensatz zu den Sozialdemokraten! Ich müßte beispielsweise die Stelle, wo ich den Fehler der Volksentscheidsangelegenheit (übrigens meiner Meinung nach ungemein eindringlich und sehr wahrheitsgemäß!) schildere, entweder streichen oder ändern. Ich müßte die Stellen, wo ich die Wiener Sozialdemokratie wegen ihrer unbezweifelbaren Leistungen lobe, weglassen, ich könnte einen Arbeiter nicht sagen lassen: »Auch bei uns gibts Lenins und Stalins genug!« und dergleichen Mätzchen mehr. Zuletzt verlangen sie völlige Umschreibung des ganzen Buches!

Dem beuge ich mich natürlich niemals und werde nun einfach das Buch nicht erscheinen lassen können. Dafür versuche ich vorläufig meinen neuen Roman »Sittinger bleibt obenauf« loszubringen. Ich will aber nunmehr den *Abgrund* unbedingt im Ausland verändert unterbringen und da wäre mir mit Lieber sehr gedient. Leider aber muß ich das ganze Manuskript neu schreiben, da ich nur ein einziges, sehr zerfetztes und verschmiertes habe. Das wird allerdings gut einen Monat oder sechs Wochen in Anspruch nehmen, denn das Manuskript hat 350 Seiten! Im Druck sind es 535! Vorläufig ists ja nun so, daß ich vor allem meinen jetzigen Roman *Sittinger* losbringen muß, den *Abgrund* kann ich ja dann (wenigstens vorläufig!) in *deutscher* Sprache doch nicht rausbringen, deswegen möchte ich mit Lieber eine englische u. amerikanische Ausgabe erzielen!

Du kannst Dir denken, was ich für eine Wut im Leibe habe: a) weil ich mir von Subalternbeamten keine Vorschriften machen lasse, b) weil sie mich so lange haben hängen lassen, c) weil ich überzeugt bin, daß der *Abgrund* gerade deswegen, weil er mit der »Fehlerbekämpfung«, die der VII. Weltkongreß so emphatisch gutgeheißen, ernst gemacht hat und wahrscheinlich deswegen der Einheitsfront mehr nützt als so schrecklich farblose linientreue Traktätchen! Ich sehe in dieser Art von »Gleichschaltung« eine schreckliche Ähnlichkeit mit der deutschen und ich sehe, daß man auf all den Kongressen der linken Schriftsteller nur gelogen hat! [. . .]

Graf mahnt zum Stillschweigen über diese Kontroverse. An einer Einladung des New Yorker Kulturbunds, dort Vorträge zu halten, wäre er interessiert, sieht aber Transitschwierigkeiten und finanzielle Unsicherheit.

Übrigens bemüht man sich ja nunmehr wirklich in Genf ein bißl, den Emigranten in Paßangelegenheiten und in der Frage der Arbeitsbewilligung, sowie des Asylrechtes zu helfen. Ich bin in das hiesige Büro als Vorstand hineingewählt, erwarte mir aber nicht viel – wahrscheinlich werden wieder ein paar Wichtigtuer billig nach Genf kommen wollen. Vielleicht aber bekommen wir doch mit der Zeit Pässe, auf die wir ungeschoren reisen können. Das wäre für das erste das wichtigste! [. . .]

Grafs Kampf mit seinen reichsdeutschen Verlegern um Freigabe seiner Bücher beginnt erfolgreich zu sein. Zwischendurch denkt er wieder an Amerika, überlegt, ob sein Bruder Lenz für ihn bürgen würde.

Mit Erich [Müller] ists härter seit ich meine letzten drei Briefe geschrieben habe. Nun läßt auch seine Frau nichts mehr hören und ich glaube, man hat nun auch sie verhaftet. Es scheint dort auch so eine finstere Angst zu sein vor jedem, der nicht 100prozentig schwenkt wie sie es wollen. Das einzige was ich weiß ist, daß Erich im Norden ist und daß ein Mann, der erst kürzlich hinüber kam, mit ihm festgenommen worden ist. Dieser soll 10 Jahre bekommen haben! Ob wir Erich wiedersehen, erscheint mir unter diesen Umständen fraglich! Ich bin über diese Art der Mundtotmachung – noch dazu, wenn man derartige Geheimnistuerei betreibt – empört. Notabene wo ich fest überzeugt bin, daß Erich aus reinem Irrtum hoppgenommen worden ist.
Das Buch von Lorant habe ich oft erwähnt gesehen, in hiesigen und englischen Zeitungen, leider kriegen wir so was nie. Ich bin aber gar nicht einmal sehr neugierig drauf. Lese lieber »Dachau – Eine Chronik« von Walter Hornung. Es ist das beste Buch über Konzentrationslager und es liegt grade uns nahe, weil wir darin über die Schicksale der uns Nächsten erfahren. Übrigens – wer glaubst Du, ist Walter Hornung? Es ist Julius Zerfaß, ehemaliger Feuilletonredakteur der »Münchner Post«. *Den* hat – er war ein ungewöhnlich schlechter »Dichter« und Parteireimschmied! – dieses Leiden zu einem bedeutenden Schriftsteller gemacht. Lese unbedingt, wenn Du es kriegen kannst, dieses Buch. Zerfass ist in Zürich bei Hoegner. [. . .]

Graf möchte mit einem kleinen Kapital seine gesamten Buchbestände von seinen deutschen Verlegern aufkaufen (immerhin fast 10.000 Bücher) und in Brünn »so etwas wie einen Verlag aufziehen«; er verspricht sich ein »nettes kleines Geschäftchen« davon. Handschriftlicher Zusatz von Mirjam: Sie hat keine Lust mehr, nach Rußland zu kommen. »Diese faschistische Methode ist fürchterlich, und sie hätten sie weiß Gott nicht nötig.« Außerdem noch drei Sätze Kostprobe von »Brünner Deutsch«.

AN KURT ROSENWALD   26. 1. 1936

Dank schön für Deinen Brief. Daß die Briefe via Deutschland gehen, ist doch selbstverständlich, die Post wird nicht wegen uns Emigranten eine Umleitung machen und ich fand immer, wenn z. B. Freunde, die an mich schreiben, aufs Kuvert etwa via Österreich, via Schweiz etc. draufschrieben, daß sie damit erst recht die Deutschen aufmerksam machten!
Übrigens glaube ich auch nicht, daß die Deutschen jetzt vor der Olympiade Briefzensur machen, aber immerhin werde ich Namen vermeiden, das heißt nur die Vor- oder Spitznamen nennen.
Daß Willy [Fischer] noch lebt und nun sogar Arbeit gekriegt hat, ist erfreulich. Er schrieb mir einmal noch nach Wien, dann erfuhr ich, daß er verhaftet worden war und jetzt weiß ich schon lange nichts mehr von ihm. Seine politische Entwicklung würde mich interessieren. Sonst weiß ich von unserer Heimat augenblicklich nur Betrübliches: Die Verhaftungen in der letzten Zeit sind sehr umfänglich, besonders in München und Augsburg. Immer wieder aber wird mir versichert, daß in Dachau nicht mehr geschlagen wird, Emigranten aber, die erst kürzlich kamen, behaupten das Gegenteil.
Mit meinem Roman *Abgrund* ists doch so – und das kannst Du immer betonen wenn Du eventuell Lieber was sagen willst: Die Sowjetunion *ist nicht gegen ihn*, sie hat ihn doch jetzt im *Moskauer Staatsverlag herausgebracht* und mir Geld geschickt. In allen Kreisen, die ich in der Sowjetunion kennenlernte, habe ich einen sehr guten Namen und man hört auf mich ziemlich!
Diejenigen, die gegen das Buch sind, sitzen doch nur im Zentralkomitee der *Deutschen KP*, also lediglich jene Herren sind dagegen, die sich durch meine Darstellung irgendwie getroffen fühlen! Es könnte mir z. B. ungemein schaden,

wenn irgend jemand verbreiten würde: Die Russen erlauben mein Buch nicht! (Da man ja gewohnt ist, die Russen und die KP's als *eins* anzusehen, was zwar natürlich wäre, aber keinesfalls zutrifft! Die Russen sind heute mehr denn je auf sich bedacht und sehen es mitunter nicht ungern, wenn man die KP's in anderen Ländern irgendwie herunterputzt.)

Rosenwald soll das auch gegenüber Lieber so darstellen.

[. . .] Was Du in bezug auf Erich schreibst, habe ich auch eine Zeit lang geglaubt und bin noch nicht ganz sicher, ob nicht in irgendwelchen Ecken Feinde von mir sitzen, die damit argumentieren gegen mich, aber ich habe wenig Anzeichen. Ich habe übrigens vor zirka 3 Wochen über Erichs Frau einen kurzen Brief von E. erhalten, in welchem er schreibt, er sei nach wie vor überzeugter Antifaschist und begeisterter Anhänger der Sowjetunion, er sei weder verstimmt noch verbittert und warte nur darauf, daß er alsbald rehabilitiert und seiner gesellschaftlichen Arbeit zugeführt wird. Da die Frau keine Zeile dazu geschrieben hat, haben wir unterlassen, ihr zu schreiben. Ich bin natürlich verzweifelt, daß es gerade Erich so gehen muß, den ich für den ehrlichsten Menschen halte, den ich kenne! Ich weiß auch keine Mittel und Wege mehr, ihm zu helfen. Der Brief war datiert vom 14. Dez. und kam bei uns nach Neujahr an, es scheint also, daß Erich weit, weit weg verbannt ist! Schrecklich!

Ich habe mit Bredel, der auf der Durchfahrt da war, gesprochen, aber Du glaubst überhaupt nicht, wie gleichgültig und wie furchtsam die Leute sind. Böse Zeichen! [. . .]

Nochmals zu Lieber: Ein Abschluß mit ihm würde Graf auch gegenüber Malik nützen./Die deutschen Genossen, die *Abgrund* kennen, sind begeistert, weil hier »einer ohne Scheuklappen für die Einheitsfront« spricht.

Du hast recht, es ist vieles niederschmetternd, dennoch, man muß eben politisch nicht mit menschlichen Sentiments handeln und darf nie zuviel von den fragwürdigen Leitern halten. Mein Glaube an die Arbeiter ist zu groß, meine Erlebnisse mit ihnen zu aufschlußreich und nahe, als daß ich trotz meines Skeptizismus nicht dennoch ein Optimist wäre [. . .]

Graf will Zerfaß für sein Buch über Dachau eine russische Übersetzung besorgen. / Er kümmert sich sehr um »Emigrantensachen«: Elend, Ärger, Arbeit und wieder Arbeit, »aber man sieht doch, daß man was tun kann« / Nachrichten über einzelne Bekannte / Geldlich geht es wieder besser: Russische Zeitschriften zahlen gut. / Nochmal kommt Graf auf seinen Plan, einen eigenen kleinen Verlag aufzumachen – »leider fehlts halt an Geld!«

Lieber Hans!

Eure Eminenz haben sich also wieder einmal bemüßigt gefühlt, an den Provinzschriftsteller in der Zelena in Brno
huldvollst zu schreiben und gestatten letzterem wohl, dies
devotest und gebührend zu rühmen. Dessen ungeachtet hat
sich die jämmerliche Wenigkeit des besagten Provinzschriftstellers nicht enthalten können ob der plötzlichen
Dringlichkeit, die Ew. Eminenz in obgenanntem Schreiben
zu Tage legen, ein wenig zu lächeln. Was Ihro Gnaden verzeihen mögen.
Um jedoch nicht in eine rügenswerte Weitschweifigkeit zu
verfallen, erbitte ich bei Ew. Eminenz Dispens und beschließe meine unterthänigste Einleitung mit einem
schlichten: »Halten zu Gnaden, Ew. Eminenz!«
Du schreibst, die IL ist die einzige literarische antifaschistische Zeitschrift, die uns bis jetzt geblieben ist. Das stimmt
auffallend, insonderheit, da man ja aus Gründen, die uns
antifaschistischen Schriftstellern heraußen immer unverständlich waren, die NDB kläglich eingehen ließ. Man hat
uns mit Findigkeit und mit einem gewissen heiteren Sinn
ruhig zutode geschulmeistert, war stets weit davon entfernt,
unsere Schwierigkeiten zu begreifen und hat uns nicht im
geringsten unterstützt. So ist also eine auf breitester antifaschistischer Grundlage aufgebaute und sehr notwendige
Zeitschrift zu Grunde gegangen und der Malikverlag beinahe mit, nur weil man allem Anschein nach kein Interesse
daran hatte, außerhalb der SU eine antifaschistische Kultur-
und Literaturbasis in aktuellerem Sinne, als es die IL ist und
je sein kann, aufzubauen und zu halten.
Jetzt sagen alle jene, die nach antifaschistischen Zeitschriften – wohlgemerkt nach literarischen! – hungern:
»Naja, die IL, die wird ja in Moskau gemacht, die ist uns zu
einseitig kommunistisch!« Und wir können immer nur
Kreise erfassen, die eben sowieso bei uns stehen, *weiter aber
dringen wir nicht!*
Mit den NDB hätte man aber weiter dringen können, viel
weiter!
Ich kenne die von Dir angedeuteten Vorgänge innerhalb der
literarischen Emigration sehr gut, lieber Hans. Ich lebe zwar

nur still in Brünn, in der Zelena, immerhin aber entgeht mir nichts, was passiert. Es ist z. B. bezeichnend, daß die Vorgänge in Paris und in Prag einander absolut gleichen und die gleiche Wurzel haben, nämlich die, daß man von Euch aus mit uns allen umgeht, als seien wir nur lästige Anhängsel. Ich weiß auch, daß sich nun die Pariser und Prager darangemacht haben, ein bißchen Wandel zu schaffen an Ort und Stelle, aber ich bin weit entfernt davon, mir allzugroße Illusionen zu machen.

Der Grund, weshalb Du an mich geschrieben hast, ist ja keineswegs ein zunehmendes Interesse, der Grund wird wohl der sein, daß man nun im Jourgaz ebenfalls eine literarische Monatsschrift macht, die ausschließlich emigrierte Schriftsteller bringen will, also einen NDB-Ersatz! Vielleicht hat diese Korrespondenz für Euch wenigstens den einen Segen, daß Ihr pünktlicher arbeitet und auch ein wenig an das Rein-Automatische und Kaufmännische in einer Redaktionsführung zu denken gezwungen werdet. (Ich selber, siehst Du, kann mich im Verkehr mit Euch gar nicht so arg beschweren, *mir* antwortet Ihr sogar, *mir* schickt Ihr sogar jeweilig die Nummern, von *mir* bringt Ihr sogar – wenn auch nach immer wiederholter Verschiebung! – einmal einen Beitrag und *mir* kommt Ihr in der Honorierung hilfreich entgegen! *Ich* hätte also allen Grund still und zufrieden zu sein. Ich tu's aber nicht und kanns nicht, wenn ich erlebe, daß mir andere vorklagen, wie schauderhaft uninteressiert und schlampig Ihr mit ihren Einsendungen und Anfragen umgeht!)

Da ich mir aber denke, es läßt sich schließlich alles mit der Zeit einrenken und ausbauen, so bleibe ich dennoch optimistisch. Ich bin gerne bereit, soviel ich kann, bei Euch mitzuhelfen und Euch geeignete Vorschläge zu unterbreiten. Dazu aber sind folgende Bedingungen Voraussetzung:

a.) die »Internationale Literatur« hat pünktlich zu erscheinen

b.) der Verkaufsapparat in den Ländern des Westens muß einheitlich gestaltet werden. In jeder Stadt müssen *alleinige* Verkaufsvertreter sein, nicht daß z. B. vorkommt, daß man die IL bei der Universitasbücherei für 5 und im Buchhandel für 9 Kronen bekommt. Das wäre nur dann beizubehalten, wenn die UB wirklich nur an ihre Mitglieder und nicht *an jeden* verkauft. Damit ruiniert sie alles, sie verstimmt ihre Buchhändler und Vertreiber, sie bringt auch in die Käufer Verwirrung.

c.) die »Internationale Literatur« muß *wirklich* eine Internationale Revue der Literatur und Kritik werden. Dazu wäre es nötig, in allen Ländern *ständige* Korrespondenten zu haben (einen wichtigen Literaturkritiker und einen Redakteur, der befugt ist, Arbeiten der im Lande lebenden Dichter anzunehmen und weiterzuleiten. Der Kritiker hat jeden Monat einen Kunst-, einen Theater- und einen Literaturbrief oder Brief [!] zu liefern). So kann die Zeitschrift aktualisiert werden, sie enthält wirklich die Stimmen der internationalen antifaschistischen Schriftsteller, sie unterrichtet über alle Strömungen und Vorgänge in Literatur, Kunst und im Theater.

d.) Diese bestellten Korrespondenten aber müßten festbesoldet werden, damit sie auch wirklich ihre Arbeit richtig machen können. Daß ab und zu mal jemand über Paris, Madrid, New York oder Prag schreibt, ist kindlich. Erst dadurch, daß die Leser sich an feste Namen gewöhnen, die immer das Gleiche bearbeiten, gewinnen sie Vertrauen zur IL und zu diesen Kritikern. Beispiele könnte ich Dir aus Erfahrung und aus der Entwicklung jeder literarischen Strömung anführen.

e.) Um einen Stab von gewichtigen Schriftstellern in allen Ländern fest an die IL zu binden, müßt Ihr wenigstens dazu übergehen *einen Teil* in Valuta zu zahlen. Wenn man in Moskau oder überhaupt in der SU sitzt und alles hat, vergißt man zu leicht, daß wir heraußen fast keine Möglichkeit haben, für unsere Arbeiten Abnehmer und vor allem Honorar zu bekommen. Immer ists der Schriftsteller von dem merkwürdigerweise verlangt wird, daß er umsonst arbeitet, daß er – auch wenn er nicht weiß, ob er morgen was zu fressen hat, ob er Porto bezahlen kann – bei der Stange bleibt!

f.) Die neue Zeitschrift im Jourgaz, der ich ebenfalls eine Erzählung gab, stelle ich mir als Organ der emigrierten Deutschen und Österreicher, die IL aber als das Organ aller Antifaschisten [vor]! Darum braucht Ihr eigentlich nicht miteinander konkurrieren.

g.) Ich soll Euch Mitarbeiter nennen? Gewiß tu ich das gerne, aber ich muß die bindende Erklärung bekommen, daß, wenn einer auf meine Empfehlung etwas schickt, er auch umgehenden Bescheid (wie es in jedem korrekten Geschäftsbetrieb üblich ist) des Einlaufes und innerhalb von längstens vier Wochen den Entscheid, ob angenommen oder abgelehnt ist, bekommt. Die Manuskripte müssen (bedauerlich, das noch sagen zu müssen, was auf der Hand liegt) bei Nichtverwendung zurückgeschickt werden! Ich glaube zu unserem gemeinsamen Freund Br[edel] habt Ihr eine bessere Verbindung als ich, jedenfalls kann ich ja – ich weiß nicht mal seine Adresse – weiterleiten, daß er Euch etwas schicken soll.

So, das sind nun nur einmal so hingeworfene Anregungen. Über den inhaltlichen Ausbau der IL wäre noch viel zu sagen. Dazu aber wäre es nötig, einmal zusammenzusitzen und gründlich zu reden. Ich habe mir schon lange vorgenommen Karl über seine Kritik und über die letzten drei Nummern zu schreiben, leider hab ich zuviel Kleinarbeit, sodaß ich es immer verschieben muß. Das tut mir leid, aber es geht nicht anders. Ich wünschte, man säße einmal wieder in M[oskau] zusammen und würde sich ein bißchen um das kümmern können, was Ihr – nicht aus Absicht, sondern aus dem Grunde, weil Euch alles fremd geworden ist und weil Ihr auf Grund der allzugeborgenen Entfernung zu wenig auf dem Laufenden seid – grundfalsch macht! So *taktisch* falsch, daß Ihr das Gegenteil von dem erreicht, was Ihr erreichen wollt.

Ich habe momentan auch sehr viel mit meinem Prozeß gegen alle meine ehemaligen deutschen Verleger zu tun, daß ich mich darauf (– weil ich ja *allein* – die ganze Presse für diesen Fall bearbeite) konzentrieren muß.

Übrigens ist ja jetzt Wieland drüben, der Euch ja gewiß verschiedene Klagen vorbringen kann. Hoffentlich habt Ihr diesmal soviel Rückgrat und steht ihm wirklich bei – im Falle *Abgrund* und in allen anderen Fällen. Wenn wir überhaupt *etwas* als Schriftsteller mitbeitragen wollen zum Kampf, dann müßte man doch das Wenigste verlangen können: Die unbedingte Kameradschaft!

Leider scheint die Clique manchmal weit wichtiger zu sein! Es ist schmählich und zum Kotzen!

Nebenbei: Karl schrieb, mein Beitrag »Das Erbe« kommt im Aprilheft. Ich rechne, daß ich dieses Heft dann bis zum September glücklich in der Hand habe. Da habt Ihr eine kleine, unübertriebene Illustration von Eurer verheerenden Unpünktlichkeit. Heft 1 (Januar 36!) erhielt ich jetzt, im März! Und somit beschließe ich mit Erlaubnis Ew. Eminenz mein – wie ich mir unterthänigst anzunehmen erlaube – pflichtgemäßes Schreiben in der gemeinen Hoffnung, Ew. Eminenz möge mir auch fernerhin Ihr huldvolles Wohlgesinntsein nicht abschlagen und allerunterthänigst meine devotesten Grüße entgegennehmen!

OMG

AN WILLI BREDEL, REDAKTION »DAS WORT«   2. 12. 1936

Lieber Willi!

Dankschön für Deinen Brief. Ich wartete sehr drauf und bin nun doch im Unklaren, ob Du meinen Beitrag »Die Weihnachtsgans« verwendest oder nicht. Ich habe Dir doch geschrieben, daß ich wegen der Aktualität der Arbeit bald Bescheid brauche. Jetzt wirds wohl schon fast zu spät sein – ich bring das Ding kaum mehr in der letzten Weihnachtswoche an. Gib aber trotzdem, nach Erhalt dieses Briefes, umgehend Bescheid.

Daß Du endlich den fertigen *Abgrund* bekommen hast, freut mich. Nun, endlich, endlich! Die hiesigen Österreicher werden im Jännerheft des »Kampf« von Otto Bauer (er selbst schreibt's natürlich nicht) einen großen Krach über das Buch machen. Sie sind sehr verärgert, obgleich wir ab und zu munter streitend am Kaffeehaustisch sitzen. Nun, je mehr gepoltert wird über das Buch, desto besser, dann beschäftigt man sich doch damit.

Daß Heinrich Mann inzwischen in der Sonntagsausgabe (vorvorigen Sonntag) der Pariser Tageszeitung einen schönen Brief bezüglich des *Abgrund* an mich veröffentlicht hat, werdet Ihr wohl gelesen haben. Auch Balder Olden schrieb schon in der Neuen Weltbühne drüber und die Volks-Illustrierte auch. Es käme nun sehr darauf an, daß Feuchtwanger etwas im »Wort« schreibt. Er versprach mir in einem Brief aus Frankreich vor seiner SU-Reise, daß er dort etwas schreiben werde. Vielleicht helft Ihr mit, daß er dies bald macht. Das Buch ist heißumkämpft und erweckt, obgleich es zwei Jahre zu spät erschienen ist, überall Interesse. Man muß alles tun, um grad jetzt dieses Interesse zu schüren.

Der Bruno Altmann ist doch ewig nörglerisch und verstimmt, wenn er mit einem spricht, schreiben wird er an Euch immer etwas sanft und gemütlich. Nun, er will nach Paris, wartet auf seine Einreisebewilligung dorthin und hofft – wie jeder – auf jede Honoraraussicht. In mich stochern eben alle, aber allzuernst nehm ichs nicht.

Inzwischen sind 50 Rubel eingelangt, ich weiß aber nicht, ob sie von Hans oder von Euch sind, tippe aber auf Euch. Tausend Dank dafür. Das Heft 5 habe ich bekommen. Sehr schön sind besonders die Abteilungen vom Kulturerbe im »Wort«. Wer schreibt sie? Daß Ihr Herder hervorhebt, ist glänzend. Auch über den immer wieder übergangenen Seume freute ich mich aufrichtig.

Ich wußte nicht recht, ob ich Euch fürs »Wort« meine Festrede zum 19. Jahrestag der SU schicken sollte, die ich am 21. im Rahmen der Freunde der UdSSR in Prag hielt. Ich habe leider kein Manuskript mehr und gab das eine der Redaktion vom »Weg und Ziel«. Ob sie's bringen, weiß ich nicht.

Die Veranstaltung war ein voller Erfolg, brechend voller Saal, glänzende Stimmung. Laß Dir von Wieland etc. berichten.

Wir alle denken hier Tag und Nacht an Spanien und hängen am Radio wie nie zuvor. Die Moskauer Sendungen werden aber jetzt derart von Deutschland gestört, daß man ganz nahe an den Apparat gehen muß, um zu verstehen. Wir sind dennoch – die furchtbaren Opfer bedrücken schrecklich – optimistischer als am Beginn des grauenvollen Kampfes. Ach, darüber wäre soviel zu reden, lieber Willi! Man fällt von Begeisterung in Bedrückung und siedet förmlich.

Auch die Reden des VIII. Sowjetkongresses hörten wir und freuten uns aufrichtig über die kräftige, unbeirrbar männliche Sprache. Sie verfehlen die Wirkung nirgends.

So, nun muß ich aber Schluß machen. Oft hätte ich das Bedürfnis Euch allen lange, vielleicht recht geschwätzige, liebe Briefe zu schreiben, aber wo die Zeit hernehmen? Ich denke an die gute Scheinina und sehe immer nur ihre Augen, ich bin böse auf die liebe Vera Toper, weil sie nie was hören läßt, sehe immer noch, wie Du bei mir in die Stube kommst und lächelst, erinnere mich an Hans und an Alfred – und jetzt habe ich noch einen, den ich besonders zu grüßen bitte, den Ludwig Marcuse, der ja bei Euch ist, und den Feuchtwanger, der ja schon Olympier ist. Ich möchte Euch alle [!] die Hand drücken und einmal wieder beisammensitzen mit Euch allen wie ehemals – in grauer Vorzeit! Moskau muß jetzt doch völlig anders sein. Ich habe keine Vorstellung mehr. Und Ihr – wie gehts Euch allen? Was tut, was streitet Ihr, was erhitzt und beglückt Euch?

Lieber Willi leb wohl für heute!
Wie immer Dein OMG

AN ISABELLA GRÜNBERG   3. 1. 1937

Graf ist ganz gerührt, daß der Leningrader Staatsverlag ihm zum 19. Jahrestag der SU ein Paket der besten russischen und ausländischen Bücher schickte, z. T. in Prachtausgaben. »Man fühlt, wie man zusammengehört, und das ist gerade in der Emigration ein Segen für jeden Einzelnen.« Sein Herz schlug ein bißchen schneller, als er hörte, daß sein Dankbrief dafür im Radio Moskau vorgelesen wurde. Er selbst hielt in Prag eine »wirklich begeisternde« Festrede zum 19. Jahrestag. Die Genossin Grünberg soll sich schonen. Der Erfolg der Ärzte bei ihr ist »ein neuer Beweis, wie tüchtig die Sowjetmenschen in allen Fächern geworden sind«.

[. . .] Ich denke dabei immer an die ganzen langen Jahrhunderte russischer Geschichte und bestaune den jetzigen Umwandlungsprozeß immer von neuem. Als ich endlich in Ruhe dazu kam den Entwurf der Stalinschen Verfassung zu lesen, war ich tief erschüttert. Es ist ein Dokument, das erst spätere Jahrhunderte unserer überkultivierten Welt erkennen werden. Ich bin keiner von jenen Menschen, die gleich in allzugroße und unechte Töne verfallen, wenn sie wahrhaft ergriffen werden, aber der Mann, der diese Verfassung geschaffen hat, ist unzweifelhaft eine ganz große überragende Erscheinung. Kennen Sie beispielsweise die Lebensgeschichte Abraham Lincolns, sie erinnert mich in ihrer Schlichtheit an Stalin. Auch Lincoln gab seinem Amerika erst das menschliche Gesicht nach einem schweren Entwicklungsgang, nach einem Bürgerkrieg und kapitalistischer Zersetzung. Mich reizt es immer den historischen Ereignissen nachzugehen und die großen Menschen kennen zu lernen. Was seid Ihr Sowjetmenschen doch für glückliche Leute! Wirklich man kann Euch beneiden.

Die Geschichte, die Sie in Ihrem Brief von Ihrem Kranken-haus erzählen, ist reizend. So kommt ein weltabgelegener, emigrierter, paßloser, ausgebürgerter Mensch, der mit be-ster Kraft gute Bücher zu schreiben versucht, mit seiner Ar-beit unter die Menschen. Und unter welche Menschen? Unter die Leser, die er sich wünscht! Herrlich.

Ja, liebe Freundin, da soll man nicht gerührt werden. Und Sie schreiben noch auch voller Optimismus und Humor: »Sehen Sie, sogar am Sterbelager höre ich nicht auf, Sie bei uns bekannt und beliebt zu machen!« Hätte ich Sie jetzt vor mir, ich würde Sie wahrhaftig umschlingen und küssen!

Sie können sich nicht vorstellen, welche Sehnsucht ich manchmal nach der SU habe. Gestern schrieb mir Bredel, wie schön es jetzt in Moskau sei und wie glücklich sie alle leben, welche Freunde dorthingekommen wären! Ach, das schmerzte mich wirklich, denn bei mir ists ja leider so, daß ich nirgends hinkommen kann, weil ich nicht einmal ein gül-tiges Papier habe – keinen Paß mehr, staatenlos, ja noch nicht einmal für Brno, wo ich immerhin schon drei volle Jahre lebe, eine polizeiliche Aufenthaltsgenehmigung! Das ist bitter. Wie lang wird das wohl dauern?

Dabei geschieht in der Welt so unendlich viel: Spanien! Wir hängen hier am Radio und verfolgen jeden Kampfabschnitt, von mir sind viele, sehr nahe Freunde an der Madrider Front und in Barcelona, Valencia. Wir hören den Moskauer Sender – leider ist in der letzten Zeit vom Dritten Reich her fürchter-liche Störung – und erfahren so wenigstens die Wahrheit, wie unsere Bataillone stehen und wie der gewisse Sieg fort-schreitet. Aber die furchtbaren Opfer! Man fängt aber, so scheint mir, jetzt endlich auch im bürgerlichen Lager zu be-greifen an, welche Barbarei der Faschismus ist. Die Luft-bombardements auf Madrid müssen das Entsetzlichste sein, was man sich vorstellen kann.

Graf verhandelt wegen des *Sittinger* und hatte mit dem *Abgrund* ziemlichen Erfolg (jedenfalls bedeutende Besprechungen). »Die alten Sozialdemokraten schimpfen, aber die jungen, fortschrittlichen Elemente diskutieren heftig über den Roman.«

[. . .] Sie sehen, liebe Genossin Grünberg, alles ist bei mir im Fluß. Ich bin tätig und vollgesaugt von Plänen. Auch sehe ich gar nicht so düster in die Zeit, da ich felsenfest daran glaube, daß unser Sieg gewiß ist. Auch in meiner Heimat fängt langsam die Unzufriedenheit an, aktiv zu werden. Die Bauern, die vorher alle abseits gestanden haben, werden nunmehr rebellisch gegen das Hitlersystem. Der Terror schreckt nicht mehr so wie am Anfang. Ungebeugt kommen unsere Genossen aus den schrecklichsten Konzentrationslagern und sind härtere Revolutionäre als vorher! Auch wir werden unserem roten Oktober entgegenreifen. Grade Spaniens Kampf entflammt in den Ländern der Illegalität tausend Energien. Der deutsche Arbeiter und der deutsche Bauer, sie sehen – ohne wirklichen Kampf wird nichts erreicht. Viele Anzeichen sprechen dafür, daß seit zirka fünf Monaten die revolutionäre Bewegung, die Aktivität unserer Genossen bedeutend zugenommen hat. Das richtet den Verzagtesten wieder auf – und es gibt leider in der harten Emigration viele Verzagte. [. . .]

AN KURT ROSENWALD   23. 2. 1937

Lieber Kurt!

Eigentlich sollte ich Dir auf Deinen letzten langen Brief vom 23. 1. antworten. Nun, was Dir Otto geschrieben hat, ist interessant und überrascht mich nicht. Ich kenne von meinen Brüdern her dieses »Auslandsdeutschtum« zu genau, das wir lieber Kurt nie und nimmer annehmen oder akzeptieren wollen. Wir müssen in einem viel intensiveren Sinne als zu Hause Deutsche bleiben, sonst werden wir die Notwendigkeiten des Kampfes um dieses unser Deutschland nie erkennen, sonst werden wir nie siegen. (Und daß wir siegen, davon bin ich trotz allem überzeugt. Ich bin beileibe kein Wunschträumer, aber ich hänge zu sehr mit denen zusammen, die daheim arbeiten, um nicht felsenfest davon überzeugt zu sein, daß unsere Stunde heranreift.) Du sagst das sehr richtig, daß jene, die zu lang im Dritten Reich leben eine gewisse Gefängnispsychose annehmen, weil sie gar nicht dran denken zu kämpfen. Aber auf *die* kommt es gar nicht an. Ich bedaure nur immer wieder, daß so viel Menschen sich zum Sozialismus bekennen, solange er populär ist, solange er gefahrlos ist, solange er irgendwie noch als haltbar erscheint, dann aber sacken sie ab. Ich habe mit einigen Freunden hier eine sehr überraschende Sache erlebt: Eingeschworene Parteigänger von uns hatten sich psychoanalysieren lassen – und sind auf einmal unpolitisch geworden und fanatische Anhänger der Psychoanalyse! Das hat uns wieder sehr viel gelehrt! Wir werden allmählich stolz und wägen sehr genau.

Was Du von den Aussichten des *Abgrund* in Amerika schreibst, überrascht mich auch nicht. Das Buch wird bei allen loyalen Sozialisten ehrlich begrüßt und bekrittelt, indessen hat sich die hiesige und die schweizerische Sozialdemokratie in den Kopf gesetzt nicht nur dem Buch alle Verbreitungsmöglichkeiten abzuschneiden, sondern auch den Malikverlag unmöglich zu machen. Sie denunzieren derart in ihren scheinbar objektiven Kritiken (die mich ganz niederträchtig verdächtigen, also höchst persönlich sind) und reden keineswegs über Buch und Inhalt. Otto Krilla leitet im Zürcher Volksrecht die Kampagne, hier in Prag Herr Emil Frank [?] – derzeit »Volkssozialist« – und es ist ihnen tatsächlich gelungen, daß dem Malikverlag von Schweizer Parteibuchhandlungen ein Brief geschrieben wurde, er solle die gesandten Bücher wieder zurücknehmen, sie stünden wegen rein kommunistischer Tendenz zur Verfügung und auch, weil das in der Schweiz verboten sei!!! Genauso machen sie's hier. Nette Zustände, was? Man muß einen breiten Buckel und viel Beharrlichkeit haben, ich hab dazu noch die nötige Dickfelligkeit und lache trotz aller Bitterkeiten.

Fritz schrieb übrigens auch und beklagt sich über Otto, daß er ihm das Buch nie schickte. Ich will ihn aufklären. Ich will auch versuchen, ihm vom Verlag ein Exemplar zu erbetteln.

Daß ein Nazi die Korrekturbogen gestohlen haben sollte und dadurch Antifaschist geworden wäre – das wäre zuviel des Guten. Im übrigen meldete das Polizeiblatt in Deutschland, daß *Abgrund* für das Deutsche Reich verboten ist. Sie müssen's also kennen.

Deine Begegnung mit dem Urbayern hat mein Herz erhoben, weniger glücklich hat uns [gemacht], daß die Krankheitsfälle in Deiner Familie so herumgewirtschaftet haben. Hoffentlich geht es dem Ilschen inzwischen gut. Gut dagegen wäre hiesiger echter Sliwowitz! Ich konsumiere ihn gern, kannst Dir denken. So, das ist jetzt so ziemlich die Antwort auf den ganzen Brief. Nun aber kommen zwei hochwichtige Dinge. Nr. 1 bitte ich ganz besonders zu beachten und sich zu merken!

Also Nr. 1) Im April – es kann Anfang, Mitte oder Ende sein – wird sich bei Dir ein Mann melden mit einem Empfehlungsbrief von mir. Diesem Manne hilf, wo immer Du kannst, daß er Beziehungen anknüpfen kann, daß er hauptsächlich linke Amerikaner und Deutsche kennenlernt und dementsprechende Vereine etc. Er bleibt nicht in USA, er fährt wieder zu uns. Er aber ist einer von den wichtigsten Menschen, die wir haben. Man muß alles aufbieten, um ihm zu helfen. Du mußt ihn einmal ein wenig hören, er wird Dir einiges sagen. Er ist also was ganz Besonderes. Nun ich glaube ja, lieber Kurt, daß Du alsbald herausbringst, worum es uns geht, ich nehme nun nicht allzu viel an, aber Du kennst sicher einige nützliche Wege und Quellen. Die zeige ihm, dazu verhelfe ihm. Du hilfst damit einer ganz großen Sache, die jetzt noch so klein aussieht und doch einst unsere Zukunft wird. Er ist – um nur noch eines in aller Kürze zu sagen – weder SP noch KP! Du kannst mit ihm völlig offen reden u. wirst viel erfahren. Sage ihm aber gleich, welche Möglichkeiten Du hast und sorge dafür, daß er nicht mit Schwätzern à la Seger zusammenkommt. Behalte vorläufig diese Ankündigung ganz für Dich und sondiere genau und vorsichtig: wir brauchen Sympathie, Verbindungen und materielle Hilfe. Der Mann heißt Paul Hagen.
Nr. 2) Es ist etwas Grausiges passiert. Unser Freund Erich ist in Deutschland! Ihn hat die Deutsche Botschaft aus dem SU-Gefängnis befreit. Er betätigt sich nun von seinem Heimatort Liebenwerda aus nationalsozialistisch – ob mit oder ohne Zwang, weiß man nicht. Jedenfalls ists entsetzlich! Die Sache war so: Im Deutschen Buchhändler-Börsenblatt erschien ein ganzseitiges Inserat über ein Buch von Agricola »Das endlose Gefängnis« nach Aufstellungen des Finnen Kitchin, den die CPS [?] in die nördlichen Pectora-Gebiete verbannte. Es scheinen dort Konzentrationslager zu bestehen, wo es nicht grad sanft zugeht. Erich ist dort, wie er selbst angibt, als Angehöriger einer faschistischen Organisation geschickt worden, wenigstens unter einem solchen Verdacht. Jedenfalls das ganzseitige Inserat gibt einen faksimilierten Brief Erichs wieder, in welchem – es ist seine Schreibmaschine, seine Unterschrift! – Erich das Buch als bestes »antibolschewistisches Buch« und völlig der Wahrheit entsprechend preist. Er könne das umso mehr, schreibt Erich,

da er denselben Leidensweg genommen habe und in den Pectora-Höllen fast ein Jahr verbringen mußte, bis ihn vor vier Wochen (also im Nov./Dez. 36!) die Deutsche Botschaft davon befreite. Erich unterschrieb seinen Hymnus mit »Heil Hitler!«. Das war ein entsetzlicher Schlag für uns. Gewiß kann man viel begreifen, *das* aber mit dem Heil Hitler ist zuviel.
Jedenfalls, wenn es Dir möglich ist vor Erich zu warnen, warne!
Das in aller Eile. Laß Dir von mir und Mirjam die Hand herzlich drücken, grüße die liebe Ilse vielmals und schreib eine kurze Karte, ob Dich dieser Brief gut erreicht hat.

Wie immer Dein OMG

AN WILLI BREDEL, FRITZ ERPENBECK UND
LJUDMILA SCHEININA REDAKTION »DAS WORT«   4. 6. 1937

Mein Briefwechsel mit Euch wird nachgerade tägliche Erscheinung, aber es kommt immer wieder was Erfreuliches oder Wichtiges, das mich zwingt, Euch zu belästigen.
Nun, wie Ihr hier beigelegt seht, schicke ich Euch schon wieder einen Beitrag fürs »Wort« – aber nicht von mir, nur eine Entdeckung von mir, von der ich glaube, daß sie fürs »Wort« sehr taugt. Hier ist ein Danziger Genosse (Sozialdemokrat), den ich ermunterte, einmal über seine Erlebnisse und über die Zustände im Freistaat Danzig eine Erzählung zu schreiben und er hat's getan. Ich habe die Geschichte gelesen und finde sie gut und wichtig für uns, fürs »Wort«. Ich glaube, auch Ihr seid meiner Meinung und würde mich riesig freuen, wenn Ihr dem Freund bald Bescheid geben wolltet, daß Ihr die Geschichte genommen habt. Eine solche Ermunterung wird ihn sicher veranlassen, weitere Kurzgeschichten in dieser Art zu schreiben und ich will fast glauben, daß wir da einen neuen Mann heranzüchten und gewinnen, der noch allerhand erwarten läßt.
Ihr wißt, wie solche Entdeckungen mich freuen und Ihr könnt Euch vorstellen, daß mir sehr dran liegt, wenn grade junge und unbekannte Freunde zu uns stoßen.
Zu Eurer Information: Teclaw ist sozialdemokratischer

Emigrant und mußte wegen einer Strafe, die er vor dem Naziterror zudiktiert bekommen hatte, sie aber grade absitzen sollte, als die Nazi[s] ans Ruder kamen, aus Danzig fliehen. Er war Gerichtsberichterstatter der soz.dem. Danziger Tageszeitung »Volksstimme« und ist in seiner Heimat sehr bekannt. [. . .]

AN ISABELLA GRÜNBERG   12. 8. 1937

Die angekündigte, drohende Ausweisung von Brünn aufs Land, wo er keine Bibliotheken und Kontakte hätte, hat Graf aus der Arbeit gerissen.

[. . .] Nun, wir haben in der Emigration schon sehr bedrückende Dinge erlebt und nehmen es eben auf uns. (Ich war z. B. vom Pariser Komité zum Schriftstellerkongreß nach Valencia/Madrid eingeladen, aber ich konnte ohne Paß nicht fahren und da kam grad meine hiesige Ausweisungsgeschichte auch noch dazwischen. Ich empfand grade das als besonders schmerzlich, denn in Valencia waren viele meiner internationalen Freunde. Ich wurde auch bei der Pariser Schlußsitzung des Kongresses wieder ins Büro gewählt, was mich aufrichtig freute, da ich darin eine Vertrauenskundgebung aller meiner Freunde erblickte!) Sie sehen aber, liebe Genossin Grünberg, daß man als Emigrant schlimm dran ist. Dabei geht es mir im Verhältnis zu den andern proletarischen Emigranten noch annehmbar. Diese aber sind gänzlich ausgeliefert und allen Schikanen unterworfen. Es scheint überhaupt jetzt ein böser Kurs gegen uns Emigranten in der CSR eingeschlagen zu werden. Jede – auch die geringste – politische Stellungnahme ist uns untersagt, niemand darf eine Arbeit im Lande annehmen und Hunderte sind auf die Mildtätigkeit irgendwelcher Vereine angewiesen. Diese Vereine aber sind meist schon erschöpft und arm. Das und die internationale Lage bedrückt natürlich ungemein. Wenn man die Presse verfolgt, wie die faschistischen Kriegstreiber überall bewaffnete Konflikte provozieren, um endlich alle Friedenshüter aus der Ruhe zu bringen, dann wird man mitunter wahrhaft unruhig. Aus Deutschland z. B. erhalte ich von Freunden Nachricht, daß dort das ganze Volk vor einem plötzlichen Krieg, den Hitler provoziert, zittert. Nun erleben wir die japanischen Herausforderungen an China! Und in Spanien wird der meuternde

Franco von Deutschland und Italien mit allen Mitteln gegen die rechtmäßige Regierung unterstützt. Tausende von Frauen und Kindern werden von den gewissenlosen Faschisten hingemordet – das alles macht zeitweise traurig. Hingegen fühlt man sich doch wieder ermutigt und gestärkt, wenn man den Heroismus und den Heldenmut des spanischen Volkes verfolgt, wie sie kämpfen, wie das ganze Weltproletariat sich auf die Seite des freien Spaniens stellt, wie die Sowjetunion helfend eingreift, wie die Schriftsteller der Welt nach Valencia reisen, um dem kämpfenden freien spanischen Volk ihre Sympathie zu zeigen. Das alles erhebt unsere Herzen.

Gleicherzeit hat mich – und uns alle – der Polflug und die zweimalige Route Sowjetunion-Nordpol-USA in helle Begeisterung versetzt. Wir verfolgten in der Volksillustrierten die Berichte der kühnen Flieger mit größter Spannung, wir jubelten, als wir durch den Moskauer Sender – den wir mit unserem Radioapparat gut hören – die Landung der Lufthelden der Sowjetunion in der Nähe von San Francisco erfuhren! *Das* sind die Lichtseiten der Emigration! [. . .]

Graf freut sich, daß Orloff vom Leningrader Staatsverlag sich auf seine Vermittlung mit seinem Freund Hornung [Zerfaß] in Verbindung gesetzt hat und empfiehlt ihnen ebenfalls seinen Freund Brügel, der seit Monaten in der SU ist. Er fragt, wie weit Frau Grünberg mit der Übersetzung von *Sittinger* ist [sie hat vorher auch den *Harten Handel* und *Einer gegen alle* übersetzt].

AN ISABELLA GRÜNBERG   5. 9. 1937

Nachdem Graf noch am 3. 1. 37 die Nachrichten vom Widerstand in Deutschland als eine »revolutionäre Bewegung« gedeutet hatte, betont er jetzt (in einer immer noch optimistischen Sicht) den Widerstand und die Volksfrontbemühungen.

[. . .] Indessen auch aus meiner Heimat erreichen mich Nachrichten, die aufmunternd klingen. Der Widerstand gegen die barbarischen Hitleristen, gegen das Regime des deutschen Faschismus, wächst, er vertieft sich, er wird präziser, nachhaltiger. Die illegalen Kämpfer lernen von Tag zu Tag mehr, die Gestapo ist nicht mehr imstande, sie zu fassen. Die Arbeiter und die breitesten Schichten des Mittelstandes, die Intelligenz ist heute in Deutschland weit mutiger im aktiven Antifaschismus als noch vor einem Jahre. Und die Kämpfer sind einig geworden, sie balgen sich nicht mehr um Parteidoktrinen – die Idee der Dimitroffschen Volksfrontbewegung wird überall nicht nur verstanden, sondern auch richtig angewendet! [. . .]

Ähnliche Urteile über die Weltlage wie in früheren Briefen. Weiterentwicklung seiner literarischen Arbeiten: Er ist glücklich über den Abschluß einer »langen, wunderschönen Erzählung von 32 Manuskriptseiten« *[Der Quasterl?]* und plant zwei Erzählungsbände: *»Menschen der Heimat«* und *»Menschen in der Fremde«* (also der Emigration).

AN FRITZ ERPENBECK, REDAKTION »DAS WORT«   26. 10. 1937

Graf bekundet Verständnis für die schwierige Lage in der Redaktion, von der ein Redakteur [Bredel] in Spanien, einer [Feuchtwanger] in Frankreich und einer [Brecht] »verreist« ist. (In den NDBl war es etwas leichter.) Er bemüht sich, von exilierten Schriftstellern in Österreich und der Tschechoslowakei »Brauchbares« für das »Wort« zu bekommen. Nur von einem Spanienkämpfer hatte er etwas geschickt, was er nicht gut fand – weil man einem solchen »einfach jeden Wunsch erfüllen muß«. An die erkrankte Genossin Scheinina, die ihm in Moskau »von allen Menschen am besten gefallen hat«, schreibt er eigene Zeilen. Vorschläge zum Kurzgeschichtenheft (lieber Lessing als Fontane) und zum Vertrieb. In der Expressionismusdebatte wünscht er sich die historischen Grundlagen des Expressionismus intensiver herausgestellt.

[. . .] Daß Dir *Sittinger* besser gefällt als *Abgrund* glaube ich gern. Ich hatte ja mit *Abgrund* ganz etwas anderes im Sinn, ich wollte, daß dieser Roman eine heftige Diskussion bei den SP- und KP-Genossen hervorruft, die zur Verständigung beiträgt – leider aber kam der Roman doch um fast 2 Jahre zu spät! Ich habe nie ein Hehl daraus gemacht, daß der *Abgrund* als Kunstwerk nicht ganz gelungen ist. Es fehlt ihm die nötige Geschlossenheit, auch hat jeder recht, der, wie Du, sagt, es liefen viele reine Berichte nebenher. Es sind im *Abgrund* nur viele, meiner Ansicht nach, sehr gute Abschnitte, aber das Ganze ist dadurch, daß es zuviel »Zeit« unverarbeitet aufnahm, bröcklig. Auch ich halte *Sittinger* für wirklich rund und gelungen. [. . .]

[. . .] Was übrigens Deine Einwände gegen *Sittinger* betrifft, die höre ich sehr oft. Ich glaube, daß man die Sittingers im besten Falle neutralisieren kann, aber nichts weiter.

AN KURT ROSENWALD   5. 11. 1937

Tausend Dank für Deinen langen Brief. Daß Dir der *Sittinger* so besonders gefallen hat, freute mich sehr. Im übrigen, was

Du da von dem alten Herrn in Freiburg, »an dem C. seine Freude gehabt hätte«, schreibst, stimmt absolut, und es ist absolut nicht aus dem Hirn jenes Herrn gewachsen, sondern die Ansicht vieler. Heine hat darüber in seiner Geschichte der Philosophie und des Christentums in Deutschland äußerst scharfsinnig geschrieben. Bitte lese es gelegentlich (wie man ja überhaupt Heine immer wieder lesen sollte!). Kant schrieb nach seiner Kritik der reinen die der praktischen Vernunft – wie Du vielleicht wissen wirst – auf eine Verwarnung seines preußischen Königs hin. Er schaltete sich also schon damals gleich. Kein Wunder, daß die Damaligen die Jetzigen ein bißchen ermuntern!

Und natürlich hast Du vollkommen Recht, wenn Du *Sittinger* als den Typ jenes amüsanten Deutschen verstehst, der – wie ich einmal in München sagte – »innerlich völlig Nihilist und äußerlich immer das ist, was ihm bequem erscheint.« Darum wahrscheinlich konnte ich ihn auch so zutreffend schildern. Gewiß gibt es in allen Ländern solche Sittingers, aber bei jenen kenne ich nicht alles, was dazu gehört, z. B. Umgebung, Einflußsphären seelischer und materieller Art, Stellung zum Weib etc.

Auch ich glaube, daß im Ausland sicher gesagt wird: »Naja, mit solchen Menschen ists ja kein Wunder, daß Hitler siegen konnte«. Die Menschen sehen sich ja in ihrem typisierten Bild nie. Darum mein bissiges Motto.

Man *soll* sich übrigens, wenn man *Sittinger* liest, schämen! Für den Sittinger und für sich selbst.

Dich interessiert, wann ich den Roman angefangen und geschrieben habe? Im Winter und im Frühjahr von 34 auf 35, also unmittelbar nach meiner Rückkehr aus Rußland, damals als uns alle die Saarabstimmung so niederdrückte. Den Namen hatte ich schon lange im Kopf, übrigens hatte ich in unserem Deutschland schon den Plan, einmal einen Spießbürger ganz nackt zu schildern. (»Kaslmeier« etc waren nur Studien dazu.)

Graf geht auf einzelne faktische (historische) und sprachliche Kritik am *Sittinger* ein, hofft auf publizistische Kontakte durch Rosenwald und durch Fles, erkundigt sich nach Bekannten, kann mit Rosenwalds Schüttelreimen wenig anfangen, lobt ein ganz auf bayrisch gemachtes Dialektstück von J. M. Lutz, liest Upton Sinclair . . .

[. . .] Schrimpf, hörten wir, sei in Ungnade gefallen. Weiter
aber nichts. Wir wären sehr neugierig, was er tut.
[. . .] Mit meiner Aufenthaltsbewilligung ist alles beim
alten, d. h. noch immer nichts entschieden. Die letzten Wochen waren sehr aufregend. Die Regierung (Innenministerium) wollte uns alle, ganz gleich ob prominent oder unbekannt, ins Innere des Landes auf abgelegene Dörfer ver-
bannen. Jeder zitterte. Es mußten anfangs auch Verschiedene weg, dann aber machte die demokratische Presse Lärm
und allem Anschein nach half das. Am meisten aber hat uns
Henleins Teplitzer Provokation geholfen. Jetzt ist in allen
Blättern *offiziell* erklärt worden, daß die Emigrantenmaß-
nahmen von der Regierung zurückgenommen worden sind.
Alle atmeten auf. Nun wird wohl wieder eine Zeit lang Ruhe
sein. Man ist schon froh um das. Die ganze Weltpolitik ist so
bedrückend, so selbstmörderisch sinnlos, daß man nicht
mehr zu denken wünscht. Leider geht das nicht. [. . .]

Graf erkundigt sich bei seiner Schwester detailliert nach Angaben über seine
Familie aus Kirchenbüchern. Er zitiert seitenweise, was er über Vorfahren,
über die Pfarrer und Lehrer der Gemeinde früher herausgeschrieben hat.

[. . .] Meine Studien (und die daraus gewonnene Auffassung) ist die: Die Grafs kommen zur Zeit der Gegenreforma-
tion aus dem Salzburgischen (dem damaligen Bistum Salz-
burg), das auch ins Tirolische hineinreichte. Dort befindet
sich zwar ein *Flüßchen Sulzbach*, aber kein Ort Sulzbach. Von
dort her könnten wir Grafs stammen und zwar wären die
Grafs nach dieser Annahme zu damaliger Zeit (also ungefähr um 1620-1640, im Laufe des 30jährigen Krieges) aus
dem Salzburgischen ausgetrieben worden, weil sie ursprünglich *protestantisch* (lutherisch) waren, dann, wegen
der Unterdrückung dieser Lehre, *zum Schein* wieder katholisch [wurden], was ihnen aber bei der jesuitischen Verfol-
gungswut dennoch nichts geholfen hat.
[. . .] Dann spricht noch etwas dafür, daß wir Grafs ursprünglich abgefallene Katholiken, also Salzburger Luthe-
raner waren, nämlich – Du erinnerst Dich daran! – durch die
feindselige Einstellung unseres Vaters gegen alles Pfäffi-
sche, Bigotte, seine Vorliebe für Luther, Wallenstein und (er
verwechselte diesen wahrscheinlich mit Friedrich Wil-

helm I.) Friedrich den Großen, der ja auch in Glaubens-
dingen sehr loyal war wie sein Vater.

Ich erinnere mich noch sehr gut, daß unser lieber Vater sehr oft
von Friedrich dem »Großen« recht gut sprach und ausdrücklich erwähnte, daß dieser König die Andersgläubigen, die
gegen den Papst eingestellten Gläubigen (ob es nun Luthe-
raner oder französische Hugenotten waren) aufgenommen
hat. Ich kann mich noch gut erinnern, wie unser Vater gegen
den jetzigen Pfarrer gewettert hat, als er uns in der Schule
Luther als gemeinen Sünder schilderte. Ich erinnere mich,
wie unser Vater gegen das Katholische unserer lieben Mutter
stets voreingenommen war. Von unserem Vater selig haben
wir Kinder unsere Freidenkerei, nicht von der Mutter!

Fragt man nun, so muß man doch zugeben, daß das irgendeinen tiefen innerlichen Grund gehabt haben muß, den
Vater vielleicht selbst nicht mehr wußte! Und wenn es z. B.
heißt »Die Sünden der Väter vererben sich bis ins 4. und 5.
Glied« – warum sollte man nicht berechtigt sein zu sagen:
Auch die inneren Ansichten, die Tugenden der Väter vererben sich bis ins 4. und 5. Glied.

[. . .] Was mich bei meinem Buche *Das Leben meiner Mutter*
am meisten interessiert ist das: Wir Grafs waren also eigentlich »Eingewanderte«, waren Vertriebene, waren *Emigranten* am Anfang!! Und wir haben uns durch Vaters Heirat
mit Mutter mit Eingesessenen vermischt. Das ist eine ganz
wichtige Sache für die Entwicklung unserer Familie, für die
Ansichten, die wir alle (wir Kinder!) haben, das ist der geistige Grundstock unserer Charaktere!

Ists Dir denn noch nie aufgefallen, woher das kommt, daß
von unserer Familie die Grafischen immer nach Amerika gegangen sind? Diese Wandersehnsucht ist sicher auch ein
Erbteil jener Emigration unserer Väter! Ist vielleicht jemals
einer aus dem Geschlecht der Heimraths nach Amerika oder
überhaupt ausgewandert? Nein!

[. . .] So, das ist jetzt alles. Ich wäre sehr neugierig, was Du
zu meiner Auffassung über die Familie Graf (väterlicher-
seits) einzuwenden hättest.

Ich bin Dir für jeden Hinweis sehr dankbar, denn ein wirklich getreues Bild unserer Mutter und damit auch der Familie
zu geben ist schwer, trotzdem daß ich mich nicht zu pedan-
tisch an die historischen Kleinigkeiten halten kann.

Übrigens hat mir Annamirl aus Pommern geschrieben. Sie ist allem Anschein nach sehr glücklich dort und schreibt begeistert. Nun, daß solche jungen Menschen weit in der Welt rumkommen ist nur gut. Sie hat mir übrigens einen rührenden Brief von der Gastlin von Kempfenhausen beigelegt und sogar die 86 [jährige] fast blinde Klausin hat mich nicht vergessen und einen Gruß dazugeschrieben. Das hat mich sehr gefreut.

Ich denke an jeden in meiner Heimat, als hätte ich sie gestern verlassen. Du mußt freilich Geduld haben, liebe Resl, sobald ich es machen kann, wird Dir das versprochene Geld – es wird ja nicht allzu viel sein – zukommen.

Nun leb wohl, tausend Grüße und für alles nochmal herzlichen Dank. (Ob wir »blaues Blut« haben ist mir höchst uninteressant!)

Wie immer Dein Oskar

BRIEF EINES EMIGRANTEN AN SEINE TOCHTER   Januar 1938

Kind, du schreibst mir aus der Heimat,
daß es wieder Frühling ist.
Wenn man morgens übers nasse Gras geht,
schreibst du, sei man wie die Erde selber,
die in neuem Wachsen steht.

Wenn ich das so lese aus dem Brief,
seh ich Äcker, Wald und Feld
ganz wie einst, als ich sie noch durchstreifte.
Unvergänglich glänzt das gute Bild
und beglückt mich immer tief.

Und du schreibst vom Krieg fast lustig,
weil man so viel davon hört.
Ja, die Alten, meinst du, seien meist gestorben
und die Jungen viel beim Militär,
weils bald losgehn wird.

Kind, beim Lesen stockt mein Atem!
Ist das alles, was du weißt?
Ist vom freien Frieden nie die Rede?
Ich seh Wald und Feld, die Äcker früchteschwer –
alles öd! Und keine Menschen mehr . . .

Veröffentlicht in: »Das Wort«, Jg. 3, H. 1, Januar 1938

Graf bedankt sich ausgiebig für die jetzt beginnende monatliche Unterstützung durch die Guild und stellt dar, was er in der bisherigen Emigration erlebt
und gearbeitet hat. Der ganze Brief ist abgedruckt in: O. M. Graf, »Briefe aus
dem Exil«, Frankfurt 1978, S. 33-37.

[. . .] Nun traf gestern auch die erste Rate von 30 Dollar der
mir zugedachten Unterstützung ein, und Sie können sich
denken, daß das für mich ein großes und ungemein wohltu-
endes Ereignis war. Noch nie kam eine Hilfe so zur rechten
Zeit als diese, denn ich arbeite nach langwierigen und durch
vielfache Umstände sehr erschwerten Vorstudien, seit Monaten an meinem bisher umfangreichsten und, wie ich
glaube auch wichtigsten Werk, an dem dreibändigen Buch
Das Leben meiner Mutter. Jahrhunderte deutscher Kulturent-
wicklung und deutschen Menschentums, zusammengefaßt
in der schlichten Geschichte meiner bäuerlichen Mutter,
sollen darin lebendig werden. [. . .]

AN DIE AMERICAN GUILD   8. 5. 1938

Die American Guild for German Cultural Freedom ernannte im Frühjahr 1938
Graf zu einem ihrer »Senatoren«, die aus ihrer Kenntnis der europäischen
Emigration Gutachten über die Würdigkeit und Bedürftigkeit von Kollegen
für eine Arbeitsbeihilfe (wie Graf sie seit Anfang 1938 erhielt) erstellen sollten.
Graf empfahl in nachdrücklichen, oft sehr eindringlichen Schreiben auf An-
frage oder aus eigener Initiative folgende Mitemigranten: die Schriftsteller
Günther Anders (Günther Stern), Friedrich Brügel (2 mal), Otto Friedländer
(Otto Friedrich), Stefan Heym, Maria Leitner, Bernhard Menne, Karl O. Pae-
tel (2 mal), Karl Schück (3 mal), Ludwig Winder; die Publizisten und Kritiker
Erich Franzen, Karl Gerold, Will Schaber; den Filmregisseur Fritz Weiß, den
Dramaturgen Kurt Hellmer, den Maler Karl Heidenreich, den Zeichner
Ludwig Wronkow. Graf betonte dabei seine Vorsicht: »Ich befürworte nichts,
was ich nicht unbedingt vertreten kann« (9. 8. 38). Für die Brüder Steiner aus
Prag konnte er nicht einstehen, weil er ihre Arbeiten nicht kannte (6. 6. 1939).
Am 2. 1. 1940 erklärte er seinen Rücktritt.

Fritz Brügel ist einer der ganz wenigen wirklich bedeutenden antifaschistischen Lyriker in der Emigration, und es
war beglückend für mich, seinerzeit auf seine beiden Bändchen »Die Februar-Ballade« und »Gedichte aus Europa« in
verschiedenen Zeitschriften hinweisen zu dürfen. Der
Dichter hat in diesen Büchern nicht nur seinem Erlebnis meisterhaft Ausdruck verliehen, er hat durch die Klarheit seiner

Kunst und durch seine persönliche Haltung der Sache der Freiheit einen großen Dienst getan.

Brügel mußte nach den Februarkämpfen in Wien in die Emigration gehen und lebt seither in Prag. Wie vielen Schriftstellern in der Emigration gestaltete sich seine Existenz durch die geringen Verdienstmöglichkeiten äußerst schwierig. Nur durch Freundeshilfe konnte ihm eine einigermaßen annehmbare materielle Basis fürs erste gesichert werden. Diese Hilfe hatte zum größten Teil seine Quelle in der österreichischen Heimat Brügels. Als aber nun Hitler auch dieses Land unter seine Macht zwang, rissen alle Verbindungen ab und der Dichter steht fast mittellos da. Seine Pläne für weitere Werke kann er nicht verwirklichen. Die tägliche Not zwingt ihn kleine Verdienstquellen zu erschließen. Meistens ist jede solche Anstrengung vergeblich.

Es ist notwendig, diesem ernsthaften Dichter zu helfen. Ich kenne ihn als durchaus verantwortlichen Menschen seit 1933 und würde es als höchst wichtig finden, wenn die American Guild – Deutsche Akademie im Exil – ihm eine Arbeitsbeihilfe möglichst rasch zuwenden könnte. Für Brügel werden viele sprechen, die ihn und seine Arbeit ebenso hoch schätzen wie ich. Darum glaube ich mich der Hoffnung hingeben zu können, nicht umsonst gebeten zu haben.

AN KURT ROSENWALD   2. 6. 1938

Ärger mit den Affidavits. Die beiden von Nanndl und Lenz sind »nicht allzu gut«, da beide über nur wenig mehr als das Mindestvermögen von 7.000 Dollar verfügen. Bitte um Vermittlung eines weiteren, vom Verleger Knopf in New York. Sorge um Reisetermine, Gepäck, Ankunft. Einstellung auf die hilfsbereiten Amerikaner: »Laß Dich umschlingen, guter Patriarch«. »Fremde Leute sind besser wie Brüder«.

[. . .] Ich will erst wieder nach Pfingsten nach Prag, wenn es unbedingt notwendig ist. Im übrigen wollen wir nun hier alles abbrechen, packen schon und vom 25. ab bin ich mit Putzl in Prag, wo ich als deutscher Delegierter des PEN-Klubs fungiere. Es ist dort eine internationale Tagung bis zum 1. Juli! Da wir alles höchst nobel u. gratis haben, und da wir dort sicher sehr viele ausländische Beziehungen auffrischen oder neu anknüpfen können, wollen wir das unbedingt noch mitnehmen – und außerdem haben wir auch von Norwegen kein Einreisevisum. Jetzt glaube ich, brauchen wir gar nicht mehr dorthin, und wenn Amerika klappt, dann ists uns lieber, weil es alles wesentlich verbilligt.

Die Lage hat sich durch die entschlossene Haltung der cl. [tschechoslowakischen] Regierung und des ganzen Volkes hier beruhigt. Der Geist der cl. Soldaten ist wirklich der von Freiheitskämpfern für eine gute Sache, während – was sicher auch Hitler nicht übersehen kann – die deutsche Militärmaschine ein Muß-Heer ist. Das zeigte auch der Überfall auf Österreich. Dennoch läßt sich natürlich nicht voraussehen, ob Hitler nicht dennoch was Unvorhergesehenes tut. Man nimmt aber an, er wartet wenigstens noch die Ernte ab. Die dauernden und höchst aggressiven und gefährlichen Provokationen von Grenzverletzungen seitens der Deutschen und Überfliegen weiten cl. Gebietes, dann die Frechheiten der Henleinschen SdP können jeden Tag etwas hervorrufen, das plötzlich wirkt! Immerhin wird hier bis zum letzten Blutstropfen gekämpft – schön, sehr schön, das, aber für uns, die wir deutsch reden, unbehaglich, weil der tschechische Nationalismus berechtigterweise ungemein gestiegen ist und jeden Deutschsprechenden bemißtraut, wenn nicht mehr. Man erlebt jetzt sehr oft recht dumme und gefährliche Auftritte. Das ist natürlich bedrückend. Man sitzt zwischen zwei Stühlen und weiß nicht, was man tun soll in solchen Fällen. Es ist für Emigranten ein ziemlich widerwärtiger Zustand. [. . .]

ALS PEN-VERTRETER AN HEINZ STROH   Prag, 29. 6. 1938

Herrn Heinz Stroh, Prag

Die Deutsche Delegation hat von hiesiger amtlicher Stelle Informationen erhalten, aus denen hervorgeht, daß Ihr Erscheinen bei sämtlichen Pen-Club-Veranstaltungen unerwünscht ist. Sollten Sie trotz dieser Warnung einer Veranstaltung beizuwohnen versuchen, so setzen Sie sich der Gefahr aus, daß die Behörden Ihre Entfernung veranlassen. Das Gleiche gilt auch für die von Ihnen empfohlene Frau Jacob. Wir als Delegation der deutschen emigrierten Schriftsteller empfinden es als geradezu provokativ, daß Sie uns in eine derartig peinliche Lage gebracht haben.

Die Deutsche Delegation

I. A. gez. O. M. Graf

Achtseitiger Bericht der beiden deutschen Delegierten des PEN über die Tagung in Prag vom 26.–30. 6. 1938. Um ihretwillen.konnte auf den Sitzungen außer englisch und französisch »ebensogut deutsch« gesprochen werden. Wegen des unerwünschten »Ehrengastes« Marinetti aus Italien wurden die vier Thesen des Kongresses von Brüssel und Edinburgh verlesen. Sie mußten dann nicht mehr von jedem Teilnehmer bejaht werden, weil Marinetti bereits am 1. Tag den Kongreß verließ. Ossietzky und die Opfer der Bombardements in Spanien und China wurden geehrt. Die Bombardierung offener Städte wurde einstimmig verurteilt. In der Arbeitssitzung beteiligte sich Graf an der Aussprache über Hohe Literatur und Volksliteratur, Herzfelde über Kinderliteratur, wobei besonders Märchen umstritten waren. In der Schlußsitzung konnte nach Einspruch von Wells eine Resolution (vom jiddischen Deligierten aus Warschau) gegen den Antisemitismus nur mit der Abänderung verabschiedet werden, daß sie sich gegen die »Verfolgung der Geistesfreiheit überhaupt« richtete. »In das Exekutiv-Komitee wurden neu Spanien und unter großem Beifall anstelle Japans China gewählt.« Eine Reihe von Kritikpunkten und Verbesserungsvorschlägen zur Organisation. [Geschrieben wurde der Brief offensichtlich von Herzfelde.] In einem Zusatzbrief vom 4. 7. 38 betonen beide, daß sie den Kongreß »als Erfolg sowohl für uns wie für die CSR wie für den PEN-Club selbst« betrachten.

[. . .] Die feierliche Eröffnungssitzung fand am Montag, den 27. Juni in der philosophischen Fakultät der Karlsuniversität statt. Sie wurde vom Ministerpräsidenten Hodža eröffnet, der in seiner Rede betonte, daß ohne das Wirken von Schriftstellern die Gründung der tschechoslowakischen Republik nicht möglich gewesen wäre.
[. . .] Als Jules Romains auf Österreich und Raoul Auernheimer, den letzten PEN-Club-Vorsitzenden von Österreich, zu sprechen kam, erhoben sich spontan alle Anwesenden für einige Minuten.
[. . .] Die Debatte über die Resolution gegen den Antisemitismus hatte so viel Zeit in Anspruch genommen, daß es nicht mehr möglich war, alle Länder-Erklärungen abzugeben. Es entfiel daher u. a. auch die geplante Ansprache von Graf für die deutsche Gruppe. Dagegen sprach Graf in der Debatte über die jiddische Resolution und erklärte, daß er die Rassenlehre als Wissenschaft nicht anerkenne. Außerdem beantrage er die Ausstellung eines offiziellen Lichtbild-Ausweises für die Clubmitglieder. Der Antrag wurde angenommen. [. . .]

OMG IM JAHRE 1938

IV

LITERARISCHE UND POLITISCHE
AKTIVITÄT IN NEW YORK

1938-1941

Kaum war Graf selbst der Ausweitung von Hitlers Machtbereich auf seine bisherigen Asylorte entronnen, bemühte er sich mit großer Energie um die Rettung anderer Verfolgter. Geldmittel und Affidavits für die in Europa gefährdeten Schriftstellerkollegen zu beschaffen, sah er als die vordringlichste Aufgabe des Schutzverbands Deutsch-Amerikanischer Schriftsteller, der u. a. dank seiner Initiative noch im Jahr seiner Ankunft in New York gegründet wurde und der häufiger GAWA (German-American Writers Association) genannt wurde. Graf selbst wurde zum Ersten Vorsitzenden dieser Organisation gewählt mit Ferdinand Bruckner als Stellvertreter, während Thomas Mann die Ehrenpräsidentschaft innehatte. Ein weiteres Ziel der GAWA war es, der amerikanischen Öffentlichkeit beizubringen, daß sie zwischen den politischen Übeltätern des Dritten Reiches und dem von diesen geschundenen deutschen Volk unterscheiden müsse. Zu diesem Zweck wurden Vortragsabende und Radiosendungen in New York veranstaltet, bei denen Graf häufig selbst als Organisator und Redner zu Worte kam.

Die großen ideologischen Spannungen innerhalb der GAWA zeigten sich, als im September 1939 der Hitler-Stalin-Pakt bekannt wurde und die konservativen Mitglieder gegen die Linken eine öffentliche Stellungnahme der GAWA gegen die Sowjetunion durchsetzen wollten. Nachdem sich Thomas Mann im Laufe dieser Auseinandersetzungen von der GAWA zurückgezogen hatte, löste sich der Verband, noch ehe er zwei Jahre alt wurde, auf. Graf war in dieser Zeit verstärkter Solidaritätsarbeit und Literaturpolitik alles andere als finanziell gut gesichert. Außer einer kleinen Unterstützung durch die vom Prinzen Friedrich zu Loewenstein ins Leben gerufene amerikanische Hilfsorganisation American Guild für German Cultural Freedom war er während der Kriegsjahre ständig auf das Einkommen

Mirjams als Sekretärin bei der jüdischen Emigrantenzeitschrift »Aufbau« angewiesen. 1940 bekam er für mehrere Monate einen Freiaufenthalt in der Künstlerkolonie Yaddo (bei Saratoga Springs, N. Y.), wo es ihm gelang, den Roman *Das Leben meiner Mutter* abzuschließen. Als das Buch 1940 in englischer Übersetzung erschien, traf es zwar auf wohlwollende Aufnahme durch die amerikanische Kritik und durch liberal gesinnte Deutschamerikaner, brachte aber wie die meisten Bücher deutscher Exilanten in Amerika dem Autor keine größere Geldsumme ein. Trotzdem fühlte sich Graf durch den erfahrenen Erfolg ermutigt, in den folgenden Jahren einige seiner früheren Werke im Selbstverlag neu herauszugeben.

Sein persönlicher Optimismus stand in deutlichem Kontrast zu der verzweifelten Haltung anderer Emigranten, von denen z. B. Ernst Toller 1939 in New York seinem Leben selbst ein Ende setzte, und auch zu der fragwürdigen Entwicklung jener vormaligen Flüchtlinge, die wie Emil Ludwig dem Deutschtum nach einiger Zeit den Rücken kehrten. Graf hielt der Sprache und der Kultur des »anderen« Deutschland die Treue in der sicheren Ahnung, daß selbst den vorrückenden Heeren Hitlers wie seinem ganzen Dritten Reich die Stunde bereits geschlagen hatte. Er fand die Kraft zu neuem literarischen Schaffen in seiner Muttersprache, schon ehe Amerika Ende 1941 in den Krieg eintrat und ehe im Winter 1942/43 die Schlacht um Stalingrad stattfand, jene zwei wichtigsten Ereignisse, die den Anfang vom Ende von Hitlers Macht einleiteten.

Zusatz zu einem der Gutachten über Mitemigranten:

[. . .] Nun noch einige Worte zu meinem New Yorker Leben. Ich fand nichts sonderlich überraschend, aber ich fand und finde es sehr nett und lehrreich, hier zu leben.

AN RUDOLF OLDEN   17. 9. 1938

Lieber Dr. Rudolf Olden!

Wie Sie am Kopfe dieses Briefes sehen, hat es uns, nachdem sich Norwegen geradezu skandalös in der Angelegenheit unserer Übersiedlung dorthin benommen hat, nach USA verschlagen. Unseren gemeinsamen Bericht über die Prager PEN-Clubtagung werden Sie noch erhalten haben. Da war ja noch sozusagen »tiefster Friede«, während man jetzt, nach den geradezu haarsträubenden politischen Ereignissen in den letzten Tagen wohl mit einem sicheren Krieg rechnen muß. Dennoch hoffe ich, daß Sie dieser Brief mit meiner nunmehr *ständig bleibenden* Adresse erreicht. Ich bitte Sie, diese Adresse zu notieren, denn ich möchte – und ich glaube, das wollen auch Sie – keinesfalls die Verbindung mit den Freunden in Europa verlieren.

Vor allem wäre mir erwünscht, wenn Sie an den amerikanischen PEN-Club schreiben würden, und mich sozusagen dort eindringlich empfehlen würden. Es ist dies insofern wichtig, als wir – die Neuangekommenen, insbesondere die deutschen antifaschistischen Schriftsteller – hier jede Verbindung für unsere Arbeit ausnützen müssen, um für unsere allgemeine Sache das Bestmögliche herausschlagen zu können. Ich hoffe, daß es Ihnen soweit gut geht, lieber Herr Dr. Etwas über unser derzeitiges Leben und über Amerika zu schreiben, wird, wenigstens jetzt, nicht richtig sein. Alle Freunde haben den Kopf mit schweren Sorgen voll – aber verlieren wir nie den Zusammenhang, das ist, meines Erachtens, eine Voraussetzung für unsere Zusammenarbeit. Falls Sie einmal Zeit haben, mir ein paar Zeilen zu schreiben, würde ich mich sehr freuen. Aber – schauerlich! – ich bin ja nicht einmal sicher, ob dieser Brief Sie noch erreicht, ob überhaupt noch etwas ankommt. Wir sitzen den ganzen Tag am Radio und verfolgen die Zeitungen fieberhaft, wir denken und fühlen mit allen Freunden im Dritten Reich und in der CSR. Sicher ist, wenigstens für mich, daß mit dem Beginn des Krieges auch Hitlers Ende beginnt.

Mit festem Händedruck wie immer
Ihr OMG

AN PRINZ H. F. ZU LOEWENSTEIN   14. 10. 1938

Auch ich bedauere es sehr, daß Sie bei unserer Schutzverbands-Versammlung nicht sein konnten. Es wäre uns einiger Ärger erspart worden, und sicher hätte sich durch persönliche Besprechung eine konkrete Möglichkeit der Zusammenarbeit ergeben, die wir ja alle von Herzen wünschen. Nun hat aber – gleich am anderen Tag nach unserer Sitzung – Herr Höllriegel-Bermann angerufen und sich geradezu feindbitter beklagt, daß wir sozusagen der Guild mit unserer Gründung in den Rücken zu fallen beabsichtigen.

Graf schreibt von einem Mißverständnis um eine Einladung und führt Klage über einen neuen Verlag.

[. . .] Ich konnte das beim besten Willen nicht verstehen, denn niemand von uns bildet sich ein, *das* zu tun und noch weniger das leisten zu können, was die Guild geleistet hat. Unsere Arbeit als Fachverband hat doch, wie Sie selber einsehen werden, ganz und gar andere Aufgaben. Ich wäre Ihnen also sehr verbunden, wenn Sie Herrn Höllriegel aufklären wollten. Auch ich bin vollkommen Ihrer Meinung, daß wir hier und überall in der Emigration alles vermeiden müssen, was den Eindruck des Gegeneinanderarbeitens erwecken könnte. Selbstverständlich werden wir, wenn Sie nach Newyork zurückkehren, sofort mit Ihnen zusammenkommen und über gemeinsame Arbeiten sprechen. Ich freue mich sehr darauf und bin in dieser Hinsicht sehr zuversichtlich.

Inzwischen haben sich ja die schrecklichsten Dinge ereignet und der SDAS konnte auf meinen dringenden Appell hin sofort einiges tun. Wir haben mit Thomas Mann und Einstein verhandelt und durch diese beiden wichtigsten Menschen Washington antelegraphiert, damit wenigstens Aufschub für die noch in der CSR lebenden und nunmehr mit Ausweisung bedrohten Kollegen und Freunde erwirkt würde. Wir telegraphierten auch Upton Sinclair an und wandten uns an

Theodore Dreiser wegen des Malikverlages, deren Inhaber in Prag sitzen. U. Sinclair telegraphierte an Stalin, damit wenigstens fürs erste Wieland Herzfelde, dessen Frau und dessen Bruder John Heartfield von Moskau aufgenommen würden. Thomas Mann bekam, wie er uns erzählte, schon bevor wir ihn besuchten, ein Telegramm von Burschell aus Prag mit der dringenden Bitte, 12 Affidavits zu besorgen. Er fragte telegraphisch zurück nach Namen und so weiter, erhielt aber darauf keine Antwort mehr. Ich, und wir alle, befürchten das Schlimmste, hoffen aber, daß doch einiges für diese unglückseligen Menschen in Prag und in Brünn gemildert wird. Kann ev. die Guild ebenfalls etwas unternehmen? Dann, bitte, säumen Sie nicht [. . .]

Graf bittet weiter um die bisher gezahlte und wenn möglich etwas erhöhte Arbeitsbeihilfe, da er außer für zwei kleine Vorträge bei deutschen Vereinen noch nichts verdient hat und seine große Arbeit an seinem Roman [*Leben meiner Mutter*] nicht fortsetzen kann. Der ganze Brief ist veröffentlicht in: O. M. Graf, »Briefe aus dem Exil«, Frankfurt 1978, S. 47-50.

AN ARNOLD HÖLLRIEGEL [R. A. BERMANN]   6. 12. 1938

Graf fragt nach, ob seine Bitte um Weitergewährung und Erhöhung des Arbeitszuschusses an Prinz Loewenstein schon entschieden ist. Der ganze Brief wurde veröffentlicht in: O. M. Graf, »Briefe aus dem Exil«, Frankfurt 1978, S. 51-52.

[. . .] Aus Paris schreibt mir K. Otto Paetel, daß es ihm sehr, sehr schlecht geht. Ich bitte dringend, ihm Hilfe zukommen zu lassen, er geht – wie er ganz verzweifelt schrieb – »unabweislich vor die Hunde sonst«. Seine derzeitige Adresse ist: Paris 14 / rue du Cateau 87.
Prinz Loewenstein kennt Paetel, ich empfahl ihn seinerzeit und verbürge mich in jeder Weise für ihn.

AN MANFRED GEORGE   9. 1. 1939

Während der GAWA-Sekretär George in Californien herumfährt, Kontakte knüpft, Geld beschafft, sieht sich Graf im Büro von lauter Desorganisation und »Kalamitäten« umgeben.

[. . .] 1. Der Blochabend führte zu einem offenen Krach zwischen Wallenberg und [Ernst] Bloch und dann zwischen mir und Bloch! Bloch stützte sich a) darauf, daß Du ihm zusagtest: Eliasberg und Wallenberg würden in der Diskussion sprechen, als wir dann Eliasberg (einen entsetzlichen Quatschkopf!) absetzten, ging das Bombardieren Blochs erst recht an. Er beschwerte sich, daß in der ersten Aussendung von uns nur Bloch genannt und in der zweiten plötzlich Wallenberg mit ihm genannt worden war. Wallenberg war wütend, er konnte nichts rechtes zusammenfassen, da Bloch – wütend geworden – ihm jede Möglichkeit einer Aussprache nahm, er ließ sich einfach nicht sehen und W. hing in der Luft. Krach mit mir, Einmischung Karola Blochs. Schließlich der Abend, Wallenberg wurde, um alle Reibungen zu vermeiden als erster Redner angesetzt und war kläglich, da er ja nichts hatte und blaß vor Wut war, dann Bloch sehr gut. Diskussion sehr mäßig! Hernach Zuschriften von Schuhmacher und irgendeiner Amerikanerin – die von Bloch inspiriert sind – wegen »Schmälerung« Blochs und ähnliches.

2. George hat Verbindungen zum Radio geknüpft, Mosse u. a. haben Vorträge ausgearbeitet, jetzt weiß aber keiner Bescheid.

[. . .] 3. Thomas Mann hat auf eine höchst merkwürdige Weise abgesagt. Er will überhaupt nicht – oder wenigstens lange nicht mehr hervortreten. Er schreibt den seltsamen Satz in seinem Brief: »Vielleicht war es schon zuviel, daß ich Sie ermächtigte, um Mittel werbende Briefe mit meiner Unterschrift zu verschicken, unter gar keinen Umständen aber möchte ich mich jetzt an einem Abend, wie er Ihnen vorschwebt, beteiligen, und ich muß Sie also zu meinem aufrichtigen Bedauern bitten, nicht auf mich zu rechnen.« Wir haben deswegen morgen, Dienstag 10. Jan. Vorstandssitzung, weil doch irgendwie geantwortet werden muß. Bloch war übrigens bei ihm wegen Zeitung und will informieren.

4. Auseinandersetzung um eine Toller-Aufführung [»Pastor Hall«] 5. Notwendige Entlassung einer unfähigen Sekretärin (die George aus »eingewurzelter Kulanz und Ullsteinsentimentalität« eingestellt habe). 6. Österreichabend mit Ernst Deutsch und Heinrich Schnitzler wird sicher erfolgreich. 7. Deutsch-amerikanischer Kritikerabend mit Franzen ja, aber Geld kommt so nie herein.

[. . .] 8. Geld ist natürlich überhaupt nicht da. Wenn Du durch Frank und den Film-Lang was machen kannst, hilf uns. Ich habe ja das Gefühl, daß Du nicht mehr kommst und denke schon an diese Eventualität. Der Verband muß, meiner ganz bescheidenen Meinung nach, bleiben und sogar etwas ganz starkes werden, trotz der offenbaren Widerstände seitens der Guild und der »Verdächtiger in den verschiedenen Lagern.«

9.-14. Einzelne Nachrichten, Anfragen, Forderungen.

[. . .] 15. Toller ist bereit in unsern Vorstand zu gehen, zögert bißl hin und her, ich möchte aber erst Loewenstein oder noch einen Bürgerlichen dazu. Die Umstellung des Vorstandes ist sehr dringend, finde ich.
Vielleicht wäre es gut, Bruno Frank zu nehmen, rede mit ihm! Schreibe umgehend!

OMG ALS ERSTER VORSITZENDER   9. 1. 1939
AN DIE MITGLIEDER DER GAWA

Rundschreiben Nr. 8

Mitteilungen und Ankündigungen an die »Werten Kollegen«

[. . .] 3. Nach langen Bemühungen ist es uns gelungen, die Beschaffung von Affidavits in die Hände einer zentralisierten Affidavit-Kommission zu legen, an der alle entscheidenden Gruppen mitarbeiten. Unser Verband ist von den großen Organisationen als eine Art Clearing-House in dieser Frage anerkannt worden, soweit es sich um Schriftsteller und Journalisten handelt. Wir können die erfreuliche Tatsache mitteilen, daß es uns gleich zu Anfang des Jahres gelungen ist, eine ganze Reihe von Affidavits nach drüben zu schicken.
[. . .] 6. Der SDAS kann nicht arbeiten, wenn die Beiträge nicht pünktlich gezahlt werden. Wir haben bereits Mahnungen an Säumige gesandt und appellieren zum letzten Mal: BEITRÄGE ZAHLEN! Quartal Oktober bis Januar ist ÜBERFÄLLIG, Quartal Januar bis April wird HÖCHSTE ZEIT!

AN WILLI BREDEL   13. 1. 1939

Lieber, lieber alter Freund Willi!

Das war einmal wieder nach langer Zeit eine große, große Freude, als Dein Brief (wie lang ist's her, daß wir einander nicht mehr geschrieben haben?) eintraf! Tausend guten Dank dafür. Mensch, wie oft hab ich an Dich gedacht. Ich wußte ja durch Wieland und FC, wo Du warst, und wußte auch, daß Du Schweres erlebt hattest. Daß Du dabei doch noch immer Deine geradezu unglaubliche Arbeitskraft behalten hast, ist erstaunlich. Nun, Du müßtest doch mal ein bißl an Dich denken und wenigstens auf vier Wochen ausspannen. Schließlich, wenn Du zusammenklappst, mußt Du ja auch rasten.

Schrecklich peinigen auch uns die letzten Nachrichten aus Spanien. Ihr, die Ihr alles mitgemacht und so nahe damit verbunden seid, müßt noch mehr drunter leiden.

Meine Frau hat übrigens neulich – sie kann sich nicht entsinnen wo – das Kapitel »Here is the ›Lincoln‹ (etc.)« gelesen und sich gefreut. Sie findet es sehr schön und gut. Jedenfalls, Du weißt, Deine Bücher mag ich, und sobald ich nur irgendwie dazu komme, lese ich das neue, das kommen soll. Hoffentlich sehe ich es bald. Was ist das nun für ein neuer Verlag »10. Mai«, was bedeutet das?

. . .

Froh bin ich nur, daß Wieland und John endlich in London sind. Die machten mir das Herz besonders bang. Ja, Wieland wird neu produzieren, Hauptsache aber wäre, er käme bald hierher. Da ist Boden für ihn, wenn es auch anfangs schwer sein wird. Aber einen wirklich guten deutschen Verlag hier, das wäre sehr notwendig.

Daß Du Heimweh nach drüben hast, glaube ich gern. Mein Gott, wann wird denn das sein. Wunderbar ist, daß Deine Bücher soviel Erfolg haben. Es muß schön sein, zu wissen, daß so viele einen lesen! Nun, ohne Schmeichelei, Dein »Unbekannter Bruder« verdient es sehr. Ich bin brennend neugierig, ob das Spanienbuch ein Fortschritt ist, oft nämlich ist das Erlebnis, wenn es *zu kurz* hinter uns liegt, der Gestalt nicht zuträglich, wir wollen sehen.

Es eilt, das Schiff geht ab, der Brief muß mit. Sei umschlungen, lieber alter Kamerad, wie immer Dein OMG

Veröffentlicht in: W. Bredel »Dokumente seines Lebens«, Berlin 1961, S. 126f

AN WIELAND UND TRUDE HERZFELDE   13. 1. 1939

Graf ist erleichtert, daß beide jetzt in London sind. Er ist froh, daß der Malik-Verlag wieder zu produzieren anfängt. Er fragt nach dem Erzählungsband und ob in absehbarer Zeit einiges Honorar zu erhoffen ist.

Mir geht's offen gestanden, jetzt wieder schlecht, nachdem

ich dauernd nichts anderes tue als für andere herumzu-
rennen und schreiben und sorgen, daß sie herkommen
können! Zu keiner Zeile wirklicher Arbeit bin ich hier noch
gekommen, dabei hätte ich allerhand Pläne – aber wann soll
ich und wie soll ich, wenn ich jedem Dollar nachlaufen muß
und oft ganz verheddert bin.
Erfreulich ist, daß unser SDAS ganz passabel funktioniert,
allerdings wünsche ich mir nur endlich mit all diesen eitlen,
engstirnigen, tief entfremdeten und so lächerlich niedrigen
Kollegen als (leider!) »Vorstand« nichts mehr zu tun zu
haben! Aber, mein Gott, das scheint derzeit unmöglich.
Wirklich arbeiten tun nur Manfred, Schönstedt und ich! Die
andern wollen nur Vorträge machen und machen reine
Diva-Ansprüche! Zum Kotzen!

Nachrichten über Peter K. Höfer, Willi Br[edel] und Brügel (in Paris)/An-
fragen nach Publikationsmöglichkeiten in englischen Verlagen, nach Bekannten dort.

Ach, liebe, liebe Freunde, wann werden wir wieder so gemütlich zusammenhocken wie einst im unvergeßlichen Prag
und Brünn! Man hat das hier nötiger als je! Grüßt doch den
guten John, erfreulicherweise hörte ich, er sei sogar schon
beschäftigt und Du schreibst, er sei gut untergebracht –
Gottseidank! Jetzt kommt die Weltausstellung, schaut, daß
Ihr bloß herkommt!

AN MANFRED GEORGE   3. 2. 1939
George richtet in Californien nichts oder wenig aus – es sieht fast nach Liqui-
dation [der GAWA] aus: »Geld ist keins da!«

[. . .] Es muß unbedingt endlich allen, die an einem solchen
Zusammenschluß interessiert sind, klargemacht werden,
daß wir – um überhaupt *unabhängig* und fruchtbar wirken zu
können – mindestens 1000 bis 2000 Dollar brauchen! Erreichen wir das nicht, sind wir ewig ein Pimperlverein – und
für so eine Fretterei danke ich!
Was wir aber unbedingt *gleich* brauchen sind 200 Dollar! Die
mußt Du aufbringen und telegrafisch senden. Rede mit
Frank, mit Lang, mit allen. Man kann doch nicht einfach
Briefbogen drucken, Büro mieten, großkotzig tun und eine

unendliche Kleinarbeit leisten (Press-Service *kostet* nur! Er ist aber trotzdem wichtig! Affidavitbeschaffung geht gut, aber wir können nicht einmal telegrafieren, wenn es notwendig ist, weil ich schließlich nicht noch mehr aus eigener Tasche zulegen kann!) und dann einfach alles auflösen!

Jetzt zum Beispiel schreibt auf einmal Thomas Mann und sendet an mich eine Liste von Affidavitsuchenden, die aber zum größten Teil nicht einmal gefährdet sind, die aber durch uns Stellung als Professoren suchen. Es scheint sich also bereits rumgesprochen zu haben, daß nur *wir wirklich was tun!* Th. Mann, der uns zwar alles abgeschlagen hat, um uns zu helfen – nun schlägt er vor, wir sollten für die Professoren hier ein sogenanntes Clearing-Haus machen (mit Self Help, Guild, New School etc.), damit doch die Leute Anstellungen bekommen. Wir können das wohl, aber wir können es nur, wenn man mit uns zusammenarbeitet – bei der Guild war ich jetzt. Loewenstein sagte zwar ja in dem einen Fall (er hat den Durchschlag und die Liste des Th. Mann Briefs an mich bekommen) des Clearing-Hauses. Im übrigen sagte er (und natürlich Zühlsdorf ebenso) er sei eine rein amerikanische Hilfsorganisation und die Amerikaner wollten keine Verkoppelung mit uns. Kontrolle lehnt er ab, weil ja durch seine »Senatoren« (schmeichelhafter Weise wies er meine damalige Wahl auf) bereits kontrolliert wird. Im gleichen Atemzug aber sagte er: Wir sind doch die älteste Organisation hier, warum haben Sie ein SDAS gemacht? Worauf ich ihm die Fragen vorlegte: ob er vielleicht deutsche Schriftsteller fachlich beraten, ob er vielleicht ein Press-Service machen kann? Da schwieg er.

Kurzum, in diesem einem Fall also will man sich zusammensetzen.

Also nochmals: Geld muß herbei, schreibt Graf. Hollywood wäre die richtige Quelle dafür, auch die dortige Antinaziliga. In der GAWA »kann letztenendes alles zusammenlaufen«.

Der Österreichabend war sehr repräsentativ, die besten Kräfte – Deutsch, Schnitzler, K. E. Winter, List und Bruno Eisner – halfen uns, aber an dem Abend waren die ganzen Straßen aalglatt, und wir hatten schlechten Besuch! Überschuß – sage und schreibe – ungefähr 32 Dollar!

Alles war begeistert, sogar einige Nazis (hiesige allerdings) sagten »was, das soll in Deutschland verboten sein, da geh ich jetzt immer her und bring auch Bekannte mit«.

Graf ist bei seinem Artikel (in zwei Fassungen) über deutsche Schriftsteller in New York nicht ganz wohl. Jetzt schreiben alle Zeitungen über den »Freiheitspavillon« auf der Weltausstellung in New York »– so ists immer bei uns. Wenn man pleite ist, machen die Leute Propaganda, damit die Pleite noch kläglicher rauskommt«. Graf fühlt sich durch die Arbeit mit Affidavits überlastet. George soll ihm seine Grantigkeit nicht übel nehmen – »Mensch, es muß doch gehen!«

[. . .] Willi Haas, den Du ausdrücklich übernommen hast, als Du wegfuhrst, bombardiert uns mit Briefen. Ich lege sie bei. Bitte sorge Du für Affidavit etc. Ich habe die Nase voll mit solchen Leuten, die bei Hinz und Kunz um Hilfe rufen und für die dann 10 Büros bemüht werden, damit schließlich doch nichts dabei rauskommt. [. . .]

AN MANFRED GEORGE   11. 3. 1939

Bürosachen, und allgemeines Lob für Georges »Geld- und sonstige Aktionen«. Eine Kampagne, die Guild unter Druck zu setzen [Umfrage bei bedürftigen Schriftstellern, ob sie schon etwas von den 5.000 Dollar bekommen hätten, die die Guild (mit zwei anderen Organisationen) für sie in einer Versteigerung eingenommen hatte], hat die Manns verstimmt, aber doch Erfolg gehabt. Der »Sturm« konnte durch eine Aussprache wieder geglättet werden.

[. . .] Aber jedenfalls siehst Du daran, daß die Manns – wie Liesl Frank meint – keinesfalls auch nur irgendetwas für unseren Verband in Hollywood tun werden. Der Vorschlag Frau Liesls, daß Erika während des Dinners für uns spricht, ist naiv! Ich habe Erika so oft einladen lassen, sie erschien noch nie zu unseren Veranstaltungen und Vorstandsitzungen!
Also da ist nichts zu machen. Bruckner ist sogar der Meinung, daß es Th. Mann schon lang unbequem ist, unser Ehrenpräsident zu sein, er will uns auf irgendeine Weise losbringen, meint er. Nun schlug Bruckner vor, wir müßten – um Mann daran zu hindern – viel deutlicher als ein Zweig des SDS in Paris, also der Schriftsteller im Exil, auftreten. Das hielt auch ich für gut. Zudem haben wir auch mit der American Writers League jetzt ein intensiveres Verhältnis hergestellt und dadurch eine weit engere Zusammenarbeit mit dem Pariser SDS (die dieser ja auf einen Brief von mir *will*) dokumentiert [. . .]

Graf und andere Mitglieder werden ungeduldig wegen des Preisausschreibens der Guild (an dem Graf sich mit dem ersten Teil von *Leben meiner Mutter* beteiligt hat). George soll bald kommen, muß es auch, weil er Herausgeber des »Aufbau« wird. Der Vorstand der GAWA soll umgebildet werden, zu einer Art von »Exekutiv-Komitee« verengt. Entlohnung von George und Wallenberg – »mein Gott, wie soll denn das möglich sein«. Alle werden sich »fortfretten« müssen.

AN BERNHARD MENNE   14. 3. 1939

Lieber Herr Menne!

Ihr Brief erreichte mich über unseren Verband. Ich wurde schon vorher auf Sie aufmerksam gemacht durch Fritz Nagel (Frankenberg) aus Brünn, der noch immer auf seine Einreise nach Schweden dort wartet. Nebenbei: Wenn nur irgendmöglich helfen Sie ihm, daß er – sollte er nicht schon heraus sein aus dem schrecklichen Gefahrenbereich – in London einreisen kann! Ich sorge mich um ihn besonders, ich sorge mich um viele!

Nun, hier ist der Brief, den ich heute gleichzeitig an die Guild schickte. Allem Anschein nach ist man dort zur Zeit knapp an Mitteln, wir können also nur das Beste hoffen.

Uns hier in Amerika geht es – mit vielleicht vier oder fünf Ausnahmen – ziemlich schlecht. Keine Möglichkeiten, außerdem muß man hier buchstäblich von vorne anfangen, und keiner darf sich einbilden, er sei hier auch nur dem Namen nach bekannt! Immerhin haben wir durch unseren Schutzverband schon einiges verbessert und hoffen, auch noch mehr zu erreichen. Diese Gründung war notwendiger, als wir anfänglich annahmen. Sie bewährt sich jetzt, denn wir haben es fertiggebracht, die 90 Schriftsteller der deutschen und österreichischen Emigration unter einen Hut zu bringen und haben eine *wirklich funktionierende* Organisation aus dem Nichts aufgebaut.

Uns ist sehr daran gelegen, Nachrichten aller Art von unseren exilierten Kollegen – wie es ihnen ergeht im neuen Exil, was sie arbeiten, ob sie Ansatzpunkte haben, ob sie ev. einen SDS aufbauen etc. – zu bekommen und ich würde Ihnen *sehr* dankbar sein, wenn Sie uns (an mich direkt!) informierten. Teilweise z. B. haben wir aus London sehr optimistische Berichte in bezug auf das Untergebrachtsein und die Unterstützung der Kollegen, teilweise wieder sehr pessimistische, ein ganz klares Bild gewinnt man nicht. Je genauer wir so etwas erfahren, umso eher können wir hier – im gegebenen Fall – einwirken auf Hilfsquellen, die sich ab und zu erschließen! Also, nicht vergessen!

Was macht die Thomas Mann Gesellschaft unter Burschell in London? Aus Prag habe ich einen geradezu schauerlichen Bericht über die Männer, die dort – wie man sagt – von Burschell als Vertreter hinterlassen worden sind. Ich bin aber stets sehr vorsichtig und warte erst noch andere Berichte ab. Vielleicht können Sie oder Burschell darüber berichten. Im übrigen (und ich bitte Sie, diese Zeilen Burschell selbst lesen zu lassen) bin ich auf Burschell nicht gut zu sprechen. Ich, der ich in unserem Schutzverband als erster die Affidavitbesorgung in die Hand nahm und immerhin einiges geleistet habe, bekam damals – weil wir helfen wollten – die Liste von Thomas Mann zu lesen, die Burschell sozusagen als die Th. Mann Gesellschaft präsentierte. Da standen buchstäblich außer Cohn nur *Spitzenmitglieder*, also die leitenden Kapitäne dieser Gesellschaft als Bedrohte droben, nicht aber die Unterstützten, die Gefährdeten. Wie konnte das geschehen – meiner Ansicht nach ist das im höchsten Grade unfair, wenn die Kapitäne sich *zuerst* in Sicherheit bringen und die *anderen überhaupt nicht einmal erwähnen!* Und so konnte es geschehen, daß Thomas Mann an Staatssekretär Hull nur diese Namen schrieb und bat, für diese Personen sollte der Prager Konsul (wegen der Papierbeschaffung) Ausnahmen machen! Die wirklich Gefährdeten – und es sind jetzt noch welche in Prag und in der CSR, wie Sie ja auch wissen! – gingen dabei leer aus, der Konsul macht jetzt sogar besondere Schwierigkeiten bei ihnen. Burschell soll sich nicht darauf hinausreden, daß er vielleicht die anderen nicht gewußt hätte, die *Namen* wußte er sicher! (Soviel mir z. B. bekannt war, war Kestenberg bereits zu damaliger Zeit schon in Paris und war also kaum mehr als gefährdet anzusehen!) Ich muß sagen, ich hätte das von Burschell, den ich immer als einen lauteren Betreuer ihm aufgetragener Verpflichtungen schätzte, nie und nimmer erwartet. Vielleicht aber findet er doch Erklärungen dafür.

Mit besten Grüßen Ihr OMG

Graf ergänzt Berendsohns Informationen über die GAWA. Berendsohns Arbeit: Registrierung und kurze Charakterisierung der gesamten freiheitlichen Literatur, sucht die GAWA ebenfalls durchzuführen und sogar bis ins Mittelalter auszudehnen. Der ganze Brief ist veröffentlicht in: O. M. Graf, »Briefe aus dem Exil«, Frankfurt 1978, S. 64-67.

[. . .] Wir beginnen allmählich die außerordentlich veralteten und zum Teil nazisierten amerikanischen Schulbücher in den Deutschdepartements an den Colleges mit Hilfe deutschamerikanischer Professoren umzugestalten, wir arbeiten zusammen mit dem Deutschamerikanischen Kulturverband – die größte fortschrittliche Organisation in diesem Lande, die Hitler bekämpft – Rednerlisten aus und senden Mitglieder unserer GAWA ins Land, auf die Schulen und in die amerikanischen Kreise. Wir waren vertreten auf der PEN-Clubtagung, wo unser Vicepräsident Ferdinand Bruckner sprach, wir waren intensiv an der Gestaltung des erst vor kurzem abgehaltenen »American Writers Congress« beteiligt. Thomas Mann sprach in unserem Namen als Ehrenvorsitzender der GAWA am Eröffnungsabend dieses Congresses. Einen ganzen Tag lang sprachen bei einer späteren Sitzung dieses Congresses von unserer GAWA: Manfred George, Walter Schönstedt, Erich Franzen, Ernst Bloch und ich. Von den Parisern sprachen: Ludwig Renn und Bodo Uhse.
[. . .] Bei der letzten Vorstandssitzung nun haben wir beschlossen, an alle deutschen antifaschistischen Kultur-Organisationen der Welt heranzutreten, um einen »Weltverband der freien deutschen Schriftsteller« ins Leben zu rufen. Eben verhandeln wir mit den Vertretern des SDS Paris: Uhse und FC. Weiskopf, die hier sind [. . .]

AN T. ROKOTOW, REDAKTION DER RUSS. AUSGABE 17. 8. 1939
DER »INTERNATIONALEN LITERATUR«

Korrespondenz über eine erbetene [nicht zustandegekommene] Berichterstattung über den PEN-Club-Kongreß in New York und den Kongreß der Leage of American Writers. Herzlicher Dank für kleine Dollarbeträge.

[. . .] Nun noch zu den beiden Artikeln einige Worte. Sie sollen eine gewisse Übersicht über die *deutsche* Kulturarbeit hier geben. Ich habe absichtlich die Konvention der Arbeiterkranken- und Sterbekasse an erste Stelle gesetzt und es schien mir ungemein wichtig, das Wirken des deutsch-amerikanischen Kulturverbandes einmal eingehender zu beleuchten. Dieser Verband kann – da er der größte im Volksfrontsinn ist – in den nächsten Monaten von entscheidender Bedeutung werden.

Wie ich Ihnen schon sagte, will ich diesen beiden Berichten einen ebenso eingehenden über das amerikanische Kulturleben folgen lassen, und ich glaube, daß Sie mit meiner Arbeit zufrieden sein werden.

AN JULIUS EPSTEIN 19. 9. 1939

Epstein hatte als Redakteur der »Neuen Volkszeitung« am 29. 8. eine Enquete unter den deutschen antifaschistischen Schriftstellern Amerikas veranstaltet, ob sie den Wirtschafts- und Nichtangriffspakt zwischen der Sowjetunion und dem Dritten Reich Adolf Hitlers »billigten« und wie sie ihren Standpunkt begründeten. Er veröffentlichte Grafs Antwort neben der ähnlichen von Manfred George am 7. 10. unter der Überschrift »Keine Antwort ist auch eine!« Schwarzschild veröffentlichte sie im »Neuen Tagebuch«, Paris, und kommentierte u. a.: »Die Antworten waren klar durch Drückebergerei.« (Heft 44, 28. 10. 39).

Sehr geschätzter Herr Kollege Epstein!

Entschuldigen Sie: Ich war bis jetzt zu sehr mit einer größeren Arbeit beschäftigt und kam dadurch nicht einmal dazu, meine dringendste Korrespondenz zu erledigen. Nur deshalb mußte ich auch Sie bis heute ohne Antwort lassen. Das tut mir umso mehr leid, als Ihr Brief mit der vielleicht schon überholten Fragestellung inzwischen gleich dreimal hintereinander bei mir eingelaufen ist. Geschmeichelterweise schließe ich daraus, daß Ihnen an einer Antwort von mir besonders viel gelegen ist. Ich muß Sie nun allerdings bitten, mir ein wenig mehr Raum als den von Ihnen vorgeschriebenen zu gewähren. Ich will dabei gewiß nicht den schreibenden »Filibuster« spielen und rechne auf Ihre Loyalität. Zugleich möchte ich ausdrücklich betonen, daß ich diese Antwort keineswegs als Präsident der German-American Writers Association, sondern lediglich als freier deutscher Schriftsteller gebe.

Ich danke Ihnen herzlich für Ihren Brief. Er hat mich aufrichtig gefreut. Seitdem ich mir nämlich als Autor verschiedener Bücher einen kleinen Namen erworben habe, wenden sich von Zeit zu Zeit solche Fragesteller, die ich meist nicht kenne und deren Motive mir oft recht rätselhaft sind, an mich. Ich fühle mich dadurch stets sehr geehrt und komme mir als gewichtige Persönlichkeit vor, deren Meinung man äußerst ernst nimmt. Als unwissender Katholik mit zwar schwer erarbeiteten, aber sicher noch sehr mangelhaften sozialen Einsichten beantwortete ich all diese Fragen stets nach bestem Wissen und Gewissen, aber es scheint, daß man mit meinen Antworten nie zufrieden gewesen ist. Wieso und warum weiß ich nicht. Jedenfalls habe ich nie bemerkt, daß auch nur ein einziger Mensch durch meine abgegebene Meinung in irgendeiner Weise beeinflußt worden ist, und – mein Gott – man lechzt doch geradezu nach positiver Wirkung! Sie, sehr geschätzter Herr Kollege, werden das besonders gut begreifen können! Immerhin aber – ich versuchte stets mein bestes.

Ihre Fragestellung bezüglich des Wirtschafts- und Nichtangriffspaktes zwischen dem Dritten Reich und der Sowjetunion ist kategorisch, und kategorisch verlangen Sie darauf Antwort. Das erinnert mich lebhaft an den lieben alten Pfarrer in meiner Dorfschule. Der nämlich pflegte bei Beginn der Religionsstunde jedesmal mit dem gestreckten Zeigefinger auf einen Schüler zu zeigen und ebenso kategorisch zu fragen: »War Martin Luther ein Teufelsknecht? Ja oder Nein?« Selbstverständlich antwortete jeder von uns mit einem forschen Ja. Da der geistliche Herr, der damals noch jung war, niemals eine andere Meinung zu hören bekam, gab er zu unserer Überraschung dieses Fragen sehr bald auf. Er wurde älter, fing an die protestantischen Kinder genau so zu achten wie uns katholische, und heute ist er völlig tolerant. Vielleicht ist jetzt für ihn Luther gar kein Teufelsknecht mehr, sondern ein überzeugter großer Mann. Mir täte das, offen gestanden, ein bißchen leid, denn ich bin im Laufe der Zeit immer mehr zu der Einsicht gekommen, daß der Schöpfer der gewaltigen deutschen Sprache zugleich das größte deutsche Übel war, nämlich der geistige Urheber unserer Unterwürfigkeit, der geistige Vater des unnachahmlichen deutschen Unteroffiziers in jeder Schattierung, dessen vollkommene Ausgeburt der heutige SS-Mann mit dem Blutorden ist.

Sie sind – wenn ich nicht irre – Berufspolitiker, sehr geschätzter Herr Kollege. Ich bin Epiker. Dem Epiker fehlt jener beflissene Übereifer im Bewerten der täglichen Weltgeschehnisse, der den Politiker auszeichnet, ganz und gar. Er ist gewiß nicht politisch desinteressiert. Er ist nur ein peinlich genauer, für die heutige schnell-lebige Zeit fast sträflich geruhiger Zuschauer, der das, was er meistern will, sehr lange und mit unbeirrbarer Geduld anschauen und prüfen muß. Und es gibt für ihn immer nur dieses einzige Material: den Menschen mit seinem ganzen vielverzweigten Widerspruch, ganz gleich ob er als Masse, Partei oder Volk auftritt. Der Politiker übersieht dieses Widerspruchvolle im Menschen, ja er übersieht zumeist den Menschen überhaupt. Er klassifiziert ihn als Genossen oder Gegner. Je entschiedener so ein Politiker ist, um so einseitiger muß er handeln. Zuweilen gleicht er dem Verkehrsschutzmann. Für ihn gibt es nur rechts und links, und die Aller-Radikalsten unter ihnen kommen mir immer vor wie arglistige Wächter, die heute schon jene sortieren, welche morgen oder zu gegebener Zeit ans Messer geliefert werden sollen.

Nun wechselt aber – von unerwarteten Umständen hervorgerufen – für den Politiker der Gegner sehr oft, und dabei ereignet sich manches Groteske. Nur zwei kleine, gewiß willkürliche Beispiele dafür. Nach der Ermordung Rathenaus hielt der damalige katholische deutsche Reichskanzler Joseph Wirth eine Rede und rief: »Der Feind steht rechts!« und 1933, nur etliche Tage vor der endgültigen Machtergreifung Hitlers, hatte das Zentralorgan der bayerischen Sozialdemokraten, die »Münchner Post«, diese Balkenüberschrift: »Der Feind steht links!« Da ich ein belehrbarer Mensch bin, habe ich mich immer nach den Politikern gerichtet. Ich bin aber durch diese oftmalige Abwechslung des Feindes mit der Zeit etwas wirr geworden. Ich konnte den Feind nicht immer klar erkennen, und es schien mir mitunter, als vernuble man zu sehr die Sicht auf ihn.

Ich würde mich – um von weitgespannteren politischen Ereignissen zu sprechen – auch gerne darüber belehren lassen, ob zum Beispiel Trotzki damals, als er den Kronstädter Aufruhr niederschlug und die revolutionären Matrosen reihenweise niederknallen ließ, eine blutige Lumperei oder eine »proletarische Großtat« begangen hat. Im übrigen glaube ich mich zu erinnern, daß wir auch aus dem Deutschland von 1918 bis zur Kanzlerschaft Brünings einige Gegenstücke dazu haben, über die man lieber schweigt. Und wiederum: ich verstehe nicht recht, was für ein Unterschied zwischen dem ersten Feldzug Lenins und Trotzkis gegen Polen und dem heutigen Einmarsch Stalins in dieses Land sein soll.

Das sind freilich Abschweifungen, aber sie beweisen nur, wie schwierig politische Ereignisse zu beurteilen sind. Fragt man einen Kommunisten, so sagt er: »Das ist materialistisch dialektisch bedingt«, der Nazi sagt: »Das ist ganz im Sinne unseres Führers«, und die Sozialdemokraten nennen alles »zwangsläufig«, – ich aber halte mich lieber an unseren alten lieben Gott, der diese Geschehnisse stets so einrichtet, daß sie uns nicht gefallen.

Um aber endlich wieder auf Ihre Fragestellung zurückzukommen, – ich befinde mich dabei ungefähr in derselben Lage wie ein Mensch, der mit seinem Freund einen Berg bestiegen hat. Sie sehen hinab ins Tal. Da ist ein Dorf und da zieht eine Räuberbande daher, die schon lange mordend und sengend die Gegend unsicher macht. Es bricht ein Felsblock vom Berge und stürzt in die Tiefe.

»Findest du das als ein sinnvolles Ereignis? Ja oder Nein?« fragt mein Freund.

»Wenn«, antworte ich, »der Felsblock die Räuberbande vernichtet – ja! Wenn er das Dorf aber vernichtet – nein!«

Aber freilich, meine Antworten auf dem Berge bedeuten erst etwas, wenn wir zu Tal gestiegen sind.

Wie gesagt, sehr geschätzter Herr Kollege Epstein, ich bemühe mich, stets nach bestem Wissen und Gewissen zu antworten. Um aber nun aus all dieser Unsicherheit und Kalamität herauszukommen und auch stets richtig antworten zu können, bin ich auf einen merkwürdigen Gedanken gekommen. Ich beschäftigte mich seit meiner Emigration in den freien Stunden mit der Abfassung und Zusammenstellung eines sehr aufschlußreichen, umfassenden historisch-politischen internationalen Frage- und Antwortspieles. Leider bin ich noch weit zurück. Immerhin habe ich aber der Vollständigkeit halber für spätere Zeiten notiert:

»Finden Sie, daß ein Mann namens Julius Epstein, der im Jahre 1939 in New York an einige damals noch emigrierte deutsche Schriftsteller die Frage stellte, ob sie den damaligen deutsch-russischen Nichtangriffspakt bejahen oder verneinen, weitsichtig und sinnvoll gehandelt hat?«
Ich hoffe, daß Ihre Frage bis dahin noch ihren historischen Wert behalten hat.
Mit aufrichtig gutgemeinten Grüßen Ihr sehr ergebener
[Oskar] Maria Graf.

AN BERTHOLD VIERTEL   11. 10. 1939

Herzlichen Dank für Ihren Brief. Inzwischen hatten auch wir hier schreckliche Nachrichten aus Frankreich – gestern kam eine von Kurt Kersten, daß er eingesperrt und seine Frau im Frauengefängnis ist! – bekommen und machten uns sofort daran, eine einigermaßen wirksame Hilfe für unsere Freunde zu organisieren. Bei unserer Generalversammlung sammelten wir ebenfalls, aber das alles sind natürlich nur Tropfen! Was uns bekümmert ist zunächst, ob überhaupt eine Geldüberweisung nach Frankreich möglich ist, denn wir hörten, an Einzelpersonen ginge das nicht, weil alles beschlagnahmt würde. Nun hat ja Thomas Mann auch schon Initiative ergriffen und Frau Liesl Frank ist ja immer die Tätigste, hier in New York ist durch die geradezu beispiellose Hetze der Leute um G. Seger (sozialdemokratische »Neue Volkszeitung« N. Y.) das Terrain leider sehr schwierig. Immerhin arbeitet eine Kommission von uns mit der Selfhelp (Prof. Tillich) zusammen und wir hoffen – da ja die Self help in Paris eine sehr angesehene Zweigstelle hat –, daß wir sehr schnell Hilfe leisten können. Aber Sie wissen ja selbst, wie das ist, wenn alle halbwegs den Kopf verloren haben und zunächst alles so aussieht, als arbeiteten viele Stellen nebeneinander – mein Gedanke war von vornherein, alles zu zentralisieren, damit nicht (wie bei unserer Affidavit-Beschaffung seinerzeit) zu viel Leerlauf entsteht.
Nachrichten von Freunden: Bloch, Herzfelde, George, Renn, Eisler. Graf ist sein eigener Verleger geworden [mit einer Faksimileausgabe des *Bayrischen Dekameron*] und sucht Besteller. Er verweist auf seine Antwort an die »Neue Volkszeitung«: »niemand wird das so ›glucksend‹ verstehen wie Sie, der ja das Süddeutsche im Blut hat«.

[. . .] In bezug auf die politischen Ereignisse sind hier fast alle ziemlich gerädert, sogar die ganz Festen! Ich persönlich

war es keinen Augenblick, da ich darin endlich die Voraussetzung sehe zur Einigung unter den deutschen Oppositio-
nellen. (Nebenbei, mich erreichten noch *am 16. Sept.* die illegalen Manifestationen der größten Untergrund-Zentrale aus
dem Dritten Reich – kein Wort zum deutsch-sowjetischen
Pakt, aber um so entschiedenerer Kampf um die endliche
Freiheit! Da das ja immer »meine« Linie war, war ich sehr zufrieden.) Ich bin vielleicht zu begriffsstutzig, aber ich höre *nur*
nach Deutschland hinein, alles andere verliert [hat] dabei für
mich nicht so große Bedeutung! Hoffentlich erleben wir
wenigstens jetzt das, was für uns der einzig mögliche Weg ist.
Wir haben ja Masaryks »Technik« als gutes Beispiel!
Darüber wäre nun soviel zu reden, lieber Freund! Aber
wann soll das sein? Nun, hoffen wir halt weiter! Lassen Sie
sich fest die Hand drücken, lieber guter Viertel und sagen
Sie Ihrem netten Sohn, er soll seine Bäume nicht zu sehr in
den Himmel wachsen lassen, weils jetzt so aussieht, als habe
Trotzki halbwegs recht!

AN BERTHOLD VIERTEL   19. 12. 1939

Der vollständige Brief mit vielen Nachrichten aus der Kulturszene New Yorks
und der GAWA wurde von S. Sudhoff im Jahrbuch der deutschen Schiller-
Gesellschaft (17, 1973, S. 132-5) veröffentlicht.

Thomas Mann steht bei uns – nicht, weil er etwa (aus
Gründen die ich nicht kenne) unsere Haltung akzeptiert,
sondern mehr, weil ihm die Herren Seger, Schlamm und Epstein zu sehr auf die Nerven gehen und weil er wahrscheinlich auch über Schwarzschild verärgert ist. Wenn wir uns
hier nur um die tausend großen und kleinen Anpöbelungen
beflissener Vigilanten kümmern wollten, würden wir nie
weiterkommen. Die Erfahrung hat aber allmählich gelehrt,
daß es am besten ist, sich überhaupt nicht drum zu kümmern u. einfach gute Arbeit zu machen. (Nebenbei: Die paar
Abgesprungenen haben in Segers New Yorker »Neuer
Volkszeitung« einen »Aufruf« zur Gründung eines sog.
kommunistenreinen Schutzverbandes erlassen, aber – es
hat sich keiner gemeldet und so sind sie wieder sanft ent-
schlafen!)
Augenblicklich haben wir alle große Sorge (und alle Hände
voll zu tun) um unsere in Frankreich internierten Kollegen.

Dabei stellt sich raus, daß die so »demokratischen« Franzosen Konzentrationslager haben, die schon sehr nahe an Hitlers gleichartige Einrichtungen heranreichen. Nur wird in Frankreich nicht geprügelt, das scheint aber auch alles zu sein! Wir befinden uns – veranlaßt durch unsere Hilfstätigkeit – in einer ziemlich verzwickten Lage. Wir (als GAWA) müssen Frankreich etwas hofieren, obgleich wir deshalb allenthalben angefeindet werden – aber der Erfolg hat uns recht gegeben. Eben haben wir von der franz. Botschaft die Nachricht, daß 58 deutsche antifaschistische Schriftsteller auf unsere Intervention hin entlassen worden sind. Da erträgt man gern, wenn andere über unsere – sagen wir – demütig objektive Haltung schimpfen!

Daß hin und her gehetzt wird, daß Mr. Dies »erst wird« glaube ich wohl auch. Schließlich braucht man zur Präsidentenwahl einfach einen »Rotenschreck« und solange nicht gewählt ist, wird das wohl auch so weitergehen. Ich bin da nun schon fatalistisch genug und sage mir, ausweichen kann man solchen Mißgeschicken schließlich doch nicht. Vielleicht treffen wir uns doch noch in amerikanischen Konzentrationslagern – wer weiß!

Es ist dennoch ganz unterhaltlich, wenn man ständig gewahr wird, wie unsagbar weit sich die Emigration von Deutschland entfernt und wegentwickelt. Und da ich das nicht kann, wohlgemerkt, ich betrachte das als kein Verdienst, sondern nur als eine Veranlagung bei mir – also weil ich immer noch und mit jedem Tag intensiver grade am Deutschen teilnehme, darum bin ich fast instinktiv – wenns so richtig ausgedrückt ist – der Ansicht, daß das Chaos fruchtbar ist! Bevor wir nicht über einen übersteigerten Nationalismus (und zwar bei allen Völkern!) zu einem Entnationalisierungsprozess kommen, wird es nichts. Gottseidank scheint es ja nun wirklich so zu werden, daß wir alles Geistige und Kulturelle behalten, daß aber der Sinn für die verschiedenen »Vaterländer« in uns allen stirbt – und *das* ist gut!

Handschriftliche Notiz [von Graf]: In Yaddo verfaßter, nichtgeschickter Brief!

Sehr geehrte Kollegen!

Ich habe weder Lust, noch halte ich es für ergiebig, in unserer GAWA (einem Verband *deutscher* antifaschistischer, antihitlerischer Schriftsteller!) mit Menschen zusammenzusitzen, die sich zwar mit mehr oder weniger Kunstfertigkeit der deutschen Sprache bedienen, denen ich aber nach ihrem Verhalten in den letzten Wochen jedes Recht abspreche, überhaupt noch als freiheitliche deutsche Schriftsteller aufzutreten und sich zu unserer Gemeinschaft zu zählen.

Ich spreche im Namen aller jener Kollegen, die auf Grund ihrer Überzeugung von Hitler verfolgt und vertrieben worden sind und die nicht erst eine fast kompromittierend lange Zeit abwarteten, bis die »treue Leserschaft« innerhalb der Grenzen des Dritten Reiches aus dem Bereich der literarischen Konjunkturmöglichkeit geschwunden war, um dann auch gegen Hitler und seine untermenschliche Tyrannei aufzutreten wie etwa Herr Thomas Mann!

Dieser nämlich beschränkte sich – während andere längst das bekämpften, was heute in unserer Heimat grausige Wirklichkeit geworden ist – jahrzehntelang auf eine unverbindliche denkerische Spekulation und seine wahllosen Bewunderer witterten hinter seinen oft kaum noch »erlotbaren« Unklarheiten den Geist einer tieferen Ironie. Wenn ihm auch eine sehr beträchtliche Leserschaft geistig näher kam, wenn ihn auch eine blinde Welt als »*den* deutschen Patrioten« feiert, mit dem wirklichen deutschen Volk, an das sich Thomas Mann in den letzten Jahren fortgesetzt bald beschwörend, bald höchst ungeduldig wendet, verband [ihn] außer der Kultur einer gewissen Oberschicht und der gleichen Sprache lediglich ein gleichsam zuschauendes, psychologisches Interesse. Dagegen wäre ja nun nicht einmal allzuviel zu sagen, wenn nicht derselbe Thomas Mann mit einer kleinen Gruppe es auf einmal für geboten hielte, die Kollegen, die seine Auffassungen einfach nicht teilen können, in seinem sehr anfechtbaren Sinn zu reglementieren.

Diese Kollegen und das deutsche Volk haben einigen Grund an Thomas Mann zu zweifeln. Er hat vor, im und noch nach dem vergangenen Weltkrieg den Deutschen jede Fähigkeit zur Demokratie abgesprochen und war durchaus dafür, daß unser Volk mit fester Hand regiert werde. Mit einer fast mystisch anmutenden Dialektik behauptete er bis in die ersten Jahre der Weimarer Republik hinein, daß dieses Volk nur glücklich sei, wenn es ein geordnetes Untertanen-Dasein führen dürfe. Es ist manchmal geradezu frappierend wieviel er – freilich in einer sublimeren Art – den Nationalsozialisten vorweg genommen hat. Sogar die sogenannte »Asphalt-Literatur« brauchte Hitler nicht zu erfinden. Thomas Mann hat längst vor ihm alle jene als »Zivilisationsliteraten« beschimpft, die damals mutig gegen das ruinöse, prahlerische, säbelrasselnde und schließlich kriegführende Wilhelminertum aufgetreten sind und für die Befreiung des Volkes gekämpft haben! Man lese nur seine »Betrachtungen eines Unpolitischen« und nehme die »Bemühungen« zur Hand. Was für ein wirres Nebeneinander von vollendeter stilistischer Spiegelfechterei und hartnäckigem halben Entscheiden! Er, der Weltberühmte, dem immer das Humane als das Höchste zu gelten schien, ist stumm geblieben, als die mörderische, vertierte Soldateska, aus der sich die heutige Hitlerische SS. rekrutiert, die berechtigten Aufstände der enttäuschten deutschen Arbeiter am Anfange der Republik blutig niederkartätschte. Er hat nicht gesprochen als Eisner, Gareis, Landauer, Leviné, Liebknecht, Luxemburg, Haase, Jogiches und hunderte unbekannter Kämpfer durch die unmenschlichen reaktionären Schlächter den Opfertod für die deutsche Freiheit fanden. Man hörte kaum etwas von ihm, als der so tragisch zugrunde gegangene Ernst Toller, als Felix Fechenbach und Ungezählte ihresgleichen für ihre Standhaftigkeit in die Gefängnisse wanderten. Er hat, nachdem sie sich endlich nach soviel Irrtum und Blutvergießen doch einigermaßen stabilisierte, der schüchternen deutschen Republik lange Zeit wie ein herablassender, sehr reservierter Gönner gegenübergestanden und sprach wohl gelegentlich in den Salons über sie, nie aber ist er – und keinem anderen hätte man so gläubig zugejubelt, kein anderer hätte es so uneingeschränkt tun müssen! – vor das deutsche Volk getreten und hat gerufen: »Seht, da ist sie nun einmal, unsere Republik! Sie ist brüchig und hat viele Feinde im eigenen Lande. Mißtrauen, Bosheit und Unverstand wirken noch gegen sie! Vieles ist noch faul an ihr, aber wir alle sind ihr tief verpflichtet! Wir wollen sie gemeinsam und, wenn es sein muß, auch gegen ihre oft allzu bedachtsam taktierenden, ängstlichen Leiter ausbauen nach unserem innersten, edlen deutschen Sinn! So wie sie nun einmal fürs Erste geformt worden ist, diese Republik, gehört sie uns allen, uns, dem Volk! Sie ist ein Stück erster deutscher Freiheit, die durch die Opfer geheiligt worden ist! Niemals wieder werden wir sie beengen lassen, und gegen jeden wollen wir sie verteidigen, der ihre Entwicklung hemmt, denn wir wollen frei sein und nichts anderes. Wir wollen das Glück unserer Menschen und den aufrichtigen Frieden mit allen anderen Völkern, die nicht mehr und nicht weniger sind als wir!«

Gerade Thomas Mann hätte damals unmißverständlich gegen den engstirnigen, unglückseligen Versailler Vertrag an der Spitze des deutschen Volkes aufstehen müssen, gegen diesen Vertrag, der die meisten Todeskeime für unsere schwer ringende Republik und den unheilvollen Samen der Hitlerbewegung in sich trug.

Wie fatal war manchmal der Eindruck, wenn man sah, wie fern dieser Weltberühmte dem Leiden der Volksmassen stand, wie fremd ihm die deutsche Republik blieb, wie wenig ihn die Opfer berührten! Noch in seinem Nachruf auf den verstorbenen ersten Reichspräsidenten Friedrich Ebert konnte er sich's nicht versagen, einige schnell hingeworfene, herabmindernde Worte über den ermordeten Kurt Eisner zu verlieren! Wußte er denn nicht, daß dieser tief überzeugte, opfersinnige Mann für Millionen freiheitliebender deutscher Menschen ein unvergeßliches Beispiel war?

Wie schwer mußte man diesen großen Dichter mitunter bedrängen um seine Unterschrift für eine Aktion gegen ein offenbares Unrecht zu erhalten, das die dickhäutigen Leiter der Republik zuließen! Heute ist er damit weit freigebiger, freilich auch wahlloser.

Erst das allzubedrohliche Anwachsen der Hitlerbewegung im republikanischen Deutschland schreckte ihn gewissermaßen in eine etwas fühlbarere Opposition gegen die Todfeinde unserer Freiheit, und erst als ihn die Wiener Arbeiter im Jahre 1931 oder 32 zu einem Vortrag einluden, als er den hingerissenen Jubel der Massen des wirklichen Volkes erlebte, da wurde ihm erschüttert bewußt, was er eigentlich versäumt hatte und was verloren gehen konnte. Er hat das dann auch in seinem berühmten Brief an jene Arbeiter, worin er sich sogar halbwegs zum Sozialismus bekannte, ausgesprochen. Und er hat diese treu anhänglichen Volksmassen bitter enttäuscht, als er solange nach Hitlers Machtantritt erst mit der Barbarei brach. Ich selber erlebte noch, wie sich diese Arbeiter weigerten, seine Bücher, die im Dritten Reich noch unzensiert erscheinen durften, in ihre Bibliotheken aufzunehmen.

Es ist ein bedrückendes Gefühl, liebe Kollegen, das mich zwingt über einen Deutschen, auf den heute die Welt hört, so zu sprechen, aber ich *kann* nicht anders! Ich glaube auch, mein ganzes bisheriges Leben, mein Wirken und mein Schreiben gibt mir einiges Recht dazu.

Fünfundsechzig Jahre ist Thomas Mann alt geworden und lebt noch immer in seiner unbestimmten, unbestimmbaren geistigen Diaspora! Sobald er sie überschreitet, richtet er nichts als Unheil an und verstimmt selbst diejenigen, die ihm am aufrichtigsten anhängen. Ein Menschenalter verharrt er jetzt im Geviert dieses Geistes, in welchem kein durch nichts beirrbarer Glaube und keine sich selbst vergessende Liebe zu seinem zertretenen Volk gedeihen kann, obgleich er stets glauben machen will, er besitze diese beiden Eigenschaften im höchsten Maße!

Was für ein fragwürdiger, was für ein schrecklicher Ruhm! Wenn man so von Natur aus ungläubig und so lieblos ist, wie kann man jemals verlangen, daß dieses Volk zu einem halten soll? Wie kann man urteilen, wo wahrhaftig durch eine tiefe Mitschuld nichts mehr zu urteilen ist! Wie aber auch kann man sich in heilloser Begriffsverwirrung an *das*, was nie und nimmer ein Volk ausmacht, an die »unglückliche deutsche Nation« wenden, der man die von Hitler aufgezwungene, grauenvolle »messianische Rolle« zuschreibt? Und wie kann man sich, wenn man sein Leben lang die ganze Schwere eines Volkes nicht erlebt hat, auf der anderen Seite dazu versteigen und verlangen, die Deutschen müßten für die Schandtaten ihrer Machthaber ein für allemal gezüchtigt werden? Wo hört da die Verwirrung auf, und wo fängt der einfache Verstand wieder an?

Nein, einem solchen Wegweiser vertrauen wir nicht mehr! Wir vertriebenen freiheitlichen deutschen Schriftsteller sind nach wie vor die erbittertsten Feinde Hitlers und seiner zersetzenden Barbarei. Wir haben von Anfang an gesagt: »Hitler, das ist der Krieg!« Und uns war dieser warnende Ruf nie eine nichtssagende Phrase. Wir hatten seit der Niedermetzelung der spanischen Republik, wobei viele unserer besten Kameraden zugrunde gingen, eine ungefähre Vorstellung von einer solchen tierischen Menschenschlächterei. Das Blut erstarrt uns, wenn wir an das Elend denken, das Hitler und seine Gehilfen über die friedlichen Völker gebracht haben. Unsere Telegramme an die Gesandtschaften der überfallenen Länder reden – wie selbst Herr Thomas Mann zugibt – eine unmißverständliche Sprache. Ist nicht, wie ich zu wissen glaube, eine Gruppe um Herrn Seger beim Einfall der Nazi-Heere in Belgien und Holland mit der Bitte an Thomas Mann herangetreten, er möge in einer großen öffentlichen Versammlung im Namen aller freiheitlichen Deutschen gegen die Verbrechen der Hitler-Kriegführung seine Stimme erheben? Wir alle warteten darauf, denn es war eine der letzten Chancen, in diesem Lande dem wachsenden Mißverständnis, als sei Hitler und deutsches Volk ein und dasselbe, zu begegnen! Thomas Mann hat es, soviel ich entdecken konnte, bei ein paar Äußerungen in den amerikanischen Zeitungen bewenden lassen! Gerade wir freiheitlichen deutschen Schriftsteller finden kaum mehr einen Ausdruck für die Schande, die der nazistische Vernichtungswahn dem Deutschen schlechthin zugefügt hat. Unsere Tage sind peinigend, unser Inneres ist tief verdüstert. Aber wir lassen uns auch in dieser Zeit der höchsten Verwirrung und der grausigsten inneren Not nicht trennen von unserem Volk, dem wir unsere geistige Existenz verdanken, dessen Sprache unsere Heimat ist, das unser Leid und unser inhaltsvolles Glück ist. So groß auch die Verbrechen sind, zu denen dieses Volk durch seine zynischen, unbarmherzigen Machthaber gezwungen wird, wir wissen, daß Millionen und Abermillionen in unserer Heimat nicht weniger leiden als wir – schrecklicher sogar noch, da die äußere Bedrängnis dazukommt.

Wir wissen auch, daß das gerade jetzt, da wir es noch einmal klar aussprechen, für jeden Einzelnen von uns Unannehmlichkeiten, Gefahren und Verfolgungen mit sich bringt, ja, daß wir damit vielleicht sogar – wenn die politische Spannung zunimmt – unser Leben riskieren! Dennoch: Wir sind bereit für unsere Überzeugung und unseren Glauben den Beweis zu erbringen, damit – wenn wir einmal alles bis zum letzten auf uns nehmen – unser Volk endlich wieder Vertrauen zu seinen Geistigen gewinnt! Wir stehen nicht höher als dieses Volk. Im Guten und im Bösen sind wir ein Stück von ihm. Wie sollte es auch anders sein? In der härtesten Prüfung, mit der bittersten Geduld versuchen wir zur Läuterung zu gelangen. Wir haben zwar nicht bei uns, aber unter den großen Kulturträgern anderer Völker wahrhaft ermutigende Beispiele genug. Stärker als alles andere aber lebt in uns die Gewißheit, daß wir stets auf dem rechten Weg sind, wenn wir uns niemals einer Tyrannei beugen!

Uns können Drohungen nicht einschüchtern. Noch weniger geben wir zu, daß die GAWA, von der gerade die Thomas-Mann-Gruppe fortwährend größte politische Zurückhaltung verlangte, für Zwecke benutzt wird, die ihr entgegengesetzt sind. Wenn also die Gruppe Mann und Herr Gumpert (von Herrn Riess ist das verständlich, da er im Dienst einer französischen Zeitung steht) unter Androhung ihres Austrittes verlangen, daß wir uns entweder auflösen oder eindeutig auf die Seite Frankreichs und Englands zu stellen haben – was ist da eigentlich (außer einem gradmäßigen) noch für ein Unterschied zwischen den Methoden Hitlers und den ihrigen? Jeder von uns soll sich gleichsam selbst aufgeben. Er soll all das ableugnen, für das er seit Anbeginn gearbeitet hat, nämlich seine innere Unabhängigkeit und seinen Kampf für die Befreiung des deutschen Volkes! Er soll sich fremden Interessen unterstellen im »Namen der Freiheit des Geistes«!

Im übrigen läuft – so oder so – die ganze Aktion dieser Herren und Damen eindeutig darauf hinaus, die GAWA und deren Mitglieder als suspekt in diesem Lande zu denunzieren. Damit begeben sich diese absonderlichen »Kulturträger« auf dasselbe Niveau wie jene kleinen und – wie es mir manchmal geschienen hat – nicht immer ganz zurechnungsfähigen Verleumder, die sich einfach irgendwelche unlauteren Dinge über unseren Verband und einige Vorstandsmitglieder aus den Fingern gesogen haben, um sich an einer lächerlichen Rachsucht zu befriedigen.

Wahrhaftig, ein erstaunlicher Abstieg!

Zweifellos hat die besagte Gruppe auf Grund ihrer glücklich bewahrten Berühmtheit die Macht, die GAWA zu zerstören. Aber spricht das etwa *für* sie? Wagen Sie es doch einmal, liebe Kollegen, hier konsequent weiterzudenken. Es scheint im Kleinen nicht anders zu sein als im Großen. Was beim ersteren zunächst nur grotesk und peinlich wirkt, wie schaurig sieht es aus, wenn so eine richtungslose Macht, einmal groß geworden, sich zu jeder Zeit ungehemmt auswirken kann! Auch »Bruder Hitler« hatte eines Tages die Macht.

Daß prominente Schriftsteller, die immerhin auf eine innere Lauterkeit bedacht sind, sich in eine so erschreckende Einsichtslosigkeit treiben lassen, will ich lieber nur der allgemeinen Zerfahrenheit dieser Zeit zuschreiben.

Sie aber, liebe Kollegen, werden verstehen, daß es mir unter diesen Umständen unmöglich ist, an der Sitzung am Donnerstag teilzunehmen.   Mit besten Grüßen

AN WIELAND HERZFELDE   Yaddo, »Ungefähr den 15. Juli 40«

Lieber Wieland!

Jetzt nachdem ich fast fertig bin, kann ich ein bißl aufschnaufen und Deinen letzten, für mich so bedrückenden Brief beantworten. D. h. was soll man drauf antworten? Die Dinge, die jetzt in Frankreich und Europa geschehen, scheinen eben doch das Bild einer so gründlichen – auch gesellschaftlichen – Auseinandersetzung zu ergeben, daß wir es nicht mehr überdenken können. Immerhin bin ich bei allem Schauerlichen nicht so pessimistisch wie Viele. Dein vorhergegangener Brief scheint da manches richtig gesagt zu haben – es wird doch so kommen, daß das deutsche Volk auch jetzt den Beweis nicht schuldig bleibt, den die Welt ersehnt und erwartet.

Aber zu was diese müßigen Diskussionen. Wir sind leider zu abgeriegelt, zu machtlos, um mitzuwirken. Daß unsere Freunde in Frankreich durch die Herren Pétain und Laval ans Messer geliefert werden, wie wird sich das rächen! (Genau so wie Hitlers Zwangsdiktat, das nur einen französischen Hitler in zehn oder fünfzehn Jahren hervorbringen

wird, wenn – ja wenn nicht doch die Revolution alles weg-
fegt!)
Schrecklich ist auch, daß es Euch gar nicht gut geht. Trude
hat Stellung, aber was ist mit Dir? Ich hätte es doch ganz gut
gefunden, wenn Du doch zu Bloch wärest. Jetzt im Sommer
findet sich in New York wenig, allerdings – Du hast recht –
eine Wohnung gibt irgendwie ein Gefühl, daß man den
Boden unter den Füßen noch nicht ganz verloren hat. Aber
wie sollst Du bloß das alles halten können, nachdem Weil
soviel eingebüßt hat? Ich erschrecke – offen gestanden –
leicht darüber, wenn ich mir Deine Schwierigkeiten aus-
male, denn hier ist leider nicht mehr Berlin und nicht mehr
Prag!
Daß Du in so kameradschaftlicher Weise wenigstens erreicht
hast, eine Sicherheitsstelle für die Manuskripte der Bedrohten einzurichten, finde ich großartig. Was tut eigentlich
– nebenher gefragt – Regler? Kann er bleiben oder muß er
weg nach Mexiko? Und was ist mit Kisch?
Nein, Schönstedts Versuch, mich für eine neue von ihm be-
herrschte GAWA zu gründen [gewinnen], ist gescheitert,
weil ich ihm einen Brief geschrieben habe, daß ich keine Lust
mehr habe mit ihm zusammenzuarbeiten, nachdem er
zuvor grade diejenigen herangezogen hat, die uns unter-
wühlt haben. Er ist nun offenbar beleidigt und hat keine
Antwort mehr gegeben, dafür hat er einen Brief an Bruno
Frank geschrieben. Na soll er schon, das beste ist, wir
bleiben nun einmal wirklich aus allem draußen, was diese
zweiseitigen Naturen machen.
An die Viertelleute zu antworten bin ich bis jetzt noch nicht
dazugekommen. Vielleicht kannst Du Viertel sagen, wenn
sie glauben, daß mein Vorwort wirklich was bedeutet für sie,
[werde] ich es gerne später schreibe[n]. Jetzt habe ich wirklich keine Zeit.
Viertel ist wirklich ein netter Mensch, und wohl auch verläß-
lich. Davon gibts wenige!
Hast Du sonst Nachrichten. Hier erzählt man, Feuchtwanger sei in Paris gefangen genommen worden von den
Nazis? Das wäre entsetzlich. Zuerst hieß es doch, er sei nach
Lissabon durchgekommen! Ich bin, seit wir Auernheimers
Ermordung in Prag feierten, nach der optimistischen Seite
hin, etwas optimistischer, aber – was kann man heute sagen!

Laß Dich nicht allzusehr vom Gram niederdrücken, lieber Wieland. Dein Gesicht [Gedicht?] ist schön, es liegt eine echte Melancholie darin.

Leb wohl und auf Wiedersehen!
Wie immer Dein OMG

Graf erwartet neue »Treibereien« von Schwarzschild mit Epstein und Schlamm. Seger sei mit einbezogen, habe sich aber »sehr reserviert« verhalten. Die Entwicklung in Amerika werde jene Herren bald in ein wahres Labyrinth von ›Anschluß-Suchen‹ an die neuen Tatsachen führen. »Wir« [vermutlich die ehemalige GAWA, oder Grafs Richtung in ihr] müssen nur abwarten und sind dann »oben«.

Ich fragte Hellmer, was denn mit dem Erlös der Auflösung der GAWA geschähe und schlug vor, die paar Dollar doch einigen notleidenden Kollegen oder solchen, die aus Frankreich kommen, zu geben. Hellmer machte ein saures Gesicht. Ich beantragte, daß Alexan und Wieland als Kassenwarte im Einverständnis mit den Auflösern (ich hab ja faktisch da nichts mehr zu sagen!) Regelungen und Abrechnung machen. Bitte, kümmere auch Du Dich ein bißl um diese Dinge. Aus solchen Kleinigkeiten könnten ev. andere uns Vorwürfe machen! Dies unter uns!

Graf begrüßt in Bernfeld einen der ihm besonders lieben österreichischen »wahrhaft unbeirrbaren Genossen«. Er verspricht ihm weiteres Propagandamaterial für seine Bücher und dankt ihm für die »großartige« Idee, *Dekameron* oder *Mother* als Prämie für erfolgreiche Krankenkassenwerber einzuführen.

[. . .] Schließlich kann ein Schriftsteller wohl von Land zu Land emigrieren, er kann aber nicht aus seiner Sprache und aus seinem Geist emigrieren, *das* ist der Kernpunkt, den die meisten nicht erkennen.
[. . .] Ich hätte soviel über sicher gemeinsame Genossen zu reden. Gewiß treffe ich hier Marmorek, Haas evtl., Joseph Luitpold schrieb mir, Richter kenne ich und fast alle – aber wo sind die unbekannten Kämpfer, an denen mein ganzes Herz mehr hing als an allem sonst, was tut man für sie und wie geht es ihnen? Ich versuche einigen aus Frankreich rauszuhelfen, doch habe ich aus Wien keine Nachricht mehr von

meinen allernächsten, besten Freunden, die wahrhaft Unmenschliches geleistet und erlitten haben.

Man tut ja heute – insbesondere wenn man sicher in USA ist – in den Kreisen der sogenannten »kämpferischen Emigration« so mannhaft, mir aber kann man ruhig Sentimentalität vorwerfen, wenn ich immer wieder sage: Was immer ich auch tue, selbst im tiefsten Arbeiten beunruhigt mich unausgesetzt das Schicksal dieser Genossen, die keiner kennt.

OMG IM JAHRE 1944

V.

ERNEUTE KONZENTRATION
AUF DAS EIGENE SCHAFFEN

1941-1948

Durch das Scheitern der GAWA und die im Zusammenhang damit erhobenen Verdächtigungen der politischen Spionage war Grafs Glaube an Organisationen und öffentliche Aktionen zutiefst erschüttert. Die Folge war eine Periode verbissener Arbeit an neuen literarischen Projekten und der Abbruch des Umgangs mit den meisten anderen Exilierten in New York. Seine gesellschaftlichen Bedürfnisse erfüllte er fortan an einem von ihm gegründeten deutschen Stammtisch in der Gegend der 84. Straße von Manhattan im Stadtteil Yorkville, an dem er wöchentlich mit seinen engsten Freunden zusammentraf, und in der Begegnung mit deutschamerikanischen Gruppen außerhalb von New York. Auf seinen Ausflügen nach New Jersey (z. B. zum Naturfreunde-Camp Midvale) und Fahrten zu Vorträgen vor deutschsprechenden Amerikanern in andere Städte (Philadelphia, Cleveland, Chicago) lernte er neue Menschen kennen, deren »amerikanische« Qualitäten – einfachen Lebensgenuß, gesellschaftliche Unvoreingenommenheit – er häufig der intellektuellen Hybris und dem politischen Sektierertum der deutschen (und österreichischen) Exilgruppen in New York vorzog. Aber auch die Stadt New York selbst mit ihrer großen Geschäftigkeit und Einladung zur persönlichen Anonymität wurde dem Dichter eine vertraute Umgebung. Obwohl seine Versuche, Englisch zu lernen, fehlschlugen, informierte ihn in zunehmendem Maße Mirjam (die er 1944 nach der amtlich bestätigten Scheidung von Karoline Bretting heiratete) über das soziale und literarische Leben in seinem Gastland.
Sowie der Krieg 1945 zu Ende war, erneuerte er den Kontakt mit den Freunden und Gesinnungsgenossen in Deutschland. Da er aber nicht mit leeren Händen oder gar als politischer Besserwisser in das notleidende Land zurückkehren wollte, konnte er nur brieflich seine Solidarität und sein Mitgefühl bekunden sowie zusammen mit einigen Freunden

mehrere Jahre lang CARE-Pakete an notleidende Menschen in Bayern schicken, deren antinationalsozialistische Vergangenheit verbürgt war. Voller Unruhe blickte er auf die wachsende Spannung zwischen den Großmächten USA und Sowjetunion, deren gemeinsamer Kampf gegen Hitler sich sehr bald nach Erreichung des Ziels in den Kalten Krieg gegeneinander verkehrte. Graf bedauerte die Repressalien gegen Sozialdemokraten und andere Nichtkommunisten auf der Seite des Ostens ebenso wie die Duldung oder gar Förderung ehemaliger NSDAP-Mitglieder auf westlicher Seite. Mit großer Skepsis beurteilte er die Versuche seiner Mitexilanten in New York, nach dem Krieg selbst aktiv in das politische Geschehen ihrer Heimat einzugreifen. In mehreren persönlichen Appellen mahnte er die Intellektuellen dazu, ihr eigenes Versagen zur Zeit der Etablierung der Hitlerdiktatur offen einzugestehen. Nach der Rückkehr in die Heimat sollten sie zuerst einmal versuchen, dienend und nicht führend das Vertrauen des deutschen Volkes zurückzugewinnen.

Für Graf selbst stellte diese Zeit einen neuen Höhepunkt seines literarischen Schaffens dar. Er schrieb seinen – nach eigener Einschätzung – besten Roman, *Unruhe um einen Friedfertigen* (1947, erschienen in dem von ihm mitbegründeten Aurora-Verlag, New York), und mehrere der erst später in Deutschland erschienenen Werke, darunter *Er nannte sich Banscho. Roman einer Gegend* (1964), *Die Erben des Untergangs* (erstmals veröffentlicht unter dem Titel *Die Eroberung der Welt*, 1949). Neben seiner Prosa schrieb Graf in dieser Zeit auch wieder Gedichte. Den Plan, eine Auslese seines lyrischen Schaffens anonym zu veröffentlichen, konnte er allerdings erst Jahre später mit der Anthologie *Altmodische Gedichte eines Dutzendmenschen* (1962) verwirklichen.

Graf möchte sich bei der Guggenheim Foundation um ein Stipendium be-
werben und dazu Thomas Mann als einen angeben, der ihn empfehlen
würde.

[. . .] Meine Arbeit über Tolstoi konnte ich natürlich unter
den gegebenen Umständen nur im Material bereichern, keineswegs auch beginnen. Dazu müßte ich eine längere Zeit
ohne drückende Sorgen sein. Ich habe aber doch den ersten
Band meines neuen, ziemlich umfangreichen Romans »In
der Sackgasse« fertigbringen können und gehe jetzt an die
ersten Kapitel des zweiten Bandes. Der Roman befaßt sich
mit einem heiklen Problem, nämlich inwieweit – wenigstens
im Psychologischen – der gesamte europäische Intellektualismus das, freilich nie erwartete und noch weniger gewollte
Heraufkommen des Faschismus und der Hitlerbarbarei ver-
ursacht hat. Dabei bin ich gerade in den Reihen jener ehrlichen Nationalisten wie Jünger, Beumelburg, Hielscher,
Dwinger usw. auf erstaunliche Dinge gestoßen. Nämlich
sie, die gleichsam aus einem nihilistischen Romantizismus
zur Formulierung der Utopie vom »tausendjährigen Reich«
kamen, lieferten zwar dem Hitlerismus (und hauptsächlich
Goebbels) sozusagen die Grundstoffe für das Fundament
der nationalsozialistischen »Lehre« – sie aber waren selber
niemals Nazis wie etwa der unbeschreiblich flache, urteils-
lose Hanns Johst. Sie sind heute noch (Ernst Jünger hat ein
zwar krauses, aber ungemein mutiges Buch »Auf den Mar-
morklippen« geschrieben und es kam 1940 im Dritten Reich
heraus!) – sie sind alle noch »stählerne Kantianer«, die das
Bürgerliche hassen und sonderbarerweise etwas wie eine
Demokratie des von ihnen erfundenen, aristokratischen
»Arbeitertums« erbauen wollen. Nun, da sie Hitler erleben,
stehen sie in einsamer Opposition und bilden – fast so wie
einst die Bohème – eine ziemlich verstiegene Sekte. Diese Erscheinungen aber habe ich im Nachspüren und Beobachten
fast am ganzen europäischen Intellektualismus feststellen
können.
Sie können sich denken, lieber, verehrter Herr Thomas
Mann, daß ich dabei in Ihren Büchern von den (von mir so
geliebten!) »Betrachtungen eines Unpolitischen« bis zum
»Kommenden Sieg der Demokratie« und den Aufsätzen in
der letzten Zeit oft eine lange Einkehr hielt, und – wie-

derum bitte ich Sie, dies nicht als Unbescheidenheit aufzufassen – mit gieriger Lust, mit Ergriffenheit und oft auch mit einer tiefen Rührung sah ich hier einen einzigartigen Weg aufgezeichnet, der wahrhaft trostreich für mich war. Alles Widersprechende und oft recht Abrupte im Angreiferischen z. B. bei den »Betrachtungen« und alles so schwer durch – ich kanns nicht anders sagen – erlittenes Denken Erarbeitete in Ihrem Bekenntnis zur tätigen Demokratie, mein Gott, wie schön, wie wesentlich deutsch ist das! Der, meiner Meinung nach, fast tragische skeptische Humanismus jener nachbismärckischen bürgerlichen »konservativen« Generation, zu der Sie sich zählen – was hat er uns, den Jüngeren, bei allem, was uns davon trennt, doch für eine überdauernde Tradition gegeben! Schon lange wollte ich Ihnen dieses schreiben und Ihnen danken, lieber Herr Thomas Mann!
Ihre letzte Entgegnung auf die lächerlichen Ausfälle des holländischen Prinzgemahls rührten wieder all das in mir auf. Und sehen Sie, Ihr kristallklarer intellektueller Patriotismus und jener romantische Nihilismus der jetzt so enttäuschten deutschen Nationalisten, beide gegeneinandergestellt, ist das ungefähre Problem meines Romans.

AN OTTO UND LIL KARSCH   18. 1. 1942

Graf dankt für eine Buchbestellung mit (etwas zu hohem) Scheck. Die »Reisebeschränkungen« [für Deutsche in den Staaten seit der Kriegserklärung Hitler-Deutschlands an die USA] hindern ihn z. Z., nach Midvale hinauszufahren. *Banscho*, der »Kinderroman«, ist »Lust und Ausruhen« für Graf, der mit seinem anderen Roman »In der Sackgasse« nach dem ersten Band nicht weiterkommt. Über Versuche zu »so einer Art ›Free Germany‹ als Ersatzauslandsregierung« durch »Kreaturen« wie den Polizeipräsidenten Grzesinski aus Berlin können alle nur lachen. Graf empfiehlt die schöne Zeitschrift »Freies Deutschland« in Mexiko.

[. . .] Ja, so geht es allen Kritikastern mit der lieben Sowjetunion. Sie sehen immer Teile und nie das Ganze. Ich war drüben und schaute, glaube ich, durchaus nicht unkritisch, aber stets auf dieses Ganze gerichtet die Entwicklung an. Ich machte mir keine Illusionen im Falle eines Krieges der Nazis mit der SU, ich fürchtete, was anfänglich dort eingetroffen ist, aber ich habe niemals gezweifelt daran, daß die Russen zum Schluß den entscheidenden Sieg über den Faschismus davontragen werden. Denn dort kämpft ein Volk, das um einer Idee willen Leben und Habe opfert, während bei allen anderen Staaten nur die Furcht vor dem Zusammenbrechen eines unbrauchbar gewordenen Systems im Kampfe steht. Aber die Völker entscheiden, nicht die Regierungen! Das ist die Zukunft! Und diese Zukunft ist nicht der Krieg, sondern der endliche, dauernde Friede! Daß die Nazis mit ihrer Ideologie Krieg um des Krieges willen führen, das eben ist ihr Untergang.

[. . .] Übrigens hat das antifaschistische Deutschamerikanertum doch wieder Mut und Auftrieb bekommen, weil die amerikanische Regierung bis jetzt sehr klug vorgeht. Offenbar weiß der FBI genau, wo die Nazis sitzen und hat gut durchgegriffen. Irrtümliche Verhaftungen einiger durchaus sicherer »Aliens«, die Hitler schon seit je bekämpft haben, kamen wohl auch vor, aber nur einige, und die sind wieder rückgängig gemacht worden, nachdem alles aufgeklärt war. Allen Respekt. Offenbar (muß ich nochmal sagen) haben die amerikanischen Behörden aus dem Beispiel Frankreichs gelernt. [. . .]

AN BRUNO FRANK   27. 2. 1942

Lieber, guter Bruno Frank!

Herzlichen Dank für Ihren heutigen Brief. Die kameradschaftliche Sympathie für mich, die daraus spricht, hat mich wieder einmal aufrichtig gefreut, in Sonderheit, da ich eben die einfachen Worte gelesen habe, die Sie dem armen, vereinsamten Stefan Zweig widmen. Es ist so richtig, was Sie da am Schlusse sagen! Aber es scheint, als ob gerade die deutschen exilierten Geistigen es kaum jemals begreifen, daß jeder zugrundegehen muß, wenn er die Isolierung als den einzigen Ausweg wählt!? Das beunruhigt mich immer wieder, ja, ich kann zuweilen pessimistisch und bedrückt werden – dann lese ich, was der ehemalige »Feind« Tolstois, Iwan Turgenjew, diesem über die große, russische Sprache sozusagen zugerufen hat!

Aber entschuldigen Sie! Sie fragten ja nur über etwas ganz Konkretes, und ich komme da ins Betrachten!

Also: Ich war weder in Deutschland, Österreich und in der Tschechoslowakei jemals in einer politischen Partei, und ich bin es selbstverständlich auch in Amerika nie gewesen, obgleich man mich liebenswürdigerweise als »bezahlten Agenten Stalins« zur Zeit unserer »GAWA« denunziert hat. Daß Erfahrungen und Einsichten mich zum überzeugten Sozialisten gemacht haben, das brauche ich Ihnen wohl kaum zu sagen.

Thomas Mann, den ich ebenfalls als Referenz angab, werde ich dies auch nachträglich schreiben.

Leben Sie wohl, lieber Bruno Frank, und auch Ihrer Frau einen herzlichen Gruß. Vielen Dank wie immer
Ihr OMG

AN KURT KERSTEN   10. 5. 1942

Lieber Kurt Kersten!

Dein in französischer Sprache geschriebener Brief ist mir übersetzt worden, und ich habe ihn gestern zu Wieland gebracht. Er will noch einmal was versuchen, um Dir zu helfen. Wie schwer das ist, für Dich (wie für alle anderen Unglücklichen in Frankreich und anderwärts) ein Visum zu bekommen, das weißt Du ja wahrscheinlich von Deiner lieben Tochter und Deinem Sohn. Sie haben sich – und geben sich noch! – soviel Mühe gemacht und wir versuchten damals auch alles Mögliche. Leider war alles vergeblich, und das legen dann die meisten Freunde so aus, als fehlte es hier an Solidarität oder gutem Willen. Wenn sie dann endlich hierher kommen, sehen sie, wie schwer alles ist. Jetzt im Krieg ists fast unmöglich!

Deiner Frau habe ich längst geschrieben, ich antwortete ihr nur deshalb nicht gleich, weil ich erst einmal noch herumfragen wollte. Als dies abermals resultatlos verlaufen war, schrieb ich, und – offen gestanden – solche Briefe schreibe ich nicht gerne.

Deine Frau ist genau wie Du im Irrtum: Ich habe keine Beziehungen hier, ich kenne kaum Amerikaner von Einfluß, ich lebe ziemlich abgeschlossen in meinem Kreis und arbeite unentwegt, obgleich ich natürlich schon lange nicht mehr daran glaube, daß ich mit meiner Arbeit hier Erfolg habe. Ich schrieb hier in den letzten zwei Jahren zwei Romane – erst vor ca. 3 Wochen ist der zweite fertig geworden – aber sie werden wohl erst publiziert werden, wenn der Hitlerbarbarismus endgültig zur Hölle gegangen ist. Aber was soll man tun, wenn man nach so ungewöhnlichem inneren Verbrauch schließlich immerhin ein gewisses »Werk« geschaffen hat, es bleibt nichts übrig, als ihm treu zu bleiben. Das empfinde ich nicht als Verdienst und meine es gar nicht phrasenhaft, es ist nur ein Faktum für mich. Ich werde wohl immer so weiter schreiben . . .

Aber was soll Dich, Du armer Kerl, das alles interessieren? Du willst endlich Gewißheit und Hilfe, und die kann ich Dir leider nicht verschaffen.

Eins nur möchte ich Dir noch schnell sagen: Jeder meiner Kollegen, der hierher kam, glaubte, er würde hier schon irgendwie mit seiner Schriftstellerei durchkommen, manche hatten sogar kleine anfängliche Erfolge, dann aber schnitt es auf einmal ab, und so gehts – außer den paar ganz Prominenten – allen! Jedenfalls ist das eine gute Zeit, man muß sich bewähren als das, was man ist.

Mit der Hoffnung, daß Du auch nur das Geringste mit Schreiben hier machen könntest, wirst Du also nicht hierher gehen dürfen. Nun, Du warst immer ein hartgesottener Skeptiker, solche Menschen ertragen das dann leichter. Hoffen wir also doch noch, lieber alter Freund!

Von Dir weiß ich immer von anderen (Manfred etc.) etwas. Ich denke, da wird es ewig eintönig bleiben bei Dir. Bei mir ists so, daß ich ab und zu in irgendeinem deutschen Verein (natürlich einem antinazistischen, und die sind alle arm!) aus meinen Büchern lese und dafür 5 – 15 Dollar bekomme, auch hab ich ja hier mein *Bayrisches Dekameron* und *Anton Sittinger* in deutscher Sprache neu rausgebracht, als mein Selbstverleger, und da verkaufe ich auch ab und zu einige Exemplare. Das ist alles.

Mit der ach so sonderlich verstaubten Emigration stehe ich kaum in Verbindung, es bilden sich immer neue Gruppen, es werden immer mal wieder Proteste auf Versammlungen losgelassen gegen den Hitlerismus, und dann – bildet sich wieder eine neue Gruppe, die dasselbe tut. So haben z. B. die Österreicher hier allein ungefähr 6 oder mehr Gruppen!!! Ich denke immer, die guten Amerikaner müßten eigentlich über uns alle lachen. Kein Wunder, daß sie niemanden mehr ernst nehmen!

Denn dieses gute, aufgeweckte Volk hier ist eben doch weit gesünder und wirklichkeitsnäher als wir vollgeladenen Europäer. Es hat – und das ist das Überhebliche der Refugees, das mir so zuwider ist – gewiß Fehler, aber welches Volk hätte keine Fehler. Die Refugees aber meinen immer nur, sie seien der Maßstab! Ich persönlich komme mit den Amerikanern genauso gut aus wie mit den lieben, unvergessenen Tschechen. Es ist alles Volk hier, und da bin ich eben daheim. Drum hab ich noch nie Heimweh gehabt. Das Bier ist gut hier, und man lebt eigentlich ein schönes Leben trotz aller Bedrückung. Es sind ja auch viele Freunde da, und, trotzdem ich nicht Englisch kann, die Amerikaner haben mich gerne. Ich mag sie auch, weil ich den festen Glauben habe, daß dieses Volk, das nicht von lauter hundertjährigem Unsinn belastet ist wie die meisten von uns, zu kämpfen und zu siegen versteht. Ich habe mich in all den Jahren viel mit der Geschichte dieses Landes beschäftigt, tue es eigentlich immer, und ich staune immer wieder, was das für eine aufgeweckte, gesunde Masse ist . . . vieles an ihr erinnert geradezu frappant an das russische Volk, sogar die Art des Lebens. Und Roosevelt ist – das schrieb ich meiner Schwester schon aus der unvergeßlich geliebten Tschechoslowakei – ein großer Mann, eine Erscheinung, die später wie Lincoln in der Geschichte weiterleben wird. Und Lincoln war für mich mit Masaryk und Tolstoi immer etwas wie eine Vollendung. Ich glaube – denke doch einmal [:] Tolstois »Krieg und Frieden« ist seit Monaten hier wieder das meistgelesenste Buch! – daß sich trotz allem Grauen, allem Furchtbaren, das dieser Krieg mit sich bringt, etwas Neues, etwas Haltbares herauskristallisiert und so etwas wird wie eine Synthese zwischen Sowjetrußland und amerikanischer Demokratie. Ich erinnere mich, als ich auf der New York Worlds Fair in das Stammbuch der Sowjetrussen (sie hatten einen sehr schönen Palast dort) schrieb: »Amerika und Rußland – das ergibt die Zukunft!« Ein Mann hinter mir verzog hämisch die Mundwinkel und lachte trocken. Hoffen wir, daß wir wenigstens noch die Anfänge erleben, lieber Kurt Kersten. Ich bleibe dennoch bei meinen Romanen und habe den Kopf voll neuer Pläne, jeder Tag, der nicht ausgenützt wird, mit *dieser* Arbeit, bedrückt mich.

So jetzt habe ich Dir aber viel vorgeschwätzt. Ich denke, Du wirst es ganz gern haben in Deiner eintönigen Lage. Nun laß auch sonst einmal was hören. Heute abend treffe ich wiederum Wieland und will ihn – er hat ja auch viele Sorgen, wie jeder! – abermals drängen, vielleicht kann er doch noch was erreichen. Glaube jedenfalls nicht, daß man Dich vergessen hat . . . keiner ist vergessen! Nur wer hier lebt, weiß wie schwer alles ist, wie unmöglich fast! Dabei sind doch in Frankreich noch viele in einer fast hoffnungslosen Lage! Und was bei uns daheim für Verbrechen an Wehrlosen geschehen . . . man darf nicht dran denken.

Nun leb wohl, alter Freund, sei nicht brummig, wenn Du auch oft meinst, man tut nichts. Und bleib gesund.

Wie immer Dein alter OMG

AN THOMAS MANN   15. 5. 1942

Graf hatte Mann um eine Botschaft zu einer Goethefeier gebeten und eine Absage erhalten, weil Mann sich schon so oft zu Goethe geäußert hatte. Graf bekundet sein Verständnis, er hat stattdessen etwas aus »Lotte von Weimar« lesen lassen, und dankt, daß Mann immerhin die Sponsorschaft über die Feier übernommen hat.

[. . .] Für den guten Zuspruch zum Abschluß meines neuen Romans danke ich Ihnen sehr, lieber Herr Thomas Mann. Es ist aber nicht jener große und schwierige Roman, von dem Sie aus Anlaß meiner Angabe an die Guggenheim Foundation erfahren haben, sondern ein sehr volksmäßig gehaltenes, zum großen Teil fast heiteres Buch, dessen Motiv – wenn ich so sagen darf – mir mittendrinnen zugeflogen ist und mir keine Ruhe mehr ließ. Ich habe es verhältnismäßig schnell und leicht geschrieben, denn es behandelt Menschen und Erlebnisse aus meiner frühesten Jugend in meiner Heimat ohne irgendwo ins Autobiographische abzugleiten. Den großen Roman werde ich wohl noch lange, lange nicht abschließen können – immerhin bin ich eigentümlicherweise selbst in dieser düsteren Zeit froh, so arbeiten zu können.

AN GUSTAV UND ELSE FISCHER   15. 6. 1942

Freude über Fischers Brief, trotz Sprachschwierigkeiten: Sie schreiben englisch, Mirjam muß es übersetzen, hat aber viel zu tun als Redaktionssekretärin beim »Aufbau«. Finanziell können sie sich über Wasser halten. Graf hält kleine Vorträge und schreibt eben weiter und glaubt daran, »daß das, was ich schreibe, Wert und Zweck hat«. Er hört manchmal von Brünner Freunden: Erdelyi, Brügel, Lotte Becher, Teclaws.

[. . .] Wir leben noch immer unverändert in New York in der gleichen Wohnung und sind an sich ganz gut eingewöhnt. Im übrigen fühle ich nicht einmal einen allzu großen Unterschied in unserem Leben (bis auf die fast unerträgliche jetzige Hitze) zwischen früher und jetzt. Die Menschen sind auch nicht recht viel anders als etwa in Europa, einiges macht sie hier sogar sympathischer: Sie kümmern sich nicht um den andern, sie sind (wenigstens in den Großstädten wie etwa New York) angenehme Nachbarn ohne Bedürfnis zum Klatsch. Wir leben jetzt schon 4 Jahre in diesem gleichen Haus mit seinen 184 Familien – und kennen lediglich die Gesichter der Bewohner.

Ein wahrhaft schönes Zeichen von gesundem Menschenverstand ist übrigens auch, daß man hier in New York keinen Deutschenhaß merkt, daß bis zum einfachsten Menschen die instinktive Unterscheidung zwischen Nazi und freiheitlichen Deutschen vorherrscht. Dagegen gibt es Teile der Emigration, die in einer Art überbeflissener Hysterie überall wittern, was gar nicht vorhanden ist . . . und dann einen derartig geschmacklosen und sogar die Amerikaner abstoßenden Superpatriotismus entwickeln, daß einen mitunter ein leichtes Grausen befällt.

Ich muß sagen, ich habe in der hiesigen Emigration wenig brauchbare Menschen gefunden, wohl aber habe ich in diesem Lande ungemein viel gelernt: Gewisse Engen haben sich bei mir verflüchtigt, ein steigendes Interesse für die Geschichte der USA (hist. Interesse war ja bei mir immer vorwiegend!) hat mir besonders in bezug auf die Zukunft einen Optimismus gebracht, den ich früher nicht hatte, ja, wohl in jenem Europa, das ich verlassen habe, nicht haben konnte. Die Äußerungen und letzten großen Reden der Staatsmänner hier (insbesondere die erstaunliche Rede des Vizepräsidenten Wallace!) sind für mich wahrhaft beglückend!

[. . .] Hier habe ich eine Erste Mai-Feier der Österreicher mitgemacht und glaubte buchstäblich nach Brünn oder Wien versetzt [zu sein] – rein alles ist da, vom »General Deutsch« die ganze Preisliste abwärts. Sie geben auch bereits wieder eine Austrian Labor Information im Format des Pariser »Neuer Kampf« heraus. Die Österreicher überhaupt! Sie sind äußerst regsam, da sie ja hier als friendly alien anerkannt sind (das englische Wort ist sicher falsch geschrieben!). Sie haben mindestens 6, wenn nicht mehr Gruppen: Monarchisten, Dollfuß-Schuschnigg-Leute, Demokraten, Sozialdemokraten und was weiß ich alles! Alles sieht ein bißchen verstaubt und doch belustigend aus, nicht ohne Beigeschmack von ehemaligen Fremdenverkehrsinteressentenvereinen.

Die Einigsten, die politisch Bewußtesten und wohl auch Klarsten sind entschieden unsere vielgeliebten Tschechen. Ich treffe Laurien ab und zu. Sie haben wohl auch kleine Reibereien, aber sie haben den Glauben an ihre Führung – und das ist schließlich etwas Ausschlaggebendes.

Mein Gott, liebe Freunde, was wird wohl aus all den Brünnern, die noch dort geblieben sind, geworden sein. Oft denken wir daran. Von Frischitz erfuhr ich über einen Brünner hier nochmal, daß er unangetastet dahinlebt wie immer, aber das ist auch schon wieder ein Jahr her! Für das Tier Heydrich schwimmen jetzt Ungezählte im Blut . . . wie schrecklich muß die Rache sein!

Inbezug auf den Zusammenbruch der Hitlerei bin ich, trotz der Hartnäckigkeit der Nazis, ebenfalls der Meinung, daß es nicht mehr allzu lang dauert. Die Massenhinrichtungen in Deutschland in den letzten Monaten (habt Ihr davon gehört oder gelesen?) reden eine sehr deutliche Sprache. Heute kommt eine Meldung von Hamburger Lebensmittelunruhen mit 32 Toten . . . die unbegreifliche Langmut und Geduld des deutschen Volkes scheinen langsam zu Ende zu gehen. Und da denke ich immer wieder an Thomas Manns Schlußsätze in seinem so viel angefeindeten Buch »Betrachtungen eines Unpolitischen«, wo er sagt (bitte 1917!): »Der Krieg geht weiter, aber das ist kein Krieg. Das ist vielmehr eine geschichtliche Periode, die etwa dauern mag wie diejenige von 1789 bis 1815 oder 1618 bis 48 . . .«

Wünschen wir uns nur eins, lieber Gustav, liebes Elschen, daß wir noch den Beginn der ersten Wendung erleben. Mein Gott, was wird das für ein schauerliches Erwachen für die Leute meiner Heimat sein!!

Manchmal spüre ich schmerzlich, daß ich zu weit weg bin – und ich merke es leider auch bei so einsichtigen Menschen wie etwa Willi (der jetzt über die Untergrundbewegung in Deutschland ein Buch rausbringt). Alles wird hier sektiererisch und verzehrt sich unbewußt – einfach weil der Ruch fehlt, der von der Nähe kommt! Wenn Ihr – und ich denke, es wird auch in London ein bißl ähnlich sein! – hier manchmal die Spekulationen und Diskussionen der Emigranten miterleben würdet, wärt Ihr sicher meiner Meinung.

AN GUSTAV UND ELSE FISCHER   4. 10. 1942

Lange Erkundigungen nach Kindern, Bekannten, Lebensumständen. »Viel vom ›Damaligen‹ haben wir wohl reduzieren müssen, aber ich meine immer, die Grundlinie ist geblieben.« 1. Bericht von Grafs Fahrten nach New Jersey, zu einem »sehr gescheiten Bayern, der ein eigentümlich selbständiges Leben führt und der mir wirklich Freund geworden ist« [Heinrich Kirchmeier]. Graf schreibt den dritten Roman nach dem *Mutter*-Buch [*Eroberung der Welt*, später *Erben des Untergangs*].

[. . .] Die ewig diskutierenden Emigrantenzirkel sind mir höchst gleichgültig geworden, man merkt, wie gestrig sie geworden sind – selbst die ernsthaftesten wie etwa jene Menschen um Willi (der mit seinem Buch hier Erfolg hatte!) . Es sind alles klägliche Sekten, die aus der Not ihrer unselbständigen Lage eine Tugend zu machen versuchen! Sie entscheiden nichts, sie bringen nicht mal ihre Leute weiter. Sie erkennen nicht, daß diese Emigration »vergangen« ist und daß sie bei aller Gescheitheit noch nicht mal die allernächste Zukunft richtig einzuschätzen vermögen! Mir aber geht es um Zukunft – darum schreibe ich nach diesem Roman, der diese Zukunft vorwegzunehmen versucht, wahrscheinlich nichts mehr oder nur noch Nebensächliches! Ich habe mir auch fest vorgenommen, nach Beendigung dieses Buches Bäcker zu werden, wenn nicht der außerordentliche Zufall eintreffen sollte, daß ich das Buch verkaufe! Jedenfalls bin ich nach langem Nachdenken zu der Einsicht gekommen – wenn wir (auch wenn es sich dabei um die größten Künstler und Dichter handelt) nicht von der Gestaltung der reinen Erinnerung loskommen, hat unser ganzes Schreiben keinen Wert mehr.

Den Krieg in Rußland verfolgen »wir« mit »ungeheurem Mitgenommensein«. Amerika und Rußland werden die entscheidenden Faktoren, »und wie wohltuend das ist, daß England hier sozusagen als etwas Ausgleichendes dazwischenliegt«.

Graf tröstet Kersten weiter wegen seines schrecklichen Alleinseins [auf Marti-
nique]. Die Bemühungen, ihn herauszubekommen, scheitern immer noch.
Etwas mehr über seinen »3. Roman«: er wolle »ein möglichst nicht-utopi-
sches, sondern ein durchaus realistisches Buch zustandebringen«.

[. . .] Wir haben hier, wie ich Dir schon schrieb, eine kleine
Arbeitsgemeinschaft freier deutscher Antinazi-Schriftsteller
begründet, die »Tribüne« und veranstalten ca. alle 14 Tage
Vorleseabende, manchmal auch größere. Der Erfolg ist stets
sehr zufriedenstellend, allerdings springt für niemanden
dabei auch nur ein roter Heller heraus. Es sind aber immerhin wertvolle Arbeiten und es wird damit der Grundstock für die exilierte deutsche Literatur in New York geschaffen. Daß der Dir sicher von Prag aus bekannte Stefan
Heym mit seinem Buch »Hostages« einen großen Erfolg
(Riesenauflage und Verfilmung) gehabt hat oder noch hat,
wirst Du wohl auch erfahren haben. Auch Anna Seghers
hatte mit ihrem Roman »Das siebte Kreuz« einen Riesener-
folg, Auflage bereits nahe an dreihunderttausend! Sie lebt in
Mexiko, wo unsere Freunde eine sehr gute literarische Zeitschrift »Das freie Deutschland« herausgeben. Da in Mexiko
sind ja viele, die Du auch kennst: Kisch, Uhse, Renn, Regler,
Abusch, Seghers, Frey usf. Sie bringen auch deutsche Bücher heraus: Feuchtwanger, Kisch, Seghers usf. Auch ich
hab ihnen jetzt ein Romanmanuskript geschickt, einen mehr
heiteren deutschen Vagabundenroman, der seltsamerweise
Banscho oder die Freiheit [später *Er nannte sich Banscho*] heißt.
Vielleicht drucken sie das Buch. Honorar gibts sowieso
keins, aber ob man das Manuskript daheim liegen hat oder
obs da drunten liegt, ist ja Wurscht.
Manfred George leitet seinen »Aufbau« gut, seine Zeitung
hat sich sehr gut eingeführt und mitunter findet man ausge-
zeichnete Artikel drinnen. Wieland ist Briefmarken-Laden-
Inhaber, macht auch erträgliches Geschäft. Weiskopf hat
einigen literarischen Erfolg mit seinen Büchern, und ist nun
beim hochangesehenen Verlag Knopf gelandet. Kantorowicz schreibt viel, aber bringt, wie ich, nichts an. Er hat irgendwo eine Radiostelle. Neulich las H. W. Katz bei uns,
sehr gut. Überhaupt sind hier in New York eine Menge aller-
bester Schriftsteller, auch Franzosen und Norweger und
Tschechen sehr viel, alle schreiben, wirken, reden und

mühen sich ab. Die Franzosen haben drei Zeitungen hier, die »La Victoire« »Voix de la France« und »Amérique«, die in Kanada rauskommt. Alle Parteischattierungen von links (Torres, Tabui) bis rechts.

Wir von der »Tribüne« haben zum ersten Mal mit den United Nations eine Ausstellung verfolgter Kunst in New York fertiggebracht, die großen Beifall fand. Im übrigen ist das Bier sehr gut hier, es findet sich auch hin und wieder eine nette Gesellschaft in einer netten Kneipe zusammen und dann ists fast wie weiland in Prag.

AN GUSTAV UND ELSE FISCHER   18. 5. 1943

Ein »ganzer Packen Neuigkeiten«, was aus einzelnen Brünner Bekannten in den verschiedenen Exilländern geworden ist. Behaglichkeit und »Beschaulichkeit« in seiner eingeschränkten Existenz. Der letzte Roman, *(Eroberung der Welt)*, hat ihm »alles genommen: Kraft und Sammlung«.

[. . .] Und weil ich nun schon dabei bin: Ja, lieber Gustav, auch ich glaube, das, was war, ist endgültig vorüber! Wir erleben nur noch die letzten Zuckungen einer Zeit, die trotz allen Bitternissen und Schattenseiten, viel Großes hatte. Wir sind sozusagen Zwischenmenschen geworden. Zu alt, zu reif, zu skeptisch und ungläubig wie unsere ganze Generation, um das Neue auch nur vorstellbar zu ahnen! Und da ists natürlich ein bißl elegisch, wenn man sich Erinnerungen hingibt, aber – sagt selbst – was hat man eigentlich noch viel als diesen inneren Fonds?! Es ist so richtig, was Du schreibst, lieber Gustav: »was ist denn noch wirklich wahr in dieser Sintflut aller Werte in der wohl wieder nur der Wert wirklicher Menschlichkeit bestehen bleiben wird!« Das habe ich, seit ich als 15-jähriger Junge Tolstoi zu lesen begann, immer wieder und immer nachhaltiger empfinden gelernt. Und, stellt Euch nur vor, ich bin heute immer noch beim alten Tolstoi stehengeblieben. Durch alle Wut und Wirrnis, die einen anfällt, ist er so was wie eine leitende Idee für mich, die unangreifbar, unbesiegbar ist! Darum, glaube ich, bin ich so wenig unglücklich in dieser Schreckenszeit! Ich spüre fast körperlich, daß – wie Du schreibst, Gustav, die verstocktesten Nichtsseher eines Tages doch aufwachen werden, überall, *weil anders einfach kein Leben mehr möglich ist*. Und ich meine das ganz allgemein, aufs Gesellschaftliche bezogen! [. . .]

Graf ist wegen Mirjams Berufstätigkeit »perfekter Koch« geworden. Er erinnert an eine Mahnung an Fischers Jungen Georg: »Lebe Dein Leben, das ist
immer richtig! Keiner kann Dir was lehren und sagen!« Er zitiert seinen ver-
ehrten Brügel.

AN KURT KERSTEN   24. 5. 1943

Graf war krank, hat drei Romane fertig, berichtet über literarische Erfolge der
Kollegen in Mexiko und in USA. Besonders rührig war alles am 10. Mai [10.
Jahrestag der Bücherverbrennung], aber Graf mag »diesen Prominenten-
wirbel« nicht, fühlt sich peinlich an »den ehemaligen Kurfürstendamm« erin-
nert. Mit dem Freund in New Jersey tauscht er sich u. a. leidenschaftlich über
Lyrik aus: Hölderlin (»den ich nie leiden hab mögen«), Liliencron, Dehmel.

[. . .] Inzwischen ist Breuer schmählich bei Euch da drunten
gestorben, es ist einfach schaudererregend wie die Menschen vor die Hunde gehen müssen! Und nun sollst Du noch
da drunten hocken.
[. . .] Ich möchte alles tun, um Dir endlich irgendeine Hilfe
zu verschaffen, aber meine Wege sind ganz schmal. Ich ver-
kehre mit fast niemandem. Die ganze Emigration, insbesondere die unserer sogenannten Schriftstellerkollegen ist mir
hoch zuwider, ich hasse sie nachgerade, denn so etwas von
unsauberer Intrige, von angesammeltem charakterlosen
Ehrgeiz, von Mißgunst und Unkameradschaftlichkeit ist nur
schwer zu beschreiben. Ich gehe nurmehr mit Menschen
um, die ganz weit ab sind von aller Literatur und Politik, ich
mag von so dummen und überheblichen Kannegießern, wie
sie leider in der Emigration heranwachsen (zum Trost schien
das immer so gewesen zu sein!) nichts mehr zu tun haben.
[. . .] Sag einmal, lieber Kurt, hast Du eigentlich in all den
Jahren nie wieder etwas Größeres geschrieben? Bist Du so
down, daß Du einfach keine Lust, keinen Willen mehr dazu
hast? Ich frage deshalb, weil ich gemerkt und erfahren habe,
daß – vorausgesetzt natürlich, daß man an das, was man
schreibt, glaubt! – nur die unentwegte, unverdrossene Arbeit über große Miseren, die äußerlich und innerlich über
einen hereinbrechen, hinweghilft. Eigentlich schreibe ich
nur deswegen, oder vielmehr habe ich bis jetzt immer weiter
geschrieben.
[. . .] In Zeiten der Leere, wenn ich nichts Rechtes schreiben
kann, lese ich nämlich komischerweise sehr viel und ganz
wahllos. Das kommt wahrscheinlich daher, weil ich in der

CSR und in Amerika die Sprache nicht verstehe, also doch immer wieder nur die deutsche Literatur lese oder wenigstens alles in deutscher Sprache. Ich habe z. B. jetzt den ganzen Fontane gelesen, stelle Dir vor! Dann sehr viel von Keller, von Zschokke und von Hauff, ich las Stendhal wieder und kam zu der Überzeugung, er ist gar nicht so groß, wie man meint, auch halte ich Fontane weit, weit überschätzt, aber – wenn auch kein Vergleich zu machen ist – beide sind gute Schriftsteller, sie behagen. Aufregend finde ich Stendhal nicht, während mich seit meinem 15. Lebensjahr jede Zeile von Tolstoi immer wieder ergreift, und wie oft habe ich schon »Der Tod des Iwan Iljitsch«, den »Schneesturm«, »Chadši-Murat« und »Soviel Erde braucht der Mensch« gelesen. Den »Krieg und Frieden« und die »Anna Karenina« habe ich jetzt allein viermal gelesen, und ärgere mich dann immer, daß dieser selbe Tolstoi – bei allen großen Stellen, die auch darin sind – die verlogene »Auferstehung« schreiben konnte. Aber von Tolstoi darf ich schon gar nicht anfangen, denn da bin ich versessen und einseitig. Dostojewski mochte ich nie! Turgenjew habe ich in der Jugend sehr geliebt, dagegen mag ich Tschechow ungemein gern und Gorki hat soviel geschrieben, das ich immer wieder lesen mag. Ja, diese Russen, mein Gott, und jetzt ist so ein Narr wie Hitler und meint, er kann dies Große in der Welt zertrampeln! Einer, der ihm sehr ähnelte, der humorlose Karl XII. hat auch so gedacht, einmal, und hat gar nicht gemerkt, daß dieser scheinbare Barbar Peter der Große (über den Du großartig geschrieben hast!) doch eine erste Potenz in der Erschaffung oder vielmehr in der Erweiterung der europäischen Zivilisation war. Ich meine immer, diese Friedrichs, Napoleons, Karls und Hitlers werden diesmal doch endgültig liquidiert . . .

Aber, lieber Kurt, ich quatsche da herum von Literatur, als ginge nichts vor in der Welt, als säßest Du z. B. gar nicht elend in Martinique und ich nicht in New York, sondern . . .?

Ich denke so oft an die Zeit, da wir uns in Prag, wenn ich ab und zu hinkam, immer sahen. Bei Wieland oder im Bert-Brecht-Club oder sonst in einer Gesellschaft. Und ich meine immer, Du müßtest da sein, und noch einer müßte da sein, den ich mag, der Balder Olden. Ihr beide habt Sinn für Gemütlichkeit gehabt, damals, und ich bin Optimist genug, zu denken, daß es bei Euch trotz aller Veränderung heute noch so ist.

[. . .] Ich lerne jetzt schon wochenlang Englisch, aber glaubst Du, ich komme weiter? Ausgeschlossen. Ich glaub, daß ichs nie kapiere. Das kommt wohl auch davon, weil ich all diese lateinische Ausdrücke wie »Verb«, »Adverb« und Maskulinum und was weiß ich, nicht in unserer Dorfschule gelernt habe. Es wird aber auch daher kommen, weil ich zu wenig unter Amerikaner komme, und zum dritten endlich – weil ich einfach in der Gefangenschaft der deutschen Sprache als Schriftsteller bleibe.

[. . .] Jetzt hocken alle politischen Rätselrater wieder beisammen und brüten über die Auflösung der Komintern? Aber sie sind etwas, wie ich bemerkt habe, unsicher. Sie sind gewarnt durch ihre schrecklichen Fehlschlüsse von damals, als die Russen ihren Vertrag mit Hitler machten. Jetzt wissen sie vorläufig mal gar nichts zu sagen, die meisten aber meinen, »es sei Stalins größter Coup.« Ich kann da nur ein bißchen lächeln, nicht aus Überheblichkeit oder weil ich meine, das Gras wachsen zu hören, sondern weil ich glaube, die Ereignisse gehn eben doch ohne uns, wir alle sind nur noch Strandgut, zu nichts mehr nutze, als höchstenfalls zu einer Kameradschaft untereinander. Aber nicht einmal die lebt weiter, wahrhaftig, man könnte mit Brecht sagen »wir leben in finsteren Zeiten«. Übrigens gibt es auch Leute hier, die seit Afrika allen Ernstes schon ans Kofferpacken denken, denn – sagen sie – »es wird Zeit, daß man sich ans Heimfahren gewöhnt«. Ich sagte neulich zu so einem guten Mann: »Hm, ich weiß ja nicht, ob uns jemand das Fahrgeld gibt, und dann weiß ich nicht, ob wir dort noch erwünscht [sind] und erwartet werden und ganz zum Schluß möchte ich bescheiden bemerken, daß ich glaube, man wünscht nicht mal hier, daß wir wieder heimfahren und dort ›was tun‹ . . .«

Seither sagt der dumme Kerl, ich sei ein ganz niederträchtiger Defätist. Ja, hm, so gehts, wenn man sich langsam die Illusionen abgewöhnt. Zum Glück hat mich mein Humor nie verlassen, und eigentlich suche ich überall, wo ich auch bin, immer nur die etwas absonderlichen Menschen, denn ich glaub die Narren und die Arbeiter sind die einzigen, die Welt und Leben erhalten. Die Narren sorgen für die Unter-

haltung und die Arbeiter erhalten das Werk. Na, ich bin imstande und werde noch aphoristisch. Das verhüte Gott!
Nun hab ich Dir einen schrecklich wirren Brief geschrieben,
armer, lieber Kurt, aber es war mir heut so zumute, als seist
Du mir ganz nahe und als dürfte ich mich mal ganz unsach-
lich gehen lassen. Und zum Glück ist auch dieses seltsame
Amerika durchaus nicht so sachlich, wie man meint, es ist
gesund, trotz Krieg zivilistisch und skuril. Das ist schon viel
wert. [. . .]

AN KURT KERSTEN   14. 7. 1943

Graf ist viel allein, hat sich »so ziemlich mit allen verkracht« oder meidet sie
mit ihrem »unerträglichen vorgestrigen Geschwätz«. Er liest sehr viel: den
ganzen 20bändigen Auerbach, mit teilweiser Zustimmung; Ludwigs »Lincoln«, »schrecklich verlogen«, Myers »Geschichte der großen amerikanischen
Vermögen«, »großartig«; Holitschers »Amerika«, »sehr gut«; Feuchtwangers
»Erfolg«, »meisterhaft«, das macht ihn ganz kleinlaut. Marcu mag er nicht.
Von Kersten lobt er »Peter den Großen«, »Bismarck« und »Das Testament Ba-
kunins«.

[. . .] Ich denke immer wieder, wie denn diese unsagbare
Gleichgültigkeit aller Deinem Schicksal gegenüber zu durch-
brechen wäre und stoße bei allen Versuchen, ja nur bei Erwähnung Deines Namens auf eine hundsmäßige Eisigkeit.
Das macht mich zeitweilig fast menschenfeindlich. Ich kann
nicht begreifen, wie es Menschen geben soll, die gestern unsere Freunde, morgen – wegen stupider politischer Mei-
nungsverschiedenheit   unsere   hinterhältigsten   Feinde
[sind]. Es ist wahrhaft weit gekommen in dieser sogenannten Emigration!
Du beschreibst Dein Leben, wie Du so herumgehst auf der
jahreszeitenlosen Insel sehr melancholisch. Das weite, beängstigend weite Meer bedrückt Dich, nebenbei, ich habe
das Meer nie mögen, mir war es langweilig und entnervend,
denn wenn Busch, Baum, wogende Felder, Wälder und
Menschen aufhören, dann stockt alles bei mir. Ich begreife
Deine Beängstigung und Dein schreckliches Alleinsein nur
zu gut! Wir beide sind so sonderbare Käuze: Eigentlich nicht
einmal menschendurstig, sogar ein wenig wie Zuschauer,
nehmen wir die Dinge und Menschen immer als Geräusche
des Lebens, die wir brauchen. Und wehe, wenn sie uns genommen werden. [. . .]

Heinrich Mann hatte Graf von der schäbigen Behandlung durch die Carl Schurz Memorial Foundation informiert: eine groß angekündigte »Gabe« von 25 Dollar für den Transport seiner Bücher. Er hatte sich zuvor schon damit getröstet: »Die Erwähnung meines Namens durch die Foundation, der in diesem Lande selten genannt wird, ist auch etwas. Geld wird so oder so ausbleiben« (12. 9. 43 an Graf). Graf rät, die Sache keinem Anwalt zu übergeben. Er hätte Erfolg mit einer schriftlichen Anfrage gehabt, was er als die öffentlich erwähnte »Gabe« bekäme – 500 Dollar. Er will auch Thomas Mann zu einem Brief bewegen – damit ist Heinrich Mann dann nicht einverstanden.

[. . .] An Ihrer Stelle würde ich der Foundation einen ziemlich deutlichen Brief schreiben, daß die 25 Dollar doch wohl kaum als »grant« bezeichnet werden könnten, und sie würden laut Jahresbericht die Zusendung der »Gabe« erwarten. Wirkt das nicht, so würde ich viel eher vorschlagen, mit allem Material, das ich inzwischen über die höchst merkwürdige »Foundation« gesammelt habe, an die Öffentlichkeit zu gehen.

[. . .] Ihr Herr Bruder Thomas Mann hat mir dieser Tage ebenfalls geschrieben und sich liebenswürdigerweise bereiterklärt, an die Foundation einen Brief zu schreiben, der für Sie und mich spricht. Ich riet vorläufig ab – schon deswegen, weil ich mit dieser Foundation im gemeinsamen Interesse aller Schriftsteller einen Plan habe, sie müßte für uns völlig »erobert« werden. [. . .]

AN KURT PINTHUS   7. 11. 1943

Fünf Seiten: Die Carl Schurz Memorial Foundation hat Graf schließlich 500 Dollar bewilligt, verlangt aber Arbeitspläne von ihm, die um das Thema Deutsch-Amerikaner kreisen müssen (und lehnt eine Förderung seiner Arbeit über Tolstoi ab). Graf findet ihr Vorgehen kleinlich, einen Mißbrauch des Namens und gegen die Interessen des »freiheitlichen Deutschamerikanertums«. / Eine Stelle als Deutschlehrer für die amerikanischen Soldaten in Baltimore mußte er »leider« aus Arbeitsgründen ablehnen.

[. . .] Ich arbeite natürlich unablässig an meinem Tolstoi, habe inzwischen zwei Romane fertig geschrieben und einen dritten halb fertig. Ich habe außerdem einen Roman *The lost Men* im Entwurf fertig, der das Problem der Emigration hier in Amerika behandeln soll. Für diesen Roman erbat ich, nachdem die C. Sch. F. mein Thema »Tolstoi« aus reiner Schikane (wie mir vorkommt) als nicht deutschamerikanisch ablehnte, einen Arbeitszuschuß. Nun, den krieg ich ja doch nie!

[. . .] Man versteht mich deswegen hier oft nicht, weil man nicht begreift, daß ich unbedingt in die sehr zahlreichen Deutschamerikaner (und wer sie nicht kennt, wird immer nur, wie etwa Seger in die Arbeiterkreise, die meist viel später ins Land kamen, hineinkommen!) endlich eindringen [will], wenn ich sagen darf, ich will versuchen, dort das Verständnis für die wirklich freie deutsche Literatur und Kultur zu erschließen, und ich will endlich, daß man dieses Deutschamerikanertum für die Ideen einer Demokratie gewinnt, die unser aller Ziel ist. Meine Erfahrungen auf diesem Gebiet sind immerhin nicht gering, denn ich betrachte ja diesen Menschen, der da aus Deutschland in dieses Land kam zunächst überhaupt nicht »rein politisch«, ich will sozusagen in ihn hineinkriechen, ihn psychologisch erst genau kennenlernen, um dann langsam sein Vertrauen zu gewinnen und ihn auf seine Aufgaben hinzulenken. Diesen Leuten kann man nicht mit »Politik« kommen, sie verstehen die europäischen und ganz besonders die deutschen Probleme überhaupt nicht mehr, sie verstehen aber auch die amerikanischen nicht, sie werden – da sie rein erinnerungsmäßig und sentimental am »Deutschen« kleben bleiben – zuguterletzt wahrhaft heimatlos, oder, wie ich es nennen möchte, zwischenheimatlich. Geht man nun so wie die meisten politisch interessierten Emigranten hier an sie heran oder kommen die viel geschickteren Nazis, die nie von »Politik« reden, an sie heran, dann passiert stets ein Unglück. Entweder werden diese Deutschamerikaner sozialistisch beeinflußte Menschen nach europäischem Muster (und das ist nun hier einfach nicht möglich!) oder sie werden tiefinnerlich amerikafeindlich und bleiben es! Und man unterschätze diese dauernde Feindschaft, dieses einfach nicht Mitgehen nicht!
Siehst Du, deswegen liegt mir so daran, meine Unabhängigkeit zu behalten, denn hier ist in Wahrheit mein Feld, das ich neben meiner schriftstellerischen Arbeit beackern will. Ich habe immerhin das Vertrauen sowohl der rechten wie der linken, zunächst noch durchaus europäisch gerichteten politischen Arbeiter in den Städten hier als auch jenes der alten (seit ca. 30 und 50 Jahren eingewanderten) Deutschamerikaner, die ich so nach und nach durch meine Reden und Vorlesungen kennen gelernt habe. Erst wenn ich noch viel

weiter vorgedrungen bin, kann ich in dem Sinne wirken, den ich hier angedeutet habe. Und ich halte diese Arbeit für *sehr, sehr* notwendig!

AN KURT KERSTEN 24. II. 1943

Graf läuft viel herum und sucht Subskribenten für die englische Ausgabe von *Wir sind Gefangene*. Er fordert Kersten auf, ein »erzählerisch spannendes Buch« über seine Gefangenschaft auf Martinique zu schreiben. Er wäre beinah in Princeton Deutschlehrer geworden, das klappte aber nicht, weil »ahnungslose Eiferer« ihn als »ganz wilden ›Kommunisten‹ « hinstellten. Neuigkeiten über Bucherfolge anderer Kollegen. Vorbereitungen für einen Gemeinschaftsverlag emigrierter deutscher Autoren [später »Aurora«]. Thomas Mann wirkt, schreibt Graf, jetzt »klarer und aktiver« als Heinrich. In einem deutschen Nationalkomitee in USA, ähnlich denen in Moskau und London, sieht Graf wenig Sinn, nur »Wichtigtuerei und Illusion« einer »traurig zerklüfteten« Emigration.

[. . .] Mich selber interessieren nur noch die wirklichen Deutschamerikaner, die ich im Land treffe, ich meine dabei keinesfalls die gewerkschaftlich schon in Deutschland gewesenen, hier eingewanderten Arbeiter in den großen Boomstädten. Sie sind alle zirka um 1923 bis 28 gekommen und sind heute noch durchaus Deutsche mit etwas schlechten amerikanischen Tugenden. Ich meine die Leute, die mindestens 30 Jahre hier im Land sind, die Ohio- und Wisconsinfarmer und Geschäftsleute oder Arbeiter. Hier ist etwas, das meiner Ansicht nach *nicht politisch* erfaßt werden kann, man muß es gleichsam durch Besuch erzählerisch gewinnen, um sie langsam für die Ideen der Demokratie, überhaupt für das Weltgeschehen empfänglich zu machen. Aber dies tut keiner. Gerhart Seger zum Beispiel, der immerhin durch Fleiß und ein gewisses Maß von Verständnis für die hiesige Lage beständig im Land herumreist und politische Vorträge hält, kann an diese Deutschamerikaner gar nicht herankommen. Er will es auch offenbar gar nicht, er will wohl denselben Weg wie etwa Carl Schurz gehen, und ich glaube, er schafft das, denn er ist von allen Leuten hier der beste Redner, der fleißigste Sozialdemokrat und spricht englisch so gut wie deutsch. Er hat sich – wohlgemerkt, ich bin sein persönlicher Feind! – die beste und brauchbarste politische Position geschaffen. Die anderen sind alle europäisch geblieben, sind zum größten Teil auch völlig illusionär.

Manche dieser guten Leute überlegen schon allen Ernstes, wanns Zeit zum Kofferpacken sein wird und wo sie »drüben« anfangen wollen! Ich muß sagen: Lieber etliche frische Gläser Bier! [. . .]

AN FERDINAND BRUCKNER   10. 12. 1943

Graf ist als sein eigener Versandbuchhändler so beschäftigt, daß er zu keiner Besprechung kommen und den »Tribünen-Abend« nicht besuchen kann. Da seine Austrittserklärung nicht zur Kenntnis genommen wurde, betont er nochmals, daß er der »Tribüne« nicht mehr angehören will.

[. . .] Zur Gründung eines Schutzverbandes möchte ich sagen, daß ich wohl als Mitglied beitreten werde. Es [Ich] kann aber unmöglich wieder bei irgendwelchen maßgebenden Vorbesprechungen oder bei einer Gründungssitzung mitmachen, nachdem man mir seinerzeit bei der Auflösung der GAWA auf eine Weise in den Rücken gefallen ist, die jede ernsthafte Mitarbeit für mich ausschließen muß. Diese Absage hat nichts mit Beleidigtsein oder eventueller Eitelkeit zu tun – ich möchte nur nie wieder in die Lage kommen, mich für meine ganzen Kollegen schämen zu müssen.

AN GUSTAV UND ELSE FISCHER   4. 4. 1944

Das Leben meiner Mutter betrachtet Graf als sein »zweites Hauptwerk« nach *Wir sind Gefangene*. In der englischen Übersetzung ist freilich vieles unausgeglichen, damit gibt es Grund zu Einwänden, wie G. Fischer sie geäußert hat. Ansonsten: Vortragsreisen, abgebrochen wegen Erkrankung und Atemnot [Beginn seines Asthmas]. »Die physische Widerstandskraft von uns allen« hat »ziemlich abgenommen«. Von jungen Leuten sind Graf die Unsicheren, Stillen lieber als die, die so forsch daherreden. Die »Riesenstadt« New York hat ein Gutes: »Man kann sich mehr abschließen, als irgendwo.«

[. . .] Daß Du, lieber Gustav, aus dem Buch den Sinn herausgelesen hast, die mütterliche Arbeit sei eigentlich das Wesentlichste auf der Welt, das hat mir – aufrichtig gestanden – sehr wohl getan. Ich wollte ja versuchen, die Arbeit an sich von allem Klassenkämpferischen loszulösen, ich wollte auch ein bißl zeigen, daß »Volk« (wenn man schon den abgebrauchten Ausdruck, den heute so viele im Munde führen, ohne das Geringste davon zu wissen und ohne damit was zu tun zu haben, hierhersetzen will) – ich wollte zeigen, daß Arbeit und Volk etwas durchaus Mütterliches, Bauendes,

Schöpferisches ist, während das ewige Planen, dasjenige, was die Ideologien in die Menschen bringt, keineswegs so wichtig ist, wie man allgemein annimmt. Im Tiefsten scheiden sich ja hier meine Ansichten immer von den sogenannten Politikern, die eben das »Väterliche« als das Ausschlaggebende betrachten und das »Mütterliche« ganz und gar übersehen, aber – ich glaub Plato sagt das! – erst wenn die beiden wirklich zusammenkommen, wird Leben draus, im Großen und im Kleinen.

Das klingt schon wieder ein bißl spekulativ und moralisierend. Ja, man müsse reden drüber.

[. . .] Es haben mir kurz nach dem Erscheinen merkwürdigerweise eine Menge Frauen geschrieben, die alle meinten, jaja ihre Mütter hätten alle so gelebt. Darunter waren Französinnen, Spanierinnen, viele Irinnen und auch einige Polinnen und Russinnen. Das war mir lieber als die schönsten Kritiken in den Zeitungen.

[. . .] Ja, die militärischen Erfolge, insbesondere der Russen, sind erhebend, aber ich glaube nicht an einen raschen Frieden. Es ist ohne Frage, daß die Nazis ungefähr in einem oder 1 1/2 Jahren strategisch erledigt sind – ihr Geist geht leider noch durch weite Länder und findet zu viele Empfängliche. Sicher wird nach diesem Krieg – wie ich es in einem Roman, an dem ich schrecklich hart arbeite, darstellen will – eine andere, eine viel doktrinlosere Zukunft, aber Du hast schon recht, lieber Gustav, *uns* wird wohl nicht mehr viel anderes bleiben als der Traum und eine kurze Spanne Zeit, in der wir nachdenken, wie alles war und wie wirs gerne gewollt hätten.

AN KURT KERSTEN   10. 6. 1944

Die Vorträge von der [abgebrochenen] Tour durch den Osten und Mittelwesten hat Graf aufgrund der Diskussionseinwände zu einem langen Aufsatz (fast 100 Seiten) ausgearbeitet: *Das deutsche Volk und Hitlers Krieg* [unveröffentlicht]. Dabei »mußte« er Thomas Mann »auf Grund seines glänzenden Buches ›Betrachtungen eines Unpolitischen‹ sehr angreifen«. Wenn es überhaupt eine Idee gibt, für die es wert ist zu kämpfen, »dann muß dieser Krieg das Ende des Begriffs ›Nation‹ bringen«. Graf hat den ganzen Hauff zum erstenmal und C. F. Meyer wieder ganz gelesen, beide mit großem Genuß. Neben »Jürg Jenatsch« kann »viel« Thomas und Heinrich Mann »an Sprachgewalt und Sprachreinheit einpacken«.

[. . .] Noch ein paar Neuigkeiten: Wieland doktert schon seit langer Zeit an einer neuen Verlagsgründung herum, wobei die Sache genossenschaftlich sein soll. Wir haben uns angeschlossen – aber alles ist natürlich mehr Luft, denn es ist kein Geld da. Wieland, der doch sonst so ein fähiger Geschäftsmann ist, erstaunt mich hier als optimistischer Illusionär. Bloch schreibt an einem großen Buch »Die Träume vom Glück der Menschen« oder so. Weiskopf ist erfolgreich, hat bei Knopf einen Roman und – ich glaub – auch bei Vicking verkauft, kommen aber erst raus. Die Mexikaner haben Anna Seghers' »Siebtes Kreuz« – das ist vielleicht der einzige große Roman, den die Emigration hervorgebracht hat – dann Heinrich Manns »Lidice« (ganz schlecht, undiskutabel!), Uhses »Leutnant Bertram«, den ich noch nicht kenne, und Katz' unterhaltlichen »Totenjäger« rausgebracht. Bruno Frank schrieb auch seinen Roman »Die Tochter«, der dort deutsch und bei Vicking englisch rauskam. Ich finde ihn schauderhaft kitschig, schade. Frank ist doch immerhin ein guter Schriftsteller. Wenn das so weitergeht, daß jeder zum Teil nach Verfilmungs- oder zum Teil auf Übersetzungsmöglichkeiten schielt, dann versaut unsere ganze Literatur.

AN KARL OTTO PAETEL   o. D. [Sommer 1944?]

Graf ist sehr angetan von Paetels Aufsatz über ihn.

[. . .] Schade ist, daß Du – da Du doch den *Abgrund* so ablehnst – nicht *Einer gegen Alle* herangezogen hast. Darin, glaub ich, ist mir besser gelungen, eine politische Situation zu umreißen.
Aber das sind bloß so meine Ansichten, mach Dir um Gottteswillen keine Mühen mehr, ich kenne die Qual des »Einflickens« und bitte Dich, laß alles so, es ist sehr schön und wirklich zutreffend gesagt. Schönsten Dank und laß uns doch endlich einmal beisammen sein und streiten.

AN KURT KERSTEN   14. 9. 1944

Graf stimmt Kersten zu, was die »verlorene Schlacht der deutschen Emigration« betrifft. Sie sei in der Vorstellungswelt vor 1933 verhaftet geblieben. Der Nationalismus vernebelt noch einmal »die Hirne unserer ausgehenden Generation«. Die Parteigruppierungen und Komitees ›beziehen‹ jeden Tag eine andere Stellung und verlieren den Sinn für das Ziel. Als ein Symbol der Emigration las Graf mindestens zehnmal den Anfang von Tolstois unvollendetem Roman »Die Dekabristen«, in dem ein jahrelang Verbannter zurückkommt »und geradezu gespenstisch sein Leben da weiterführen will, wo es gewaltsam abgebrochen worden ist«. Er charakterisiert für den abgeschnittenen Kersten die wichtigsten Zeitungen und Zeitschriften der Emigranten. Eine zentrale ernstzunehmende Zeitung und ein Zentralverlag fehlen.

[. . .] Hoffen wir, lieber alter Kurt, daß wir uns irgendwann in etlichen Monaten – es scheint mir nämlich in bezug auf Europa berechtigt, von Monaten zu sprechen – sehen. Freilich wird man uns weder wünschen, noch nach uns fragen, aber wenns schon so ist, daß wir wenigstens wieder einmal zuschauen dürfen, ists schon viel! Ich mache mir wahrhaftig wenig Hoffnungen, daß wir noch irgendwie etwas Konkretes zu tun bekommen werden. Oft habe ich so einen merkwürdigen Traumzustand, daß einer in fünfzig oder mehr Jahren auf unsere vollgeschriebenen Manuskriptblätter stößt – und eventuell eine Abhandlung in einer Zeitschrift macht oder eine Doktordissertation über einen »literarisch entlegenen Gegenstand«.
[. . .] Ich habe mir überhaupt seit meinem 2. Jahr in Amerika abgewöhnt, etwas mit dem Vorgedanken an eine eventuelle Veröffentlichung zu schreiben. Da unterliegt man unwillkürlich Einflüssen, die geradezu (wenigstens meiner Meinung nach!) schädlich für das Künstlerische sind. Man gibt fast unbewußt seine innere Unabhängigkeit auf, das habe ich nie gekonnt und werde es wohl auch nicht mehr lernen. Insofern, glaube ich, ist Deine Einsamkeit zuträglich, sie zwingt einem Distanz auf. Sie macht einen wieder zum Dilettanten, und meiner Meinung nach müßte einer, der fest überzeugt ist, daß was in ihm steckt, nur aus jener gelassenen Lust heraus schreiben, die der Dilettant besitzt. Er freut sich nämlich noch an der Überraschung des Aufgefundenen, er schielt nie nach irgendwelchen Erfolgen.
[. . .] Noch ein paar flüchtige Neuigkeiten: Wieland hat – nachdem er lang eine Briefmarkenhandlung hatte – eine Buchhandlung hier in der 23. Straße aufgemacht, Weiskopf hat mit seinen Romanen Erfolg, erschien kürzlich bei Knopf. Ludwig Marcuse hat dorthin auch ein Buch verkauft, ich glaub über Cicero. Ernst Bloch sitzt irgendwo in Massachusetts, geht ihm schlecht, schreibt fort und fort an einem Buch

über »Die Träume der Menschen vom besseren Leben« (so nennt er sein Buch), Brecht mit seinem Schatten Berthold Viertel sind in New York und sicher werden sie in der »Tribüne« (eine deutsche Literaturvereinigung) wieder allerhand machen im Winter. Stefan Heym ist als Soldat in England oder Frankreich, Kantor hat hier beim Columbiabroadcasting eine Stellung, Max Schröder ist Redakteur des »German American« hier, Gumbel ist Professor an einer franz. University und Paul Hagen, der ein Buch über »Germany after Hitler« rausbrachte, wirkt in alter Weise mit Tillich und Schreiner etc. in dem »Council for [a] Democratic Germany«. Ich selber sehe niemand, bin meist daheim und hab wieder mal einen Roman angefangen.

AN KURT KERSTEN   14. I. 1945

Aus »Arbeitsbesessenheit« kam Graf kaum mehr zum Briefschreiben. Er arbeitet an einem neuen Roman, der ihn nach drei seiner Meinung nach nicht gelungenen wieder einmal befriedigt [*Unruhe*]. / Ob Fortschritt überhaupt für die Menschheit von Nutzen ist? / Gorki gefällt ihm: das Größte und Beunruhigendste sei immer noch der Mensch.

[. . .] *Nicht* mit Dir stimme ich überein, wenn du behauptest, oder vielmehr, wenn Du sagst, Du glaubst nicht daran, daß jemals Barbaren außer den Nazis in der Geschichte so vermessen waren, ihre Verbrechen als Großtaten hinzustellen. Lieber Kurt, Du kennst die Geschichte weit besser als ich, aber ich meine immer von Alexander bis Napoleon und unserem sogenannten »großen« Friedrich (sieh Dir die schrecklichen Spanier und Portugiesen an, als sie in Südamerika und Mexiko »kultivierten«, sieh Dir eine so verrückte Gestalt wie Karl XII. an und auch Deinen Peter den Großen!) – alles war aufgebaut auf Verbrechen und viehischniedriger Völkerausrotterei oder Unterjochung – kein Volk wollte das, aber jedes ließ sich dazu benutzen, und unsere schöne Geschichtsschreibung geht nun schon so lange her und stellt die Lumpereien dieser wissentlich-gemeinen Mörder als »Großtaten« hin. Wie recht hat Tolstoi in seiner Charakteristik des »Großen« – in diesem Fall Napoleons – in seinem Nach- oder Vorwort zu Krieg und Frieden. Übrigens will ich mich nicht rühmen, ich war immer ein sehr schlechter, ziemlich willkürlicher Prophet, aber als dieser

182

Krieg begann, war ich der Ansicht, daß er mindestens 15 Jahre dauern würde, und da meine ich nur den formalen, wo noch sogenannte Nationen und regierte Heere gegeneinander kämpfen, der Banden-, Haufen- und Bürgerkrieg, der folgt, kann noch viel länger dauern. Mich hat's also nicht überrascht wie Dich, daß der Krieg sich so in die Länge zieht. Es geht, trotz aller Gegenwehr der unkontrollierbaren finanziellen Mächte, eben doch darum: Daß etwas, in das wir hineingeboren worden sind und wovon wir unsere Vorstellungen haben, aufhört, daß etwas Neues mit der ganzen Schrecklichkeit, die eben jetzt tobt, hereinbricht. Uns bleibt nur die Trauer, die Resignation und die furchtbare Erkenntnis, daß die Welt eben sich für Nietzsche und nicht für Tolstoi entschieden hat. Das ist vielleicht ein bißchen simplifiziert, ein bißchen arg vereinfacht, aber es ist für mich der Urgrund. Die Nazi-Epidemie, die Dich schon 1933 so erschreckt hat (und deren Anwachsen Dich in kurzen Jahren vorher genau so erschreckte) – wie *konnte* sie denn überhaupt in der einfachen Menschenvernunft Fuß fassen? Weil die ganze europäische Intelligenz den so dithyrambisch wohlklingenden Gewaltmythos des Herrn Nietzsche angenommen hat. Wir, wir sind schuld – wir schämten uns ja stets, einfach zu schreiben, einfach zu denken, um nur um Gotteswillen ja nicht von den Geistigen als halbwertig angesehen zu werden, *wir* verrieten das Gute und die Vernunft tausendmal, und darum konnte ein Hitler das Volk so leicht in die Hand bekommen.

Denk nur [an] die Haltung eines Thomas Mann. Heute gehen sie alle her und verteidigen dessen »Wandlungen«, aber, mein Gott, er hat sich doch gar nicht gewandelt, er hat den besten Willen dazu, er kann aber gar nicht. Das ist doch das Problem rein geistig genommen. Und ich bin verrückt genug dem [den?] Geistigen die schrecklichsten tätlichen Auswirkungen in den Völkern zuzuschreiben.

Lieber Kurt, ich glaube, nicht Du brauchst anzunehmen, der Ruhm hätte Dich zum Schwätzer gemacht, ich glaube, wir sind es alle geworden, wir reden, weil wir unsere Schuld in uns herumtragen und sie nicht anders abtragen können als mit dem Reden, dem »Schwätzen«.

[. . .] Du schreibst von Becher, daß der schöne echte Gedichte schrieb. Ja, es ist schon wahr, aber ich glaube, daß

Herrmann-Neisse und daß besonders (wenn man schon ins Politische greift) Fritz Brügel besser sind. Mit Brecht, den sie alle so verehren, kann ich komischerweise gar nichts anfangen. Ich bin ja ein alter, sehr altmodischer, aber leidenschaftlicher Lyrikleser, und wenn ich besoffen bin, fallen mir alle möglichen Verse ein, die ich dann mit dem gehörigen Schmelz zitiere.

[. . .] Ich glaub – obgleich Du weißt, wie skeptisch ich bin, daß die Deutschen, »die Kellermenschen«, wie Du sie nennst, wohl noch lesen werden, was viele von uns vor und nach 33 geschrieben haben. Stell Dir vor, da hat ein amerikanischer Soldat, der mich auf einem Naturfreunde-Camp kennenlernte, in der Nähe von Aachen in einem deutschen Schützengraben mein – fall nicht um – *Bayrisches Dekameron* ganz zerlesen und zusammengeknittert gefunden!! Ich hab das sonderbare Exemplar geschickt bekommen, zwei Tage drauf ist der arme amerikanische Freund gefallen! Es ist nicht so, als würden die Deutschen auf einmal nicht mehr fähig sein, gute Literatur zu lesen, ich habe viele Beweise dafür, daß die Abwegigen sich heimlich und offen wieder ganz besonders der guten Lyrik zuwenden, und grad die vor 33er Literatur wahrhaft gierig suchen. [. . .]

Graf freut sich, daß Wolfenstein gerettet ist. / Das Fressen und die Lautheit der Deutschen würde ihn nicht so aufregen, nur die Traditionen des Unteroffiziers und eine »philosophische Religion, mit der man Freibeuterei betreiben kann« (Luther und Nietzsche). Die Süddeutschen mit ihrer »katholischen Heiterkeit« sind ihm lieber, auch die süddeutschen Schriftsteller. Von den nördlichen eher der »liebe alte Raabe« als Fontane. Gewinnen kann man die Deutschen schließlich nur, insofern man sie liebt »trotzalledem«.

AN THOMAS MANN   zum 6. 6. 45

Sehr verehrter Herr Thomas Mann!

In all den Jahren meines Irrens und Trachtens habe ich Ihr Werk verfolgt. Es hat so ziemlich jede Empfindung in mir ausgelöst: Einmal wilde Ablehnung, dann wieder glückliche Begeisterung. Immer hat es mich beschäftigt und beunruhigt. In diesen Jahren, da das Grauen und jede Schrecklichkeit schon fast zum Alltäglichen geworden ist, steht es einem Mitleidenden nicht gut zu Gesicht, Ihnen zu Ihrem siebzigsten Geburtstag eine unwahre Freundlichkeit, ein leeres Kompliment zu sagen. Was hätten Sie auch davon?

Sie wissen, daß ich zu keiner Zeit ein deutscher Patriot war, und ein Nationalist schon gleich gar nicht. »Vaterland« war für mich seit jeher ein Lesebuch-Schlagwort ohne greifbaren Inhalt, und der Begriff »Nation« blieb mir immer etwas Abstraktes. Der Begründer des Zionismus, Theodor Herzl, schreibt einmal: »Nation ist eine Gruppe von Menschen, zusammengehalten durch einen gemeinsamen Feind.« Wenn dem so ist, wenn Nation den Feind geradezu zur Voraussetzung hat, dann konnten nur rivalisierende und konkurrierende Besitzer-Schichten, die einander etwas abjagen wollten, ein Interesse daran haben, »Nationen« zu organisieren. Die Völker waren einander nicht feind. Erst als man sie soweit gebracht hatte, daß sie »nationalbewußt« und »nationalistisch« wurden, konnte man ihnen auch die gegenseitige Feindschaft einreden.

Darum habe ich mich stets mit einer so fast einfältigen Hartnäckigkeit zum Volk bekannt, zum Volk schlechthin, wenn ich auch im Deutschen am meisten beheimatet bin.

»Mein Gott, das Volk!«, schreiben Sie einmal und fahren fort: »Hat es denn Ehre, Stolz – von Verstand nicht zu reden? Das Volk ist es, das auf den Plätzen singt und schreit, wenn es Krieg gibt, aber zu murren, zu greinen beginnt und den Krieg für Schwindel erklärt, wenn er lange dauert und Entbehrungen auferlegt. Womöglich macht es dann Revolutionen; aber nicht aus sich, denn zu Revolutionen gehört Geist, und das Volk ist absolut geistlos. Es hat nichts als die Gewalt, verbunden mit Unwissenheit, Dummheit und Unrechtlichkeit . . .«

Ich nehme nicht an, sehr verehrter Herr Thomas Mann, daß Sie irgendein Buch, das Sie je geschrieben haben, nicht ernst nehmen, daß Sie es am liebsten ungeschrieben wüßten. Jedes ist – wie sollte es auch anders sein können! – der Ausdruck Ihrer komplexen Persönlichkeit, Ihres ureigenen Geistes. Ich aber gehöre zu jener Masse »Volk«, der Sie Unrechtlichkeit vorwerfen. Ich möchte mich nicht einer solchen »Unrechtlichkeit« schuldig machen, indem ich Ihnen an Ihrem Jubeltag eine Unwahrheit sage.

Sie und der überwiegende Teil jener geistigen europäischen Generation, der Sie angehören, hat dieses Volk nie gekannt und es im tiefsten stets abgelehnt. Diese Generation entschied sich für Nietzsche – aber nicht für Tolstoi. Das könnte

man beinahe als »Schicksal« bezeichnen, um das Folgen-
schwere daran etwas abzumildern. Diese Entscheidung hat
aber das Geschick der europäischen Völker bestimmt.

Ich bin kein irrationaler Schwärmer und kein verlogener
Frömmler, der die Volksmasse etwa als ein Ideal ansieht, das
nur so von Edelmut trieft. Eine hundertmal gemachte Erfahrung hat mich gelehrt, daß das Teuflische an einzelnen und
bei den Massen schneller und leichter entfacht und zur un-
seligen Wirkung gebracht werden kann als dasjenige, was
wir gemeinhin als das »Gute« bezeichnen. Zu oft habe ich
auch die Relativität dieses »Guten« in meinem eigenen
Leben und in den Massen kennengelernt, und bei ge-
nauerem Hinsehen stellte sich dann nicht selten heraus, daß
das »Gute« meist mit dem verwechselt wird, was einem
nützt. Mit einem Tiefsinn, der alle gültige Philosophie verblassen läßt, stellt Wilhelm Busch fest:

> »Das Gute, dieser Satz steht fest,
> ist stets das Böse, das man läßt«.

Nur wer mit einer solch großartigen Unbefangenheit zu
denken vermag, dem wird klar, daß nichts auf der Welt von
ungefähr geschieht, daß alles seine verborgenen inneren Ursachen hat. Eine der schwerwiegendsten Ursachen für Europa war unbestreitbar die Nachfolgeschaft Nietzsches, die
in Ihnen, Thomas Mann, schließlich doch zu jener milderen
Grundtendenz geführt hat, Gutes und Böses schöpferisch
auszugleichen.

Nicht ohne Hemmung und in schweren, bedrückenden
Stunden schrieb ich das hin, denn es ist für mich besonders
bitter, Ihnen, Thomas Mann, das heute sagen zu müssen, da
ich Sie aufrichtig verehre und Ihnen vielen Dank schuldig
bin; ich achtete stets Ihre hochsinnige Menschlichkeit, und
ich habe immer bewundert, wie schwer Sie sich den Weg gemacht haben, den Sie gegangen sind. Ihr Werk hat trotz alledem die Welt tiefgreifender und schöner bezwungen, als
es je ein Staatsmann oder blindwütiger Eroberer vermocht
hätte. Es wird künstlerisch beispielhaft bleiben für viele Generationen. Wie sollte ich nicht stolz und glücklich sein, daß
es gerade ein Deutscher ist – und ein Deutscher *jetzt!!!* –,
dem man diesen dauerhaften Ruhm zugestehen muß!

Diese »Sympathiekundgebung« hatte Graf der »Tribüne« zum Vorlesen gegeben. Er schickt sie Thomas Mann nachträglich (am 29. 6.) und schreibt

dazu: »Die Kollegen von der ›Tribüne‹ taten sicher Recht daran, meine paar Zeilen nicht zu verlesen«. Thomas Mann antwortet am 19. 7. u. a.: »In Shakespeares ›Coriolan‹ stehen schlimmere Dinge über das Volk. Aber das ist keine Entschuldigung.« Jedenfalls bekannte er sich zu dem »Schmerzensbuch« [»Betrachtungen eines Unpolitischen«], weil er bei der Herstellung besonders gelitten und weil es in seiner Entwicklung eine besondere Rolle gespielt habe.

AN ALEXANDER GODE VON AESCH   19. 7. 1945

Graf dankt ihm für eine sehr einlässige Begutachtung (auf Englisch) seines Romanmanuskripts *Unruhe um einen Friedfertigen*. Er verweist auf andere »Unglaubhaftigkeiten«, »Breite«, »Tendenz«, die früher Tolstois »Krieg und Frieden« vorgeworfen wurden. Er will aber das Manuskript noch einmal auf etwaige zu deutliche Wiedergaben seiner politischen Ansichten durchgehen.

[. . .] Bei unserer Besprechung sagte ich Ihnen schon, daß Sie wahrscheinlich, wie einige meiner Zuhörer anläßlich der Vorlesung des Romans, die Figur des Schusters Kraus deshalb nicht glaubhaft finden können, weil Ihnen der Typ eines solchen Menschen noch nirgends in der Literatur und im Leben begegnet ist. Zudem beackere ich sozusagen literarisch ein kaum bekanntes Feld. Ich schildere keinen Juden unserer Großstädte, sondern einen im Dorfleben völlig aufgegangenen Juden, den man ja kaum kennt. (Wenigstens nicht in Mitteleuropa gekannt hat.) Auch bewegte mich die Idee, daß Umgebung, Landschaft und soziale Umstände einen Menschen formen, daß also der Rassismus etwas Abstraktes ist. Das lehrte mich schließlich mein ganzes Leben. Nur wenn man von dieser Voraussetzung ausgeht, wird man die Folgerichtigkeit der Handlungen meines »Helden« Kraus eben verstehen. Es ist doch so, daß – wenn ich zum Beispiel mich als Leser heranziehe – mir selbst die fremdartigste Figur in einer Erzählung oder in einem Roman etwa von Tolstoi, von Ljeskow, von Jack London oder Cervantes erst nach und nach vertraut wurde, weil ich mich zunächst nur dem Eindruck hingab und die konkreten Handlungen solcher Figuren auf mich wirken ließ. Erst später empfand ich das Echte, das Unvergeßliche solcher »Helden« auf Grund ihrer oft unverständlichen Handlungen. Jeder Autor, sofern er ernsthaft an sein Geschaffenes glaubt, hält ja – wenn wir es einmal aphoristisch sagen wollen – bei der Gestaltung einer tragenden Figur Gerichtstag über seine eigenen inneren Beweggründe ab und fragt sich jedesmal: »Ist das auch möglich, kann der Mensch so und nicht anders handeln?« Soviel ich also meinen armen, getretenen, eisig vereinsamten Kraus auch drehen und wenden mag, ich fände nichts, was unmöglich an seinen Handlungen wäre. [. . .]

Wiederanknüpfungsbrief mit vielen schrecklichen und einigen beruhigenden Nachrichten. Briefe von bayrischen Genossen, die im Untergrund gearbeitet haben, freuen Graf mehr als alle Bucherfolge. Seitdem aus dem Krieg ein »formloser Zustand des Aufeinanderlauerns der großen Mächte« geworden ist, dürfen alle, die Menschen bleiben wollen, »nie aufhören, die Menschen, die Völker und die treibenden Mächte auseinanderzuhalten – sonst sind wir verloren«.

[. . .] Vor allem – was Dich ja doch am meisten beschäftigen wird – in der Sache Tretjakow etwas Neues. Offenbar muß, meiner bescheidenen Ansicht nach, Serjoscha wieder ein bissl rehabilitiert sein, denn dieser Tage wurde uns von einem schweizerischen, neuen KP-Verlag ein Katalog geschickt, der ein Buch von Tretjakow ankündigt. Ich will zwar vorsichtig sein, deute es aber doch zugunsten Serjoschas. Sicher wird Dich, liebe Else, das noch mehr erleichtern. Daß Du Dir – wie Du schreibst – eine geradezu »tragische Schuld« an T.s. Untergang zuschreibst, bedrückte mich. Auch ich liebte ja Serjoscha sehr, wie Du weißt, und ich habe so oft an ihn denken müssen. Ob wir ihn jemals wiedersehen? Vielleicht aber ergibt sich doch noch einmal, daß wir ein Lebenszeichen von ihm persönlich bekommen. Das wäre schon viel, sehr viel!
Ach, und was Ihr über Brünn alles geschrieben habt! Ich und Mirjam (der ich wegen ihrer Schwester, die wahrscheinlich auch längst tot ist, möglichst wenig von all diesen rohen grauenhaften Dingen sage!) sind ganz zerschlagen, wenn wir uns vorstellen, daß man den Otto Haftel vergast hat. Und der gute Frischauer! Und die mutige Frau Haftel, die wir alle so wenig mochten! Wie beschämt wird man, wenn man all das erfährt! Und nichts, nichts hat man helfen können! Wieviel stärker ist da doch die einfache »Tatti«, von der Du schreibst, und an die ich mich noch so lebendig erinnern kann.
Und Dein Vater, liebe Else, der – wie Du schreibst – ein

Weiser geworden ist im Leid! Wenn man all das liest, das Schicksal von Gustavs Mutter, das Schicksal all der anderen in Eurer großen Familie, wenn man erfährt, wie mutig sich der Mann von der Liese Mahler, der Navy benommen hat, – Herrgott, warum kann man dieses Große, diese fast übermenschliche Standhaftigkeit all dieser Menschen nicht für ewige Zeiten gestalten. Ich bin so unglücklich darüber! So etwas, wie Du beschreibst, liebe Else, daß der Jörg auf einmal zu der Tatti stößt und alle Vergangenheit wiedererlebt, o Gott, wie groß, wie tiefmenschlich, wie ungeheuer ist das!! Warum bin ich nicht überall dabei! Du kannst Dir nicht vorstellen, wie mich all diese Dinge, die ich äußerlich nur so hinnehme, innerlich aufwühlen. Ich verlebendige sie mir noch viel krasser, viel überwirklicher.

Ich sammle alles das und hoffe – ach, welch eine schwache Hoffnung ist das schon! – es doch noch einmal für alle Welt aufschreiben zu können! Aber wie und wann und – ach, ich will lieber nicht da weiterfahren.

Von Brünn erhielt auch endlich Harry Ascher (Ihr erinnert Euch vielleicht an ihn), mit dem ich hier viel zusammen bin, viele Nachrichten unserer Freunde. Habt Ihr z. B. Gustl Jellinek gekannt? Er war 29 [?] und heiratete ein nettes Mädl von 22 Jahren kurz vor Hitlers Einmarsch. Er ging in Buchenwalde zugrunde, sie durchlebte alle KZs und ist jetzt in Prag. Dann erfuhren wir, daß in Brünn noch ein Eugen Haftel lebt, daß zwei von den Brüdern Eisler gottseidank gerettet sind, daß Kokos, den Ihr sicher nicht kennt, lebt. Er hat eben heute einen langen ausführlichen Brief über die Freunde, die Erlebnisse und die Deportierungen geschrieben, den Harry erst aus dem Čechischen übersetzen muß. Alle schreiben jetzt tschechisch. An Erdelyi, der ja in England ist und es bis zum Fliegeroffizier gebracht hat, werdet Ihr Euch sicher noch erinnern. Seine ganze Familie in der Slowakei wurde ausgerottet – und nun sitzen die Henker seiner Lieben wieder in den gleichen Ämtern wie unter den Nazis!!!

Ich weiß ja nun nicht, wie Ihr zur Tschechoslowakei steht. Ihr wißt, wie Mirjam und ich dieses Volk und Land liebten. Nach allem aber, was wir jetzt, trotzdem wir verstehen, daß dieses Volk unsagbar gelitten hat, – was wir jetzt von den Austreibungen der Deutschen dort erfahren, sind wir einfach entsetzt. Die Unterschiedslosigkeit, die man dort macht, ist einfach hitlerisch. Vielleicht begreift Ihr das nicht, aber wenn man liest und berichtet bekommt, was heute an Antisemitismus in der Slowakei unter dem neuen Regime geschieht, wenn man die verbürgten Nachrichten liest, wie deutsche Sozialdemokraten und KP-Leute, die jahrelang für die ČSR im Untergrundkampf ihr Letztes geopfert haben, jetzt verjagt, gebrandschatzt und totgeschlagen werden – dann erstarrt uns das Blut ebenso wie bei den Hitlergreuel-taten. Dabei halte ich es, wenn ich mich bemühe, sachlich zu bleiben, für gänzlich kopflos, solche Austreibungen und »Umpflanzungen« zu machen, halte es für wirtschaftlich unsagbar schädlich und nicht wieder gutmachbar.

[. . .] Harry und ich versuchen eben, ein paar Leute für eine kleine Pakethilfe zu organisieren, um den paar Brünner Freunden, die wir bis jetzt erreichen können, was zu schik-ken. Desgleichen arbeite ich an einer ähnlichen Pakethilfe für meine bayrischen Genossen. Das geht aber viel schwerer, weil man da noch nichts schicken darf und nur amerikanische Soldaten dafür hat, die leider auch nicht immer weitergeben können, weil die Post noch nicht einmal überall geht.

AN WILHELM HOEGNER   21. 10. 1945

Graf wendet sich an den »Lieben Genossen Hoegner«, der jetzt bayrischer Mi-nisterpräsident ist, mit dem einzigen Bestreben, Münchner und bayrischen Genossen »– ohne Parteiunterschied –« zu helfen. Er hat ein »kleines Gre-mium« für eine Pakethilfe gebildet.

[. . .] Ich habe nun nur eine einzige große Bitte, lieber Genosse Hoegner: Falls Sie erwirken könnten, daß wir schon vor der Zeit des Postfunktionierens Pakete senden können, so tun Sie es und geben mir umgehend Bescheid. Ich habe keine Ab-sicht, das irgendwie groß zu verkünden und will um Gottes-willen von niemandem Dank oder gar – irgendein Amt! Das Gremium besteht aus dem ehemaligen Münchner Rechtsanwalt Dr. Eugen Schmidt, aus dem Maler Josef Scharl, aus dem Maler Walter Marcuse und mir. Es ist also, wie Sie sehen, ein Freundeskreis ohne politische Ambi-tionen. Nun hoffe ich, auch einmal von Ihnen ein paar Zeilen zu bekommen. Viel würde mich natürlich interes-sieren, aber Sie werden keine Zeit haben, das alles zu schreiben. Grüßen Sie vor allem Carl Kroepelin und die jungen Genossen (wenigstens waren sie damals, bei meinem Weggang, jung!) aus dem Gewerkschaftshaus und den beiden Parteien. Hoffentlich hat die Katastrophe alle Gegensätze überbrückt und eine aktive, gesunde Einigkeit in der Arbeiterbewegung hergestellt.

OFFENER BRIEF AN MÜNCHNER FREUNDE   16. 11. 1945

Ein kurzer Gruß an meine Freunde!

Ich benütze die erste günstige Gelegenheit, um allen bayrischen und Münchner Freunden, die mit stiller Standhaftigkeit und beharrlichem Mut die ganzen furchtbaren Jahre hindurch Gegner des schauerlichen Hitlersystems geblieben sind, einen kurzen Gruß zu senden. Ich kann nur hoffen, daß dies nicht als ein schnellhingesagtes, ziemlich inhaltsloses Grüßen nach langer, gewöhnlicher Trennung verstanden wird, sondern als ein aufrichtiges Zeichen meiner nie gelockerten Verbundenheit mit Euch allen. Sicher ist, daß die Kämpfer in der Heimat und die Emigranten erst langsam wieder zu einem gegenseitigen Verstehen kommen werden. Für Euch daheim ist es schwer vorstellbar, wie wir in den düsteren Jahren unseres Exils jede Nachricht von daheim verschlungen haben, wie erleichtert und wie tief freudig wir nach dem endlichen Zusammenbruch der Hitlertyrannei solche Botschaften wie »Der lebt!« oder »Dem ist, Gott sie Dank, nicht viel geschehen« oder: »Der arbeitet heute in einem Amt« aufgenommen haben! Von da ab kam erst die Unruhe über uns alle. Wir hingen am Radio, wir verfolgten die Zeitungen, und wir merkten auf einmal, wie stark, wie fest wir alles, was »Heimat« heißt, in uns spürten. Was soll man viele und große Worte machen, liebe Freunde. In diesen schmerzlichen Tagen denke ich vor allem an jene, die für ihre Überzeugung ihr Leben geopfert haben und so das Anrecht erwarben, als unsere wahren, künftigen Helden zu gelten. Ich wünschte nur eines, all diese Opfer in meinen künftigen Büchern so lebendig machen zu können, daß keiner sie je wieder vergißt, daß noch Kind und Kindeskind davon erzählen. Nicht weniger eindringlich aber denke ich auch an alle, die wegen ihrer Gesinnung oder gar nur wegen ihrer sogenannten »Rasse« alle Torturen, jede Ge-

meinheit und Niedrigkeit der nazistischen Konzentrationslager überstanden haben.

Es steht mir ja als einem Menschen, der immerhin ins Ausland gehen konnte und dort in verhältnismäßiger Sicherheit
lebte, nicht zu, an Euch, liebe Freunde, irgendwelche Ratschläge zu richten. Ihr steht nun vor dem unbeschreiblichen
Trümmerhaufen des zerblasenen Nazi-Machttraumes. Täglich und stündlich zwingt Euch diese schreckliche Hinterlas-
senschaft, Aufgaben zu lösen, die kaum noch zu lösen sind.
Aber ich weiß, daß Ihr das Land und das Volk, aus dem wir
hervorgegangen sind, liebt wie etwas, das man weder innerlich noch äußerlich abstreifen kann. Man kennt es in allem:
In seinem Unklaren und Finsteren und genauso in seinem
Dulden und in seiner lebenskräftigen Helligkeit.

Man ist einfach ein Stück von ihm, und weil man es auf diese
Art eben liebt, darum wird man es gewinnen, denn nur was
man wahrhaft liebt, wird man gewinnen zum Besseren. Wie
sollte ich anders sein als Ihr, geliebte Freunde!

Veröffentlicht in: »Süddeutsche Zeitung«, Nr. 13, 16. 11. 1945

AN HUBERTUS FRIEDRICH PRINZ VON LOEWENSTEIN   9. 2. 1946

Sogar an den »Herzog von Tegernsee« im Staat New York hat sich Graf gewandt, um mehr Pakete schicken zu können. Er hat jetzt eine Liste von 30
Münchner KZ-Häftlingen und 18 Intellektuellen, »die sich sehr tapfer
hielten«.

[. . .] Denn was bleibt uns Emigranten zunächst, als denen,
die daheim aufrecht standen und litten, zu beweisen, daß
wir nicht hier sitzen und debattieren, sondern unter allen
Umständen unsere Solidarität real bekunden. Viele haben
mir vorgeworfen, ich mache da »bayrische Separatpolitik«
und dergleichen Unsinn mehr. Das schert mich wenig – ich
sage mir: Ich kenne diese Genossen genau und weiß, daß
kein Paket an einen Nazi kommt, und ich sage mir: Wenn
wir fertigbringen, daß z. B. 100 Pakete nach München
kommen, so verbreitet sich das dort wie ein Lauffeuer und
tut eine viel größere Wirkung als alle Zeitungsartikel,
Thomas-Mann-Briefe und sogenannten »Sympathiekund-
gebungen«. Es baut die Brücken, die zwischen Emigration
und Daheimgebliebenen unbedingt gebaut werden müssen,
schneller auf. Es setzt nämlich, wie das ja nicht anders zu erwarten war, bereits wieder jene Situation ein, daß man von

»einer unübersteigbaren Mauer« zwischen den Emigranten und den Daheimigen spricht. Diese Auffassung wird natürlich auch von den Nazis daheim ausgenützt und gefördert. Lieber Prinz, Sie werden das wohl alles selber wissen und durchdacht haben. Die logische Folge für mich ist, jeden Mithelfer und Gleichgesinnten für meinen bescheidenen Plan zu gewinnen.

Es ist doch augenblicklich so, daß wir nicht mit allzuviel »Politik« auftreten können, wenn das Volk, das schrecklich darniederliegt, hungert und friert. In solchen Situationen hört sich auch der Marx auf, und nebenbei besteht die Gefahr, daß, wenn diese Situation allzulange dauert, dieses Volk für *alles* gewonnen werden kann, wenn es nur nicht mehr zu hungern und zu frieren braucht. Wir müssen also schnell aus dem Zustand des Notwendigen in den Zustand der Erfassung der Freiheitlichen kommen, das, scheint mir, ist ein Feld, wo wir Emigranten praktisch mithelfen können.

Sie schreiben mit vielem Recht von den »Quislingen« aller Schattierungen und daß das ein Stück »ekle Zeitgeschichte« ist. Ich habe, solange es mir möglich war, hier vor den freiheitlichen Deutschamerikanern zu reden, dieselbe Art vertreten und ich wehrte mich stets, von irgendeiner Regierung als »demokratischer Helfer« benützt zu werden. Ich vertrat dabei stets den hier- und andernorts sicher nicht ungefährlichen Standpunkt, daß man vor das deutsche Volk nicht hintreten kann, wenn man sich nicht in allem eindeutig zu ihm und nur zu ihm bekennt.

Aber wie ist die Lage und wie wollen Sie jene, die nun notgedrungen »Quislinge« sein müssen, gerecht beurteilen – jetzt, da nun das Unglück da ist, daß es kein Deutschland mehr gibt? So wenig wie mein Freund Wilhelm Hoegner ein »Quisling« zu nennen ist, so wenig sind auch diejenigen, die gescheiterweise von den Russen mit nach Berlin genommen wurden, »Quislinge«, wenn sie erreichen, daß das Volk in Deutschland dadurch erst einmal zu essen bekommt. Ich las von der Arbeit des von russischer Seite bestellten »Umsiedlungskommissars« Schlaffer (ein alter Freund von mir aus guten Zeiten der Münchner KPD) und ich kann nicht umhin zu glauben, daß er's ehrlich meint und daß er das Beste versucht, was in solcher Lage eben zu tun ist. Ich rede nicht von so unverantwortlich bestellten Leuten wie die deutschen In-

tellektuellen, die jetzt Gerhart Hauptmann aus der Motten-
kiste rausholen, um das »Kulturleben« daheim in Schwung
zu bringen. Aber, was ist denn Politik? Doch nur das Mittel,
die widersprechendsten Massenelemente in eine Ordnung
zu bringen, in welcher eine verhältnismäßige Freiheit des
einzelnen gesichert wird? Es kommt also darauf an, daß derjenige, der sich mit ihr ernsthaft befaßt, das Ziel nie aus den
Augen verliert. Die Umwege, die er machen muß, sind nach
außen hin oft recht krumm, recht undurchsichtig. Sie
kennen gewiß die beste politische Novelle der deutschen
Sprache, den »Jürg Jenatsch« von meinem geliebten C. F.
Meyer. Jenatsch geht gewiß krumme Wege, er büßt das
sogar mit dem Ermordetwerden, aber man kann nicht be-
zweifeln, daß er doch für die Freiheit starb.
Was hilft es uns, wenn wir heute gegen die amerikanische
Handhabung der Besetzung oder die russische protestieren?
Wir begeben uns auf eine Ebene, die die furchtbarste Gefahr
in sich birgt, wir verschärfen die Gegensätze derart, daß
plötzlich diejenigen, die dauernd den Revolver in der Hand
haben, plötzlich schießen. Ich nehme an, Sie verstehen, was
ich meine. Es erscheint mir wichtig, daß wir – und gerade
wir in der Emigration – auf eine völlig anationalistische
Weise die Gegensätze zwischen Ost und West ausgleichen,
aber keinesfalls mit jenem schrecklich zwiespältigen Mittel
des Gegeneinanderausspielens. Wir müssen einfach beim
Volk, das da auf dem Flecken der ehemaligen Landkarte
»Deutschland« hieß, bleiben. Das Volk muß wieder den
Glauben an uns gewinnen. Es ist freilich einfach zu sagen,
aber umso schwerer durchzuführen, aber so wie es seit
langem in der Emigration gemacht wird, nämlich daß sich
die seit 1933 um keinen Schritt weitergekommenen Funktio-
närsgehirne der SPD und KPD bekämpfen, als habe es nie
einen Hitler gegeben und als sei Weimar das Endgültige gewesen, – so geht es bestimmt nicht mehr. Hier und nur hier
ist, meiner ganz unzulänglichen Meinung nach, die Aufgabe für uns Intellektuelle. Sie lasen gewiß Wiecherts Rede
an die deutsche Jugend, es ist viel darin viel zu pathetisch,
aber er muß zugestehen, daß nur der deutsche Arbeiter gra-
degestanden ist, und das sollte für uns schon *ein* Wink, *eine*
Erkenntnis sein.
Thomas Mann hat gewiß in einigem recht, was er in seiner

Ablehnung an Molo sagte, aber er hat nicht recht, wenn er meint, daß seit 1933 keine wesentlichen deutschen Kulturträger mehr in der Heimat arbeiteten, und *er* hätte unbedingt sagen müssen: Ja, ich stehe bei Euch, Ihr Deutschen, ich komme! Nur das Gewicht seines Namens hätte einiges vermeiden können – so hat man russischerseits Hauptmann geholt, den man nun als Schachfigur benützen kann, und es tritt sicher damit eine Gesinnungskorruption in der Heimat ein, die schauderhaft und unreparabel ist. Die Verantwortung ruht wirklich auf dem Intellektuellen und heute mehr denn je! Wenn man aber als Intellektueller nur an sein »Werk« (und in diesem Falle an seine Schriftstellerei) denkt, mein Gott, kann denn da der kleine Mensch in der deutschen Stadt, der Arbeiter, der Handwerker, der Geschäftsmann nicht auch sagen: Ja, wieso straft man denn mich, weil ich notgedrungen mit den Nazis mitgemacht habe, wenn den berühmten Herrn so schnell vergeben wird! Wo ist denn da Recht, Verständnis und Gerechtigkeit?

Ich bin ein zwar humorvoller und manchmal auch recht leichtfertig nachsichtiger Mensch, vielleicht kommt das aus meiner katholischen Grundveranlagung, aber hier, sehen Sie, hier kommt eben doch mein sozialistischer Werdegang dazu, der mich zwingt, gegen diese allzu unbereite Opferwilligkeit unserer Intellektuellen aufzustehen. Es nützt wenig, daß man »Offene Briefe« wechselt, die – meinetwegen – auf beiden Seiten einige Körnchen Wahrheit enthalten. »Wahrheit« – wie schön ist das und schrecklich zu denken, daß ihn ein zwar hochbegabter, aber ziemlich leicht benutzbarer russischer Schriftsteller gesagt hat, den Satz: »Wahrheit ist wie die Bläue des in Wirklichkeit farblosen Himmels. Wir müssen sie zu bestimmen versuchen.«

Es ist Graf ein Bedürfnis, das alles dem »lieben Prinzen« zu sagen, »selbst wenn wir geistig und politisch keinesfalls auf der gleichen ›Linie‹ stehen«. Sein Hilfsverein heißt jetzt »Kleine Bayernhilfe für antifaschistische Hitleropfer«, er wurde aber nicht als Verein eingetragen, also müssen sie sich weiter »notbehelfen.«

[. . .] Auch ich will natürlich, sobald es nur geht, heim. Ich glaube, Ihre Bemerkung, daß man dort den Eindruck gewinnen würde, man käme erst, wenn der Winter vorüber ist, ist mir ein bißchen zu märtyrerhaft. Schließlich ginge jetzt auch jedesmal ein weiterer Brotesser hinüber und – leider – kann man zunächst mehr tun, wenn man ideelle Brücken baut, indem man hier alles aufbietet, um Hilfen durchzusetzen.

AN MAX STEFL   10. 3. 1946

Das war eine schöne Freude, von Euch ein paar Zeilen zu bekommen. Wir wußten schon über Grete Vester, daß Ihrs mit Ach und Krach überstanden hattet. Ach, was wird die gute Magda alles ausgestanden haben, als die Gestapo plötzlich in Aibling auftauchte! Und was ist in den langen zwölf Jahren wohl alles geschehen und nicht geschehen? Ihr könnt Euch kaum vorstellen wie wir hier geradezu fiebern, Nachrichten und Briefe aus der Heimat zu bekommen. Es ist uns ja noch immer, als wärs erst gestern oder vor ein paar Wochen gewesen, daß wir weg sind! Alles ist uns noch ziemlich geläufig. Und es wird doch so grundanders sein, wenn wir einmal heimkommen!!
Schön ists, daß Sie, lieber Doktor, die Nazikloake aus dem Buchmarkt ausschöpfen. Harte Arbeit, aber nützliche und wichtige. Ich hörte von dem lieben Hans Ludwig Held, daß er so ein ähnliches Geschäft betreibt. Gottseidank sind also noch einige Menschen erhalten, die urteilen können und die versteckten Tarnungen dieser Herrschaften kennen. Daß die Herren Buchhändler – die für mich gleich nach den verknöcherten Beamten kamen – schwer beweglich und gerade nicht heftig nazifeindlich sind, stelle ich mir vor. Ich erinnere mich noch an einen Adligen, der Max Kellerers Hofbuchhandlung hatte, der lud uns ab und zu ein, in einem Kreis der Münchner Buchhändler aus neuen Werken zu lesen, dann wurde etwas – wie sie es nannten – »Fidelitas« gemacht. Ganz komisch, ganz verschissen alles, und auf jeder Miene dieser Herren stand schon fast sowas wie Ehrfurcht vor dem kommenden Mann! Ach, noch heute hab ich diese biederderben Gesichter vor mir, zum Kotzen!
Da wird es gut sein, möglichst viele gute, reichhaltige Volksbibliotheken auf den Dörfern zu machen, überhaupt sehr rege Landarbeit zu leisten, damit es nicht wieder kommt wie anno 19 bis – – wo das Land mißtrauisch gegen die Stadt stand und sich schließlich zu allem brauchen ließ. [. . .]

Er möchte Freunden wie der armen Grete Vester mehr beistehen. Am 1. 4. soll der Postverkehr mit Deutschland aufgenommen werden. Knapp über seine Exilstationen – Graf lebte überall »erträglich«, und »der Hitler hat es fertiggebracht, mich seßhaften Kerl weit in der Welt rumkommen zu lassen«.

Viele Briefe aus der Heimat, »die aufschlußreichsten, schönsten und klarsten« von seinem Bruder Maurus, »der die ganze Nazizeit mit List und Mut überstanden hat«. Im »Aufbau« erscheint der dramatisierte *Bolwieser*, »Die Kleinstadttragödie«, in München *Das Leben meiner Mutter*, im Aurora-Verlag *Unruhe*, in Argentinien wurden vier seiner Bücher für spanische Ausgaben gekauft. Die Zustände in der geliebten ČSR beunruhigen ihn. »Soll das nur ein letztes Aufflackern des sterbenden Nationalismus sein oder läuft es auf eine neuerliche Versteifung hinaus?«

[. . .] Daß ich »heimgehe«, ist sicher, nur gehe ich nicht ins Blaue hinein und nicht in ein Deutschland, das keins mehr ist. Ich bin wie auch Mirjam noch immer »staatenlos«, folglich kann von uns auch gar nichts entschieden werden. Und im übrigen sind die Verhältnisse in Bayern nach den letzten Zeitungsnachrichten höchst bedenklich, alles erinnert an die Fememordzeit 22 bis 25. Die Nazis sollen besonders auf den Dörfern noch immer eine stark einschüchternde Wirkung haben, und da für die Antifaschisten kein Schutz da ist, – wie soll das zum Neuen führen? [. . .]

Ihr Brief kam vor einigen Wochen schon an und hat mich sehr gefreut wie alle Botschaften, die aus der Heimat kommen. Nur ganz nebelhaft kann ich mich noch an Sie erinnern, bzw. an den »jungen Studenten und nachmaligen Simpl-Autor N. Dymion«.

Im Vergleich zu allem, was Ihr in der Hitlerhölle mitgemacht habt, war unser Exil natürlich fast etwas Gemütliches. Die verschiedenen unerwünschten Veränderungen, die es mit sich gebracht hat, zerrten freilich an den Nerven, und Not war auch öfter da – aber, vielleicht ertrugen wir alles nur deswegen leichter, *wir* lebten ja eigentlich stets so kleinbürgerlich und bescheiden wie in München, vielleicht um ein paar Grade bescheidener. So konnte uns der Wirbel der Welt nicht gar arg viel an [haben].

Das war aber auch in anderer Hinsicht noch zuträglich: Man blieb sozusagen in seiner eigenen Welt, wirklich und wahrhaftig in Bayern und »daheim«, selbst wenn man in der Cechoslowakei, in Sowjetrußland oder in Amerika war. Und so ists immer noch. Darum habe ich auch während der ganzen

Emigration nie Heimweh gehabt, und ich wunderte mich stets über andere, die sich damit quälten. Ich glaub auch, daß ich mich, abgesehen vom Älterwerden, nicht sonderlich geändert habe. Das kann zum Teil an meinem Phlegma, zum Teil an der Unfähigkeit, anders zu werden, liegen. Verdienst ists gewiß nicht. Es ist halt Veranlagung.

[. . .] Wie es politisch derzeit in Bayern aussieht, wird Ihnen wohl auch bekannt sein. Trotz aller »Entnazifizierung« sind die Nazis dort sehr munter. Ich habe zunächst wenig Lust, heimzugehen. Ich begehre auch kein Amt von irgendwem und will bleiben, was ich immer war, ein unabhängiger Schriftsteller. Zuerst schrieben mir alle Freunde stürmisch, ich soll rasch heimkommen, sie waren sehr enttäuscht, als ich darauf kaum reagierte, und als ich begründete, warum dem so sei, verstanden sie's gar nicht. Jetzt aber schreiben sie alle, es sei besser, ich bliebe noch lange hier, da könnt ich mehr nützen als daheim. Das war auch meine Ansicht. [. . .]

Graf gibt weiter Bericht von seiner Emigration. »Alle« seine Freunde, Genossen und sogar sein Heimatdorf seien »antinazistisch geblieben«. Nachrichten über: Radler (»der Alte geblieben«), Rutra (österreichischer Monarchist, in Dachau umgebracht), Hans E. Hirsch und Schönberner (in USA), Horváth, Th. Th. Heine, Karl Arnold (in München), Scher (»ging wüst mit Hitler«), Gulbransson (am Tegernsee), »Schilling hat sich das Leben genommen«. »Roda-Roda ist vor einem Jahr hier in N. Y. gestorben. Schade! Hanns Johst soll, wie ich erfuhr, in meiner Heimat eingesperrt sein, Gottseidank!«

AN ELSE UND GUSTAV FISCHER   3. 9. 1946

Die von Else beschriebenen »Schicksale« (Graf mag das Wort nicht) faßt er sogleich als »Geschichten« auf, fühlt sich an Brentano erinnert. Er liebt die ČSR und mag Benesch, »aber der Nationalismus nach hitlerischem Muster – nein, das geht nicht«. Brügel soll tschechischer Ministerialrat sein, aber jetzt nach Berlin gegangen sein.

[. . .] Dann Deine glücklichen und klaren Zeilen über Jörg, den ich merkwürdigerweise oft und oft ins Hirn bekomme. Weiß Gott, eigentlich hatten wir doch so wenig zusammensein können, und doch war da etwas Unaussprechliches, das mich zu Jörg hinzog. Sei froh, liebe Else, daß Jörg kein so glatter Mensch ist, dem's leicht wird, »etwas zu werden«. Ich muß dabei immer an den kleinen Sohn vom Wieland Herzfelde denken, der jetzt auch schon ein ausgewachsener und sehr ruhiger Mensch geworden ist. Dem sagte ich in

Prag immer: »George, schaun wir bloß, daß wir niemals tüchtige Menschen werden, das Tüchtige ist grauenhaft!« Heut noch, wenn wir uns treffen, fällt uns das ein.

[. . .] Die Zeitungen mit all den Nachrichten, Titos Wirken, Indien und Palästina, die schauerliche »Friedenskonferenz« mitten in einem latenten Krieg, die Vorkommnisse bei der Griechenwahl und die Wahlen im sowjetrussischen Sektor Deutschlands, der sinnlose Protest der Amerikaner gegen das russisch-schwedische Handelsabkommen, China und die Zunahme der hiesigen Lynchungen, die dauernden Berichte über neue epochemachende Kriegswaffen – ach, man zittert sehr oft und man fragt sich immer wieder, ob denn die Völker tatsächlich alles erdulden? Ob denn nie das Erwachen kommt, daß wir *leben* wollen und keineswegs für irgendwelche »Ideen« sterben möchten! Da fällt mir immer dieser unvergleichliche Spruch Tolstois ein: »Wenn die Menschen es doch begreifen wollten, daß sie nicht die Kinder irgendwelcher Vaterländer, sondern Kinder Gottes sind . . . dann hätte keine Regierung und keine Idee mehr Macht über sie!« Wie lange sind ähnliche Gedanken schon gesprochen, geschrieben, überliefert worden! Soll man denn nie hoffen dürfen, daß die Menschen einmal nur mehr Menschen sein wollen?

AN HERMANN HESSE   31. 1. 1947

Lieber, verehrter Herr Hesse!

Nie hätt' ich geglaubt, daß ich für mein klein bißl Aufsatz im New Yorker »Aufbau« so schön belohnt werden würde. Da kommt ein lieber Brief von Ihnen, kommt ein schönes, mir zugeeignetes Gedicht und die »Späten Gedichte«, handsigniert! Das ist, finden Sie nicht, ein bißchen sehr viel. Herzlichen Dank!

Schon so lange bin ich um Ihre Gesundheit besorgt. Der unvergeßliche Max Herrmann-Neisse hat mir zuletzt aus London berichtet. Ich hab ihn so gern gehabt und einige seiner Verse weiß ich auswendig und sage sie öfter vor mich hin. Ihre Gedichte las ich als Bub – daheim, beim Brotaustragen – in den damaligen Heften des »Simplizissimus« immer. Später, als ich mit der ganzen frechen Überheblichkeit eines »Schwabingers« anfing, mir einzubilden, ich sei ein Dichter, las ich dann Ihren »Camenzind« – und lehnte ihn sehr ärgerlich ab. Er war mir – wenn ich das Wort als eine Sammelbezeichnung gebrauchen darf – zuviel Langewiesche! (Sie erinnern sich, es war so ein Verleger, ein recht tüchtiger, mir aber immer zu bieder, weiß der Teufel, vielleicht auch zu »deutsch« in einem für mich anrüchigen Sinn.) Und wie schön ist so eine unbedenkliche Jugend, wie komisch und rührend zugleich, wenn man heute drüber nachdenkt.

Ja, und dann las ich so lange nichts mehr von Ihnen, nur ab und zu in einer Zeitschrift was. Wieder ärgerte ich mich über Ihre damalige Schrift »Zarathustras Wiederkehr«, das war schon viel später. Aber – merkwürdig – ich hing an Ihnen wegen Ihrer Haltung, damals im Ersten Weltkrieg. Irgendwas wehte mich da immer an, das ich liebte und das zu mir gehörte. Erst in der Emigration fing ich an, während einer Krankheit, alle Ihre Bücher zu lesen, sonderbar zuerst den »Steppenwolf«, und seither ist mir auch der »Camenzind«, der soviel echte Jugend in sich hat, lieb geworden. Das letzte Buch waren Ihre »Betrachtungen« (ich bekam jetzt auch den jetzigen Band), und da ist mir wohl dabei. Das ist die Tolstoi'sche Einfachheit, und Tolstoi habe ich immer als meinen Lehrmeister angesehen, schon seit dreißig Jahren! Immer will ich ein Buch über ihn schreiben, aber das wird sicher nichts, denn da würde zuviel Verliebtheit mitreden.

Ach, lieber Hermann Hesse, ich schreibe da einfach so einen langen Brief, als würde ich Sie schon weiß Gott wie lange sehr nahe kennen, und ich bringe alles durcheinander. Ich möcht' Ihnen doch bloß sagen, wie viel ich Ihnen verdanke – oft war's in recht erbärmlich bedrückten Zeiten – und ich möchte Ihnen wünschen, daß Sie noch lange gesund bleiben sollten.

Da schreiben Sie, ein Bekannter aus Deutschland habe Ihnen berichtet, im KZ hätt' er ein Buch von Ihnen und von mir gefunden. Ich wußte das ja, daß z. B. in Dachau Bücher »suspekter« Schriftsteller waren. Von Ihrem Buch wird dieser Leser sicher was gehabt haben, von dem meinen sicher nicht viel. Das ist keine kokette Bescheidenheit von mir, ich mein's wirklich – bis jetzt hab ich noch nichts Gescheites zusammengebracht. Aber man versucht's eben immer wieder.

Wie schön, wie einfach ist das, was Sie in Ihrem Gedicht »Oktober 1944« sagen, so eine unbeirrbare »gläserne« Melancholie! Und wie gern mag ich »Erinnerung« und »Im Schloß Bremgarten«. Ich liebe doch, weiß Gott woher das kommt, Gedichte über alles. Rilke kann ich haufenweise auswendig, Hofmannsthal hab ich wegen seiner Traurigkeit so gern, den Conrad Ferdinand Meyer, Mörike, Goethe, Heine, Eichendorff. Man kann sich so behaglich in all dem verlieren oder man wird, wie bei Rilke, einfach berauscht. Halten Sie mich nicht für schwatzhaft und fassen Sie's nicht als ekelhafte Anbiederei auf, lieber Herr Hesse: Ihre Gedichte berauschen nicht, bei ihnen ergeht's mir wie beim guten Claudius – sie sind innig.

Ich denk an Ihre Augen, mein Gott – aber es wird Ihnen schon jemand den Brief vorlesen. Ich möcht Ihnen so gern ganz fest die Hand drücken und grüße Sie mit allen guten Wünschen recht herzlich

Ihr OMG

AN ERICH MÜLLER   24. 5. 1947

Lieber Erich!

Erst jetzt kann ich Dir auf Deinen Brief und Deine Karte antworten. Du erwähnst in Deinem Brief, Du habest mir einen »langen, mit einem Gedicht« versehenen Brief geschrieben. Den hab ich nie bekommen.

Ich kann Dir nicht etwa nur deswegen, weil ich sehr, sehr viel Arbeit habe, erst jetzt antworten. Es waren auch andere Gründe. Ich habe inzwischen die Originalausgabe Deines Buches »Die russische Wanderung« gelesen. Rosenwald las in Washington seinerzeit nur die von Goebbels inspirierte, zurechtgestutzte »Feldpostausgabe«, die in einer sehr hohen Auflage erschienen ist. In Deinem Brief erwähnst Du Dein Buch und sagst auch, daß es Dir Feindschaften nächster Freunde eingetragen hat, Du habest Dir aber nichts vorzuwerfen, und diejenigen, die zu lesen verstanden, hätten schon gewußt, wie Du es gemeint hattest. Du weißt, daß ich immer der Meinung bin, man muß so schreiben, daß nicht daran umzudeuten ist, daß man nicht erst »draufkommen« muß, was gemeint ist. Das aber nur nebenher.

Über die Fakten in Deinem Buch wird wohl kaum zu streiten sein, aber das ist gar nicht das Wesentliche für mich. Nicht *was* Du schreibst, sondern *daß Du das Geschriebene in der Hitlerdiktatur veröffentlicht hast*, ist, nachdem ich es gelesen habe, für mich das Erschreckende, das Unannehmbare!

Dazu kommen noch einige Auffälligkeiten: Du schreibst in Deinem Buch, daß Dir Deine Frau riet, die Deutsche Botschaft zu Hilfe zu rufen, aber das habest Du von vornherein als für Dich nicht vertretbar angesehen. Im Jahr 1937 bekam ich Nr. 9 des »Börsenblattes des deutschen Buchhandels«, in welcher ein Brief von Dir – unterschrieben mit »Heil Hitler – Dr. Erich Müller« – abgedruckt war. Da lobst Du das vulgär antisemitische, nazistische Buch von Agricola »Das endlose Gefängnis« nach den Aufzeichnungen des Finnländers Georg Kitchin. Und in diesem Brief nun schreibst Du wortwörtlich, daß Du von der Deutschen Botschaft befreit und von den Russen »wegen Teilnahme an einer faschistischen Organisation« verhaftet worden seist. Im Buch liest man's anders – beides!

Nun kommt noch etwas Auffälliges. Ungefähr um die gleiche Zeit, da Du nach Deutschland zurückfuhrst, ungeschoren über die Grenze kamst und Dir nichts weiter geschah, kamen auch ehemals glühende KP-Frauen, darunter Carola Neher, Zenzl Mühsam, Wally Adler, Hilde Hauschild und noch 25 Genossinnen vom Lager Karaganda in Sibirien an die deutsche Grenze. Sie waren zwar enttäuscht von der KP und von Rußland, aber sie waren genau dasselbe geblieben, was Du von Dir behauptest, »Sozialisten«. Sie aber wurden sofort in das deutsche Frauen-KZ Ravensbrück eingeliefert. Warum geschah eigentlich Dir gar nichts? Warum konntest Du geruhig Deiner Schriftstellerei während der ganzen Nazizeit nachgehen? Merkwürdig!

Über Dein Buch selber kann ich nur nebenher sagen, daß mir die sonderbare Mischung von Leskow-Tolstoianischer und zugleich urdeutscher innerer Haltung unverständlich ist. Niemals kann man aber doch eine Unmenschlichkeit in einer anderen, weit schlimmeren sozusagen, wie Du meinst, »entlarven«. Man benützt dann die andere, man bekennt sich sogar dazu! Und nebenher darf ich wohl auch erwähnen, daß Dein nicht so vulgärer Antisemitismus im Buch, den ich Dir und dem sauberen Fritz Kahn ja schon

1925 vorwarf, höchst widerlich wirkt. Jetzt hast Du Dich also auch noch schriftlich dazu bekannt!!
Nein, Erich, wie sollt ich das verstehen?! Das alles trennt uns nun leider für immer! Ich möchte Dich nur noch auf das Schlußkapitel des Buches von Eugen Kogon »Der SS-Staat« aufmerksam machen. Da steht, gesagt von einem wahrhaft christlichen Menschen, drinnen, wer sich schuldig gemacht hat. Und jene, die sich zu den Geistigen zählen, trifft die Schuld weit, weit schwerer als die ungezählten Menschen ohne innere Vorbereitung!

Besten Gruß OMG

Müller antwortet am 5. 6., er habe sein Buch 1942 bewußt »in einem ausgesprochen nazifeindlichen Verlag« [Karl Rauch-Verlag, Dessau] veröffentlicht, »um mit der Wahrheit über den Stalinfaschismus zugleich die Wahrheit über den Hitlerfaschismus zu sagen«. »Judengegner« sei er nie gewesen. Die Verdächtigungen und voreiligen Urteile Oskars bedeuteten tatsächlich das Ende der Freundschaft. »Diese Unduldsamkeit, Verständnislosigkeit, ja Phantasielosigkeit ist es, was euch Emigranten überhaupt von uns trennt und die so viele von denen, die sich von Hitler distanziert hatten, auch heute abseits stehen läßt.« Das Buch selbst, »Die russische Wanderung«, geprägt von den furchtbaren Erlebnissen in sibirischen Arbeitslagern, läßt die Zweideutigkeit des Verhältnisses zum »rettenden« Hitlerdeutschland schwach erkennen. Es erschien unter dem Pseudonym Matthias Pförtner.

AN ERICH KUBY,
Schriftleiter von »Der Ruf«   1. 10. 1947

[. . .] Wohl kam ich sehr früh in die Arbeiterbewegung und wurde darin sozusagen »reif«, immer aber habe ich erlebt, daß solche Massenbewegungen eben nur dann tiefgreifend wirken und ändern können, wenn in ihnen lebendige Menschen nicht etwa die üblichen Diskussions-, sondern wahre Vertrauenszirkel bilden. Es ist etwas gefährlich, wenn man heute von einer Wiederzurückeroberung des Glaubens der Menschen an den Menschen spricht, aber ich sehe keinen anderen Weg aus der heutigen Wirrnis. Was helfen uns denn all die schönen Reden, Proklamationen etc. der verschiedenen politischen Parteien (in denen ja noch so viel Gestriges spukt!), wenn man nicht wirklich von ganz unten anfängt, von sich aus! Tolstoi, mit dem ich mich seit 20 Jahren beschäftigte, hat dieses Einfache und Richtige stets ganz klar und allgemeinverständlich gesagt. Alle erkennen es ja so halbwegs, aber jeder verfällt immer noch darauf, am Unglück (an einem nationalen oder persönlichen) immer den Umständen, den anderen die Schuld zu geben. Niemals – und das wäre doch jetzt, meiner ganz bescheidenen Meinung nach, gerade für uns Deutsche die einzig richtige Lösung! – sagt einer: Jaja, es ist ja wahr, die und die Regierungen, die und die Mächte oder die und die Personen begehen Fehler, sie tun uns unrecht, sie handeln auch dumm, aber *ich* kann nicht warten darauf, bis sie es recht machen! *Ich*, von mir aus, darf da nicht mittun, ich muß danach trachten, das Rechte zu tun. Ich lese und höre so viel, oft recht klug Zurechtgedachtes, worin von »deutscher« oder »alliierter« Schuld die Rede ist, soviel sinnlose Verallgemeinerungen von irgendwelchen »psychologischen« oder »politischen Ursachen«, welche diese Katastrophe über uns gebracht haben. Offenbar entstehen all diese heftigen oder pastoralen Ergüsse zutiefst aus einem schlechten Gewissen. Das wäre ja recht gut. Nur frage ich mich stets, wieso solche Menschen nicht daraufkommen, zu sagen, daß es ja nun gar nicht mehr auf solche geistreichen Analysen im Nachhinein ankommt, sondern darauf, daß sich der einzelne darauf besinnt, nichts mehr mitzumachen, was noch tiefer ins Elend führt, daß *er* sich schweigend bescheidet, allen Massenströmungen zum Trotz das einmal erkannte Rechte zu tun, das und nichts anderes!

Veröffentlicht in: »Der Ruf. Unabhängige Blätter der jungen Generation.« München 2. Jg., Nr. 23, 1. 10. 1947, S. 13.

AN LEO REGENER   5. 1. 1948

Graf dankt für die sehr sprechende Totenmaske Schrimpfs, obgleich er keinen »Kult« dieser Art betreibt. Er kündigt ein CARE-Paket an. »Die Hilferufe aus der Heimat häufen sich« – er schreibt jede Woche zwei Tage »nichts als Bettelbriefe« an reiche Leute, und es wird immer schwerer. Die Verlage bringen im Osten wie im Westen seine Bücher in zu kleinen Auflagen, »Aufbau« z. B. von *Wir sind Gefangene* »nur« 10.000 Exemplare.

[. . .] Nein, Lust heimzugehen, hab ich nicht. Es fehlen a.) auch die materiellen Voraussetzungen und b.) gibt es da noch sehr private Gründe. Im übrigen schreiben alle meine Münchner Genossen: »Bleib bloß drüben, da nützt du mehr, als hier!«

Über die Haltung der meisten daheimgebliebenen deutschen Kollegen bin ich ziemlich im Bild. Ich habe stets ein tiefes Mißtrauen gegen fast alle gehabt, und da ich vom Intellektuellen eine weit größere Verantwortung erwarte als vom Arbeiter und sog. kleinen Mann, so graust mir ein bißl vor soviel Anwanzerei jetzt! So hebt man das eingeborene Mißtrauen der Arbeiter gegen den Intellektuellen nicht auf, man muß nicht nur Talent haben, auch ein bißchen Charakter. Erschreckt bin ich auch, wie blutwenig nun eigentlich nach diesem Erleben aus den jungen deutschen Schriftstellern rausgekommen ist. Außer dem Kolbenhoff (»Von unserm Fleisch und Blut«) habe ich nur einige Lyriker gelesen, die halbwegs gut sind. Die Ergebnisse sind blamabel.

Du hast recht, die Millionen Deutscher, die nicht nur gemütlich und leichtsinnig mit Hitler mitmachten, sondern heute, wenn dieser Herr gesiegt hätte, ganz obenauf wären – wie wehleidig tun sie! Sie denken nicht an Coventry und nicht an die vandalische Ausräuberei Frankreichs, nicht an die unbeschreibliche Zerstörung Polens und Rußlands, von dem schauerlichen Verbrechen an den Juden schon gar nicht zu reden! Jetzt tun sie, als geschähe ihnen das ärgste von der Welt. Man möchte oft kotzen drauf.

Und natürlich gibts unter den sogenannten Auslandsdeutschen Nazis in Hülle und Fülle, die ihre »Brüder« daheim mit allem versorgen! Man riecht sie schon von weitem hier. Das Schlimmste ist, daß zum Beispiel Erscheinungen wie de Gaulle, diese Menschenschicht ermuntert und daß man dann sagt, da seht ihrs ja, wo anders ists genau so! Als ob das schlechte Bild des anderen, absolut der Maßstab für das eigene sein müßte! Manchmal, lieber Leo Regener packt mich das Grauen! [. . .]

AN HUGO HARTUNG   18. 1. 1948

Pechel, den Graf von einem früheren Stammtisch kennt, sei »ein lauterer Mensch«, seine »Deutsche Rundschau« z. T. lesenswert. Graf habe viel zu tun, seine Bücher anzubringen.

[. . .] Pechels Buch habe ich hier besprochen und viel anfeindende Briefe bekommen, was mich aber wenig schert. Die Leute haben lauter Brillen auf heute, je nach der Farbe des

Glases reden sie. Ich halt mich noch immer an den Menschen.

[. . .] Ungemein beruhigt hat mich, daß Du von einem sehr milden Wetter bei Euch schreibst. Wir beten gradzu, daß es so bleibt bei Euch. Hier hat um Weihnachten rum ganz plötzlich ein barbarischer Winter angefangen, man schrieb, seit 1883 sei nicht mehr soviel Schnee gefallen! Meterhohen Schnee in kurzer Zeit. Alle Busse, Trucks und Autos blieben stehen auf den riesigen Straßen und waren bald unkenntliche Schneehaufen. Dazu gab es zwei Tage keine Heizung, dann nur mehr morgens und abends je zwei Stunden, vielfach gabs weder Licht und Wasser, Überlandverkehr stoppte stundenlang, kurzum, es war gespenstisch! Mir paßte das ja, ich konnte unsere hartherzigsten Geldspender eindringlich bereden, daß das nur ein winziger Vorgeschmack von dem sei, wie Millionen Menschen in der Heimat schon zwei Jahre lang leben müssen! Da gaben sie wieder! So hat alles sein Gutes.

Nach dem Zusammenbruch der Londoner Konferenz muß ja alles ganz hoffnungslos aussehen bei Euch, glaub mir, mich hat das niedergedrückt. Ich sehe eine grausige Zeit, die anhebt.

Der einzige Lichtblick (einer nach vielen, vielen Jahren!) ist Gandhis gewaltiger Sieg über die streitenden, sich blutig bekämpfenden Parteien in Indien. Es ist für mich die größte Tat der neueren Geschichte. Und da nun unleugbar Tolstoi Gandhi auf den Weg gebracht hat, den er nun schon über fünfzig Jahre geht, so kannst Du Dir denken, daß mein Glaube an die Macht des guten Geistes wieder etwas gestiegen ist. Vielleicht werden ungezählte Menschen jetzt durch Gandhis Beispiel einsehen, wie man sich allem Schrecklichen und Ungerechten gegenüber zu verhalten hat, und – ach, ich möchte so gerne hoffen!

[. . .] Bücher hab ich eine Masse aus Deutschland gekriegt, fast kein erhebliches drunter, schade. Zeitschriften scheints in »rauhen Mengen« zu geben, die meisten ganz sinnlos, eine Papierverschwendung sondergleichen – und für Bücher haben sie Beschränkungen. Seltsam. Lese, wenn Du kriegst, Kolbenhoff »Von unserm Fleisch und Blut«, das ist neu und gut. Kästner und Wiechert sind *nicht* neu, nur solide Ware aus vor 1933, schade. [. . .]

Sehr geehrte Herren!

Herzlichen Dank für Ihre freundliche Einladung zur »2. Internationalen Jugendkundgebung« nach München zu kommen. Ihr Brief wurde am 15. März 48 abgeschickt, und Sie bitten darin, Ihnen längstens bis 30. März Bescheid zu geben. Offenbar haben Sie nicht berechnet, daß so ein Brief einen Monat Zeit braucht, bis er mich erreicht. Wie dem aber nun auch sei, es ist erstens für mich als einem Staatenlosen und zweitens schon deswegen unmöglich zu kommen, weil ich keinesfalls ein solches Reisegeld aufbringen könnte. Zudem aber glaube ich, daß Sie mich als Person und Schriftsteller weit überschätzen. »Prominent« in Ihrem Sinne bin ich ganz bestimmt nicht, und ich habe mir noch nie eingebildet, jüngeren oder älteren Menschen irgend etwas Fruchtbringendes sagen zu können. Was sollte ich denn auch dieser vielgeplagten Jugend, die so viel erlebt hat, sagen? Ich stünde wahrscheinlich ziemlich bedrückt und hilflos vor ihr, wenn ich ihr jetziges Elend und ihr unbeschreiblich hartes Ringen sehen müßte, und wahrscheinlich wäre es für mich sehr beschämend, als Gast irgendwie bevorzugt behandelt zu werden, während die Jugend, die da in die Veranstaltungen kommt, hungert und kaum ein rechtes Unterkommen hat. Ganz zu schweigen von ihrer inneren Belastetheit, ihrer unverschuldeten Irrnis und Desorientierung. Der Zufall, daß ich älter bin und einiges schriftstellerische Talent besitze, kann dieser Jugend wenig nützen. Und eine persönliche Begegnung, sehen Sie, die läuft meistens darauf hinaus, daß die einen sagen:»Den hab' ich gesehen und gesprochen«, während der andere, der Gesehene, im Innersten einen leichten Kitzel der Eitelkeit verspürt, weil man soviel Wesens um ihn macht. Und dann erst mit dem Reden-Halten! Es gab grade in den verflossenen Zeiten des Hitlerregimes zweifellos eine Menge Menschen, welche die Fähigkeit besaßen, Worte und Formulierungen zu finden, die der Jugend etwas bedeuteten. Die Wirkung davon war negativ und erschreckend. Die Wirkung war schließlich auch die, daß wir alle, ob jung oder alt, unsere innere Sicherheit verloren, nachdem wir erleben mußten, daß niemand mehr zu dem gesprochenen und geschriebenen Wort stand, daß mit diesen Worten und Formulierungen ein Vertrauensbruch ohnegleichen getrieben wurde. Wie sollte die Jugend jetzt auf einmal zu den heutigen Rednern, Politikern, berühmten Schriftstellern und Professoren Vertrauen gewinnen? Der innere Bruch kann, glaube ich, weder durch gute Reden, noch durch Begegnungen und solche Veranstaltungen wegdiskutiert werden.

Ich habe selber eine ziemlich schwere Jugend durchgemacht, und meine schreckliche Ziellosigkeit jener Zeiten wäre wohl nie einigermaßen ausgeglichen worden, wenn ich nicht in die Arbeiterbewegung geraten wäre, wenn ich darin – ich meine das keineswegs parteipolitisch – nicht wirklich eine echte Heimat gefunden hätte, eine wahrhaft weltumspannende Kameradschaft in bittersten Zeiten. Aber ob ich nun dadurch – wie man so schön sagt – »reifer« geworden bin, kann ich nicht sagen. Ich hatte nur endlich einen Halt für immer. Eins nur hat mich meine mühevoll errungene Erfahrung gelehrt: Wenn man anfängt, die Worte, die man spricht oder schreibt, zu verantworten, wenn das Wort, das ich als Einzelner gebrauche, endlich im Einklang zu meinen Handlungen steht, erst dann wird eine Verständigung von Mensch zu Mensch, von Volk zu Volk wieder aufkommen; erst dann werden wir Vertrauen zueinander gewinnen und die gefährlichen, zutiefst unmenschlichen Vorstellungen wie »Vaterland«, »Nation« oder »Besonderheiten« verlieren. Erst diese natürliche Einordnung des Einzelnen ins Allgemein-Menschliche wird uns *den* Frieden, *die* Sicherheit geben, die kein sogenanntes »System« mehr erschüttern kann. Dieser Klärungsprozeß fängt bei etwas ganz Winzigem an, das heute mehr denn je in Verruf zu sein scheint: Bei Dir und bei mir!

Konkret erzählt, wird das leichter begreifbar: Als ich im Ersten Weltkrieg als Soldat den Befehl verweigerte und erklärte, das geschähe, weil Krieg für mich ein Verbrechen sei und weil ich in unseren sogenannten »Feinden« noch nie einen »Feind« erblicken hätte können, da bestürmten mich meine erschreckten Kameraden, wiesen auf meine sichere Erschießung hin und wollten mich mit den Worten zur »Vernunft« bringen: »Menschenskind, Krieg ist einfach Krieg! Wenn wir uns nicht gegen den Feind wehren, gehts uns allen an den Kragen. Da *muß* doch jeder mitmachen, ob er will oder nicht!«

»Das ist eure Meinung, gut!« sagte ich: »Ich aber *darf* nicht mehr mitmachen!«

Und zum zweiten: Aus der Heimat erhalte ich viele Briefe, die mir im Falle einer Heimkehr ankündigen, ich als immerhin sehr anerkannter Schriftsteller könnte mit meinen Honoraren und Paketen, die ich mir aus Amerika senden ließe, ganz erträglich leben. Leider aber – Sie verstehen es sicher – *darf* ich so daheim *nicht* leben!

Es ist, um es kurz zu sagen, unser ganz simples, eigenes Beispiel, das wir stündlich, täglich und immerzu geben müssen.

Jetzt, da ich den Brief wieder durchlese, sehe ich, daß ich mich doch vermessen habe, auf eine gewisse belehrende Art wenigstens Ihnen, sehr geehrte Herren, meine rein persönliche Ansicht zu erklären. Ich bitte Sie, es nicht anders aufzufassen.

Gerne würde ich bei der geplanten Zusammenkunft der Jugend sein, glauben Sie es mir, aber zwischen ihr, ganz unbeachtet in ihren Zuhörer-Reihen als einer, der nicht besser oder gescheiter ist als sie.

Mit recht guten Grüßen Ihr OMG

AN ELSE UND GUSTAV FISCHER   1. 6. 1948

Pleiten am laufenden Band in Deutschland, auch Verlage »bauen ab«, Grafs »Schmerzensbuch« *[Eroberung]* wird verschoben, zunächst bis zum Herbst. Fischers waren in Prag – Graf denkt oft »an den alten Masaryk, an seinen starken, gütigen Weltverstand«. Benesch ist dagegen »zu wenig Philosoph und zu viel Taktiker«. Zwischen Else Fischer und Lotte [Becher?] will Graf nicht »Schiedsrichter« sein, »ich habs nur gern, wenn Menschen, die ich liebe, auch sich untereinander gern mögen«. So redet er ihr zu, obgleich sie recht habe, sei sie vielleicht »zu logisch«, und verteidigt Lottes »Impulsivität« und Drang, mit wem zu reden.

[. . .] Auf einmal nämlich habe ich mich hingehockt und angefangen, die unzähligen Schwärmereien und Gedichte, die ich in den dreißig Jahren zu Papier gebracht habe, noch- und nochmal umzuändern, dran zu feilen, auszusortieren, vielvieles zu vernichten, na und da bastle ich nun seit Wochen und Wochen herum an diesen scheinbar »unnützen, abwegigen« Sachen, bin nie zufrieden, aber doch irgendwie glücklich dabei. Glücklich für mich, aber unsicher anderen gegenüber, ich möcht fast sagen, scheu, beschämt, denn diese Gedichte werde ich wohl nie veröffentlichen oder wenn, dann ohne Namen einfach als »Gedichte eines deutschen Mannes«, wobei mir schon nicht gefällt, daß ich »deutschen« verwenden muß, wahrscheinlich komme ich zu dem Entschluß, sie wieder zusammenzuheften und darüberzuschreiben: »Verse eines Mannes aus Deutschland«. Kurzum, darauf würde natürlich nie ein Verleger eingehen, und so schwärme ich nur einsiedlerisch für mich. Ich weiß nicht, ob nun diese ewigen Basteleien (manche solche Dinge habe ich zwei- und dreihundertmal umgeschrieben!) gut sind, ob sie anderen was sagen. Ich wüßte aber nicht, wem ichs lieber geben möchte, als Euch beiden, da Ihr ja draus immerhin lesen könnt, was mich bewegt, was ich in eine Sprache zu bringen versuche, die schön und ein bißchen klingend ist. Mirjam, die allerkritischste, macht mich oft ganz traurig, – vor allem, weil es mir vorkommt, als ob sie recht hat, wenn auch nicht immer. Sie meint, es sind oft ganz überraschende Zeilen in so einem Vers, aber es klingt nicht. Auch findet sie das meiste zu gedanklich. Nun, da ich ja über all das sehr nachgrüble und eine geradezu panische Angst vor Banalität habe, da ich aber auch nicht reimen im üblichen Sinn kann und durchaus alles mit der größtmöglichen Einfachheit ausdrücken möchte, so kommen eben rhythmische Unebenheiten raus – wahrscheinlich, weil mir, der ich alles zu sehr greifbar und sinnlich sehe, immer das *Bild* und die Stimmung wichtig ist.

[. . .] Zum Schluß noch ein paar Neuigkeiten, die Euch interessieren werden: Alle unsere »linksorientierten« Bekannten sind jetzt so ziemlich in die deutsche Ostzone von hier aus abgewandert, unter anderem auch Wieland Herzfelde mit Frau (der Sohn ist ein ellenlanger Mensch geworden und hat eine Kanadierin geheiratet, er blieb hier) und Ernst Bloch, Budzislawski (das werdet Ihr ja schon erfahren haben)und Leute, die Ihr nicht kennt. Zu mir sagten sie: »Du brauchst nur ›Ja‹ sagen und alles wird sofort gemacht!« Ich aber sagte »Nein«, denn ich will ein unabhängiger Mensch bleiben und schreiben und denken und handeln, wie mir meine Eingebung sozusagen »befiehlt«. Zudem ekelte mich alles an dieser Abwanderung, und ich sagte es ihnen allen: Sie nahmen oft bis zu 1.000 (tausend, es ist nicht verschrieben) Dollar Canfood mit und Kleider und Sachen, ganze Lifts voll – und jeder wurde in Leipzig (bei einigen empfand ich's fast als Jux!) Professor, jeder bekam eine Villa zugesprochen, und da leben und »lehren« sie nun, während die Studenten und das Volk um sie herum darbt und hungert!! Nein, so verstehe ich wahrhaftig das »Heimgehen« nicht, so hab ich noch nie den »Sozialismus« aufgefaßt! Wieland mit Frau fuhren ja schon früher, die Späteren waren auf dem gleichen Schiff, auf dem Eisler war, mein Gott, und der ist also auch »Professor« dort, die armen Studenten!!!

Da sing ich lieber mein schüchternes Lied in meinem heißen New Yorker Apartment bis ans Lebensende. Wie der von mir so geliebte, leider viel zu früh gestorbene Bruno Frank einmal dichtete: »Du sing dein Lied und bange nicht!«

OMG IM JAHRE 1954

VI.

AUSEINANDERSETZUNG MIT DER DIASPORA

1948-1959

Die Normalisierung der politischen Verhältnisse mit der Währungsreform (1948), der Gründung der Bundesrepublik und der DDR (1949) sowie die zunehmende Kommunistenhetze in den USA (McCarthy-Verhöre in den frühen fünfziger Jahren) bewogen viele deutsche und österreichische Exilanten zur Rückkehr aus Amerika in ihre Heimatländer. Graf konnte sich damals zu diesem Schritt nicht entschließen, da seine Frau Mirjam nach dem Verlust ihrer Verwandten in deutschen Vernichtungslagern eine tiefe Abneigung gegen Deutschland empfand und da ihm als »Staatenlosem« nach einer vorübergehenden Deutschlandreise die Rückkehr in die Vereinigten Staaten versagt worden wäre. Seine Bemühungen um die Einbürgerung in die USA waren an Aussagen früherer Mitexilanten, die ihn während des Krieges der Spionage im Dienste Stalins bezichtigt hatten, gescheitert. Aus seinem Exil wurde seine fast dreißigjährige Diaspora. Er sah, daß er zum Daueremigranten geworden war, unabhängig davon, wo er in Zukunft noch leben werde. Die gesellschaftlichen Voraussetzungen und psychologischen Folgen dieser Erkenntnis fanden ihren Niederschlag in dem Buch, an dem Graf lange gearbeitet und das er mehrmals umgeschrieben hat: *Die Flucht ins Mittelmäßige. Ein New Yorker Roman* (1959).

Neben seiner schriftstellerischen Arbeit suchte Graf neue briefliche Kontakte mit (politisch und literarisch) gleichgesinnten Menschen auf beiden Seiten des Atlantiks, um sich mit ihnen über die Probleme der Zeit zu unterhalten. Als Ergebnis seiner Betrachtungen entstanden mehrere Aufsätze, die später in einer Auswahl aus Grafs gesamtem essayistischen Schaffen unter dem Titel *An manchen Tagen. Reden, Gedanken und Zeitbetrachtungen* (1961) erschienen sind. Graf sorgte sich besonders über die zunehmende politische Polarisierung der beiden deutschen Staaten, für die er die Machtpolitik der Sowjetunion (z. B. die Verdrängung des bürgerlich-liberalen Geistes aus der DDR, die Unterdrückung des

Aufstands in Ungarn) und der Vereinigten Staaten (Wiederaufrüstung der BRD unter Adenauer und Abschluß des NATO-Bündnisses) gleicherweise verantwortlich machte.

Da Graf sich selbst, politisch und literarisch, immer mehr als ein Außenseiter in seiner Zeit vorkam, versuchte er seine Isolierung dadurch zu überwinden, daß er gesellige Veranstaltungen wie z. B. bayerische Abende und Schwabinger Künstlerfeste in New York organisierte und seinen wöchentlichen Stammtisch allmählich zum Mittelpunkt seines gesellschaftlichen Lebens machte. Seine Stammtischfreunde dokumentierten ihre Treue und Anhänglichkeit öffentlich, indem sie zu Grafs sechzigstem Geburtstag eine Luxusausgabe seines Gedichtzyklus *Der ewige Kalender* (1954) herausgaben und an Bekannte in aller Welt verschickten.

Graf wurde dann bis ins Innerste erschüttert, als sich Mirjam 1955 einer lebensgefährlichen Operation unterziehen mußte. Einen großen persönlichen Aufschwung erlebte er 1958, als ihm plötzlich die amerikanische Staatsbürgerschaft bewilligt wurde und damit seiner lange erhofften Reise nach Europa nichts mehr im Wege stand. Die »Heimkehr« nach München verlief jedoch anders als erwartet, da sich einige Honoratioren der Stadt von dem in Lederhosen im wiedererstandenen Cuvilliéstheater lesenden Dichter distanzierten. Nachdem Graf noch einige Freunde in deutschen und außerdeutschen Städten (in der Schweiz auch Hermann Hesse, Katja Mann und das Grab Thomas Manns) besucht hatte, kehrte er fast fluchtartig nach New York zurück und fand sich damit ab, daß sein Zuhause fortan in der Fremde war. Mit diesem Wissen stellte sich bei ihm eine zunehmende Einsamkeit ein. Mit dem Tod Mirjams im Herbst 1959 verstummte er zunächst völlig.

Graf schämt sich, von seinem Glück (Wandern in New Jersey) zu schreiben,
während die Deutschen in Not und Elend sitzen. Von seinem »Zukunftsroman« fürchtet er mit Grauen, »er wird schneller wahr, als wir annehmen«.

[. . .] Lese, wenn Du kannst, das Buch von Lina Haag »Eine
Handvoll Staub« und bespreche es. Es ist neben R. Kalmars
»Zeit ohne Gnade« und Kogons »SS-Staat« das beste KZ-
Buch, das ich bis jetzt las, sollte überall verbreitet werden,
vor allem spricht hier eine Frau, eine wirklich Liebende!
[. . .]

AN ELSE UND GUSTAV FISCHER   »30. 1. 1948«
                                  [wahrscheinlich 30. 12. 1948]

Die Erweiterung des *Quasterl* zu *Mitmenschen* war eine schwierige, aber wohl-
tuende Arbeit. »Vieles drinnen ist mit Liebe geschrieben«. In letzter Zeit hat
Graf einen wilden Drang, seine Bücher wieder in Deutschland rauszubringen. Zu Prag und Brünn meint er:

[. . .] (Da schrieb Bretholz letzthin von der schändlichen
Verurteilung Mareks, der ein echter lauterer Antifaschist gewesen sein muß! Das bestürzte mich tief.)
[. . .] Ist Stern nun schon weg? Hier, das werdet Ihr ja
wissen, ist F. C. Weiskopf sowas wie ein cechoslowakischer
Botschaftsrat in Washington geworden. Vor ungefähr einem
Jahr rief plötzlich Bruno Pitha aus Brno an, den wir alle als
gefallen im spanischen Bürgerkrieg glaubten – er besuchte
unseren Stammtisch und war dann auch bei mir. Auch er ist
so etwas ähnliches wie Botschaftsrat in Mexiko. Übrigens
gab es damals am Stammtisch sofort Krach (den ich aber
grad noch zu schlichten kam) zwischen Erdelyi und Harry
Ascher, die Pitha bösartig wegen der cechischen Maßnahmen gegen die ausgetriebenen Sudetendeutschen attak-
ierten. Daß ich mit Erdelyi kurz darauf wegen einiger Taktlo-
sigkeiten rein persönlicher Natur völlig auseinanderkam
und ihn seither nie wieder zu sehen bekam, hab ich wohl
schon einmal geschrieben. E. ist jetzt Professor an der New
York University, und es soll ihm sehr gut gehen, aber er hat
sich einen Herzfehler geholt, erzählte man mir.
Ich halte ja mit allen Freunden, Genossen und Genossinnen,
die mir irgendwie wesentlich erscheinen, dauernden Kon-

takt, denn ich sage mir immer, ohne Menschen, in denen man einigermaßen Resonanz hat, kann man schwer leben.

Mirjam dagegen, meint Graf, könne Jahre allein mit Radio und Büchern leben, ohne Menschen, sei aber weder verbittert noch sonderlich.

[. . .] Den Johannes R. Becher, der natürlich jetzt großer »Präsident« in Berlin ist, habe ich vor ungefähr zwei oder drei Monaten im hiesigen »Aufbau« (das ist die deutschjüdische Zeitung, bei der Mirjam arbeitet) schrecklich verrissen wegen seiner tölpischen übernationalistischen Verse in dem Buch »Wir rufen Deutschland«. Mein Gott, wie kann man sich denn nur nach den jeweiligen Notwendigkeiten irgendwelcher Politik richten und dann entsprechend »dichten«! Zum Erbarmen!
[. . .] Was will man tun in solchen Zeiten »voll Frost und Wind«, wie Brügel so schön sagt. Er ist der einzige wirkliche politische Dichter, und seine Gedichte aus Europa, die mir in Brünn soviel Labsal waren, sinds auch jetzt noch. Hol die kommandierten Auchdichter alle der Teufel, aber um mit Heine zu reden an diesem Jahresschluß,

»Und ich trink' auf das Wohl aller schlechten Poeten,
wie auch mir einst vergeben soll werden!«

Das ist zwar etwas eigenmächtig von mir umgestellt, aber in so einer Stimmung bin ich nun einmal, da ich Euch diesen durcheinandergewirrlten [!] Brief schreibe und Euch beiden von uns beiden alles, alles Liebe zum Neujahr wünsche.

AN ELSE FISCHER   16. 1. 1949

Graf ist ganz »hingerissen« von ihrem Brief und zwei Bildchen, ganz wie in Brünn. Die Entwicklung in der CSR legt ihm so »reaktionäre« Ausrufe nahe wie »Ich versteh die Welt nicht mehr«.

[. . .] Und nochwas: Daß Jörg Stifter so liebt, daß er über den »Witiko« eine Doktorarbeit macht, hat mich seltsam ergriffen. Ich nämlich bin in der letzten Zeit – und wenn ich sehr bedrückt und zweifelnd bin, tu ich das immer wieder! – auch einmal daran gegangen, viele sogenannte klassische Literatur in deutscher Sprache zu lesen, gleichsam, um mich zu kontrollieren. Und da kam ich zu einem überraschenden Ergebnis: Stifter überragt an Sprachkunst, an großer Sicht und epischem Atem alle. Ich las ihn mit 17 Jahren, dann mit ungefähr 25 nochmal, dann Teile davon einmal in Brünn anno 36 und jetzt wieder! Es ist unwahrscheinlich, wie biblisch groß, wie einfach und näher Stifter wirkt als sogar Goethe! Ich halte zum Beispiel »Abdias« trotz des Widerspruchs vieler Kenner als die größte *deutsche* Erzählung in der Weltliteratur! Man muß sowas allerdings lesen mit ausgeruhtem Kopf, etwa in den frühen Morgenstunden, wenn man fähig ist, auf jedes Wort, auf all den Tiefsinn in der Einfachheit und auf all die Bildgewalt zu reagieren. Wie schön ist das vom Jörg, wie reif muß der schon sein, hoffentlich nicht zu reif!! [. . .]

AN ALBERT EINSTEIN   10. 3. 1949

Lieber, verehrter Herr Albert Einstein!

Unter den Bergen der Glückwunschbriefe und Telegramme, die Sie zu Ihrem 70. Geburtstag bekommen, wird auch dieser Brief liegen und Ihnen, falls Sie einmal dazukommen, ihn zu lesen, ein bißchen erzählen von der langjährigen Verehrung und der großen Dankbarkeit, die ich Ihnen gegenüber empfinde.
Eigentlich wollte ich Ihnen zu Ihrer Genesung nach der Operation, der Sie sich kürzlich unterziehen mußten, schon schreiben – denn sehen Sie, immer befällt mich Bangnis und Schrecken in meinem ziemlich eremitischen Emigrantendasein, wenn ich erfahre, daß ein Mensch erkrankt ist, dessen Haltung und Wirken mich stets ermutigt und bestärkt hat, den Weg zu gehen, den ich zu gehen versuche.
Ich schrieb Ihnen nicht, einfach deswegen, weil ich das ein bißchen als wichtigtuerisches Aufdrängen empfunden hätte. Aber – mein Gott, warum soll ich's eigentlich nicht gestehen – glauben Sie mir, ich war so froh, so erleichtert, ja fast ein bißchen unstatthaft überschwenglich glücklich, als ich erfuhr, daß Sie wieder genesen und ganz gesund seien! Seit ich nämlich in blutjungen Jahren auf Tolstoi stieß und nie wieder von ihm loskam, seit ich im Ersten Weltkrieg in Rußland den Dienst verweigerte, füsiliert werden sollte und dann ins Irrenhaus gesteckt wurde, endlich freikam und – allerdings oft recht zerfahren und sehr privat – gegen Gewalt und Krieg zu wirken versuchte, ach, wie spärlich war die Reihe jener europäischen Geistigen, die das gleiche taten

und uns Jungen etwas bedeuteten! Oft fragte ich mich, wieso das denn so war, und heute frage ich mich noch beklommener – und da erlebe ich nun, daß diejenigen Menschen, die uns seit diesem Ersten Weltkrieg Trost und verpflichtendes Beispiel geworden sind, zwar von der Welt gehört werden, aber recht wenige Mitkämpfer ihresgleichen gefunden haben. Das ist bedrückend, das kann einen oft bis nahe an die Verzweiflung bringen – dann aber denke ich an Sie, lieber, verehrter Albert Einstein! An Sie und an ein paar Menschen noch, und dann weiß ich, es ist doch nicht umsonst, daß man sich eine Aufgabe fürs Leben gestellt hat.
Das ist ein seltsamer Geburtstagsbrief, wie ich jetzt sehe. Ich kann nur annehmen, daß Sie ihn mir nicht verübeln, aber was sollte ich Ihnen anderes sagen!

Mit allen guten Wünschen wie immer
Ihr sehr ergebener OMG

AN THOMAS MANN   15. 3. 1949

Lieber verehrter Thomas Mann!

Vielen herzlichen Dank für das zurückgeschickte Bild mit der lieben Widmung, die mich so berührt hat! Mit der Hitzigkeit, die solche Freuden in mir erregen, habe ich's sofort gerahmt, und nun hängt es an der Wand. Und so komisch stolz bin ich, als hätt' ich das alles selber verfertigt! Ich schaue dieses Gesicht immer wieder an, die Äderchen auf der Schläfe, die unpathetischen Augen, überhaupt dieses ganze durchaus Unkitschige im Ausdruck und in der sinnend lässigen Haltung, bei der sogar die Hand mit der Zigarre und die Erhöhung des Sweaters zwingend dazugehörig wirken – und dann denke ich, um mit Ihnen zu reden, an manche »Späße« in Ihren Büchern, die mich immer wieder so eigentümlich beseligen wie etwa ein Gedicht von Hofmannsthal und Vieles von Rilke. Das fing schon damals an, als ich vor urlanger Zeit Ihre kleine Skizze »Im Spiegel« las, und wenn ich das Erwachen Goethes in der »Lotte« wieder und wieder lese, dann fällt mir stets ein, was ich beim ersten Lesen unwillkürlich vor mich hinsagte: »Jaja, das ists doch, da steht's doch, warum die meisten Deutschen diesen ungeheuren Mann in Weimar nicht mögen, warum er ihnen so verdächtig fremd bleibt!«

Es ist schade: An Ihren »Faustus« getraue ich mich nicht, weil ich völlig unmusikalisch bin. Es gibt übrigens Bücher, vor denen ich mich, obgleich ich mir zutraue, sie zu verstehen, ernstlich fürchte – um dann, wenn ich sie endlich doch lese, lange nicht mehr loszukommen.

Sozusagen knisternd lächeln hab' ich müssen, als ich in Ihrem Brief die Bemerkung über Tolstois Tochter Alexandra in bezug auf Gorkis Darstellung las. Und vor Begeisterung hab ich mit den Händen geklatscht über Ihren Satz: »Ich glaube aber Gorki mehr.« Ich weiß nicht, ob Sie Alexandras Buch über ihren Vater »Ein Mensch in Ketten« einmal gelesen haben. Da sind nur zwei faktisch interessante Dinge drinnen: Wie Tolstoi ihr empfiehlt, sie sollte sich körperlich nicht vernachlässigen und immer ihre Fingernägel sauber halten und dann jene erschütternde Stelle, da der Sterbende ausruft: »Aber wie sterben denn die Bauern, die Bauern . . .?!« Alles andere ist fast ärgerlich unerheblich.

Je mehr ich aus meiner Heimat und überhaupt aus Deutschland höre, umso übler wird mir! Volk bleibt freilich immer Volk, aber daß die Intellektuellen, für die doch nach dieser Katastrophe wirklich der Zeitpunkt gekommen ist, zu beweisen, daß das »Deutsche« etwas ganz anderes ist als im Trüben plätschernder, irrational sich gebärdender Nationalismus, ja, daß diese Intellektuellen völlig desorientiert in einer Anbiederungspolitik zwischen Ost und West herumpendeln und bisher noch nicht einmal den Mut gezeigt haben *von sich aus* jene zu ächten, die so bereitwillig mit der braunen Barbarei mitgingen, das bestürzt mich tief. Dennoch wäre ich gern einmal wenigstens besuchsweise hinüber, allerdings ganz und gar unauffällig – aber das geht nicht. Auf Grund sehr lächerlicher Denunziationen aus dem Jahre 1938 bin ich hier noch immer suspekter »Staatenloser« und gelte überall als wilder Kommunist. Gegen solche Kindereien mag ich mich nicht einmal verteidigen.

Sie können sich also vorstellen, wie sehr ich begreife, wenn Sie zögern nach Deutschland zu gehen.

Entschuldigen Sie den langen Brief. Von ganzem Herzen alles Gute

Ihr ergebener OMG

Graf dankt Unruh für seine »Rede an die Deutschen«. Mit der Beurteilung Luthers stimmt er nicht, mit der von Jünger und George ganz überein. Die Ablehnung Nietzsches hat ihm wohlgetan.

[. . .] Gern, sehr gern hätte ich es, wenn wir uns einmal aussprechen könnten, denn grade daß diejenigen, die im Exil leben, sich so zersplittert haben, ist ja so bedrückend. Ich hoffe, daß Sie einmal Lust und Zeit haben und freue mich auf Ihren Anruf.

AN JOSEF LUITPOLD STERN 28. 3. 1949

Jetzt erst spüre ich – wie sonderbar das ist – daß mit Deinem Weggehen von hier wieder eine Lücke in meinem Gefühl: »Es sind ja die meisten da, die zu mir gehören« entstanden ist. Ich kanns eigentlich gar nicht so recht erklären, aber es ist halt so.
Schade, daß wir uns nicht wenigstens vor Deinem Abflug nochmal gesehen haben, aber Du weißt ja, wie das in diesem Riesenland ist: Man verliert sich aus den Augen, nur das Fluidum bleibt. Vielleicht ist das auch gut so. Ich bin aufrichtig froh, daß Du wieder einen Wirkungskreis gewonnen hast, der für Dich paßt, wo Du etwas Nützliches tun kannst. Und wenn Du einmal Zeit hast, hätte ichs gern, einen Brief mit recht vielen Nachrichten von Dir zu kriegen. Du wirst ein bißl in Deinen Bart lächeln und Deine kleinen versteckten Äuglein werden blinzeln vor Verwunderung, daß ich auf einmal so schreibe. Aber, weißt Du, wenn wir uns auch einmal in der seligen CSR so zerkriegt hatten, wenn die Umstände es auch so erscheinen haben lassen, als hätten wir uns auseinandergelebt: Einmal, als Du mir – es geschah sozusagen ebenso aus heiler Haut wie mein jetziger Brief – zu Neujahr in diesem Land so nett geschrieben hast, so aus einem Gefühl der echten, undefinierbaren Gleichgestimmtheit heraus, das hat mich sehr gefreut und es ist mir im Sinn geblieben. Also, das wollt ich Dir nur sagen heute.

Graf will Stern *Eroberung der Welt* zuschicken, »dieses absonderliche Buch, das so gar nichts mehr stofflich und ideenhaft mit meinen früheren zu tun hat«. Deutsch, von dem er Sterns Adresse bekommen hat, wird ihn hoffentlich nicht für einen »moskauhörigen Kommunisten« halten.

[. . .] Bei mir ists übrigens so: Ich möchte doch wieder sozusagen »heim« – aber nicht mehr nach Bayern oder Deutschland, sondern nach Österreich. Das kommt daher, weil ich von der SPÖ meine glücklichsten und fruchtbarsten Antriebe bekommen habe. Das ist keine Phrase. Ich erinnere mich, als ich zum ersten Mal nach meiner Vortragsreise aus Österreich wieder über die Grenze heimfuhr, da ist mir ganz katzenjämmerlich zumut geworden, und ganz drinnen sagte ich mir damals: »Herrgott, was hat diese deutsche Republik doch alles versäumt und nicht getan, und was hat dieses kleine rote Österreich fertiggebracht!« Nie werde ich die damaligen Eindrücke vergessen, nie die vielen Menschen, zu denen ich aufrichtig »Genosse« sagen konnte.

Aber weißt Du – ich komm sowieso nicht von hier raus: Auf Grund von irgendwelchen unsinnigen Denunziationen anno 38 gelte ich hier, ich weiß zwar nicht warum, als gewissermaßen »verschwörerischer Stalinist« wenn nicht als noch was Blöderes! Und so bin ich bis heute »staatenlos«, kann nicht raus und nicht mehr herein, wenn ich mal draußen bin – also »Wir sind Gefangene«.

Ich hoffe, daß auch diesmal der gute Zensor wieder herausschneidet oder durchschmiert, warum auch nicht, es ist sein Geschäft.

AN ERNST PENZOLDT   27. 4. 1949

Graf dankt Penzoldt, den er persönlich kaum kennt, für eine schöne Theaterkritik im »Münchner Tagebuch«.

[. . .] Sagen Sie, warum kümmern sich die PEN-Club-Mitglieder und die beiden Organisationen »SDS« und »Autorenverband« eigentlich nicht darum, daß endlich auch einige geistige Persönlichkeiten nach Amerika geschickt werden? Da kommen so schauerlich belanglose Redakteure, ganz vereinsmäßig provinzielle Politiker und halt alles, was brav in den Hymnus auf die amerikanische Demokratie einstimmt, und repräsentieren nun das Deutschland, das ja immerhin für die Weltbildung einiges geleistet hat! Ich verstehe nicht, wieso Ihr Schriftsteller und Künstler so aschenbrödelhaft bescheiden sein könnt – und dabei hat doch die Stelle, welche diese Amerikabesucher rüberschickt Geld im

221

Überfluß, soviel, daß es vor Abschluß dieser »Aktion« noch rasch ausgegeben werden muß!
Vielleicht bringt Sie diese Anregung auch einmal dazu, mit anderen Freunden zu reden, vielleicht sieht man sich dann doch einmal hier!

AN HANS BRANDENBURG 27. 4. 1949

Brandenburg, den Graf noch aus dem Steinicke-Saal in München kennt, hat ihm seinen Artikel »Literarische Würde« in »Welt und Wort« (3/49) geschickt. Graf stimmt sehr weitgehend mit ihm überein.

[. . .] Was mich an Ihrem Artikel aufrichtig freut, ist, daß Sie endlich sagen, wie vernichtend es wirken muß, wenn nach dem Zusammenbruch der Hitlerei die Besatzungsbehörden zur selben Methode des »Erwünscht« und »Nichterwünscht« übergegangen sind. Und das Schändliche liegt für mich genau so wie bei Ihnen in der Art, wie sich deutsche Intellektuelle nicht nur damit abfinden, sondern diese erbärmliche Sonderung sogar unterstützen. Wie soll dabei überhaupt – abgesehen von den Papiernöten und Auflagenbeschränkungen – wieder eine einigermaßen ausgeglichene Literatur herauskommen! Ich zum Beispiel war nicht wenig erschrocken, als ich gleich nach der »Befreiung« stoßweise deutsche Literaturerzeugnisse bekam, die zum größten Teil indiskutabel waren. Man mußte sich erst wieder zurechtfinden in diesen Bergen von Wust, um auf Echtes oder doch sehr Hoffnungsvolles zu stoßen. Da fand man dann noch Hagelstange, Bergengruen, Borchert, Kolbenhoff, Oda Schaefer und die Langgässer. (Den standhaften Wiechert kann ich beim besten Willen nicht als etwas Außerordentliches finden, ich habe immer den Eindruck von schrecklicher Egozentrik und Manieriertheit bei ihm!)
Nebenher darf ich Sie vielleicht doch darauf aufmerksam machen, daß die deutsche Emigration, wenn man das Leben der Emigrierten und nicht jenes der Prominenten so genau kennen lernte wie ich, erstaunlich Gutes hervorgebracht hat, zum Beispiel die letzte Lyrik Max Herrmann-Neisses, Anna Seghers' »Siebtes Kreuz«, Plievier, den letzten Roman von Speyer und Albrecht Schäffers Arbeiten, die jetzt langsam herauskommen. Ich nenne absichtlich Stefan Zweig, Zuckmayer und Thomas Mann nicht, die Bücher geschrieben haben wie kaum einer der Daheimgebliebenen.

Es wäre gut gewesen, wenn Sie grad auf die Leistung der Exilanten nachdrücklicher hingewiesen hätten, aber das hätte wohl das Thema gesprengt.

Wenn Sie wohl etwas bitter schreiben von dem »beschämenden und niederschmetternden Schaupiel exhibitionistischer Selbstzerfleischung«, das, wie ich ja selber feststellen konnte, grade von den nunmehr auftauchenden sogenannten deutschen Schriftstellern aufgeführt wurde, als sie sich »befreit« fühlten – wie unterstreiche ich das!

Deutsche und Juden scheinen den gleichen unerklärlichen Selbsthaß zu haben, und sicher steckt darin das Motiv ihrer gegenseitigen Feindschaft. »Man haßt und verabscheut im andern nur das, was man an sich selber verabscheut und haßt«, sagte der gescheite Weininger einmal.

Mir persönlich wäre es nie möglich gewesen, so unverändert und unangefochten in all meinen Exilländern zu leben, wenn ich nicht die große deutsche Literatur gehabt hätte. Ohne Dehmel, Rilke, Hofmannsthal, ohne Storm und Liliencron – ach, wie wäre alles grausam fremd gewesen! Und ich las den ganzen Fontane, las den gut antisemitischen, aber dennoch liebenswerten Raabe wieder, summte Verse von C. F. Meyer vor mich hin und freute mich an unserm lieben Martin Greif, ich war daheim, wenn ich die »Erinnerungen einer Überflüssigen«, und »Moritz Reiser« und immer wieder die Meisteraufsätze von Thoma las. Und da sind wir bei dem, was ich Ihnen zu Ihrem Artikel sagen möchte: herzlichen Dank für Ihren festen Standpunkt und Glauben an unsere Literatur! [. . .]

Seit dem »grundgescheiten Joseph Hofmiller« haben die Deutschen, schreibt Graf noch, keinen wahrhaften Literaturkritiker mehr. So schaffen sie es nicht, das »hektische Geschmeiß von Hitler bis jetzt nachdrücklich zu ächten«.

AN ELSE UND GUSTAV FISCHER   22. 10. 1949

Graf ist »immer noch der kleine Handelsmann«: Er vertreibt seine Bücher selbst [jetzt *Eroberung der Welt*]. Um 250 Exemplare abzusetzen, muß er an 1500 Adressen schreiben. Im Zusammenhang mit seiner Vorliebe für den »völlig natürlichen inneren Mut«, den die Leute als sentimental abtun, empfiehlt er, Schillers Abhandlung [»Über naive und sentimentalische Dichtung«] wieder zu lesen.

[. . .] Die politische Entwicklung in Deutschland ist für mich grauenerregend. Die Bonner Puppenküche wird noch ein

Explosionsherd ersten Grades, und alles erinnert frappant an die Entwicklung Chinas, nur daß der an sich gutwillige Heuss und der katholisch schlaue Adenauer keine solchen Zuhälter sind wie Tschiangkaischek. Ich verfolge in letzter Zeit Chinas Wandlung mit größter Spannung, verschlinge alles, was ich deutsch lesen kann. Die arme Mirjam muß mir englische Artikel übersetzen. Ich wühle mich da in etwas hinein, von dem ich glaube, daß es etwas wirklich Neues werden kann, ausdrücklich aber sage ich: *kann*. Auch Indien interessiert mich natürlich, und die Rede Nehrus war begeisternd für uns. Man kriegt das gute Gefühl, daß Gandhi doch nicht umsonst gelebt und gewirkt hat, irgendwie rinnt seine Seele durch alle Kanäle des neuen Indien, meine ich.

Mit etwas gemischten Gefühlen verfolgte ich (leider gelangs mir diesmal nicht, mich mit ihm auszusprechen, was stets sehr lebhaft wird) Thomas Manns Deutschlandfahrt, seine Reden dort und vor allem (das erschreckt mich immer wieder!), wie das alles auf die Deutschen in der Westzone gewirkt hat. So blind zu sein und nicht zu verstehen, daß Thomas Manns Entschluß, beide Zonen zu besuchen, und auch seine Begründung richtig war, können nur tiefverstumpfte Kleinbürger. Ich muß sagen, der Osten ist weit, weit klüger, weit instinktsicherer in dieser Hinsicht. Daß aber dieses Deutschland heute noch immer nicht begreift, was Thomas Mann, was der deutsche Geist für ein Kapital ist, stimmt traurig, tief bestürzend.

Habt Ihr übrigens den »Dr. Faustus« gelesen? Ich schrieb ihm, ich könne das Buch nicht lesen, weil ich nicht das geringste von Musik verstünde, das hat ihn verärgert. Ich las dann sein Büchlein »Wie Dr. Faustus entstand« und – obgleich sehr viel Aufschlußreiches und Köstliches da drinnen steht – war denn doch betroffen, wie schrecklich deutsch in einem recht dunklen Sinn der sich abmühende Thomas Mann geblieben ist. Aber das ist wohl so etwas wie sein innerstes Schicksal, nur deswegen konnte er wahrscheinlich so ein Buch wie den »Faustus« schreiben. Zuweilen wird man freilich bei diesem kleinen Entstehungsbericht, den ich nannte, traurig, weil eben dieses Deutsche den guten Thomas Mann zu Feststellungen und Formulierungen verleitet, die ein patriotisch angewehter Buxtehudischer deutscher Gymnasialprofessor nicht schlechter machen könnte,

z. B. eine Aufzeichnung, die da angeht »Unter dem Donner der Kanonen und Bomber über Stalingrad«, mein Gott!!! Schlecht, sehr zerlaufen ist Heinrich Manns letzter Roman »Der Atem«, er beginnt mit einer so außergewöhnlich guten Atmosphäre-Schilderung, fällt aber, da der Autor plötzlich ins spannende Erzählen kommen will, in ein fast dilettantisches, erbarmungswürdiges Fabulieren mit kriminalistischen Mitteln, die gar nicht wirken. Und da schickte mir nun dieser verehrungswürdige Mensch und sehr bedeutende Schriftsteller dieses Buch mit so einer herzbewegenden persönlichen Widmung! Ich dankte ebenso herzlich, aber redete mich hinaus, ich käme nicht gleich zum Lesen! Sowas stört mich dann monatelang, und ich frag mich dann stets: Soll mans denn nicht doch tun und ihm grob und offen die Wahrheit sagen? So kommen Konflikte auf auf inneren Nebengeleisen, die sozusagen nicht zuträglich sind, ich meine für mein Schaffen oder für meine schriftstellerischen Pläne.

Grafs Arbeit an seinen Gedichten hat jäh wieder aufgehört. 70 hat er übrig behalten, will jetzt einige Jahre warten, sie dann wieder lesen. Von China las er mit Entsetzen, daß das von der Kuomintang-Geheimpolizei gepeinigte Volk über die dort veröffentlichten »schauerlichen Tatsachen« aus Bergen-Belsen und Buchenwald nur höhnisch lächeln konnte als »Kleinigkeiten«–». . . und darüber hat sich die Welt noch nie aufgeregt«.

[. . .] Hier lassen sich (auch eine späte Wirkung der Hitlerei, kommt mir vor) die jungen snobistischen Gents Hitlerbärtchen wachsen, zum Kotzen!

AN ELSE UND GUSTAV FISCHER   1. 2. 1950

Graf geht auf G. Fischers Einwände gegen *Eroberung der Welt* ein. Die ablehnenden und die zustimmenden Urteile halten sich etwa die Waage. Statt der früheren »kühlen Entscheidungslosigkeit« der Intellektuellen werden heute »neue Elemente« verlangt: »Reportage, unbedingte persönliche Stellungnahme und schließlich auch der Wille, etwas begreifbar zu machen, ja etwas zu proklamieren, was man für richtig hält«. Daß er zu keiner Figur eine richtige Liebe habe, stimmt, aber es gehe in einer solchen unausdenkbaren Katastrophe nicht mehr »um den Menschen als Einzelwesen«. Nötig sei »eine tief innere religiöse Wandlung, die immer von kleinen Gruppen und einzelnen, beispielgebenden Menschen ausgeht«. Die »technischen Neuigkeiten« seines Romans sieht er von der Entwicklung der Welt immer mehr bestätigt.

[. . .] Du findest auch, daß die Menschen darin eigentlich nach unserer Auffassung nicht mehr leben. Hast Du Dich einmal gefragt, wie fremd die »lebenden« Menschen z. B. im heutigen Deutschland, in allen kommunistisch streng beherrschten Ländern *uns sind*, wie weit wir davon entfernt sind, ihre Lebensart, ihre Reaktionen auf Zeitereignisse etc. zu begreifen? Denkst Du denn wirklich, daß eine Welt, wie ich sie nach einem solchen Krieg darzustellen versuche, die Menschen nicht einfach rein aus einem fast tierisch-mechanischen Selbsterhaltungstrieb ganz und gar ummodelt? Ich denke das ja, und so habe ich eben diese Menschen »nachher« geformt. [. . .]

AN HUGO HARTUNG   11. 2. 1950

Graf schickt nach wie vor Pakete, obgleich »alle« der Meinung sind, in Deutschland gehe es herrlich.

[. . .] Romanpläne hab ich auch, aber sie sind noch nicht soweit, daß ich anfangen kann, es ist bei mir immer so: Ich tu gar nichts, notiere nichts, sondern denke nur ab und [zu] über die Idee und eine ev. Fabel eines solchen Romans nach. Diese Fabel ist ganz kurz und grundeinfach, sie wächst sich erst während des Schreibens aus, ich weiß z. B. nie, wenn ich mich hinsetze an so einen Roman, was ich alles für Begebnisse drinnen haben werde, die fliegen mir sozusagen im Schreiben zu.

[. . .] Ich kann nicht froh werden, ich gräme mich oft tagelang, denn wie kann das sein, daß nach so einer Katastrophe wie der vergangenen die Menschen und Mächte keine Vernunft annehmen und sich ewig mißtrauen? Auch das ist, abgesehen vom rein Finanziellen und vielem privat Hinderlichen, ein Grund, weshalb ich nicht »heimgehen« will bis jetzt. Ein »Heimgehen« wird das – meinem Gefühl nach – ja sowieso nicht, nur ein Neuansiedeln in einer Gegend, die man von früher her kennt. [. . .]

AN RUDOLF ADRIAN DIETRICH   29. 4. 1950

Graf hat sich gefreut zu hören, daß Dietrich »halbwegs durch all die Schrecklichkeiten durchgekommen« ist. Er versucht, ihm Pakete vor allem mit Kleidern schicken zu lassen. Dietrichs Novellen kann Graf auf dem amerikanischen »Literaturmarkt« nicht unterbringen; er selbst habe, obgleich er einen »sehr rührigen Agenten« hat, seit 1940 hier nichts mehr verkauft. Er fragt nach Stiemer und Laurent, hat von Bachmair (jetzt in Starnberg) und Scherpenbach (in Düsseldorf) gehört.

[. . .] Alles, alles hat mich unwahrscheinlich fremd berührt. Alles kam mir so stehengeblieben vor. Nun, ich denke, bei allen Deutschen ist das ja nicht so, aber wenn man dank dieses

Hitler so herumgeschmissen worden ist auf der Welt wie ich und hunderte, da kriegt man doch eine ganz andere Schau. Man versteht all das Enge, das schrecklich Provinzielle nicht mehr, das nicht nur in Deutschland noch herrscht.

Von meinem Freund Schröder-Kiewert, mit dem Du offenbar manchmal zusammenkommst, habe ich auch schon von Dir gehört. Mein Gott, wie werdet ihr alle leben. Gibt es denn überhaupt noch einigermaßen kameradschaftlich geistige Kreise oder echte Freundschaften bei Euch? Mir kommt [es] vor, als ob der unausgesetzte Schrecken (der ja noch immer nicht vorüber ist) die Menschen entsetzlich furchtsam, klein und unentschieden gemacht hat. Mißtrauen und Fanatismus haben alles Menschliche und Natürliche vertrieben. Wenn ich wirklich einmal »heimgehe« werde ich wohl eine Fremde antreffen, obgleich ich viele, viele echte, treue Freunde habe.

[. . .] Hermlin kenne ich persönlich nicht, Kantorowicz ja, er war auch hier in N Y. Alle sind, wie mir scheint, so ordentlich und gesetzt geworden, haben sich feste Stellungen zugelegt und werden es sicher noch zu einer Alterspension bringen. Mir steht der Sinn nach so einem Leben immer noch nicht, ich saufe wie immer, ich arbeite viel, aber ich verfalle immer wieder in den Humor, der doch heutzutag schon direkt suspekt ist. Das Ernstnehmen nach dem endgültigen Zusammenbruch habe ich noch immer nicht gelernt.

Viele Freunde raten mir, ich soll doch endlich »heimgehen«, aber nach den neuesten Meldungen (und wo sollte ich denn anders hingehen als nach Bayern, wo ich zwar *landschaftlich*, aber politisch gar nicht hingehöre!!) habe ich zu so einem Unternehmen, das ja auch wegen meiner schlechten Finanzen nicht so schnell Wirklichkeit werden kann, keine rechte Lust mehr. Mir graust vor dieser sturen, unbelehrbar nationalen deutschen Wirklichkeit, vor diesem nie freiwerdenden Spießertum, das gerade durch diese schöne Politisiererei von gnaden des jeweiligen Siegers noch schauerlicher wird.

So bin ich also fröhlich saufend durch ein schönes Stück Welt gekommen, und weil ich mich selber nie allzuernst genommen habe, genoß ich sozusagen überall Narrenfreiheit. Jetzt will ich doch einmal drangehen, meine lustigen Exilserlebnisse zusammenzuschreiben, denn mir hängts schon zum Hals raus, daß man jeden Emigranten für einen trauer-

gesichtigen Heroiker hält (oder wenn der Betrachter Nazi ist
– für einen Lumpen).

Ich weiß nicht, eigentlich habe ich die Menschen überall aufrichtig gern gemocht und bin immer gut ausgekommen mit
ihnen, ich habe auch eigentümlicherweise in jedem Land
immer gleich einen Kreis von Kumpanen gewonnen, und
einige sind Freunde geworden. So wars im ersten Jahr in
Österreich, in den viereinhalb Jahren in der CSR und während meiner wunderschönen Reise durch die südliche
Sowjetunion ebenso – und in Amerika bin ich so bayrisch geblieben wie seit eh und je. Ich treffe auch nur Landsleute
und kann noch kein Wort Englisch, lesen schon gleich gar
nicht – Du siehst, ich bin unmöglich für jede Art Betrieb,
höchstens für feuchtfröhliche Tischrunden, die ich denn
auch noch immer wacker besuche.

AN ERICH LISSNER,   22. 8. 1950
»FRANKFURTER RUNDSCHAU«

Graf dankt für Veröffentlichung eines Gedichts in der Frankfurter Rundschau, hofft auf »Platz« für weitere Geschichten und antwortet auf Lissners
Anfrage über Traven:

[. . .] Es ist dies eine Sache, die mich nun schon fast sieben
Jahre verfolgt. Das kam so: Aus vielen Anhaltspunkten und
eigensinnigen Tüfteleien über diesen geheimnisvollen
Mann (teils an Hand seiner Bücher, teils aus mündlichen
und gedruckten Berichten über ihn) versuchte ich, in einem
längeren Artikel »Die Leistung der emigrierten deutschen
Literatur«, den ich damals der Zeitschrift »Freies Deutschland« in Mexiko gab, meine Vermutung – ich betone, daß ich
auch in dem Artikel ausdrücklich darauf hinwies, daß es nur
eine Vermutung von mir ist – zur Diskussion zu stellen, ob
es sich bei Traven nicht etwa um den mir aus der Zeit der
Münchener Räterepublik bekannten Ret Marut handeln
könne, von dem man seit dieser Zeit nichts mehr hörte. Bekanntlich ist Ret Marut Gustav Landauers Stellvertreter in
Kulturangelegenheiten während der Räterepublik gewesen
und floh dann, wie wir wußten, in Frauenkleidern vor den
eindringenden Weißen Garden Noskes. Vor dieser Zeit –
1914 bis 1917 – kannte ich Marut nur als Schriftsteller. Zum
ersten Male begegnete mir sein Name in der damals von
Ludwig Thoma und Haußmann redigierten Monatsschrift

»Der März«. Es war darin eine sehr gute kleine Kriegsnovelle »Im Nebel«, die – wie ich viel später bei Vergleichen mit dem Stil Travens feststellen konnte – geradezu frappierte. Dann gab Marut, wie allgemein bekannt ist, seine höchst originelle und kühne Antikriegs- und Antimilitärzeitschrift »Der Ziegelbrenner« in München heraus, die er durch eine ebenso originelle List durch jede Kriegszensur brachte. Er legte nämlich stets nur den Umschlag und einige Facharteikel über das Baugewerbe vor, bekam Stempel und Vertriebsgenehmigung und – wahrscheinlich besorgte er das allein – heftete nachher seinen Text in den Umschlag. Das aber nur nebenher.

Meinen Artikel »Die Leistung« gab mir das »Freie Deutschland« zurück, wollte aber den Absatz, in welchem ich meine Vermutungen über Traven behandelte, durchaus bringen – was ich ablehnte. Sonderbarerweise aber benutzte von da ab Egon Erwin Kisch stets meine Mutmaßungen in späteren Artikeln über Traven, und da ich mit dem lieben Kisch freundschaftlich verbunden war, teils aber auch aus purer Faulheit, tat ich nichts dagegen. So also kam durch die jedesmalige Behauptung E. E. Kischs »Oskar Maria Graf, der Freund Travens aus seiner Münchener Zeit« oder ähnlich, die Sache in Umlauf. Seither habe ich schon sehr oft dagegen Einspruch erhoben, aber, wie das nun schon ist, die Artikelschreiber finden's offenbar recht interessant, sich unter Benutzung meiner immer widerlegten Mutmaßungen als sehr informierte Leute zu zeigen und schreiben's eben weiter. Was kann man machen!

Soweit veröffentlicht in »Frankfurter Rundschau«, 9. 9. 1950, unter der Überschrift »Vermutungen über Traven«.

AN DORA BRANDENBURG-POLSTER   5. 10. 1950

[. . .] Unser sehr bunt gewürfelter Stammtisch, der sich aus Bayern, Österreichern, Preußen, Hamburgern und Russen zusammensetzt, ist durchaus nicht das, was man in München sich darunter vorstellt, es sind ganz unprominente Menschen mit ordentlichen Berufen, oft recht harten und nüchternen, aber viele davon hängen an deutscher Literatur, an Literatur überhaupt, einige lieben alte und neue deutsche Kunst, obgleich's bei den donnerstäglichen Zusammenkünften gar nicht literarisch oder künstlerisch zugeht, eher schon klobig und sehr feuchtfröhlich!

[. . .] Sie schrieben auch, daß im jetzigen Deutschland wir von der älteren Schriftsteller-Generation »abgeschrieben« sind, daß nichts mehr einen rechten Widerhall findet in dieser heutigen deutschen Welt, was wir mit mühevollem Müssen und einer fast schicksalhaften Berufung eben schaffen. Glauben Sie mir, daß wir im Exil (und ich, der ja immerhin besonders stark an dem Boden und Volk hängt, aus dem er stammt, kann da ein Lied singen!) – ja, daß wir exilierten deutschen Schriftsteller dieses »Abgeschriebensein«, trotz der Erfolge einiger im Ausland, oft noch weit bedrückender empfanden als jene, die daheim geblieben waren und nach schrecklichem Zusammenbruch nun auch noch erleben müssen, wie die hektisch gewordene Öffentlichkeit sie übergeht! Daß wir aber alle dennoch weiterschreiben, weitermalen, weitersinnen, das ist für mich immer der schönste Beweis, die fortwährende innere Stärkung, daß das Geistige nicht umzubringen ist. Ich sage mir, nichts von dem, was wir machen, wird ganz untergehen, es bleibt und setzt sich irgendwann doch einmal wieder in den Menschenhirnen und Herzen fest, es erneuert sich in ihnen und setzt sich fort. Dieser Glaube, meine ich, ist das schönste Geschenk, das uns der Schöpfer ins Innere gelegt hat. Was kann man mehr tun, als sich in Zeiten schwerer Rückschläge, dumpfer Melancholie, an diesen Glauben zu halten?

Wegen des verweigerten Re-enter-Permits kann Graf nicht heimkehren, weil er auf die kleine Sicherheit seiner Existenz in New York nicht verzichten will. Statt der »unbefangenen Beweglichkeit der Jugend« hat er eine »Bedachtsamkeit« bekommen, von der er nicht weiß, ob sie besser oder schlechter ist.

AN FRANZ MÜLLER   10. 10. 1950

Graf plant, 1951 ganz zurückzugehen. Wiedergutmachungsforderungen (auch in einem langen Brief an Hoegner, 24. 8. 1950), Vorstellungen zur Wohnung, auch schon zum Packen und Unterstellen der Kisten.

[. . .] Ich gehe ja gern heim, insonderheit, da in Amerika jetzt eine Kommunistenphobie, eine Hysterie gegen alles Soziale und Linke herrscht, daß einem graust, aber Mirjam, deren Schwester und Schwager in Auschwitz vergast worden sind, überwindet das nicht so rasch, sie hat ein Gegengefühl, was Du verstehen wirst. Natürlich wird sie sich nie von mir trennen, aber daß sie *gern* »heimgeht«, kann niemand von ihr erwarten. Auch ich habe ja nach all den schauerlichen Meldungen über steigenden Neonazismus mancherlei Vorbehalte, aber schließlich bin ich ein deutscher

230

Schriftsteller und gehöre zur deutschen Sprache. Das ist vor allem ausschlaggebend. [. . .]

AN ELSE UND GUSTAV FISCHER 21. II. 1950

Graf fühlt sich verunsichert durch monatelanges Hinhalten des Naturalisationsamts und dessen schließliche Auskunft, daß seine Wiedereinreise in die USA »nicht erwünscht« sei. Er schreibt Betrachtungen: über »Bildung«, über »Katholizismus, Freidenker und Freigeist«, über »Den Snobisten«. Thomas Mann schrieb ihm auf ein Gedicht hin auf einer offenen Postkarte die bei ihm ungewohnte Anrede: »Lieber Oskar Maria, prächtiger Mann!« [am 4. 6. 1950]. Mirjam redet ihn seither nur als »prächtiger Mann« an.

[. . .] Uns, die wir durch soviel Zusammenbrüche gegangen sind, kann man leider nicht mehr zumuten, anderes zu glauben als das, was wir bei den einzelnen Menschen für glaubenswert finden, alles andere ist fortgeschwommen, weiß Gott wohin, jedenfalls aus unseren Hirnen und aus unseren Herzen. Es ist schwer, als so geartetes (oder sagen wir lieber gewordenes) Menschenwesen in dieser Zeit zu leben. Es ist schon schwer genug, den Wunsch zu haben, an irgendetwas zu glauben, nachdem man tief in sich erkennt, man kann es nicht mehr. Immer wieder suche ich, ob sich denn nicht in den nachfolgenden Generationen etwas von dieser Glaubensfähigkeit zeigt, aber ich finde sie nicht. Daß das nichts mit was Religiösem und Kirchlichem, mit so einer resignierten Rückkehr etwas in den »Schoß unseres Väterglaubens« [zu tun hat], versteht Ihr wohl. Aber bezeichnend ist für mich (der ich ein immer pessimistischerer, skeptischerer Zuschauer werde) dies: daß frühere Kommunisten und weiß Gott was für radikale Sozialisten etc. auf einmal zum Katholizismus zurückkehren oder in ihn übersiedeln, wie Ihr ja auch schon feststellen könnt. All diese Menschen werden entweder Katholiken oder – Psychoanalytiker! So z. B. unser einst so vielversprechender Willy Müller, alias Paul Hagen und früherer Dr. Frank! Er hat all seinen Sozialrevolutionarismus an den Nagel gehängt, hat sich ein Häusl in Connecticut gekauft und psychoanalysiert dort mit gutem materiellem Erfolg – alte Damen. Und Hubert Richter (eigentlich Bunzlinger), der einst der Leiter der österreichischen Sozialrevolutionäre während unserer Brünner Zeit war, hat eine amerikanische Millionärin geheiratet, lebt auf einer Riesenfarm und schickt ab und zu Pakete an alte Genossen, aber sonst will er von all seinem »Sozialismus« nichts mehr hören und sehen! Ja, es sind ja viele auch »heimgegangen« und spielen nun entweder im Osten die marxistisch-stalinistischen Professoren oder Funktionäre oder sie sind in Westdeutschland und machen die Sozialdemokratie, die mir genau so zuwider ist.

AN HUGO HARTUNG   24. II. 1950

Ob Graf nun endgültig heimkehrt, steht in den Sternen. »Das Damoklesschwert des drohenden III. Weltkriegs hängt über uns genauso wie über Euch«. Graf schreibt »abwegige Dinge«, »alles nur eine Spielerei eines skeptischen Melancholikers«. Daß man seine Bücher wie *Einer gegen alle* in Ostdeutschland unverändert druckt, nimmt er als ein gutes Zeichen für das »verschriene Regime«.

[. . .] Natürlich nimmt man mir überall übel, daß ich in der Ostzone veröffentliche, aber was schert mich das – ich anerkenne die Zonen so wenig wie Thomas Mann, ich sehe nur die eine Möglichkeit für uns jetzigen deutschen Schriftsteller: An den deutschen Leser, wo immer er sich auch befinden mag, heranzukommen. Käme z. B. die Ostzone mit irgendwelchen Zumutungen zu mir, nie würde ich im geringsten nachgeben! Wenn man in der Westzone alles so übersieht, ist man tiefbekümmert, weil sich natürlich jedermann ausrechnen kann, daß sich das nur solange halten kann, als amerikanisches Geld hineinfließt. Schließlich aber ist auch Amerika nur ein Faß, das einen Boden hat, einmal ist dieser Boden erreicht, und was dann?
Ich bekam viele, viele Besuche aus Deutschland: Lehrer, Wirtschaftler, Redakteure, Bundestagsabgeordnete, Minister, Gewerkschaftler – leider nie einen Künstler, einen Dichter! Die Herren und Damen, die da daherkamen, was nahmen sie eigentlich mit aus Amerika? Nur das Staunen über das Technische, Demokratie lernten sie sicher nicht kennen.
Die nämlich läßt nach in dem Grade, als Ihr Rußland autoritäre Maßnahmen und Gesetze aufzwingt! Du wirst darüber sicher gelesen haben.

AN ERICH LISSNER   24. II. 1950

Lissner soll in der »Frankfurter Rundschau« wieder mal ein Manuskript von ihm bringen. Graf bedauert den Tod von Steinicke und schreibt über ein anderes Münchner Ehepaar, sie seien »längst vor Hitler eingefleischte, tückische Antisemiten« gewesen.

[. . .] Ob und wann ich nun endlich sozusagen in meine letzte »Emigration«, nach Deutschland, zurückkehre, das steht nur noch in den Sternen. [. . .]

AN HEDWIG SCHRIMPF   14. 1. 1951

Vier eng betippte Seiten an sein »Liebes gutes Mascherl«: Ihr Brief klingt tröstlich und »ermuntert ein wenig«, während Graf in seinem »Inseldasein« von den bedrückendsten Gerüchten heimgesucht wird. Die ganze Welt wünscht Frieden, aber warum ist dieser weltweite Wunsch nicht mächtig genug, um »die mächtigen Leiter unserer Geschicke« zum Friedenhalten zu zwingen? Wie wenig Kraft »ein Massenwille den Maschinen gegenüber« hat! Mascherl soll Cläre Jung herzlich grüßen. Jung ist in New York, aber mit ihm zusammenzukommen hat Graf »nicht den geringsten Wunsch«.

[. . .] Sehr oft erfahre ich aus Briefen, daß eigentlich Mädchen und Frauen im heutigen Deutschland mehr Schwung, mehr Interesse und Tatkraft haben, als die Männer. Du bestätigst das nun von Deinem Unterricht, merkwürdig. Offenbar hat, wenn man sich einigen Spekulationen in dieser Richtung hingibt, der Mann schlechthin in diesen letzten furchtbaren Jahren einen ganz schweren Schlag bekommen, fast einen vernichtenden, so daß er langsam einsieht, wie unmöglich das war, das ganze Leben, die Welt, alles sozusagen aufs Männliche zu stellen. Er hat keine Ausgeglichenheit erzeugt, sondern nur einen schrecklich einseitigen Ausbruch . . . aber zu was so philosophieren!? [. . .]

Graf ist, schreibt er, ein »Wanderer« geworden, kennt die Landschaft um New York fast auswendig. Hein Kirchmeier hat ihm in seinem Haus in Midvale ein eigenes Zimmer eingerichtet. Er trifft viele Bayern, aber hier geht es ohne den »Stunk« ab, den sie zu Hause machen. Die Schwester Nanndl hat mit 52 Jahren noch geheiratet, aber auf Distanz. [Die (etwa 17) erhaltenen Briefe Grafs an Hedwig Schrimpf sollen 1984 in »Sinn und Form« im Zusammenhang und vollständig veröffentlicht werden.]

AN ELSE UND GUSTAV FISCHER   18. 2. 1951

Zu Grafs Rilke-Aufsatz: »Weise«, wie G. Fischer ihn findet, fühlt sich Graf gar nicht. Weisheit, wie er sie versteht, hatte nur seine Mutter. »Das ist ein Ding aus sogenannter fester Gläubigkeit und urtümlicher Güte.« Seine Schwester Nanndl lebt in einer »sonderbaren« Ehe mit einem »grundordentlichen, leider in geistigen Dingen ihr völlig entgegengesetzten Menschen«.

[. . .] Meine Schwester ist überhaupt ein ziemlich merkwürdiger Mensch, ungemein versessen auf klassisch-schwere

Musik, besucht alle großen Konzerte und ist nach so einem Besuch stets völlig schweißdurchnäßt und erschöpft von innerster Anteilnahme – und unwirklich glücklich, aber ganz für sich. Sie ist sehr in sich verkapselt, einsam, und schließt sich nur auf – wenn sie getrunken hat. Das nun ist ja wieder »grafisch«. Sie tanzt mit ihren 54 Jahren heute noch jeden Mann in Grund und Boden, wenn's sein muß, zum Leidwesen ihres sehr distinguierten Mannes, der alles Laute verabscheut, kaum trinkt und nur für seinen »Car« Interesse hat. Nanndl ist mir, eben wegen all dieser Merkwürdigkeiten, die liebste Schwester, überhaupt der liebste Mensch in unserer Familie. Mein letztes Geschichtenbuch *Mitmenschen* ist ihr gewidmet. Das freute sie unbändig. Ich wünschte nur, sie lebte hier in New York oder wenigstens: ich sähe sie öfter! Leider aber ist sie so schwer zu irgend etwas zu bewegen, man muß sie jedesmal aus ihrem Trott raußreißen. [. . .]

Klatschnachrichten aus der DDR (bis zu Hausarrest von Anna Seghers), aber Graf mißtraut ihnen – oft werden sie nur zur offiziellen Widerlegung »lanciert«.

AN DIE »FRANKFURTER RUNDSCHAU« 14. 3. 1951

[. . .] Da es in New York keine strenggezogenen Faschingsgrenzen gibt, feiert man hier die Feste wie sie fallen und je nach Laune. Und ich kann Ihnen immerhin versichern, es war urlustig, ganz als wär das München von vor der Hitlerschen Edelfäule noch lebendig – und Amerikaner, Bayern, Preußen, Ungarn, ja sogar – aber sagen Sie's nicht weiter – Russen bunt und friedlich durcheinandergewirbelt. Weißwürst waren auch am Platz, Erotik und Bewegung gab es zugestandenermaßen in Hülle und Fülle, die Kunst stand obenauf wie sichs gehört.

NB: Nächsten Herbst, falls wir noch in dem Schwebezustand leben, tritt unser Stammtisch an die United Nations heran, um ein Fest der Völkerverständigung zu feiern und wir sind sicher, – der Friede ist dann gesichert!

Sehr geehrte Herren!

Besten Dank für die Abrechnung, die ich schon vor einiger Zeit bekommen habe und für den Brief, in welchem Sie mich auf Grund des Beschlusses der Regierung der DDR aufmerksam machen, daß auf alle Buchpreise eine 15% Preisermäßigung angesetzt worden ist. Natürlich bin ich damit einverstanden, denn dadurch wird sicher die Verbreitung guter Literatur ermöglicht. Den dadurch entstehenden Ausfall an Honorar, der – wie Sie ja richtig kalkulieren – wahrscheinlich durch die größere Verbreitung kaum ins Gewicht fällt, akzeptiere ich gern.

Mit ergebenen Grüßen
Ihr OMG

[. . .] Was Sie über die Furchtbarkeit des nun neuerdings drohenden Totalitär-Systems vom Osten her schreiben, wie sollte ichs nicht unterschreiben. Ich habe soviel (trotz meiner Warnungen blinde!) Freunde dorthingehen sehen. Manche haben heute wieder einmal in Leipzig »Professoren«-Stellen, manche von früher sind auf ewig verschollen, manche sind Gottseidank einem schauderhaften Schicksal entkommen. Ich bin aber trotzdem nicht der Meinung, daß man ein solches System durch (wenn auch absolut den Tatsachen entsprechende) Propaganda bekämpfen kann. Eine fast dreißigjährige Stabilisierung dieser Macht kann kaum mehr zunichte gemacht werden, schon deswegen nicht, weil sie noch immer den Anschein erweckt, als habe sie irgendwelche Träume gutgläubiger Sozialisten verwirklicht. Ich sehe als einzelner nur den einen Weg: Wie kann ich Menschen, die im Bereich dieses Systems sind, in manchen Fällen helfen. All diese sogenannten »Kulturkongresse« der westlichen Welt gegen den unfreien Osten wirken schon deswegen nicht, weil die Menschen im Osten nichts davon erfahren und zweitens, weil eben der sogenannte »freie« Westen doch nicht so frei ist, wie vorgegeben wird.

Die Deutschen haben in ihrer Geschichte am wenigsten von echter Demokratie zu spüren bekommen. Heute sind wieder Generale und Nazigrößen gefragt. Das Volk? Es ist anfällig für ›markige‹ Worte. Die Presse? Sie ist »nach anfänglicher Besinnung wieder in ein Stabilitätsdenken« geschliddert. Warnecke hat Graf über Carossa geschrieben, der Graf in seinen Werken »zu brav« ist.

[. . .] Lange Zeit ging in Emigrantenkreisen das Gerücht um, Carossa sei völlig hitlerhörig gewesen, wie mans denn überhaupt, je mehr sich der Nazismus überschlagen hat, mit Anschuldigungen recht leicht nahm. Ich hielt mich stets zurück und versuchte mit oft recht großen Mühen und noch mehr Geduld, ein klares Bild zu bekommen, darum habe ich manchmal zu ganz offenkundigen Schweinereien Intellektueller geschwiegen, was man mir oft übel nahm. Aber Gerechtigkeit verlangt eben Geduld! Da ich Carossas Beziehungen zu Rilke (auch viele Briefe Rilkes an ihn) kannte, hielt ich stets alle Anschuldigungen gegen ihn für ungerecht. Es ist ja so leicht gewesen, vom sicheren Ort aus zu moralisieren, und das war mir seit jeher zuwider.

[. . .] Vor zirka drei Monaten wurde ich vom hiesigen Naturalisationsamt plötzlich zu einem Verhör geladen. Dieses Verhör dauerte von vormittags 10 Uhr mit einer Stunde Mittagszeit bis abends um 5 Uhr und ich wunderte mich nur so, was man von mir im Lauf der Jahre alles zusammengetragen hat, um mich partout zum Kommunisten zu stempeln: uralte Beiträge in sozialistischen und kommunistischen deutschen Zeitungen aus den Jahren 1924 bis 1930, Zuschriften an irgendwelche Emigrationsblätter zugunsten der Befreiung Niemöllers, Thälmanns und anderer – ich war einfach platt! *Das* also gilt, an irgendeine Entwicklung glaubt so ein Amt nicht, und ich kann Ihnen sagen, so ein Verhör geht zwar in ganz urbanen Formen vor sich, aber *was* Sie da gefragt werden erinnert sehr oft an Verhöre, wie ich sie von der Gestapo und der GPU las. Diese merkwürdige Verbundenheit der Polizeien auf der ganzen Welt erinnert mich stets an – ich kann mir nicht helfen – Prostitution. Man dient sich sozusagen, ganz gleich unter welchem Regime man ist, gegenseitig in die Hände!

Am Schluß des Verhörs weigerte sich Graf wieder, das Land mit der Waffe zu verteidigen, wie er es unter Kaiser Wilhelm verweigert habe.

[. . .] Immer mehr kommt mir zum Bewußtsein wie tief- und vorausdeutend damals mein Buchtitel *Wir sind Gefangene* für mich geworden ist.

Da Dietrichs in Berlin »alles hintenlassen mußten«, werden sie erneut ein Kleiderpaket brauchen können. Graf selbst ist als alter Exilant an ein solches laufendes Aufgeben schon gewöhnt, nimmt es nicht mehr tragisch, »es kommt ein klein wenig etwas Nomadenhaftes in einen Menschen«. Der Buchmarkt in Westdeutschland wirkt auf Graf unmöglich wegen der hohen Preise bei dem geringen »Verdienst der Massen«. Der Osten wirkt durch verbilligte Bücher »äußerst anziehend« – »wenn jemand nicht dahintersieht«.

[. . .] Überhaupt, wenn ich alles so verfolge, muß ich bekennen, daß der westdeutsche Staat eine höchst ungeschickte Politik und Propaganda betreibt, daß er einfach irgendwie ins Alte zurück will, statt den Osten durch neue kulturelle und soziale Wagnisse zurückzudrängen. »Freiheit« . . .? Mein Gott, weißt Du, das Wort ist so abgeklappert und so vielfältig definiert worden – Freiheit kennt wohl nur der Engländer in dem Sinne, der mir richtig erscheint, nämlich freiwillige Einordnung ins Ganze aus einem tiefen sicheren Bewußtsein, daß man sozusagen das Nationale fast als etwas Familiäres auffaßt. Das haben wir Deutschen in unserer langen Geschichte schon deswegen nie begreifen können, weil wir nie zur wirklichen Nation zusammengewachsen und immer eigentlich staatsfeindliche Untertanen geblieben sind. Es wird auch wohl zu unsern Lebezeiten [!] nicht mehr anders. Zudem – gerade in der letzten Zeit, da ich an einer Arbeit über Rilke herumexperimentiere, wird mir das immer klarer – hat die deutsche Romantik im Menschen etwas Furchtbares angerichtet, sie trieb ihn in einen geradezu mystischen Individualismus und zertrümmerte das Menschliche schlechthin. Seit Nietzsche, der für mich stets die letzte klarste Höhe dieser romantischen Strömung war, gibt es keinen ganzen Menschen mehr – der Mensch hat sich aufgelöst in Teile, ja, heute kommt es mir schon fast vor, als seien wir nur noch Symptome des Menschlichen. Darum die Anfälligkeit der Massen auf der ganzen Welt – überall erwartet man, wie bei uns auch jetzt offenbar noch, den »starken Mann«, den »Erlöser«, das unerreichbare Genie! Es gibt kein natürliches Hinzielen auf die Gemeinschaft, es gibt nur das Auseinanderstreben aller, und jeder, der Intelligenz, Begabung oder Geist zu haben meint, kommt sich im Innersten als »ewig Einsamer« und Verkannter vor, ob er nun zufällig Schriftsteller, Musiker,

Künstler oder Politiker ist. So kommt es zu dem Grotesken, daß alle Welt einen Mann wie Albert Schweitzer als etwas ganz Einmaliges und Großes ansieht (was er ja auch in dieser heutigen Welt ist) – nur, weil uns gar nicht in den Sinn kommt, daß *wir* ja eigentlich *alle* so sein und so handeln müßten. Ein einzelner ganzer Mensch bestürzt plötzlich alle, weil er nichts weiter tut als das Natürlichste von der Welt: Gutes und Menschliches! Toll!! [. . .]

Graf schwitzt in seiner »top floor« Wohnung und freut sich auf ein Lokal mit »air condition« – er kann also »einige englische Brocken«. Weiter will er es nicht bringen, denn abgesehen von seinem »Phlegma« fürchtet er, in seine »mühsam erlernte deutsche Sprache Anglizismen hineinzubringen«, wie es die meisten dortigen Schriftsteller tun.

AN HARRY ZOHN   2. 2. 1952

Ein Manuskript mit Kramer-Gedichten würde Graf ungern aufbewahren (Zohn hatte ihn darum gebeten). Er hat den Maler in der Wohnung, und überhaupt hebt er Sachen so gut auf, daß er sie dann »nicht gleich« findet. Lyrik ist ja leider immer schwer anzubringen.

[. . .] Was Sie über meine Bücher schreiben, las ich natürlich recht gern, aber ich bin so weit weg von jedem Buch, das einmal veröffentlicht worden ist, daß ich oft nur noch fetzenweise Erinnerungen dran habe. Im großen Ganzen glaube ich, daß *Wir sind Gefangene* schon ein haltbares Buch ist, nur ist mir darin zuviel Kraft und zu wenig Können. Wirklich geglückt halte ich wenig von mir: Den *Lehrer Männer*, den *Quasterl* – und, ja, *Das Leben meiner Mutter*, aber ich bin mir nicht im klaren, ob es nicht irgendetwas wie eine vernarrte Liebe ist, die mich unobjektiv macht. [. . .]

AN KURT PINTHUS   o. D. [nicht vor 1952]

Lieber Pinthus,

es scheint so zu sein, daß Du leider nie Zeit hast, an unserem Mittwochstammtisch ab 9 Uhr bei »Foresters Restaurant«, 48th Street East, betw. Lexington und III. Avenue zu kommen. Aber findest Du nicht auch, daß man eigentlich wenigstens ab und zu einmal zusammenkommen soll, nicht um weiß Gott was für große literarische, künstlerische oder weltanschauliche Eier zu legen, sondern um den menschlichen Kontakt aufrechtzuerhalten? Es ist so, daß uns New York alle irgendwie atomisiert, daß wir nur noch die Atmosphäre voneinander spüren, wenn der Name genannt, wenn wir zufällig auf einer Veranstaltung zusammenkommen oder wenn ein Artikel etc. von uns im »Aufbau« gedruckt wird. Das ist, weiß Gott, ein bißchen wenig. Man sollte grad jetzt jene zwanglose Geselligkeit wieder mehr und mehr beleben, die – wie es mir immer vorkommt – auf uns alle befruchtend wirkt. Das ist vielleicht ein bißchen pathetisch ausgedrückt, aber ich denke, Du verstehst es. Wir leben alle zu sehr »im Beruf«, in der »Arbeit« und gleiten allmählich in eine eigentümliche Nichtmehrzusammengehörigkeit (ein schreckliches Wort, aber nicht anders auszudrücken!) und deswegen hielte ichs doch für nett, wenn man sich wenigstens ein oder zweimal im Monat einmal sehen würde außer allen »Interessen«, selbst wenn die Gefahr ist, daß mitunter so ein Zusammenkommen gar nichts zu zeitigen scheint als Ulkerei oder Heiterkeit und Betrunkenheit. Um das gehts ja auch, aber nicht hauptsächlich. Drum, also laßt Euch doch einmal sehen.

Recht herzlich Dein (und ein Extragrüßchen an Deine liebe Schwester) OMG

AN ELSE UND GUSTAV FISCHER   24. 6. 1952

Graf hat an Fischers immer nur gedacht, kann ihnen auch jetzt »nichts schreiben«.

[. . .] Seit langer, langer Zeit lebe ich in einer mir selber nicht begreiflichen Niedergeschlagenheit, einer so faden, nie ablaufenden Traurigkeit, daß ich mich oft vor mir selber fürchte. Es ist äußerlich eigentlich gar kein Anlaß, keine Sorgen, keine Krankheit, alles geht den gleichen schauerlich ordentlichen Gang – aber mir kommt es vor, als bröckle jeden Tag mehr ab von mir. Ich schrieb einen fast hundertseitigen Essay über den »Moralisten«, und der liegt nun in der Schublade, ich will nichts mehr von ihm wissen. Ich schreibe meine Gedichte immer wieder um, feile und feile und – wenigstens so lange, als ich dran arbeite – sie gefallen mir auch zuweilen. Aber alles, alles kommt mir so sinnlos, so schauerlich vertan vor. Was ist das? Ich möchte fliehen vor allen Menschen, vor den besten und nächsten Freunden, ich wünsche mir oft eine Gefängniszelle, ein ganz primitives Einsiedlerleben, im nächsten Augenblick aber sehe ich verzweifelt ein, ich kann nicht sein ohne das Bewußtsein, daß Menschen um mich her leben. Dabei sind mir all diese Menschen zuwider. Und gar, wenn ich irgendwas veröffentliche und irgendjemand lobt es – ich fahre ihn an, daß er ganz beleidigt schweigt. [. . .]

Vielleicht liegt es am Alter. Saufen hilft auch nichts gegen die Melancholie. Er schämt sich, nach so langer Zeit nur eine solche »Lamentation« auf Fischers loszulassen. Mirjam wird durch ihre Arbeit mit solchen »Stimmungen« besser fertig.

AN ROBERT WARNECKE   18. 10. 1952

»Seit ewiger Zeit« schwebt Graf zwischen dem Entschluß heimzugehen und »der wilden Abneigung [?], hier auszuhalten«. Er arbeitet deshalb »verbissen«, z. Z. an zwei Bänden Geschichten, denen er den Titel *Bayrischer Bauernspiegel* gab. Manfred George brachte anheimelnde und bedrückende Eindrücke aus Deutschland zurück und die Meinung von deutschen Freunden, daß sie manche andere entbehren könnten, aber auf Grafs Rückkehr warteten – »kann das denn nicht bestürzen und verwirren?« Finanziell geht es schlechter durch die ungeheuren Preissteigerungen der letzten Zeit.

[. . .] Glauben Sie, das Leben ist so, trotz des wohltuenden Bewußtseins, daß man immer noch produktiv sein kann, nicht angenehm, in Sonderheit schon deswegen nicht, weil hier die Dinge langsam in einen Zustand hineinschliddern, der viel von der beginnenden Hitlerei an sich hat. Neger- und Judenfeindlichkeit, überhaupt eine zwar versteckte, aber doch sehr fühlbare Fremdenfeindlichkeit, ein arglistiges politisches Beschnüffeln, ein völlig unkontrollierbares Anschuldigen, jeder, der nicht 200-prozentig amerikanisch tut, sei Kommunist, ach, wie erschrecken wir manchmal darüber. Denn dieses an sich sehr verständige Volk hat eben nie Not, nie Krieg, nie alles, was Hitlerei war, erlebt – darum auf einmal der Ruf nach dem »starken Mann«, wie bei uns, leider!

AN ROBERT WARNECKE   24. 12. 1952

Weihnachts- und Neujahrswünsche verschickt Graf schon lange nicht mehr. In Amerika sei das eine Seuche, die Briefträger müßten der Briefberge wegen drei- oder viermal gehen. Das sei vielleicht »eng« von ihm, aber er nehme die Worte zu ernst dafür.

[. . .] Nun aber doch noch etwas, das Sie wohl freuen, aber wahrscheinlich auch ein bißchen beunruhigen wird: Meine Frau und ich haben nach Eisenhowers Wahl (welche hier – jetzt zwar noch nicht ganz fühlbar – eine sehr fremdenfeindliche, reaktionäre Welle ausgelöst hat, die sich täglich um viele solche Wellen vermehrt!) beschlossen, trotz aller Bedenken – nach Deutschland zu gehen, natürlich nach München. Es wird wohl ungefähr Juni oder Juli werden, bis wir dort ankommen, aber es ist ganz sicher diesmal. Schrecklich ist uns die Aufgabe unserer so liebgewonnenen Wohnung, bitter wird uns das Verlassen vieler Freunde sein, wenig zieht uns nach der »Heimat«, die schon fast nur noch eine landschaftliche Sehnsucht ist und bei mir wohl so etwas wie ein Daheimsein in der Sprache, aber wir gehen doch, da wir ja hier immer noch staatenlos und »suspekt« sind. Das neue Gesetz über Naturalisation gefährdet uns früher oder später doch. Sie können sich denken, was dieser Entschluß in unserm Innern alles anrichtet und verstehen sicher, daß auch das dazu beiträgt, meine Melancholie, die mich ja in all den Jahren sehr oft überfallen hat, noch zu verstärken [. . .]

AN JOSEF FELDER   27. 8. 1953

Deine Nachrichten beunruhigten mich aufrichtig. Daß die Position in Deinem Winkel sich zusehends erschwert, glaube ich gern, wenn ich die Zeitungen aus Deutschland (ich bekomme die außerordentlich gute »Stuttgarter«, die »Frankfurter Rundschau« und die »Welt der Arbeit« regelmäßig wie die Deine. Nur Münchner Blätter krieg ich selten, auch scheint dort in bezug auf Anbringen meiner Manuskripte irgendein Damm gesetzt zu sein, andere Zeitungen von überall – sogar in der Schweiz von der »Basler Nationalzeitung« abwärts – bringen sehr oft Arbeiten von mir) verfolge. Auch sind hier in Amerika sehr dubiose Kreise am Werk, Adenauers Wiederwahl durchaus zu sichern, ob das gut ist, weiß ich nicht, immerhin sehe ich leider in der SPD außer vielleicht dem einzigen Carlo Schmid (wenigstens als weiterblickende politische Intelligenz) keine Gestalten, die ein Vertrauensfundament außerhalb der Arbeiterschaft haben, und die Arbeiterschaft ist, wie wir vielleicht früher glaubten, eben doch nicht das Volk. Hoegner scheint wenigstens als innenpolitischer Fachmann sich größere Geltung verschaffen zu können, aber Ollenhauer, Knoeringen täuschen sich sicher, wenn sie annehmen, das Volk stehe hinter ihnen. Das eben läßt mich fürchten, daß Adenauer mit Kräften, die jedes Wirken wie etwa das Deine behindern, erneut und gefestigter ans Ruder kommt.

Graf kämpft immer noch ergebnislos um seine Wiedergutmachung. Nicht nur zahmere Emigranten, sondern auch ausgesprochene Nazis haben sie längst bekommen.

[. . .] Meine literarische Situation ist natürlich noch unrosiger: Da seinerzeit der New Yorker deutsche »Aurora-Verlag« gleich nach 1945 einen Lizenzvertrag mit dem Berliner »Aufbau«-Verlag machte und dort meine Bücher erschienen sind, und da Desch keinen Lizenzvertrag mit »Aurora« machte, obgleich es ihm ebenso angeboten wurde, bin ich sozusagen als »Kommunist« oder »Sympathisierender mit den Roten« festgelegt, und kein westdeutscher Verlag hat Interesse für so einen »Suspekten«. Desch verramschte mein bestes, wichtigstes Buch *Das Leben meiner Mutter* und weigerte sich einfach (angeblich wegen zu teuren Papierkosten), die weitere Auflage zu machen. Genau so hat ers mit meinem Roman *Die Eroberung der Welt* gemacht. Der Weismann-Verlag in München brachte meinen erweiterten *Bayrischen Dekameron* raus und kaufte damals die Rechte auf meinen Roman *Bolwieser*, aber nun krebst er herum und drückt sich mit tausend Ausreden, das Buch rauszubringen, weil er ganz einfach halb pleite ist. Dabei bin ich überzeugt, daß grade der *Bolwieser*, wenn er jetzt in dem schwarzen Bayern rauskäme, einen großen Stunk bei den verpfafften Mächtigen hervorrufen und sogar zu einem Verbot führen würde, was mir reklamemäßig sicher sehr nützen würde. So bin ich, wie Du siehst, ziemlich gehandicapt und muß eben schauen, daß ich mit meinen vielen, aber keineswegs für mich so wichtigen Kurzgeschichten mich durchfrette. [. . .]

Nicht die hauptstädtische, sondern die Provinzpresse ist die beste Waffe für die Erkämpfung der Demokratie.

Graf bedauert sichtlich das Ende des USA-Besuchs des jungen Kirchmeier. Er
hat sich für ihn mehr Zeit als sonst genommen, gibt ihm Empfehlungen für
München mit und erwähnt zum erstenmal seine »Grabrede auf einen
Freund« [über Franz Jung], aus der er vorgelesen hat.

[. . .] Wie ist das nun mit Deinen netten Mädeln geworden?
Ich glaub fast, bei der Dorothy hat's »zuend't« und gar so
schlecht fänd' ich das ja nicht, bloß – mein Gott, wie kann
man in Sachen Verliebtheit und Liebe raten – halt net so
schnell solls mit'm Heiraten gehn. Das andre Madl find ich
auch nett, obgleich ich es nicht so gescheit finde, wenn auch
sie und ihre Mutter viel lesen. Es ist eben nicht das Lesen, es
ist die Helligkeit im Kopf an sich, die einen Menschen ausmacht.
[. . .] In anbetracht der großen Hitze haben meine verschiedenen »Troubles«, die Du ja halbwegs kennst, Du Bazi, ein
bißl nachgelassen. Der Sommer raubt dem stärksten Mann
die Weiberlust, insonderheit, da man ja dabei vor Schweiß
zerrinnt, was für beide Teile keineswegs so appetitlich ist.
[. . .]

Graf will einem Kollegen in Kanada, Walter Bauer, Kirchmeier weiteremp-
fehlen. Nur die »wirkliche Atmosphäre der Kameradschaft« bringt die Menschen aus dem »meist sentimental verschwommenen Heimatgefühl und aus
der gänzlich unmöglichen Politisiertheit des einzelnen« heraus. »Unseren
Stammtisch betreiben wir auch wieder«: mit Russen, Juden, Österreichern,
Schwyzern, Bayern, manchmal einem eingesessenen Amerikaner, »und alles
kommt auf den Humor an«. Graf hätte viel Arbeit, aber er »quatscht« lieber
wie in diesem Brief. »Manchmal möchte man einfach so nebeneinander
hocken und reden, was einem in den Sinn kommt. Das spannt aus.«

[. . .] Meistens ist's ja so, daß das Briefschreiben immer nur
geschieht, nachdem man einen Menschen kennen gelernt
hat, der einen interessiert oder einem zusagt – daß man da
schreibt, weil einen irgendwo der Schuh drückt, weil man
sich aussprechen will über die Unzufriedenheit mit der
Lage, in welcher man sich grad befindet. Erst, wenn man anfängt, das wirkliche Bedürfnis zu haben, auch dann Kontakt
mit dem »zusagenden« Menschen aufrecht zu erhalten und
ihm zu schreiben, wenn man *nicht* unzufrieden mit sich und
seiner Lage ist – erst wenn man da manchmal schreibt,
stimmt was in der Beziehung der beiden.

Aber laß uns zunächst einmal nicht philosophieren. Ich denke an Dein Hierherkommenwollen. Es ist dies ja sicher auch ein drängendes Gefühl von großer Verliebtheit und Geilheit, und es ist ebenso ein Fernweh, eine Lust, aus voller Brust in das Wunder der ganzen Welt zu stürzen. Denn, siehst Du, es geht Dir natürlich die Dorothy sehr im Kopf rum (nebenher, meine ich) bei all Deinem Aus-Deutschland-Wegwollen. Wie soll's auch anders sein, nachdem diese Liebe eigentlich erst angefangen hat und nicht zur Auswirkung gekommen ist, nicht kommen konnte in der kurzen Zeit.

Die beiden ineinander vermischten Gefühle – Sehnsucht und Geilheit, Versinkenwollen in den geliebten Körper und der junge, wilde Mannsdrang, aus der bayrischen Enge rauszukommen und sich mit der gewaltigen Weltwirklichkeit sozusagen zu messen, das natürlich verschiebt augenblicklich auch Dein Verhältnis zur Heimat, oder sagen wir lieber, zu allem Ererbten, denn »Heimat« ist ein etwas fragwürdiger Begriff geworden für Menschen wie mich.

[. . .] Daß es Dir nach der glücklichen Zeit beim Hein besonders schwer ist, Dich wieder ins Bayrische einzufügen, ins bürokratisch wichtigtuerische Deutsche schlechthin, das glaub ich gern, das kann ich Dir schon deswegen nachfühlen, weil ich doch dieses Bayrische und Deutsche sehr genau kenne und immer ein Stück davon bleiben werde (nicht nur wegen meiner Schriftstellerei rein sprachlich!) – es ist so: Man sieht, wenn man die großen durchaus nicht fremden Menschen anderwärts kennen gelernt und das allgemeine Weltleben nur halbwegs in sich aufgenommen hat, dieses Bayrisch-Deutsche kritischer, entlarvter, genauer und erschrickt, wieviel da falsch ist, wieviel da noch Verstocktheit und überheblicher Eigensinn geblieben sind, so eben, als gäb's nur das Bayrische und Deutsche auf der Welt. Da ärgert einen dann auch das teure Bier, die etwas zu merkantil gemache Naturburschenhaftigkeit unserer Landsleute, das Hähndl, das 12 Mark auf der Wiesen kostet, ja sogar die ganze Münchner Luft, der sonderbare Geist dorten – da kommt ein Ärger, ein Überdruß über einen, weil man doch sieht, wo es fehlt und weil man kein Verständnis findet, wenn man drauf hinweist.

[. . .] Konnte jetzt nie nach Midvale rauskommen, hab zuviel zu tun, und die Mädchen lassen mir auch keine Ruh, man sollt sie so wie einen Radioapparat benützen können: Einschalten, wenn man Lust hat und abdrehn wenns lästig wird – so egoistisch macht die Arbeit.

Politisch siehts in Deutschland sehr provinziell aus, da ist ja wirklich der Adenauer noch der beste, die Sozialdemokraten tun wie ein großer Verein vor 1933 und ich wundere mich, daß die noch soviel Stimmen gekriegt haben. Ich sah all ihr Propagandamaterial und muß schon sagen, es ist geradezu kindisch dumm. Trotzdem wär ich gern einmal hinübergekommen, kann aber – vielleicht weißt Du auch, warum – nicht. [. . .]

AN ROBERT WARNECKE   6. 1. 1954

Graf war lange schrecklich krank, Hexenschuß. Er schreibt seit Monaten an seinem neuen Roman: Auseinandersetzung mit der Psychologie des erzählenden Schriftstellers und dem Wesen des Emigranten. Titel: »Das große Geschwätz« [später: *Flucht ins Mittelmäßige*]; »er sagt ernüchternde Dinge und greift Größen an, die heute Weltgeltung haben«. Davon und von der Arbeit am *Ewigen Kalender* hat Graf »neuen Auftrieb«, fühlt sich »verjüngt«. Er tröstet sich mit Storms Oktoberlied: »Ist doch die Welt, die schöne Welt/So gänzlich unverwüstlich«. Er hofft auf die Berliner Konferenz: der ewige Zankapfel Deutschlands müsse schließlich Amerikanern wie Russen über den Kopf wachsen. Manns Erzählung »Die Betrogene« findet er »sublimierte Courths-Mahler«.

[. . .] Wenn mans auch nur als kleine Nebensache ansehen muß, dies Ding, ich hätte es nicht veröffentlicht an Thomas Manns Stelle. Ich halte ja auch den »Faustus« für ein großes, aber rein episch völlig mißlungenes Werk, das trotzdem ewig bestehen wird, und es ist mir lieber wie Hesses »Glasperlenspiel«. Diese beiden wahrhaft großen Dichter haben sich leider – immer nur nach meiner eigenen privaten Meinung – völlig ins Unerzählerische verlaufen, ins spekulative Grübeln, wobei ich bei Thomas Mann noch viel Eitelkeit dazu rechne – dagegen ist Hemingways »Der alte Mann und das Meer« ganz klassisch, so groß wie etwa Tolstois »Polikuschka« oder dessen »Schneesturm«. Ich las viel, leider wegen der schrecklich lästigen Rezensionen auch eine Menge Unerhebliches. Mir kommt vor, als verstünden die meisten (auch die ganz großen wie Mann und Hesse) gar nicht, daß es weder ein Recht, noch eine Gerechtigkeit im

Leben der Völker und Menschen gibt, daß dieses Recht und diese Gerechtigkeit nur in der reinen erzählenden Epik liegt, im klaren dichterischen Bericht ohne Zuhilfenahme von Philosophie und Gescheitheit. Auf einen ziemlich willkürlichen Nenner gebracht, meine ich immer, man müßte als Schriftsteller im Roman und in der Erzählung Homer und Tolstoi in einem sein. Ob das verständlich ausgedrückt ist, weiß ich nicht. Es geht mir bloß so durch den Sinn.

Lieber Ludwig,

ich hoffe, Du wirst mirs wirklich nicht übel nehmen, wenn ich bloß so schnell hinschreibe, daß es schön für mich ist, Dich als gesunden, springlebendigen 60er zu wissen. Geburtstagswünsche – überhaupt, sich in den heutigen fragwürdigen Zeiten weiß Gott was zu wünschen – sind alle ein bißl komisch. Für einen Schriftstellereibesitzer wie mich, und noch dazu bei einem so starken Geschäftsrückgang, gehts bei solchen Anlässen nur darum, ein bißl Reklame zu erreichen, das andre ist mir ziemlich wurscht. Vielleicht nicht ganz wurscht ist mir bloß, daß so ein Tag Grund zum Saufen gibt. Das ist aber auch alles.

Ich bin schrecklich in meinem neuen Roman drinnen und habe für nichts den rechten Kopf. Darum, lieber, guter Michael – für mich bist Du nämlich belustigenderweise ein nur noch durch seine Eitelkeit verhinderter guter Mensch – laß Dir durch die Luft die Hand drücken. Und Du kannst mir's glauben, so gern möcht ich mich oft mit Dir nächtelang streiten über alles mögliche, das Dir und mir so durch den Kopf geht. Und es gibt erschreckend Wenige, bei denen mich so ein Wunsch ankommt.

Als Kinder, weißt du, das fällt mir jetzt grad ein, haben wir immer unserer sehr noblen Taufpatin gratulieren und ihr dabei eine Torte und ein schönes Huhn bringen müssen, und da haben wir sinnigerweise jedes Jahr das gleiche hergesagt:

»Soviel Stern am Himmel stehen,
soviel Jahre sollst du noch leben«.

Das hebt durch seine routinemäßige, von vornherein feststehende Unmöglichkeit alles vermeintlich bedeutsame des Geburtstages auf. Es travestiert schon beinahe. Und das hat mir immer gefallen, es gefällt mir heut noch unvermindert. Drum schreib ichs her. Einmal (weil meine jüngere Schwester Nanndl, die das eigentliche Taufkind war, und ich uns dabei stets um die Schokolade und um die eine Mark, die unsere noble Patin uns da schenkte, giftig zankten) einmal war meine arme kleine verfrorene Schwester so verwirrt von unserm schon vorherigen Streiten, daß sie beim Vorbringen dieses Versleins einfach kein Wort mehr rausbrachte und einfach – stehend in ihren Rock bieselte. Es rann am glatt gewichsten Parkettboden so dahin wie ein rührendes Flüßchen. Und statt all dem feierlichen Zauber schrie sie nur schrecklich schluchzend im schönen, blumengeschmückten Zimmer der Patin. An dieses komische winzige Erlebnis erinnere ich mich immer, wenn irgendwelche stirnrunzelnd überlegenden Leute was ganz getragen Blödes wegen so einem Geburtstag verfassen, ich bin also schon neugierig, was ich über Deinen 60sten alles lesen werde und freu mich auf mein Schmunzeln. Nun, heut ist grad mein Stammtischtag, da denke ich an Dich und heb meinen Königludwigkrug auf Dein Wohl. In diesem Sinne Dir und der geplagten Sascha alles Nette wie immer

Dein OMG

Veröffentlicht in: »Briefe von und an Ludwig Marcuse«, hrsg. H. v. Hofe, Zürich 1975.
Marcuse antwortete zu Grafs 60. (Brief vom 19. 7. 54): Er schätzt Graf vor allem, weil der nie vergessen hat, was ein Anarchist ist. »Das ist nicht sehr konstruktiv, vermeidet aber viele Dummheiten«; »angesichts dieses rasend blöden Jahrhunderts« sei Graf »mit einem Minimum von Dummheiten« ausgekommen. Für Marcuse gibt Graf stets viel Unterhaltungsstoff her. Er braucht nur zu beginnen »da gibt es diesen Oskar Maria Graf . . . und die Leute wachen immer auf«.

AN KARL OTTO PAETEL   25. 2. 1954

Seit so merkwürdige Gerüchte über Deine Enttäuschung oder sagen wir lieber Dein langsames Weggleiten aus dem spezifisch Deutschen bei Freunden und Bekannten umlaufen, hab ich oft an Dich gedacht. Ich hätte mich gern einmal darüber ausgesprochen, leider bin ich mitten in einem Roman und immer geplagt von plötzlichen schrecklich schmerzhaften Hexenschüssen, die mich aktionsunfähig machen, sonst hätte ich mit Dir einmal was ausgemacht wegen Zusammenkommen.

Aber so wie Du nun schon mal gelagert bist im Innersten, ist es schwer mit Dir zusammenzuwirken, ich meine, sich zusammenzustreiten. Du hast unglückseligerweise zu wenig Humor, bist noch von weiß Gott was für Überbleibseln aus »deutscher Vergangenheit« belastet und ich fürchte sogar, das schlägt, wenn es wirklich wahr sein sollte, daß das »Deutsche« und das jetzige Deutschland infolge irgendwelcher Umstände und Enttäuschungen eine Art von langsamer Loslösung in Dir erzeugt haben, um in eine höchst verworrene Orientierung nach einer anderen nationalen und Deinem Innern entsprechenden psychischen Seite. Ich hab einmal sowas für mich über Dich festgestellt: Du bist das unvergorene Element der bündischen Jugend mit viel Hölderlin und Lawrence plus einem romantischen Geltungsdrang, einer unklaren Sehnsucht nach einer Substanz, die Du bei allem Nachdenken und Mühen nicht bezeichnen kannst. Jetzt erst, finde ich, fängt Deine Emigration an. Bis nach dem Krieg waren wir ja alle keine Emigranten, nur Wartende in einer Zeit, die mitunter etwas von einem grausig unordentlichen Bahnhof gehabt hat.

Paetel gehört zu den Menschen, mit denen Graf gern streitet und zusammen ist – er hat sie auch gern und »kann doch nicht ihr Freund sein«.

[. . .] Nun, ich finde immer mehr, wir atomisieren hier. Wir bilden – weil keiner seine eingewurzelte Eitelkeit in sich abschaffen kann – Kreise, die uns genehm sind und verlieren so den Kontakt miteinander, den Kontakt mit der Vielfalt, mit jenen, die einfach anders sind als wir selber. Der »Hitler in uns« ist zu arg ausgeprägt und die großen Talente der Benns und der Jüngers, die Dir so oft ein pathetisches Erschauern ablocken, fördern das auch noch. Jeder von uns hat sich nach Hitlers Hereinbruch nach und nach sogar das trügerische Bewußtsein aufoktroyiert (und das amüsierte mich bei Dir manchmal besonders) er sei nun auf dem Wege zum Sozialismus, er müsse nach ernsthaften Überlegungen zugestehen, daß er ja eigentlich auf diese Seite gehöre usf. Keiner hat sich darangemacht, zu sagen, daß er sich dabei in einen Kampf um Windmühlen begab, nämlich das Selbstverständliche ist doch die Einsicht, die mir nach dem Zusammenbruch des Mitteldeutschen Aufruhrs plötzlich kam: daß jeder von uns ein Nichts ist. Dieser Windmühlenkampf ist allerdings für mich seit Kant stets das wirklich unausrottbare »Deutsche« gewesen, nämlich jenes, das – wie Thomas Mann einmal ausgezeichnet sagt – stets »auf die heroische Festivität« aus ist, die andere Völker wirklich nicht kennen, weil sie weder psychisch noch im Allgemeinleben etwas »Heroisches« entdecken können. Und da folgt nun nach diesem traurigen Luther der Kant, nachher diese Kleists und schließlich macht die Romantik einen höchst komischen Luftsprung, um zu beweisen, sie ist anders und springt genau wieder in dieses Heroische, nur noch schlimmer und tiefer – und dann kommen die Spenglers, die Jüngers und Benns, mein Gott, es ist schon ein Kreuz, daß wir nun das alles mitschleppen sollen (und es sogar mit einer gewissen masochistischen Wollust gern tun), nur um zuletzt zu erkennen, es ist alles Unsinn gewesen und nur störend fürs Leben in der Welt.

Um so herzlicher lädt er ihn zum Stammtisch ein. Wie Paetel bei seinem letzten Auftauchen dort »dagesessen ist«: »eckig, überheblich und schrecklich komisch« – »das gefiel mir ungemein«.

[. . .] Na gut, jetzt hab ich Dich ein bißl geärgert und bin gewärtig, daß Du wieder einmal bittere Feindschaft ansagst. Gehn's Herr Nachbar, sagt man bei uns in Bayern, macha's doch koana solchern Mais wegen dem bißl beschissenen Leben . . .

AN KARL OTTO PAETEL   4. 3. 1954

Paetel hatte ernst und besinnlich geantwortet (am 3. 3. 54, vier engbeschriebene Seiten). »Vom Deutschen« kann er sich gar nicht lösen, ohne sich selber aufzugeben. Zu Jünger steht er; über Jugendbewegung soll Graf nicht mitreden. Daß »jetzt erst seine Emigration anfange« hat ihn getroffen, weil es wahr ist. Er ist nicht »verjagt worden«, er ist – wie Graf – »gegangen«. Den Stammtisch fand er peinlich, small talk an Stelle von Problemen. Und dazwischen Graf: »der ›Originaldeutsche‹, der mit souveräner Geste die fasziniert lauschenden Tier-, Zahn- oder sonstigen Ärzte mit ›echt bajuvarischer Ursprünglichkeit‹ erfreute« – er hat ihm leid getan. – Graf kommt jetzt aus der »Tiefstapelei« des ersten »im Impuls hingeworfenen« Briefes auch zu einer ernsten, dankbaren Erwiderung, postwendend. Soweit beide auseinander seien, »angehen tust Du mich sehr viel«. Er findet aber das Briefschreiben einen »sehr mangelhaften Notbehelf in einer Auseinandersetzung«. Daß Paetel weder West- noch Ostdeutschland »und auch hier nichts« zusagt, ginge nicht ihm allein so. Graf schickt ihm »als Muster« seiner distanziert-politischen Essayistik: »Zur Betrachtung des Tisches«.

[. . .] Deine Bemerkung – es freute mich, daß mein provokativer Ton Dich doch auch so gemacht hat – über mein Nichtverstehen der deutschen Jugendbewegung mag wohl stimmen, diejenige über Jünger und Benn stimmt nicht, denn ich habe zuviel von beiden kennengelernt und ich las auch Deine letzte Auslassung über Jüngers Ost-West-Betrachtungen.

[. . .] Über den Stammtisch ist nur das zu sagen: Du nimmst eben auch diesen »Gespensterreigen« zu ernst und bedenkst nie, daß auch *wir beide* Gespenster geworden sind. Was soll man Gespenstern übel nehmen, wenn sie sich lustig machen und da herumkramen, wo sie stehen geblieben sind? Ich bin für solche Lustigkeiten.

Wenn Du also doch mal so ein gespenstisches Tänzchen wagen willst, laß Dichs nicht verdrießen.

Der Kernpunkt aber ist der in Deinem (und war wohl auch an meinem) Brief, daß erst nach Beendigung des Kriegs unsere Emigration anfing. Genau das habe ich in dem Roman, den ich seit ca. einem Jahr schreibe, endlich zu präzisieren versucht, freilich neben vielem anderen. Es hat mich geradezu frappiert, Auslassungen über dieses Emigrations-Phänomen von Dir bestätigt zu finden, die irgendein Held in meinem Roman ebenso darlegt.

[. . .] Und freilich muß ich in Dir manchmal den Typ sehen, der mir als einer spezifisch katholischen (Du wirst das nicht mißverstehen) Erscheinung so fremd ist. Kann man denn, wenn eine Diskussion wenigstens einigermaßen fruchtbar sein soll, anders vorgehen, als so, daß man einen Menschen als Typ nimmt und von ihm weitergeht – siehst Du nicht ein, daß [man], wenn man nicht davon ausgeht, ins uferlos abstrakte Quatschen kommt, daß alles den Atem des Lebens verliert, wenn man – vereinfacht gesagt – nicht vom Menschen, von einem leibhaft vorhandenen Menschen ausgeht? Wollen wir denn wirklich wieder zurück zu jener Ära der Gebrauchsanweisungs-Moral, die – das ist natürlich auch wieder so stichwortartig und vielleicht mißverständlich – angefangen hat mit der Renaissance, über die Aufklärung (Luther dabei nicht zu vergessen) zu Tolstoi bis zu den heu-

tigen Existenzialisten und Psychosomatikern Jungscher Prä-
gung geht und nichts, rein nichts mehr übrig läßt für Menschen wie Du, nämlich nur das noch, daß er sich sagt, er ist
Journalist, Schriftsteller, Zuschauer und »allein«. Weißt Du
was das heißt: Ende in einer verkropften Spießbürgerei, die
nur zufällig etwas Intelligenz besitzt. Es gibt kein »Einsam-
und Alleinsein« aus irgendwelchen Ressentiments, es gibt –
meiner Erfahrung nach – nur ein dauerndes Erproben (um
dieses Dein Wort zu gebrauchen, das leider auch schon
wieder modisch geworden ist) der Selbstverständigung
eben dieser sogenannten »Einsamen«. Aber darüber laß uns
bei gegebener Zeit einmal reden. [. . .]

AN ALFRED WILSBECK   o. D. [Frühjahr 1954?]

Lieber Freund!

Du fragst, wie ich so lebe in New York. Ich hab's ja schon
verschiedentlich in deutschen Zeitungen halbwegs erzählt,
aber nicht so genau. Ich arbeite viel, schreibe und schreibe,
habe selten Besuch und führe eigentlich, was manche nicht
glauben, ein ziemliches Einsiedlerleben in dem lauten, gewaltigen New York. Früher, als ich hergekommen bin, weißt
Du, da haben haufenweise prominente Amerikaner
»Partys« gehalten und mich sozusagen rumgereicht. Aber
diese Art Gemütlichkeit hat einen Haken, erstens steht man
da meistens in Räumen dichtgedrängt rum und hält ewig
sein Bier-, aber meistens Whiskyglas in der Hand, ißt irgendwelche Brötchen dazu und plappert seine Freundlichkeiten,
was bei mir schon deswegen seine Schwierigkeiten hatte,
weil ich bloß ein paar Brocken Englisch konnte und auch
jetzt noch nicht recht viel mehr angenommen habe. Mir liegt
eine heimische Stammtischgemütlichkeit mehr. Und da hab
ich also mitten im Krieg, wo man uns Deutsche gar nicht
mehr mögen hat, im deutschen New Yorker Viertel, in Yorkville, einen ständigen Stammtisch gegründet, der jeden
Donnerstag zusammenkommt. Da gibts Schnitzl und
Schlachtschüssel und Schweinsbraten mit Gurkensalat und
Knödl wie daheim, da spielt einer mit der Zither, und wir
geben bei gehobener Stimmung unsere urbayerischen
Lieder zum besten, ich immer das »König-Ludwigs-Lied«,

das »Jennerwein-Lied« und das einst in Schwabing sehr gerne gesungene deutsch-französische Verbrüderungslied. Und wenn auch weiß Gott was für Menschen dahocken, Amerikaner und Iren, Norddeutsche und Österreicher, Russen und Franzosen – die Lustigkeit steckt an, alles unterhält sich wunderbar und verträgt sich ausgezeichnet. So hab ich »The Bavarian« ungewollt hier beliebt gemacht. Jetzt sagen sie meinen Stammtisch täglich in der deutschen Radiosendung an, und es kommen immer mehr Leute. Ich trink natürlich nicht aus so einem Fingerhutglasl, sondern habe in mehreren Wirtschaften meine Stammkrüge, denn was macht man mit einem Schluck Bier jedesmal, man ist ein sozial denkender Mensch und will wegen der zu schnellen Leerung der kleinen Gläser den Kellner nicht immer laufen lassen. Es sind schon viele Landsleute an unserem Stammtisch gesessen . . .

Du siehst, es geht alles recht brauchmäßig zu, auch in New York – die Bockbiersaison. Ich möcht' nicht wissen, wie ich da wieder heimkomme. Ordentlich, mein Gott, bin ich noch immer nicht geworden, das Honorige liegt mir nicht, aber wenn Du einmal eine Art Sängerwettbewerb an unserem Stammtisch miterleben würdest, mein Lieber, da würdest Du meinen, Du wärest im tiefsten Alt-München. Schließlich siege ich immer noch gegen die schönsten Wiener Fiakerlieder, wenn ich dröhnend anstimme:

»Schenkt's mir no amoi bayrisch ein,
Boarisch woll'n ma lusti sei,
Boarisch woll'n ma sei . . .«

Das Lied können sogar schon die Stammtischler aller Nationen bei uns – bloß schad, daß so gute alte Freunde, die sowas inniglichst zu schätzen wissen, nicht jeden Donnerstag mit einem Raketenflugzeug rüberkommen können – aber was nicht ist, kann ja noch werden.

Jetzt also pfüad di Good, oit's Haus, auf Wiedersehen

Dein Oskar Maria Graf.

In einem Artikel von Alfred Wilsbeck veröffentlicht in: »Land- und Seebote«, Starnberg, Nr. 87, 22. 7. 1954, S. 5.

Gratulation zum 70. Geburtstag. Graf hat (im Greifenalmanach) Feuchtwanger für seine »sprachschöpferische Erweiterung des Deutschen« ge-
dankt.

[. . .] Ihr letztes Buch von Rousseau – Sie wissen, wie hingerissen ich davon war – empfahl ich inzwischen vielen Lesern
und bekam von allen begeisterte Zustimmung. Mein Gott,
lieber Doktor Feuchtwanger, wie oft habe ich schon den
Wunsch gehabt, Sie zu sehen und mit Ihnen zu sprechen.
Ich will die Hoffnung nicht aufgeben. Übersehe ich Ihr Werk
und erinnere ich mich an Stellen, in die ich wahrhaft verliebt
bin, dann bin ich getröstet und aufgerichtet, weil ich einen
starken und klaren Mut in all Ihren Büchern wirken sehe
gegen jene tief anrüchigen Mächte, denen es hoffentlich
nicht gelingen wird, die Welt in die Vernichtung zu treiben.
Dieser Ihr Mut gibt auch mir immer wieder Kraft, in gleicher
Art zu kämpfen.

AN HANNS ARENS 16. 8. 1954

Der Vorteil seines 60. Geburtstags sei gewesen, schreibt Graf, daß er »endlich
wieder mit alten, liebgewordenen Menschen«, so auch mit Arens, in Kontakt
kam. Ja, *Die Eroberung der Welt* habe er geschrieben. Das Buch werde in
Deutschland verramscht. Die New Yorker Verleger hielten es gleich für »unverkäuflich und inopportun«, weil darin »auch Amerika« zugrunde ginge.
Auch sein schwer erarbeiteter New Yorker Roman ist vorerst »unmöglich«
und unverkäuflich.

So kommt es, daß ich wahrhaftig, fast nichts versuche, um
meine Manuskripte an den Mann zu bringen. Da hab ich
einen kunterbunten Band zusammengestellt »Bagatellen
eines sechzigjährigen Erdenbürgers«, worin ich all meine lustigen und ernsten Betrachtungen unterbrachte, wem soll
das als anziehend erscheinen, was ein Herr Graf in New
York beispielsweise über »Bildung«, über den »Bayrischen
Humor« oder über sein »sinnvollstes Beispiel« usf. zusam-
menkritzelt? Manchmal gehe ich gelassen und nicht im mindesten resigniert an meinen vollen Manuskriptschrank und
ziehe so eine Sache raus, und dann lese ich sogar etliches
davon und freue mich leicht. Das ist genug. [. . .]

Graf ist es genug, wenn er Manuskripte produziert. Sie bekommen ihre eigene Patina – gedruckte Bücher werden ihm »unendlich fremd«. Stefan
Zweig (über den Arens geschrieben hat) mag Graf gern, hält ihn für »frecher-

weise unterschätzt« von der »Clique der Literaten«, obgleich sie viel von ihm übernehmen. Selbst bei diesem Thema denkt er, wie beängstigend nahe wir an der Vernichtung durch die glorreiche H-Bombe sind.

AN THEODOR HEUSS   10. 10. 1954

Lieber, verehrter Herr Bundespräsident Heuss!

Ihr schöner, guter Brief liegt nun schon fast vier Wochen bei mir, und inzwischen ist auch Ihr Buch »Vorspiele des Lebens« mit Ihrer liebenswürdigen Widmung angekommen. Leider hinderte mich eine böse Grippe, Ihnen eher für beides herzlich zu danken. So kann ich das erst heute nachholen.
Ihr Brief hat mich gerührt und überrascht. Ich wagte kaum anzunehmen, daß ein so vielbeschäftigter Mann wie Sie, dem sein Amt täglich eine Unmenge Verpflichtungen abfordert, einen besinnlichen Nachmittag opfert, um sich auf meine Verse einzulassen. Meine Zusendung sollte nur die aufrichtige Sympathie ausdrücken, die ich Ihnen seit langem entgegenbringe. Sie sollte ein Gruß und Dank für vieles sein, das mich menschlich bewegte, wenn ich auf eine Rede oder eine sonstige Bekundung von Ihnen stieß.
Überrascht aber hat mich, daß mein Buch *Wir sind Gefangene* Sie und Ihre verstorbene Frau so nachhaltig beschäftigt hat. Der Zuspruch, der aus Ihren Zeilen, die sich darauf beziehen, spricht, bedeutet mir sehr viel. Vor allem bezeugt er mir, daß dieses Buch doch nicht ganz umsonst geschrieben worden ist.
Von Ihren Jugenderinnerungen las ich seinerzeit einige Kapitel in der New Yorker »Staatszeitung«, nun aber – während meiner Krankheit – konnte ich es geruhig und ungeschmälert auf mich einwirken lassen und freute mich an diesem fast kellerisch anmutigen Hinbreiten einer so schönen Jugend. Nichts von all dem habe ich je erlebt, und dennoch rührte es mich wunderlich tröstend an. Nicht nur, weil die Erinnerung sehr lauter und genau darin festgehalten ist, sondern weil aus allem das unzerstörbare Menschliche spricht. Dieses Menschliche hat eine so haltbare deutsche Färbung, daß der Glanz davon im Lesenden aufscheint und ihn zuversichtlich macht.

Lassen Sie sich, lieber, verehrter Herr Bundespräsident nochmal einen recht vollen Dank sagen.

Ihr sehr ergebener OMG

Heuss hatte selbst in seinem Brief an Graf (15. 9. 54) festgestellt, daß »das Milieu [s]einer Kindheit und Jugend ein anderes« war als das von Graf geschilderte [in *Wir sind Gefangene*].

AN HILDE UND EUGEN CLAASSEN 16. 11. 1954

Je älter Graf wird, um so mehr arbeitet er und um so weniger denkt er ans Veröffentlichen. Seine Gedichte hat er bis auf ca. 100 verbannt. Seine Betrachtungen, Reden und Essays schaut er nie wieder an. Bei allem Schreiben fragt er sich: »Zu was denn klar werden, du stirbst sowieso bald, also – lebe«. Von den Claassen-Autoren schätzt er Vring und Britting als echte Lyriker, obgleich in Maßen, während ihm Hagelstange zuwider ist, »manieriert«.

Augenblicklich schreib ich eine schrecklich schwere Sache und habe glücklich nach vier Monaten 10 Seiten fertig – eine Verteidigung Rilkes, den ich nur teilweise mag, oder vielmehr eine Verteidigung des Dichters überhaupt gegen die Psychoanalytiker, es heißt »Alle Lanzen für den Dichter« (wobei ich jetzt schon gewärtig bin, daß diese Herren schon die »Lanzen« nach ihrem Schema »deuten«.)
Und sonst – mein Gott, liebe Freunde, ich saufe noch immer wie ehedem, ich renne den Mädchen nach und bin glücklich mit Mirjam, ich komme mir mitunter vor, als wär die Zeit seit München nicht vergangen und wenn ich mich (wie im letzten Roman, der in der Schublade liegt) genau anschaue, kommt sowas raus wie ein Don Quichote oder ein gänzlich unmögliches Subjekt. Inzwischen drucken sie in Deutschland ab und zu ein altes Buch von mir, ich krieg so was in die Hand und es ist mir so fremd, wie ein Zeichen aus einer grauen Vorzeit. Das Leben ist sehr heiter.
Daß Du, liebe Hilde, tatsächlich *Amen und Anfang* noch hast, fand ich rührend. Aber, bitte, zeig es niemandem, das ist doch was schrecklich Blamables für mich – etwas wie freche Charlatanerie in der Jugend.

AN GUSTAV UND ELSE FISCHER 16. 12. 1954

Vom plötzlichen Tod des Malers Josef Scharl, in New York, war Graf schrecklich getroffen. Er hielt ihm die Totenrede und konnte mit Mühe zu Ende sprechen. Für einen langen Aufsatz befaßt er sich mit Heidegger und Sartre. Er hält ihren »Existenzialismus« für »wortklauberische Überheblichkeit«. Der einzige Reiz ist die »stilistische List«, mit der sie die uralten Gedanken (z. T. der indischen Philosophie) neu formulieren. Das konnten aber Schopenhauer und Nietzsche viel besser. Das fand er auch am »großartig mißlungenen ›Faustus‹« von Thomas Mann besser, den er vor einem Jahr »mit geradezu geheizter Freude an der Formulierung« gelesen hat.

[. . .] Mirjam arbeitet trotz ihrer 65 Jahre immer noch mit Hingabe beim hiesigen »Aufbau«, und es ist überraschend, wie verhältnismäßig jung sie sich dabei hält, sie lebt streng eingeteilt mit ihrer geliebten Katze, ist kaum zu bewegen, einmal Menschen zu sehen, und wir gehn am Wochenende, wenns nicht zu windig und kalt ist, immer noch etliche Stunden wandern, das heißt jetzt eher spazieren als wandern.

Ich bin kindisch genug, Euch um etwas zu bitten: Am 21. Januar wird Mirjam also 65. Wenn Ihr da an sie telegraphiert oder schreibt, würdet Ihr mir eine große Freude machen. Man kann ihr ja leider keine Freuden meiner Art machen. Sie trinkt und raucht nicht, sie liebt keine Geselligkeit wie ich, sie ist im Grunde ein in sich ganz beschlossener Mensch mit all ihren Engen und ihrer Eigensinnigkeit, aber immer wenn ich mich – was leider noch oft geschieht – in ein Mädchen verliebe und das dann, auch leider, schon nach einem Monat oder mehr satt bekomme, wird mir erst immer ganz tief bewußt, was ich an ihr habe. Sie ist etwas wie eine Mutter, meine Geborgenheit, das Einzige, dem ich völlig vertraue. Dann bin ich meinem Schicksal dankbar. Nie hätte ich so weiterarbeiten können, wenn nicht sie mit einer fast unbegreiflichen Selbstverständlichkeit sich gesagt hätte: »An mir liegt nicht soviel, aber Du mußt schaffen.« Ich weiß bis jetzt noch nicht genau, ob das nun die wirkliche Liebe ist oder mehr oder weniger. Ich habe gerade über Liebe sehr viel nachgedacht in letzter Zeit. Ich schrieb vor ca. einem Jahr eine ganz sonderbare Arbeit – halb Novelle, halb Betrachtung – über einen meiner nahen Freunde, der etliche Jahre hier lebte und nun in San Francisco haust. Sie heißt sonderbarerweise »Grabrede für einen Freund«, und ich gab ihm das Stück zu lesen. Er lächelte und fand sich auf einmal »entdeckt«, und dann sagte er in seiner eigentümlichen Art: »Na, Du scheinst ja allerhand ausgefinkelt zu haben.« Und dann tranken wir miteinander, denn er ist ein schwerer Trinker, und nur im Rausch kann man eigentlich mit ihm diskutieren. Ich vermisse ihn sehr, denn schreiben, was kann man schreiben? Ich brauche das Fluidum menschlicher Gegenwart. Das wird durch eine noch so große Sehnsucht nicht ersetzt.

Das schrecklichste und dennoch erhebendste Erlebnis in der letzten Zeit war für mich das Lesen des Buches »Leo Tolstoi – Die Wahrheit über sein Leben« von François Porché. Der französische Titel lautet »Portrait Psychologique de Tolstoi – de la naissance à la mort«. Ich sage wirklich nicht zuviel, wenn ich – der sich doch seit über 30 Jahren mit Tolstoi befaßt – gestehe, daß ich noch nie so ein Buch gelesen habe und noch nie so auf- und abgerissen, so erschreckt und erleuchtet worden bin. Das Furchtbare nämlich war, daß ich auf einmal an dieser Charakterschilderung, die ungeheuer präzis, fundiert und umfassend ist, meinen eigenen schrecklichen Charakter dargestellt fand. Natürlich fehlt mir das Geniale, die viel, viel stärkere Vitalität und auch die unvergleichliche Bildung Tolstois – ich bin im Vergleich zu ihm nur eine ihm in allem ähnliche Miniatur, aber die Grundzüge sind eben die gleichen, das hat mich so aufgeschreckt.

[. . .] O, wie leid es mir oft tut, daß wir Euch nicht hier haben. Ich sehe soviele Menschen, einige mag ich auch, aber ich könnte sie genau so entbehren, Euch aber, die in San Francisco, die müßten um mich sein! Man versteht sich da schon durch das bloße Wissen des Zusammenseins, man weiß voneinander fast alles, ohne daß man es je auszusprechen braucht. Du hast einmal sehr richtig geschrieben, liebe Else: Die Heimat ist nur da, wo unsere Freunde sind. Ich merke das, je älter ich werde, immer mehr. Nach meiner »Heimat« zieht mich höchstenfalls noch manchmal die vage Erinnerung an eine Landschaft, die Menschen und das ganze Getriebe dort entfernen sich von Tag zu Tag ganz in einen Nebel. Ich könnte mir gar nicht mehr vorstellen, daß, wenn ich nun nach Deutschland und Bayern käme, ich an all dem Politischen teilnehmen sollte, an all diesen so rasch vergänglichen Wichtigkeiten, die doch im Grunde unser Inneres nur verwirren und stören. Vielleicht ist überhaupt der Zustand, daß ich – wahrscheinlich spielt da das Unbewußte mit – staatenloser Emigrant bleibe und nichts daran ändern will, der einzige mir gemäße. Man ist sozusagen Zuschauer und kann meist viel klarer und wahrer von außen her sehen und beurteilen, was um einen vorgeht. Man hat das Glück, sich selber zu leben. Und auf das, glaube ich, kommt es allein an, wenn ein Leben etwas hinterlassen will, und sei die Spur auch noch so klein.

[. . .] Ach ja, dieses Europa! Vor Goethe hatte es Pascal und dann kam, trotz aller Originalität der beiden, nur noch Voltaire und Rousseau, später auch noch der unleserliche Kant und Hegel und Marx – den Menschen haben sie nur äußerlich sozusagen vorwärts gebracht, innerlich um keinen Deut. Erst Tolstoi und Gandhi mußten kommen, um wenigstens zu erzwingen, daß Menschen wieder von sich ausgingen und handelten. Der Albert Schweitzer heute bleibt bei all seiner menschlichen Stärke doch ein beengtes Kapitel, er hat keinen weltweiten Radius, er bleibt bloß das hohe Beispiel für bestimmte Kreise. Seine Tat und sein Wirken haben es noch nicht einmal fertig gebracht, daß die Länderregierungen, die »wilde« Gebiete beherrschen, es ihm einigermaßen gleichzutun versuchen. Aber man ist ja schon froh, wenn man heutigentags noch sowas erlebt wie Schweitzer und Einstein.

AN ROBERT WARNECKE   28. 12. 1954

Warnecke hat Graf nach vielen Jahren der Korrespondenz das »Du« angeboten (Graf als der Jüngere hat sich nicht getraut). Er ist »ergriffen« davon und nennt ihn jetzt »Lieber guter Bruder im Geist«.

[. . .] Und wie verstehe ich Deine Niedergeschlagenheit in anbetracht *dieser* Zeit. Es ist dasselbe, was mich zeitweise immer wieder als peinigende Melancholie gleichsam aus dem Normalen ausschaltet! Und man sieht ohnmächtig, wie das schauerlich heranrollt und begreift nicht, wie alle Menschen so ruhig, so gleichgültig dem entgegenleben können. Hab ichs denn nicht in meiner *Eroberung der Welt* halbwegs deutlich gemacht, was uns erwartet? Aber, immer beklemmender seh' ichs ein: Das Wort hat nicht mehr die elementare Kraft, nur das einsame verbissene menschliche Beispiel wirkt wenigstens noch auf einen ganz kleinen Kreis. Und hier, lieber Freund, scheint mir unsere einzige Aufrichtung, unser einziger Lebensinhalt noch zu bestehen. Ich selber kann mich nur daran immer wieder aus der Bedrückung erheben. [. . .]

Über Heuss und Adenauer, die veranlaßt hätten, den Kriegsverbrecher Konstantin von Neurath »vorzeitig aus der Haft zu entlassen«, ist Graf ebenso empört wie Warnecke. Von Heuss hielt er etwas, obgleich er seine Jugenderinnerungen sehr schwach findet. »Anstand im Kleinen und Instinkt im Politischen« scheint ausgestorben. An der deutschen Zerrissenheit sind auch die Politiker in USA schuld, denen die ehemaligen Nazis jetzt als Soldaten recht sind.

[. . .] Daß ich seit Wochen nicht mehr imstande bin, mich zu sammeln und zu schreiben, kannst Du Dir wohl denken – Formosa und alles, was dort geschieht, lastet auf meiner Brust wie ein Stein, der mir jeden Tag den Atem raubt. Ich beschäftige mich sinnlos mit Kleinigkeiten, bin abgehetzt, wills auch, nur um dieses entsetzlich peinvolle Gefühl zeitweilig loszuwerden, daß morgen vielleicht schon die Vernichtungsbomben auf die Welt herabregnen! Albert Einstein schrieb kürzlich, er würde am liebsten jeden Tag laut aufschreien in anbetracht dieser schauerlichen Aussicht. [. . .]

AN GUSTAV UND BERTHA DABRINGHAUS   9. 4. 1955

Dieses Ostern ist das schrecklichste, das ich je erlebte, und deswegen wirst Du nicht erwarten, daß ich auf Deinen Brief eingehe, lieber Freund. Meine Frau brachte ich Donnerstag ins Hospital, sie wurde gestern (Freitag) lebensgefährlich operiert und liegt furchtbar da. Die Ärzte, und ich habe gute, die mir ehrlich freund sind, geben uns alle Hoffnung. Nun, was kann man in so einer Lage anders, als hoffen. Der Tod – der »Bruder Tod«, wie Hesse so schön sagt – ist noch einmal an uns vorbeigegangen. Ich bin unfähig, irgendetwas anderes zu denken als an meine schwerkranke Frau und ihre Schmerzen, denn sie ist der gute Engel über meinem unruhigen Leben, sie war es immer und wenn ich den verlöre, mein Gott, was wäre mit mir?
Das klingt vielleicht recht egoistisch, aber es ist so, lieber Freund, denn es spricht daraus immer nur, daß ich so einen Engel brauche und am meisten an mich denke. Schrecklich [. . .]

Operation und Hospital sind teuer. Ihm läge also, schreibt Graf, an den 25 Dollar für seine Vorlesung in Detroit.

Liebe, liebe arme Hilde!

Entsetzlich: Im hiesigen »Aufbau« las ich eben, daß Dein Mann, der gute Genia, plötzlich gestorben ist! Mir fehlen wirklich die Worte. Im Augenblick, da ich die schreckliche Nachricht las, stockte alles an mir, dann sah ich voll Wehmut und Bitterkeit eine Weile lang nur die Unbarmherzigkeit unseres Menschenlebens wie einen undurchdringlichen Schatten, eine graue Wolke über alles gespannt. Ach, und ich erinnerte mich so eindringlich Genias, so wie ich ihn mit Dir in München oft und oft sah: Großgewachsen und schlank, ein wenig nach vorn gebeugt, mit schmalem, humorvoll-gescheitem Gesicht und der Brille und seinem vollen schwarzen Haar. Immer war ein ganz leichtes Lächeln in seinem guten Gesicht, mein Gott – und jetzt ist alles weg, weg für immer! Und all Deine Briefe erzählten doch von Eurem ausgeglichenen, glücklichen Zusammengehören. Wie einsam wirst Du Dich fühlen, liebe, arme Hilde. Mirjam und ich haben so an Dich gedacht!

Auch bei uns ist seit Wochen große Traurigkeit. Mirjam entdeckte plötzlich eine Verhärtung an ihrer Brust, mußte nach der ärztlichen Untersuchung sofort ins Hospital und wurde operiert. Eine ganze Brust ist ihr abgenommen worden, und Du kannst Dir vorstellen, was wir durchmachten. Den einen Trost haben wir doch, daß durch die rechtzeitige Operation ihr Weiterleben gesichert ist, und nun zeigt sich auch langsam, daß es wieder aufwärts geht mit ihr. Sie ist ja so tapfer und nüchtern, so unverschroben und unverlogen! Ich hoffe nur, alles wird nach einigen Monaten überwunden sein.

Liebe Hilde, Du sollst nur wissen, daß wir mitempfinden, was Du jetzt zu tragen hast. Und hoffen wir allesamt, daß Du stark genug bist und mit der Zeit aus dem ohnmächtigen Gefühl der Leere in eine gewisse Ausgeglichenheit hineinfindest.

Sei umarmt von uns beiden Dein OMG

AN KARL WÄHMANN   14. 5. 1955

Wähmann hat Graf mit einer klaren Aussage in seinem Wiedergutmachungs-
prozeß geholfen. In Amerika lebt Graf gern, »nichts von Enge und Provinzia-
lismus«, »man ist sein privater Mann«. Nur finanziell geht's nicht gut, die
Wiedergutmachung wird zu seiner »Strohhalmhoffnung«.

[. . .] Alt bin ich geworden, Karl, ich leg Dir ein kleines Blatt
bei von meinem sechzigsten Geburtstag, den man hier natürlich feierte, aber die Hauptsache wäre mir eben doch,
Mirjam würde bald gesund. Wenn man über vierzig Jahre
alles miteinander durchgemacht hat, das kittet zusammen
und geht nicht mehr auseinander. Ich denk noch oft an die
seligen Zeiten in Gschwendt mit den Wasserschlachten,
und auch an die vielen Bilder, die Du von mir gemacht hast,
erinnere ich mich noch deutlicher. Der Müllerfranzl schrieb
mir sogar, Du hieltest mich noch immer in gutem Ange-
denken und Ehren, das tut wohl. Und weil mir das Bier
immer noch schmeckt und ich auch so nicht arg viel verändert bin in meiner Art, so trink ich demnächst ein Maß auf
Dein Wohl – mit einem neudazugekommenen jungen
Freund aus Chieming am Chiemsee.

AN KONRAD KIRCHMEIER   14. 7. 1955

Immerhin lebst Du noch. Na, und Deine Schilderung dieser
eigentümlichen fanatischen Sekte (bitte, wie heißen sie sich
eigentlich, diese Brüder?) erweckt grausige Empfindungen
an Hitlerbezauberung. Man sieht, die Beeinflussung ist
überall möglich, der Mensch wird anfällig für jede Art von
Atavismus, wenn es sein muß – nicht nur, wie man gegen
meine hartnäckige Opposition immer wahrmachen wollte,
die Deutschen!

Kirchmeier soll auf der Rückreise, in San Francisco, Franz Jung nicht aufsuchen: Vielleicht kommt er sonst überhaupt nicht mehr weg, und Jung ist ziemlich krank, kann kaum mehr reden.

[. . .] Die Wohnung bei Freddy wird langsam fertig, das
muß eine richtige Klause für mich werden, wenn ich mich
vergraben und arbeiten will.

AN ROBERT WARNECKE   3. 11. 1955

Ein rechter »Jammerbrief«. Mirjam ist trotz ihrer erfolgreichen Operation bedrückt, Graf deshalb ebenfalls. Er kämpft »vergeblich« um Wiedergutmachung – wahrscheinlich wollen die Ämter es hinausziehen, bis er stirbt und
sie alles los sind. Wie die Stadt München Thomas Mann die Rechnung über
die Abbruchkosten seines von den Nazis geraubten, im Krieg zerstörten
Hauses in die Schweiz nachschickte – »man ist wahrhaftig oft versucht, die
Deutschen, zu denen man doch nun einmal gehört, als etwas besonders
Dummes, Dumpfes und Ahnungsloses anzusehen«.

[. . .] Das Zweite und wahrhaft ebenso Schreckliche wie die
Operation meiner Frau fiel über mich her, als ich – zwei Tage
vorher hatte ich noch einen sehr hoffnungsvoll-beruhi-
genden Brief von seiner Frau aus Zürich bekommen – plötzlich durchs Radio erfuhr, Thomas Mann sei gestorben. Mein
Gott, ich weiß erst bis ins Innerste, wie ich mit ihm zusam-
menhing! Mir ist buchstäblich oft, als hätte ich in Zukunft
nur noch in Europa zwei Gräber zu besuchen: das von
meiner Mutter und das von Thomas Mann.
Ich habe ihm am 29. Oktober bei einer hiesigen Gedenkfeier
im Hunter College eine Nachrufrede gehalten, zu der man
mich – ich wollte durchaus nicht! – zwang. Ich litt schrecklich darunter und brach schon während des Schreibens oft
ins Weinen, und dann hielt ich sie – alles war erschüttert und
begeistert, wie mans nimmt –, aber ich mußte mich schrecklich zusammennehmen, um nicht auf einmal laut aus mir
herauszubrüllen, zum Schluß war ich zitternd schweißüber-
strömt und lief einfach davon. Es war eine unbeschreibliche
Qual für mich. Vielleicht schreibt jemand diese Rede einmal
ab, dann schicke ich sie Dir gerne. Ich wüßte nicht, wo sie zu
drucken wäre, ich sandte sie nur an Frau Mann, denn es war
durchaus keine pastorenhafte Verhimmlungsrede, und
viele waren sogar höchst schockiert drüber, wie ich erfuhr.
[. . .]

AN KONRAD KIRCHMEIER   7. 11. 1955

Ob Kirchmeier zu Hause auch so ein Stammtisch »gelingt«? Man braucht ihn
nicht nur zum Saufen, sondern um »die Menschen zu finden, die zu einem
gehören«. Viel über Grafs Investition (1.000 Dollar) in »sein Studio« bei
Freddy, Enttäuschung, wie andere auf das Geld reagieren: als »verbrunzter
Mittelstand«. Ihm war das Geld immer begehrenswert, aber nur, um es »zu
Lüsten und Genüssen« auszunutzen. »Sparen ist noch nie mein Fall gewesen,
eher das Verschwenden«.

[. . .] Nun aber nochwas. Mann, Konrad, wie kannst Du überhaupt auf die Idee kommen, zum Militär zu gehen? Sicher meinst Du, da wärs leicht, das Fliegen zu lernen und auf das bist Du ja aus. Aber Mann hast Du Dir – Hesse liest Du? – denn noch nie darüber Rechenschaft abgelegt, daß wir alle, solange wir überhaupt auf irgendeine Weise Soldatentum und Waffendienst anerkennen, immer wieder ins Chaos kommen und nur dorthin. Und nie hast Du Dich gefragt, ob nicht Du, indem Du da mitmachst, ein Handlanger wirst, der aller Hitlerei Unterstützung leistet, überhaupt allem Totalitarismus dabei hilft. Jetzt, nachdem die Russen – gezwungen durch die Einsicht, daß sie in der Welt isoliert sein werden und ev. von China beherrscht werden – daß die nun langsam anfangen, eben ihren Totalitarismus abzubauen? Mann, Konrad, wir dürfen uns nie beklagen über Diktatur und Hitlerei, wenn wir eben – Soldat werden wollen, die Welt ist nicht zum Vernichten und Sichbekämpfen da, sondern zum zivilen Leben [. . .]

AN WULF KIRSTEN   15. II. 1955

Graf faßt Kirsten, der ihm aus seiner »Abgeschiedenheit« geschrieben hat, als einen »Menschen gleichen Geistes« auf und sucht Kontakt mit ihm. Kirstens Verständnis für seine Bücher ist ihm teuer, die gedruckten Kritiken liest er nur und wirft sie meist weg.

[. . .] Ja, guter Freund, in aller Einsamkeit, in allem Mißverstehen, dem ein Mensch oft ausgesetzt ist, bewähren sich nur noch die Bücher. Ihre Traurigkeit, daß sowenig Interesse für Literatur in Ihrer Gegend vorhanden ist, wie verstehe ich sie. Freilich leben eben viele Menschen in harter Arbeit, in Sorgen und in peinigenden Hoffnungen – der kleine Alltag nimmt sie ganz in Anspruch, da bleibt wenig anderes Interessieren übrig. Aber, sehen Sie, wer einmal der Magie von Kunst und Literatur verfallen ist, der hat immer damit zu rechnen, daß erst durch lange Geduld und mitunter durch günstige Zufälle der eine oder andere gleichgestimmte und gleichgesinnte Mensch zu ihm stößt. Da ists dann ein ganz sonderbares Gefühl des Beglücktseins, wenn sowas eintrifft – z. B. bekam ich unverhoffterweise vor einigen Tagen von einer Mutter aus Puerto Rico einen englischen Brief, in welchem sie mir schreibt, daß sie die engli-

sche Ausgabe meines Buches *Das Leben meiner Mutter* gelesen hat und – wenn auch ihre Umgebung und Heimat anders ist als Bayern – gleichsam ihr eigenes Leben niederge-
schrieben fand. Und sie wolle mir nur danken, das Buch sei
ihr ans Herz gewachsen – mein Gott und hier in Amerika
und in Deutschland ist dieses Buch längst wie verschollen.
Es passe nicht, so schreiben die Verleger, »in die Zeit«. [. . .]

AN JOSEF FELDER   28. 12. 1955

Also um Neujahr rum hört man wieder einmal aus dem Un-
gefähren, daß da und dort noch einer lebt und an einen
denkt. Ich sehe zwar den »Vorwärts« ab und zu, das ist aber
auch alles. Mir wächst das Deutschland von heute immer
weiter weg, das Deutsche selber bleibt. Allerdings bin ich
nicht sicher, ob das nun so sein muß und gut ist.

Bei Graf setzt, vor allem seines quälenden Ischias wegen, »langsam eine völlige Wurschtigkeit« ein.

[. . .] Nun, und sonst lebe ich halt so dahin, schreib viel,
halte auch mal eine Rede, Bücher erscheinen im Osten, weil
der »Westen« mich für suspekt hält (wenn ich nämlich da
was anbiete, lehnt man mit tausend schäbigen Rumrede-
reien ab) und lese unendlich viel. Meine Frau hatte eine
Krebs-Operation, es wurde ihr die linke Brust abgenommen, Gottseidank ist sie trotz alledem halbwegs gesund, arbeitet wie immer. Ab und zu erscheinen Geschichten in der bayrischen Provinzpresse von mir, da irgendein Büro dort das alte Zeug vertreibt, dann schick ich
auch manchmal an die – meiner Ansicht nach sehr, sehr
gute! – »Stuttgarter Zeitung« was Neues oder nach Basel zur
»Nationalzeitung«. Ein großer New Yorker Roman ist vo-
rigen Sommer fertiggeworden, will ihn aber, da er zu »nihilistisch« ist, nochmal ganz durcharbeiten. *Das Leben meiner
Mutter* ist gut begraben – wegen des Endkapitels, denn da
wird ja von meiner Rußlandreise geredet!

Ich nehme an, es geht Euch halbwegs in diesem beinahe schon komischen Deutschland, das sich dank der wackeren Unterstützung der Amerikaner wieder aufplustern kann, als wäre es der Mittelpunkt der Welt. Man ist wohl genötigt, nur um existieren zu können, irgendwie mitzuschwimmen? Was man so liest und was ich von Besuchen aus Bundesdeutschland, die ich ja zahlreiche bekomme, höre, wirkt irgendwie so als begreife nunmehr der um ein Jahrhundert innerlich zurückgebliebene Provinzler mit einem Mal, daß es da Dinge wie Technik und Politik gibt, die man sich aneignen muß, um möglichst mit der übrigen Welt mitzukommen. Dieser Provinzler ist der Intelligenz nach oft weit gescheiter als andere Völker, nur bleibt er dank einer dumpfen Untertanentradition eng und böse. Er sieht sich (ich bemerke das stets an all den Burschen, die das hiesige Gouvernement rüberholt und im Land herumfahren läßt) alles genau an und sagt sich voller Rachsucht: »Wartet nur, ich lerne alles, ich hol Euch schon ein und überhole Euch, dann aber sollt Ihr sehn, wie ich Euch heimleuchte«. [. . .]

Seit Thomas Manns und Einsteins Tod ist ihm »die Welt ziemlich leer« geworden. Er redigiert die *Kalendergeschichten*, glaubt »recht wenig« an ihren Wert, »aber was will man als alter Krüppel noch anderes machen, zur nützlicheren Handarbeit reichts nicht mehr«.

AN CLÄRE JUNG 12. 5. 1956 [verschrieben: 64]

Graf hat sich mit Jung, solange der noch in New York (in seiner Nähe) wohnte, oft getroffen und durch ihn auch immer von Cläre Jung gehört. Jetzt ist er in Sorge um Jung, aber erreicht ihn nicht (in San Francisco)/An Schrimpf denkt er oft. Die »Schrimpfin« war böse über Grafs Erzählung [über Schrimpf]: »Ein barockes Malerporträt«. Pegu war empört über Grafs »Nekrolog« auf Jung, aber Jung mußte darüber lachen. / Graf liest viel. Er wird als »mittelmäßiger Schreiber« sicher bald vergessen werden. Das 20. Jahrhundert wird »von den Bemühungen des 19. sehr wenig in seinen Lebensgestus und seine geistige Haltung aufnehmen«.

[. . .] Es ist schon so, daß alles mehr und mehr, was in unserem Leben geschehen ist, zur Erinnerung wird, aber wenn ichs mir so überlege, komme ich mir vor, als wäre immer noch alles beim alten bei mir. Trotz mancherlei Alterskränkeleien (Ischiasanfälle, Atembeschwerden) sauf ich immer noch, lauf weiß Gott was für Mädchen nach und tob auch in der Stadt da herum, als wär sie München und ich noch zwanzig. Sonst aber führ ich ein ganz ordentliches, ziviles Spießbürgerleben, hab mit meiner Frau eine nette Wohnung (zwei Zimmer, Bad und Küche, mit Fenstern gegen Süden und einen baumbestandenen grünen Hügel vor mir), koche nach dem Eingeständnis aller ausgezeichnet, arbeite an meinem New Yorker Roman, den ich hoffentlich bis Herbst fertigbringen werde, schreib auch ab und zu ein Gedicht oder einen Aufsatz und besuche an den Wochenenden bei schönem Wetter manchmal meine bayrischen Freunde, die in New Jersey ein Haus im Wald haben. Da war auch Franz mal dabei, aber es befiel ihn da plötzliche Melancholie und Wut, und das verstanden natürlich diese einfachen Menschen [nicht?] (es sind lauter Handwerker oder hochqualifizierte Mechaniker). Lustig war's, als wir ihn in der Frühe, weil er das absolut wünschte, aufhängen wollten – leider bekam ich im letzten Moment einen Lachkrampf und das ärgerte den Franz so, daß er auf und davonging. Als ich zwei Tage später wieder nach NY kam, rief er an und in seiner typischen Art entschuldigte er sich, worauf ich natürlich auch wieder lachte.

[. . .] Du schreibst von der Zeit, als wir »aufgebrochen sind als ›Kameraden‹ für eine gemeinsame Sache«. Diese Sache ist geblieben, die Kameradschaft hat bei sehr wenigen gehalten, sie ist offenbar von vielen falsch verstanden worden. Daß Du Dich darüber beklagst, weil man heute unsere Bemühungen und Arbeiten nicht mehr kennt, vergessen hat oder weil sie nicht mehr wichtig sind, finde ich dem Gefühl nach rührend, aber objektiv falsch. Wenn man uns »vergißt«, so haben wir eben nichts Dauerhaftes geschaffen, und ob nun in irgendwelchen Literaturgeschichten etc. unsere Namen stehen ist doch scheißegal, die Hauptsache war und ist doch immer, daß das, was wir taten und schrieben, für uns in der Zeit, da wir es machten, eine persönliche Beglückung war. Ich z. B. hab mich noch nie was drum gekümmert, was man in der Öffentlichkeit und in den Kreisen meiner Berufskollegen oder Leser [von mir] hält, ich weiß auch kaum, was in meinen Büchern steht. Sie sind fertig, werden gedruckt und gehn mich nichts mehr an. Es scheint mir immer noch, als sei das Leben wichtiger als alles Schreiben und Sinnieren, man macht dieses letztere nur aus

Lust und weil man der Meinung ist, irgendein Talent zu haben. Andere sammeln Briefmarken, verbeißen sich in Ideen etc. – es ist immer dasselbe. Jeden Augenblick ausgelebt bis zum Rand kommt mir sinnvoller vor.

Seit längerer Zeit bastle ich an meinem Aufsatz zum »Loblied auf das Vergessenwerden«, aber sowas braucht bei mir immer sehr lang, denn bis jenes Gemisch von Lustigkeit und einigermaßen Substanziellem rauskommt, das ist recht schwer. Und da wir schon bei dieser Art sind: Jung ist für mich ein durchaus genialischer Mensch, wir sind in echter Freundschaft unzerreißbar miteinander verbunden, die ganzen gelegentlichen Kräche, die wir immer mal wieder haben ändern nichts dran – nur, und ich hab ihm das immer gesagt, er ist zum Schriftsteller zu eitel und zu zerfahren, alles, was ich von ihm kenne, ist rein literarisch unerheblich, es wäre nur Stoff für was Richtiges, den er erst meistern müßte, aber da fehlt ihm die Geduld, und zu eingebildet, er glaubt mit der genialischen Veranlagung ists schon getan. Aber wie alles, was man tut, ist auch das Schreiben eine schwere, sehr disziplinierte Arbeit, Arbeit, Arbeit und nichts weiter. Es wird mich sicher sehr packen, was Du da von unseren Anfangszeiten dokumentarisch in Deinem Buch festhältst, und sicher wird da Dein Herz viel mehr sagen als das abwägende Urteil.

[. . .] Der gute Pegu hat ein hartes Leben, krank ist er auch, und immer noch ist er manieriert, verschoben irgendwie, es scheint mir oft, wenn er schreibt, als sei er stehen geblieben in jener Zeit, da wir noch Vielzuvieles literarisch und menschlich wichtig nahmen, was gar nicht wichtig war. Von daher stammt sein komisch primitiv gespielter Briefstil, der hinter einer zurechtgelegten Einfachheit was Tiefsinniges vorspielen will, was auch nicht vorhanden ist. Gut ist, daß Pegu zumindest in der Landwirtschaft dort in Israel allerhand Nützliches macht. So haben die Fuhrmannjahre doch was Gutes für ihn gebracht.

Erst gestern schrieb ich ihm wieder einen Brief, er soll doch nicht immer so ledern und gemacht schreiben.

Die Elsbeth Bruck? Mein Gott, das war doch die hysterische kommunistische Kammerzofe, die überall belehren mußte. Jetzt wird sie alt geworden sein und sicher erträglicher, ich mußte immer lachen über all diese Überbeflissenen, die tüf-

telten an dem, was sie Marxismus hießen und katechismus-
mäßig davon erlernt hatten, herum und brachten bloß die
einfachen natürlichen Arbeiter in Verwirrung. Mir ist da
noch erinnerlich, wie ich einmal in Berlin bei einem Abend
in der »Linkskurve« las, da hielten sie zuvor – nachdem die
Elsbeth zuvor einige Worte an die Versammlung gerichtet
hatte – hinter der Bühne eine schnelle Beratung, ob ich überhaupt das Richtige sei, weil doch kurz zuvor mein mystisch-
katholischer Roman *Die Heimsuchung* erschienen war. Vielleicht erinnert sich die Gute noch, welch ein groteskes Schul-
bubengeschwätz das war. Ist sie noch immer mit dem
Amman (dem damaligen Münchner Freidenker, der – glaub
ich, einst Pfarrerlehrling war) beisammen? Und der Titus
Tautz, was macht denn der? Er grüßt mich manchmal, wenn
er mit der Schrimpfin zusammen ist, aber was er tut, darüber
schreibt er nichts. Die Schrimpfin ist sicher von all diesen
Menschen die natürlichste und nüchternste. Und sicher ist
das, was sie macht nützlicher als Vieles, das bloß diskutiert
wird.

AN WULF KIRSTEN   25. 8. 1956

Auch Grafs Tagesleben ist »grau und klein«. Das bringt »das Zuständliche« so
mit sich. Er wird aber durch eine »wirkliche Hingerissenheit ans Schöne« von
Zeit zu Zeit darüber erhoben. Durch den Tod Thomas Manns, Benns und
Brechts habe der Geist, der Deutschland Bedeutung in der Welt geschaffen
hat, Unwiederbringbares verloren.

[. . .] Auch Weiskopf, der immerhin Talent hatte, mußte ja
so früh weg. Ich kannte ihn gut, doch halte ich seine Arbeiten (außer einigen ausgezeichneten Übersetzungen aus
dem Tschechischen) nicht für bleibend. Er wußte zu genau,
wie man einen Roman aufbaut, er war ein fast schullehrer-
haft ordentlicher Stilist und hat gerade über Stil und Sprache
manches gut gesagt, aber es fehlte mir immer etwas an
seinen Büchern, etwas – ich weiß nicht recht, wie ichs
nennen soll – vielleicht das wirklich Eindringliche, das Erlit-
tene, wenn das nicht zu literarisch klingt. Denn alles, was
ein Dichter schafft, ist letzten Endes erlitten, schwer erlitten,
glauben Sie es mir. Im übrigen sagt das am besten Joseph
Conrad einmal.
Thomas Mann geht sogar soweit (in seiner frühen Schrift

von 1906 »Bilse und ich«) vom »Schmerz der Beobachtung«
zu sprechen, und wenn man – wie ich seit meiner Jugend –
das Werk Tolstois immer und immer wieder liest, begreift
man auch das sehr gut. Wie gesagt, man lernt eben durch
das wesentliche Lesen genau zu unterscheiden, was echt
und bleibend, was erlitten ist. Da hilft die ganze technische
Bravour und Könnerschaft nichts (und Könner haben wir
sehr viele heutzutage, nicht nur in Deutschland, in Amerika
noch weit mehr) – der Leser läßt sich nicht mehr täuschen.
Sehn Sie, guter Freund, das finde ich auch als etwas, das das
Leben wert macht.

AN GUSTAV UND ELSE FISCHER   26. 8. 1956

Mißglückte Ferien in Pennsylvanien. Graf ist »Stadtmensch, ja fast Zimmer-
mensch«, er liebt New York aufrichtig. Er sucht Glück vor allem auch in der
Erinnerung (»Brünn ist mir unvergeßlich!«). Aber »die Welthändel lassen uns
nicht aus«. Wenn eine Miss Dr. Gisela Blauner aus New York Fischers auf-
sucht, würde er gern hören, wie sie ihnen gefallen hat. Endlich hat er die Wiedergutmachung bekommen und eine [knappe] Rente.

[. . .] Zuletzt schriebt Ihr auch, Du Gustav jedenfalls, einmal
vom Ablauf der Geschichte und daß selbst das Grausigste in
ihr vielleicht Mittel und [zum] Zweck ist, daß aber alles viel,
viel später sich doch wieder einrenken wird – nur wir erleben es eben nicht. Auch ich verfalle immer wieder in
diesen Fatalismus, insonderheit, da ich ja immer mehr an
Tolstois Haltung glaube. Dennoch packt mich dann wieder
eine wilde Energie und ich *möchte* dem Hammersjöld und
dem Chruschtschew schreiben, ich möchte Manifeste verfassen, die Menschheit sollte doch Vernunft annehmen –
aber schon in einer ganz kleinen Weile kommt mir das als
eine kindische Vermessenheit vor. Ich habe auch kein Zu-
trauen mehr in die Kraft des Wortes. Nietzsche scheint
Recht zu haben: »die Worte sind nur Bezeichnungen«, sie
schließen kein Wissen mit ein. Als bei Solferino die armen
Leute – von Dunant aufgefordert – aus den Häusern gingen
und auf dem Schlachtfeld die Verwundeten, ob Feind oder
Freund, zusammensuchten, sie wegtrugen und erstmalig
hilfeleistend pflegten, da ereignete es sich, daß sofort die
beiden feindlichen Armeen Trupps ausschickten, um die
guten Leute zu behindern. Da geschah es, daß die Leute,

ohne daß es ihnen je einer lehrte oder einsagte, erschüttert riefen: »Aber das sind doch unsere Brüder!« Und da *wirkte* das Wort so, wie ichs immer wahrhaben möchte. Nur der Brief Tolstois an Gandhi nach Südafrika hat noch einmal so gewirkt – mein Gott, und wieviel Kunstworte, wieviel grandiose Stilistik haben wir seither gehört, gelesen und erlebt. Haben sie gewirkt?

Das, seht Ihr, macht mich als Schriftsteller oft so verzweifelt. Ich sehe bei allem zähen künstlerischen Bemühen nicht mehr, daß das Wort beispielgebend wirkt. Damit komme ich zu der Erkenntnis: Auch Dichten ist nichts anderes als ein Spiel. Im höchsten Fall ändert sich höchstens der Dichter in seiner Arbeit, aber er bleibt wirkungslos in der Welt. Das ist eine sehr belämmerte Sache, glaubt es mir.

Ich kann so Ausreden wie von Jean Paul oder Hermann Hesse nicht leiden. Der eine sagt etwa, daß Bücherlesen nicht besser und nicht schlechter, aber immerhin empfänglich für das Schöne macht. Und Hermann Hesse meint einmal, wie es auch mit dem Schreiben von Gedichten sei, sie hätten jedenfalls noch keinen Menschen umgebracht. (Was nebenbei, für mich, gar nicht stimmt. Die Kriegs- und Revolutionsmanifeste und -gedichte haben »umgebracht«.) [. . .] Sehr erschüttert hat mich übrigens Bert Brechts plötzlicher Tod. Ich kannte ihn gut, mir reichte er seinerzeit, ungefähr 1922, in München sein erstes Stück »Trommeln in der Nacht« ein, mir widmete er, als ich meinen Protest »Verbrennt mich!« schrieb, ein Gedicht, ich sah ihn in New York oft, aber ich konnte doch mit ihm nicht sehr viel menschlich anfangen. Er schien mir nicht heiter und weltoffen zu sein, überhaupt nicht menschenwarm.

Als Dichter aber ist er sicher der größte unserer Generation. Seine Verse und Lieder (wenigstens viele davon) und seine Stücke werden bleiben, denn sie sind 20. Jahrhundert. Thomas Mann ist ganz und gar 19., ja oft 18. Jahrhundert in letzter unerreichbarer Höhe. All die Eliot und Sartre werden längst, längst vergangen sein, da wird von der Generation Thomas Manns er selber, Bernhard Shaw und Knut Hamsun und manches von Hauptmann noch leben, all diese schlechtgeratenen Romantiker von Heideggers Gnaden, die Jüngers und Benns und genau so eben Sartre, Camus und Eliot – keiner wird so lange und so lebendig fortdauern wie Brecht. [. . .]

Lieber bester Freund Robert!

Bloß so zwischenhinein bei einer Unterbrechung meiner Ro-
manarbeit – Dir einen großen, lieben Gruß und Dank für
Deinen langen Brief. Er war Labsal für mich und ich stimme in
allem vollkommen mit Dir überein. Was am Suez geschieht
und was an blutig gemeiner Schlächterarbeit in Ungarn geleistet wird, dreht mir bei jedem Darandenken das Herz im Leibe
um. Und man kann schon fast nicht mehr anders, als unentwegt daran denken. Was mich am meisten verbittert, ist, daß
jene Burschen, die, solang Stalin lebte, genau so gehandelt
haben, wie er befahl, daß diese Kerle nun, nachdem sie auf
dem 20. Parteikongress in Moskau offenbar plötzlich lichte
Momente bekamen, wieder nichts anderes wissen, als den
gleichen Terror à la Stalin weiterzuführen (daß Nehru das mit-
macht, daß Schweitzer dazu schweigt – mein Gott, Tolstoi
und Gandhi sind doch lange tot!!! Ich persönlich halte
Schweitzers menschenfreundliches Tun gewiß für gut, aber
hat er je eine Breitenwirkung in der ganzen Welt erzeugt,
zwang er einfach als Beispiel etwa irgendwelche Regierungen
oder die Vereinten Nationen, nun in seinem Sinne ebenso
großzügige Caritas- und Kulturarbeit zu machen, nein, sie
sehen immer noch die »Wilden« und wollen immer noch nur
das Öl!)
Du weißt, ich war stets ein ausgesprochener sehr linker Sozialist und bin es auch heute noch, vielleicht heute sogar noch
entschiedener – darum hoffte ich, daß z. B. Titos richtige Erkenntnis, jenen sturen, grunddummen Stalinismus (der
nichts, rein gar nichts mehr mit Kommunismus zu tun hatte)
endlich aufzulockern und eine große Internationale des wirklichen Sozialismus zu schaffen, daß dies nach Chruscht-
schews Besuch und den Verhandlungen in Jalta gelingen
würde, aber was erleben wir nun. Jeder Sozialismus ist seit
dem niederträchtigen Vorgehen der Russen in Ungarn für
Jahrzehnte diffamiert, niemand glaubt mehr daran, es ist unmöglich, Menschen und Völker für ihn zu gewinnen. Das ist
das zusätzlich Verbitternde für mich, abgesehen davon, daß
ich einfach kaum mehr schlafen kann infolge des ungari-
schen Massakers. Was wird kommen? Die Herren von General Motors, United Steel etc. etc. können nunmehr nicht

nur ihre Millionengeschäfte machen, sie können sogar glaubhaft machen, daß ihr Kapitalismus das einzig richtige ist, und
sie können (eben weil die Russen einfach bis zum letzten her-
ausfordern) sogar alle Welt plötzlich davon überzeugen, daß
nur noch der Abwurf von Atombomben hilft. (Erlebten wirs
denn nicht schon bei den Nazis, daß Hitler und seine Gang-
ster sich einfach sagten: Wir wenn zugrund gehen sollen, soll
die ganze Welt in Scherben gehn. Solche Machttiere wie die
Kremlleute wissen doch, daß sie – wenn es einmal losgeht –
die Macht verlieren, also müssen alle dran glauben!)
Ja, guter Freund, in welche Zeit sind wir hineingeboren! Wie
empfinde ichs mit Dir. Sei für heute mit meinen schrecklichen Ausbrüchen zufrieden und nimm sie nicht übel. Kann
man denn noch anders? Laß Dir die Hand fest drücken und
grüße Deine liebe Frau und bleibt gesund –

alles Gute wie immer Dein OMG

AN KONRAD KIRCHMEIER   13. 1. 1957

Auch nach allem, was Kirchmeier zur Begründung geschrieben hat, findet
Graf (ebenso wie Konrads Onkel Hein) seine freiwillige Meldung zum Militär
nicht zu rechtfertigen.

[. . .] Es ist, meine ich, nicht zu rechtfertigen von Dir, denn
Du bist weder ein Nationalist, noch eine geborene Lands-
knechtnatur. Du bist, wie viele Menschen in dieser Zeit, innerlich unsicher und Du bist ein schwacher Charakter.
Meiner Meinung nach aber ist ein solcher Charakter nicht so
sehr eine, wie das schöne Wort heißt, Erbanlage, Charakter
entsteht durch Entwicklung, Umgebung und durch den
Willen, etwas zu Ende zu denken. Du hast Dir nie die
strenge Mühe genommen, etwas zu Ende zu denken, und
da Du intelligent bist, hast Du immer nur, dieser Intelligenz
entsprechend, *das* oberflächlich angenommen, was Dir auch
gefühlsmäßig halbwegs zusagte. Das ist bequem, das ist der
Grundzug aller heutigen Jugend, die nach all dem Zusammenbrechen innerer und äußerer Werte, das wir erlebt
haben, tief skeptisch, total ungläubig und äußerst feig in
bezug auf eigene persönliche, innerste Entscheidungen geworden ist. Darum eben haben wir ja die Erscheinungen,
daß sich all diese Menschen z. T. dem Sport, dem Katholizismus, dem Kommunismus oder sonst irgendeinem Mas-

senwahn (oft auch nur einem zeitweiligen) hingeben, sie sind froh, irgendwo urteils- und verantwortungslos mitschwimmen zu können.

Einsatz für den »Pazifismus« unter den Kameraden und Abwehr des Bolschewismus können heutzutage kein Grund für den Heeresdienst sein.

[. . .] Pazifismus – das scheinen alle, die sich leichtfertig so nennen, nie beachtet zu haben – besteht nicht etwa darin, daß ich gegen Militarismus und Krieg bin, weil *ich* nicht hingeschlachtet werde, sondern Pazifismus besteht darin, daß ich aus tiefstem moralischem Antrieb sage: »Es darf überhaupt nicht mehr vorkommen, daß Menschen durch Gewalt und Krieg ermordet werden.« Pazifismus ist die Verantwortung des einzelnen, der keinesfalls mehr mitschuldig werden will, daß Andere wegen irgendeines nationalen oder sonstigen Schwindels in den Tod gehen.

[. . .] Und dann: Glaubt überhaupt ein denkender Mensch heute noch, daß eine Idee mit Waffengewalt ausgerottet werden kann? Daß der Kommunismus, ganz gleichgültig, wie er von irgendwelchen Diktatoren entstellt worden ist, eine tief humane, aus dem Christentum stammende Idee ist, kann niemand leugnen. Diese Idee besagt (in ihrem Urkern), daß alle Menschen gleich sind und das gleiche Recht haben sollen, daß wir also alle – das klingt bloß so abgetragen heute, weils so oft umgelogen worden ist – Brüder und Schwestern sind, die daran zu arbeiten haben, daß ein verhältnismäßiges Glück für alle durch einen entsprechenden Gesellschaftszustand geschaffen wird. Eine solche Idee totzuschießen ist einfach hirnrissig, eine solche Idee mit Einsicht, Toleranz, Geduld und dem Wagnis des persönlichen Beispiels mitschaffen zu helfen, halte ich für eine lebenswürdige Menschenaufgabe. Gewalt gegen Gewalt setzen, was kommt dabei eigentlich stets heraus: der Gedanke der Rache, also wiederum Gewalt.

[. . .] Meine Mutter hat immer gesagt: »Die Schlechtigkeit is net um'zbringa auf der Welt, bloß *mir* derfa net schlecht sein.« *Das* ists, was ich Dir sagen wollte, lieber Konrad, das ists auch, was die meisten Menschen nicht begreifen, und das eben macht mich traurig.

1) Ich werde *nie* Versuche machen, um Bürgerschaft hier oder in Deutschland mich zu bemühen, denn da ich radikal gegen Krieg und Gewalt bin und das jedem Amt sage, wird mans nicht. So ists mir auch recht. Ob ich meine »Heimat« besuchen kann oder nicht, kümmert mich sowenig wie irgendwelche anderen unangenehmen Konsequenzen. Ich bin und bleibe »Staatenloser«, weil ich egoistischerweise für mich wenigstens darin jenen Status sehe, den man für die Schweinereien irgendwelcher Staaten nicht mehr verantwortlich machen kann [. . .]

Weitere Angaben zur Person und zum Werk für Dabringhaus' Dissertation.

AN ROBERT WARNECKE   9. 5. 1957

Es fliegt heute einer meiner ältesten Freunde (in *Wir sind Gefangene* wird er öfter genannt), Franz Jung, nach Hamburg ab und ich gab ihm Deine Adresse. Sicher wird er bei Dir anrufen und – so Du Zeit haben solltest – Dich auch treffen oder aufsuchen. Jung ist auf den ersten Anblick und Eindruck schwer zu identifizieren. Er ist wieder einmal ziemlich innerlich am Ende, aber seine merkwürdige motorische Art, immer wieder etwas Neues, meist nach außen hin Provozierendes zu machen, seine halb genialische, halb aus der Verbitterung des Vergessen- und Verschmähtseins [kommende] Getriebenheit, die Aufmerksamkeit auf sich zu lenken, finde ich doch wertvoll. Ich weiß nicht, ob ich Dir damals meine »Grabrede auf einen Freund« zu lesen schickte. Das ist Jung, der natürlich dies alles weiß, wir besprachen es sogar miteinander.

Vielleicht kann Warnecke Jung bei seinem Editionsvorhaben helfen, vielleicht sind sie aber zu verschiedene Naturen.

[. . .] Nun, Jung ist für mich nicht nur ein echter, kaum wegdenkbarer Freund, er hat zuviel Entscheidendes in mir hervorgerufen, darum würde ich mich freuen, wenn Du ihn doch so sehen und nehmen wolltest. Er ist krank (kann kaum laut reden) und arm, er trinkt wie ich, er hat das Leiden meiner ganzen Generation gelitten und hat viele Anstrengungen gemacht (schriftstellerisch, politisch und menschlich), um sich zu beweisen vor einer erbarmungslosen Welt. Es liegt in seiner Natur, daß er nicht zum Bescheiden gekommen ist,

aber ich meine immer, es ist der Mühe wert, zu ihm zu stehen.
Bitte, wenns geht, schreib mir, falls Jung sich meldet und Ihr
Euch getroffen habt, alles ganz offen.

AN WILHELM BADENHOP   10. 7. 1957

Graf dankt für einen Band mit Benns Gedichten,

[. . .] obgleich ich keinesfalls Ihrer Meinung bin, daß Benn
einer von den sehr wenigen bedeutenden Dichtern Deutschlands ist. Ich habe seine Gedichte aus der Expressionistenzeit
damals noch selber sozusagen »mitgemacht«, als ich unter
den Berliner Aktion-, Sturm- und PENleuten mich herum-
trieb. Sie heute wieder zu finden und dann die äußerst dürf-
tigen, langweiligen Verse seiner Endzeit damit zu konfron-
tieren überzeugt mich viel eher, daß auch dieser schreibende
Mann keine durchgehende künstlerische und menschliche
Grundhaltung besessen hat. Was ich unter Grundhaltung
verstehe ist nicht etwa die philiströse Vorstellung, einer
müsse von Anfang bis zum Ende halbwegs gleich bleiben und
könne sich nur mehr und mehr künstlerisch vollenden. Und –
mein Gott – all diese »Außenseiter und Provokateure« (wie
Sie von Benn schreiben) waren doch immer schon da und
werden immer da sein, es sind, wenn man genau hinsieht,
zuletzt nur Snobisten und keine Menschen, die sich demütig
und bescheiden einfügten ins Leben – die nie den Mut und die
Einsicht besitzen, zu bekennen, daß auch sie nur mittelmäßige Menschen sind – und für mich ist (wie ich grad durch
meinen jetzigen Roman beweisen möchte) Mittelmäßigkeit
ein Bekenntnis. Warum denn wirkte der europäische Geist
nie so tiefgehend auf die Massen wie etwa Tolstoi und
Gandhi? Weil jeder »Künstler« sich als etwas Außergewöhn-
liches empfand und nie zu *dem* stand, was er schuf. Sie
machten »Kunst« und isolierten sich von der Wirkung des
Geistes.
Da war doch nur einer auf dem rechten Weg – Bert Brecht,
mag man nun politisch und künstlerisch zu ihm stehen wie
man will. Und war er nicht etwa ein großer Dichter noch
dazu? (Lesen Sie »Mutter Courage« u. »Galileo«). [. . .]

Graf mochte Penzoldt sehr. Doderer findet er »katastrophal«. Wolfgang
Koeppen hält er für Edlef Köppen, aber dessen »Heeresbericht« zieht er die
Kriegsromane von Zweig, Remarque und (mit Einschränkung) Jünger vor.

Lieber, verehrter Lion Feuchtwanger!

Durch unseren gemeinsamen Briefkameraden Grosshut und durch die deutschen Zeitungen erfuhr ich eben, daß Sie den Münchner Dichterpreis, dem ich seinerzeit fast auf eine groteske Weise zum Leben verhalf, bekommen haben.

Ich muß sagen, ich habe mich schon lange nicht so aufrichtig gefreut als dieses Mal! Denn endlich scheint dieses Münchner Volk, das Sie in Ihrem »Erfolg« so großartig präzis geschildert haben, einen Lichtblick gehabt zu haben. Grosshut berichtete mir auch, was hinter den Kulissen *vor* der Preisverteilung alles vorging – mein Gott, wie schmählich ist das von dieser »Kunststadt«!

Einst haben sie dort Rilke vertrieben, nach dem jetzigen Krieg schickten sie – nachdem sie ihn feierlich empfangen hatten! – Thomas Mann in die Schweiz eine Rechnung für die Aufräumungsarbeiten seiner zerstörten Bogenhauser Villa!

Oft hat man das Gefühl, man sollte, wie ich es in einem bayrischen Dorfbild einmal formuliert habe, diesem »verbrunzten Mittelstand« noch viel gröber das Licht aufsetzen.

Das alles hindert mich nicht, mich heute über die Preiszuerteilung an Sie sehr herzlich zu freuen. Alle guten Wünsche für Ihre weitere Gesundheit und Schaffenslust.

Wie immer Ihr OMG
[handschriftlich]

AN ERICH LISSNER   27. 9. 1957

Graf findet es wie Lissner »schändlich«, daß sein *Leben meiner Mutter* nicht wieder aufgelegt wird. Im Westen gilt es als prosowjetisch, wenn nicht gar noch ›stalinistisch‹, im Osten entspricht es wohl nicht der momentan geltenden ›Linie‹. Die Büchergilde war interessiert daran, aber »natürlich ohne den Epilog« [aus der Perspektive von Grafs Rußlandreise]. »Wo, bin ich versucht zu fragen, wird eigentlich im heutigen Deutschland nicht zensiert am Schriftsteller?«

[. . .] Ich schreib viel für mich, hab aber wenig Lust, rumzuschicken. Es kommt mir nämlich vor, als müßte noch einige Zeit vergehen, bis man in Deutschland wieder zu sich kommt. Momentan stürzt man sich, so wenigstens sehe ich es, auf alles, was im Ausland im Schwang ist und versuchts nachzumachen, nicht bloß Eliot, Hemingway und Sartre, sogar auf den Dadaismus greift man wieder zurück, den Herr Hülsenbeck seinerzeit völlig mißverstanden und als »Kunst« ausgegeben hat, während er von unserer Seite her damals als echter Anarcho-Nihilismus angewandt wurde. Das Buch von Hülsenbeck erweckt geradezu stürmische Lachkrämpfe bei allen, die damals sozusagen »dabei« waren, noch mehr muß man lachen, daß nun auch die heutige deutsche Intelligenz drauf und dran ist, auf das professoral ernst tuende Geschwätz und die stockdummen Verdrehungen Hülsenbecks hereinzufallen – mein Gott, wie wenig Humor ist noch auf der Welt, lieber Erich Lissner.

AN ROBERT WARNECKE   5. II. 1957

Jungs Deutschlandreise (er war einmal bei Warneckes) war »ein einziger Mißerfolg«. Graf hatte wegen der Einladung der [West-] Berliner Akademie der Künste nichts als Schreibereien und Ärger, ist nach wie vor weder deutscher noch US-Bürger und kann nicht ausreisen. Was beiden bleibt, Warnecke und Graf: einige Menschen ihres Geistes, »Zufluchten« ins »Schöne und Humane« – »nur eben, es ist eine sehr enge Welt für uns geworden, rund herum braust und kläfft was anderes«. Graf empfiehlt Günthers »Drehbühne der Zeit«: eine »Schicksalgeschichte der ganzen Kunstgeneration, die wir kennen«. Es »stellt dem geistigen Deutschland kein schlechtes Zeugnis aus«.

[. . .] Mein Roman quält mich ungeheuer. Ich schrieb ihn nunmehr bereits das fünfte Mal um, und Du wirst begreifen, *was* das bedeutet, wenn ich Dir sage, was für ein Pedant ich bin. Ich schreibe nämlich dann beständig das ganze Manuskript, also ca. 455 Seiten, um und wieder neu. Nun bin ich glücklich bei der sechsten [Fassung] und hoffe denn doch, daß ich nunmehr keinen Zweifel mehr bekomme, denn sonst weiß ich wirklich nicht mehr, ob ich nicht alles einfach liegen lasse. Natürlich hat dieses ewige Herum und Hinum, wie man in Bayern sagt, seine schrecklichen Gründe: Mir fehlt diesmal die Resonanz eines Hörerkreises. Ich pflege nämlich stets ein Buch, das ich schrieb, einem Freundeskreis von Anfang bis zu Ende in jeweiligen Abständen von einer Woche vorzulesen. Das kann ich diesmal nicht, weil all diese Freunde in dem neuen Roman Figuren sind, und diese Figuren sind nicht immer schmeichelhaft beschrieben. Ich bräuchte zu diesem Roman Menschen, die nichts von diesen

Freunden wissen, überhaupt das Milieu nicht einmal erlebt haben, um eine Kontrolle zu bekommen. Aber die hat man, insbesondere, wenn man die Enge der NYer Emigrantenkreise kennt, hier nicht, und jeder, der also etwas vorgelesen bekommt oder das Manuskript liest, folgert sofort: »Ah, das ist der und der« und »das ist die und die«. So kommt kein objektives Urteil heraus. Auf das aber kommt es mir an, das brauche ich. Nun suche ich solche Leute – aber das ist eben nicht leicht.

[. . .] Im Übrigen, ich schicke dieser Tage an Dich meine eben erschienenen *Kalendergeschichten* aus dem Greifenverlag, es sind durchgearbeitete und viele neue Geschichten dabei und andere herausgenommen, wie Du – falls Du die alte Ausgabe hast – sehen wirst. Ich las dieses mir sehr liebe Buch noch einmal wegen eventueller Fehler durch – ich fand eine verhobene Zeile und etliche Unverständlichkeiten, weil alles auf einmal so hurtig ging, da setzten die Leute oft statt der bayrisch idiomatischen Worte irgendwelche unmögliche Nachahmungen, trotzdem ists nicht arg schlimm – ich las das Buch und muß sagen, es kann sich getrost mit Kellers »Seldwyla«, mit Hebel, Maupassant und Tschechow messen, es ist haltbar über die Zeit weg. Aber was wird denn aus dieser Zeit? Das eben fragt sich. Davon spricht Dein Brief mit Sorge, und wer wäre nicht besorgt. Wir Menschen des großen humanen 19. Jahrhundert sind nicht mit dem 20. mitgekommen, und getan hat man auch nichts, um dieses Humane des 19. wenigstens halbweg ins 20. hinüberzuverpflanzen, man machte zuviel »Kunst« für die Künstler, für die wenigen Auserwählten und entfernte sich von dem, was ewig besteht, solang wir hier eine lebendige Zeit haben, vom Volk. Ach, da wäre soviel zu schreiben, aber das muß ich mir aufsparen auf mehr Privatzeit, wenn ich so sagen darf.

Und jetzt also ist wieder das alte Adenauer-Regime da und macht die gleichen unmöglichen Fehler wie Amerika, es stößt jene Rebellanten gegen die russische Diktatur ab, die möglicherweise als etwas Ausgleichendes wirken könnten, ich meine Tito und Polen – und alles versteift sich zu einer atembeklemmenden Gefahr für uns alle. Nein, ich glaube trotz allem nicht, daß der Vernichtungskrieg kommt, ich fürchte es geht ohne ihn. Übrigens finde ich trostlos, wie inhaltlos, wie tief provinziell die SPD geworden ist, sie konnte

gar nicht Erfolg haben, denn sie hat wirklich außer Sozialre-
formerischem, das irgendeine bürgerlich-liberale Partei
ebenso bieten kann, nichts, rein gar nichts mehr zu bieten.
Ists da ein Wunder, wenn jeder sagt, daß Adenauer Deutschland aus dem Dreck geholfen hat und der richtige Mann ist?
Ich kenne doch diese Ollenhauer und all diese rechten und
linken Sozialdemokraten zu gut, von einst und aus dem Exil,
mein Gott, da ist nichts, was die Jugend anzieht, da ist nichts,
was dem Volk Vertrauen einflößt, da ist einzig und allein das
»Sekretärische« und das erzeugt nichts mehr [. . .]

AN LOTTE BRANZ   19. 11. 1957

Graf ist jetzt »ziemlich magerer«, raucht viel weniger, sein schweres Schnaufen
nimmt zu. Blutabzapfungen, zweimal im Jahr, tun ihm gut. Sein Freund Kie-
wert hat 1934 in Wien (ohne Graf) aus seinem *Bolwieser* eine dramatische Fassung *Kleinstadttragödie* gemacht, in einem »unmöglichen Dialog«. Sie war
einmal nach dem Krieg gesendet worden, dann von Graf gestoppt. Graf hat
dann einen neuen Dialog geschrieben und möchte jetzt, da ein Theaterkenner
in Amerika sie gelobt hat, Kontakte zu Schweikart und zur »Volksbühne«.

[. . .] Sehr gelacht habe ich mit Feuchtwanger, als sie dem den
M[ünchner] Dichterpreis gaben, er war einfach baff und
dachte nie an sowas. Und dann auf einmal das Kesseltreiben
gegen Feuchtwanger, mein Gott, wie komisch das alles an-
mutet. Immerhin bat mich nun Feuchtwanger, ich sollte doch
mal einen lustigen Artikel über die Entstehung des
Münchner Dichterpreises schreiben, aber ich hab so wenig
Zeit und kann nichts auf Anruf und Bestellung machen. Immerhin ist [es] für uns belustigend, denn damals, als man
noch gar nicht dran dachte, so einen Preis zu machen, in der
seligen Zeit, da alles vom »Niedergang Münchens als Kultur-
stadt« schrieb und redete (so anno 1929 und 30, glaub ich), da
meldete ich mich nach der Rede von Thomas Mann im Steinicke-Saal auch zu Wort und sagte ungefähr: »Das ist ja ganz
recht und schön, zu klagen, München müßte wieder zur alten
Kulturhöhe kommen, aber was tut man eigentlich für die
vielen Künstler und Dichter in der Stadt? Sie müssen aus-
wärts erst groß werden, daheim läßt man sie links liegen oder
verhungern, und was wärs eigentlich, wenn die Stadt einen
Münchner Dichterpreis machen würde. Schließlich kostet jede Reklame was, warum soll man nicht da einmal ein

bißl was investieren.« Das wurde viel beklatscht und viel belacht. Aber ich ließ es nicht dabei bewenden. Ich fuhr damals einmal nach Berlin, da hatte mein Freund Franz Jung ein Korrespondenzbüro und er fragte mich, ob ich keine Neuigkeit aus München hätte. Frech und kaltblütig knobelte ich eine Zeitungsnotiz aus, des Inhalts »Der Münchner Stadtmagistrat befaßt sich seit einiger Zeit mit der Einführung eines Münchner Dichterpreises in Höhe von 5000,– Mark. Die Verhandlungen stehen vor einem positiven Abschluß.«

Daraufhin (Freudenberger, den ich sehr gut kannte, war damals der Presse-Chef des Magistrats) wilde Dementis, denn die Notiz erschien in fast allen deutschen Zeitungen! Aber schließlich mußte tatsächlich zugegeben werden, so ein Preis sei in Erwägung gezogen. Kurzum, wir lancierten sofort wieder eine neue Notiz in die Zeitungen, es sei leider ein Irrtum – nicht 5 sondern 3000 Mark soll die Höhe des Münchner Dichterpreises betragen. Wiederum wilde Dementis und niemand wußte, wer denn diesen Wirbel gemacht hatte – aber nun mußte tatsächlich der Münchner Dichterpreis gemacht werden. Die damalige »Jugend« brachte, da ich damals durch *Wir sind Gefangene* in jungem Ruhm stand, eine Witzzeichnung, ich als Schlittschuhkunstläufer vor dem auf einem Podest sitzenden Scharnagl und darunter stand »Na, wie stehts Herr Oberbürgermeister?« Natürlich bekam ich sowas nicht, obgleich, wie ich erst nach dem jetzigen Krieg erfuhr, Ricarda Huch sehr eingehend mich empfahl – Carossa bekam ihn, der hatte ihn ja wirklich mehr verdient als ich junger Taugenichts. Aber heute noch muß ich drüber herzlich lachen, wie uns der Coup damals gelungen war. Vielleicht schreibe ich das wirklich einmal zu meinem 65. Geburtstag, so Gott mir das Leben bis dahin gestattet.

Lieber Herr Feuchtwanger!

Nehmen Sie mir, bitte, meine Begeisterung nicht übel: Ich habe eben Ihr Buch »Jefta und seine Tochter« ausgelesen und begreife nicht, wieso Sie – seit »Goya« und »Rousseau« erwartete ich das – noch immer nicht den Nobelpreis für Li-

teratur bekommen haben! Ein Riesenwerk im Erzählerischen wie das Ihrige, noch dazu, da es weltbekannt ist, kann
in Stockholm doch nicht einfach übersehen werden? Ich
habe eine Abneigung gegen historische Romane vor dem 15.
Jahrhundert und las deswegen nie Ihre jüdischen historischen Bücher, nun will ichs, wenn ich mehr zur Rast
komme, nachholen. Aber bei Jefta ists ja gar nicht das Historische, sondern die Gewalt des Mythischen, das ungewollt
in Ihre dichterische Gestaltung kommt und Tempo, Stil und
Atmosphäre bestimmt. Mein Gott, was hätten andere für
epikfeindliche Breiten bei diesem Stoff ersinnen müssen –
und Sie? Ihr Jefta wirkt auf mich wahrhaftig wie ein Stück
Bibel oder eine gewaltige Ballade. Ich bewundere, beneide
Sie und bin voll Dankbarkeit für soviel mächtige Bücher, die
ich von Ihnen las.
Die Nobelpreiserteilung an Camus, den man in zwanzig
Jahren vergessen und mit Recht vergessen haben wird, hat
mich einfach empört. Sie sind alle hohes Talent und im
Grunde doch kranke Schwätzer, die irgendwo ein unausge-
lüftetes schlechtes Gewissen haben.
Lieber Herr Feuchtwanger, ich schreib das einfach so hin,
ich *kann* buchstäblich nach dem letzten Buchstaben in Ihrem
Buch nicht anders.

Alles Herzliche Ihr OMG

AN LION FEUCHTWANGER   14. 5. 1958

Feuchtwanger ist selber noch nicht US-Bürger geworden [er blieb bis zu
seinem Tod staatenlos], kann also nicht mit nach München. Graf berichtet
von der langen Verweigerung seiner Einbürgerung, der Kampagne von
Schlamm, Seger u. a. gegen ihn als ›Stalinagent in der Lederhose‹, seiner Verweigerung jedes Waffendienstes und dem Bescheid, seine Wiedereinreise in
die USA sei ›unerwünscht‹.

[. . .] Nun ganz plötzlich vor ungefähr zweieinhalb Monaten wurde ich abermals vor das Naturalisationsamt geladen und erwartete von neuem ein sinnloses »hearing«. Da
ich immer noch nicht Englisch kann, ging meine Frau mit.
Und da geschah das Erstaunliche: Der Beamte hatte die Rie-
senakte vor sich und sagte: »Herr Graf, diese Akten haben
dem amerikanischen Staat Tausende von Dollars gekostet

und sind wertlos. Sie können sich *hauptsächlich* bei Ihren Mitemigranten bedanken für all die Denunziationen.« Ich mußte wirklich ein wenig lächeln, aber das war nicht gut. Der Mann wurde sofort ernst und bedeutete mir nun, es müsse ein neues Verhör angestellt werden, aber das sei nicht allzulang. Es wurde ein amtlicher Übersetzer herbeigerufen und nun gings also um die Hauptfragen: »Waren oder sind Sie jemals Kommunist gewesen?«

Ich: »Nein . . . Ich war überhaupt in meinem Leben noch nie in einer Partei.«

Der Beamte: »Verweigern Sie noch immer jeden Waffendienst für Amerikas Verteidigung und wenn ›Ja‹, warum?«

Ich: »Ich werde niemals einen Staat oder irgendein System mit der Waffe verteidigen, weil das für mich barbarisch ist. Wenn ich Sie umbringe, kann ich nicht mehr mit Ihnen reden. Ich bin seit dreißig Jahren Anhänger Tolstois und ungefähr so etwas wie ein religiöser Sozialist.«

Der Übersetzer war ein sehr netter Russe und machte dem Mann die Sache offenbar mundgerecht.

Der Beamte: »Haben Sie irgendwelche Beziehungen zu Rußland und zur deutschen kommunistischen Ostzone?«

Ich: »O ja, in der Ostzone sind sehr viele Freunde von mir und außerdem verlegen verschiedene Verlage dort meine Bücher.«

Der Beamte: »Sind diese Bücher kommunistisch?«

Ich: »Nein, aber sie sind politisch. Schließlich ist jedes Buch, das sich mit den Menschen in jetziger Zeit befaßt, mehr oder weniger politisch.«

Der Beamte: »Warum publizieren Sie nicht in der Westzone?«

Ich: »O, da sind auch Bücher von mir erschienen, aber die Verleger zeigen wenig Interesse und Neigung für sie.«

Der Beamte: »Sind Ihre Bücher in der Ostzone zensiert, und wenn ›Ja‹, sind Sie damit einverstanden?«

Ich: »Keins meiner Bücher wurde in der Ostzone zensiert oder verändert. Im übrigen bringt man dort auch Faulkner, Hemingway, Thomas Mann und Heinrich Mann und viele andere bürgerliche Schriftsteller heraus, und zwar unverändert. Auf eine Zensur würde ich mich nie einlassen. Daß die Verleger uns publizieren in der Ostzone, ist ein Geschäft wie jedes andere.«

Fertig. Meine Frau hatte draußen alles gehört, da ich sehr

laut redete, und sie sagte, es wird nichts mit unsrer Bürgerschaft. Nach zehn Tagen wurden wir mit zwei Zeugen be-
stellt, die mich seit München kennen.

Nach weiteren 12 Tagen bekam meine Frau, die überhaupt
nicht verhört wurde, ihre Vorladung zur Einschwörung und
nach weiteren 12 Tagen hatte sie das Bürgerschaftspapier,
ich bekam nach weiteren 10 Tagen die Vorladung zur Einschwörung und wurde vor ca. 250 Geladenen einzeln vorgenommen. Das war fast drollig. Die 250 mußten aufstehen
und die Schwurhand heben und den langen Schwur wörtlich nachsprechen. Ich wurde an einen einzelnen Tisch gesetzt und konnte mich nur auf die Winke des Beamten verlassen. Schließlich wurde ich allein vor den Richter gerufen,
der las mir den Schwur (der meine dauerte im Gegensatz zu
dem der 250, der ca. 10 Minuten dauerte, nur ganze 3, denn
man hatte alles, was Militär- und Kriegsdienst betraf heraus-
gelassen) vor, ich stand mit erhobener Hand da und verstand nicht ein Wort, zum Schluß sagte ich nur »Thank you«
und da lächelte der Beamte und der Richter ganz dünn. In
weiteren zwölf Tagen bekam ich mein Bürgerpapier und
holte mir sofort den amerikanischen Reisepaß.

So hat also die ganze Geschichte mit unserer Einbürgerung
genau genommen von 1943 bis 1958 gedauert.

Wir hatten nichts dazugetan, aber ich muß doch sagen, daß
ich aufgrund *meiner* Einbürgerung der amerikanischen Demokratie einigen Respekt entgegenbringe. [. . .]

AN HUGO HARTUNG   München, 30. 7. 1958

Unter uns gesagt, München selbst, das offizielle, benimmt
sich saumäßig zu mir. Auf dem Flugplatz (ich hatte allerdings in Frankfurt sozusagen eine Panne, ein Motor des
Flugzeugs setzte aus, wir mußten zurück und ich kam 2 und
eine halbe Stunde später, so daß die höheren Herrn bereits
weg waren) war nicht einmal ein Auto für mich in die Stadt,
und Hotel hatten sie nicht einmal für die erste Nacht. Man
fuhr mich mit einem städtischen Lieferwagen stadteinwärts,
und ich mußte mit meiner Tochter nach Berg, um überhaupt
für diese Nacht eine Unterkunft zu haben. Dann suchte ich
mir selber diese Starnberger Klause und wohne seither hier.
Ich wandte mich andern Tags an diesen Herrn Kulturdezer-

nenten Dr. Hohenemser, der sich darauf hinausredete, daß meine Freunde ihm gesagt hätten, ich könnte bei ihnen wohnen!!! Dann (ich hatte inzwischen erfragt durch Marcuse und Muschg, daß sie im Hotel Vier Jahreszeiten auf acht Tage untergebracht und verpflegt wurden) sagte er, das erhielte ich natürlich auch, hat aber bisher nicht dergleichen getan. Ich soll, sagte er, im Cuvilliés-Theater lesen und bekäme 1 000 Mark wie jeder – aber ich sagte natürlich, ich träte nur in der bayrischen Tracht, mit der ich vor 25 Jahren das Land verlassen und nun wiedergekommen wäre, auf. Große Bestürzung, das ginge nicht, schwarzer Anzug Vorschrift. Ich hielt ihm entgegen, ob sie etwa einem Inder, wenn er dort spräche, die landesübliche Kleidung verbieten würden und ob sie etwa wünschten, daß ein Anzug droben säße oder ein Autor. Kurzum, es gibt seither Sitzung auf Sitzung, die Herren zittern und wollten mich auf die Kammerspiele abschieben – ich weigerte mich, nun gibt dieser Herr Hohenemser überhaupt keine Antwort mehr! Dadurch bin ich natürlich geschäftlich geschädigt, denn ich kann keine Termine ausmachen mit anderen Städten und Rundfunks etc. Ich werde wohl einen ungeheuren Krach machen müssen und dann abhauen.

Wohlgemerkt, die Presse, die Öffentlichkeit ist sehr, sehr nett zu mir, Bilder und Berichte standen in allen bayrischen Zeitungen bis ins tiefste Provinzblatt. Nur die Ämter, d. h. allein Hohenemser, denn Bürgermeister Wimmer, der mir ja seit der 18er Revolution gut bekannt ist, hat nichts gegen mein Lederhosenauftreten. In der Stadt grüßen mich sogar die Schutzleute, der Rundfunk und das Fernsehen machten viele Sendungen! Stuttgart und Wien wollen mich – bloß Herr Hohenemser nicht. Ich werde, wenns so weitergeht, die sogenannte feierliche Pflichtvorlesung einfach absagen. Dies nur zu Deiner Information und auch: Ich komme gern nach Berlin, aber ob ich bei den steifen Feierlichkeiten in der Kurzen kommen darf, das fragt sich sehr. Schließlich aber bin ich an 18 amerikanischen Universitäten so bei sehr feierlichen Anlässen aufgetreten und niemand fand was dran, nicht einmal die Herrn an der Michigan University bei der feierlichen Doktorierung des jungen Dabringhaus, der eine Arbeit über mich machte, bei dessen Examensschlußfeier ich eingeladen war.

Planung für Berlin. Graf hat »Vorträge und Geschichten genug« zu bieten. »Über die Unteilbarkeit der deutschen Literatur«, »Über Thomas Mann als geistiges Erlebnis«, »über Bildung«, »Rilke«–»also gar nichts Holdriomäßiges«.

[. . .] Sie meinen wohl, mich absolut als »Heimatdichter« abzutun, ich wills ihnen demnach auch lederhosenmäßig demonstrieren und vorlesungsmäßig verderben. Das macht mir ja auch wieder Spaß. Aber bleiben in Deutschland – das hat mir diese kurze Zeit schon gezeigt, das nie. Ich wollt's ja auch von Anfang an nicht.

Im übrigen mußt Du wohl bedenken, die Münchner hätten mich nie eingeladen, nie, wenn nicht von allen Seiten, hauptsächlich von Amerika Sturmrufe gekommen wären. Und zwar von sehr, sehr hohen Leuten!

AN LOTTE UND GOTTLIEB BRANZ   München, 15. 8. 1958

An Lotte Branz (und Else Reventlow) hatte sich Graf vor allem in seiner kleinen Kampagne, daß er eingeladen wurde, und der Auseinandersetzung mit dem Münchener Magistrat wegen seines Auftretens gewandt. Sie hielt zu ihm, aber spielte den Streit auch herunter: er solle sich nicht in seine Provokation »verrennen« und sich nicht so schnell als »affrontiert« ansehen. (u. a. im Brief vom 31. 7. 1958 an Graf)

Liebe Lotte, lieber Gottlieb!

Nachdem also Kästner so merkwürdig abgesagt hat, leitet mich nun Dr. Behl ein, allerdings kommt das kaum mehr auf die Einladungskarten. Immerhin sieht alles so aus, als ob eine ganze Clique dran ist, meinen Abend am 22. im Cuvilliéshaus zu torpedieren. Kästner z. B. war ungemein freundlich und versprach, mich anderntags sofort anzurufen, um einen anderen »Herrn« als Einführer zu nennen, er tats nicht, er rief nur nochmal beim Festausschuß (Bieringer) an, daß er nicht für mich spricht.

Besser ist, wir besprechen das weitere alles mündlich. Nur eins: Tut was Ihr könnt, damit wenigstens in dieser Urlaubszeit alle nur erreichbaren Freunde zu meinem Abend kommen, ich beschwöre Euch! Kann man durch Else Reventlow nicht die Vorlesung durch Radio ankündigen? Wenn ja, veranlaßt es. Aber gleich!

Ich weiß nicht, ob Hoegner schon vom Urlaub da ist, wenn ja, mobilisiert auch ihn! Knoeringen wird sowieso keine Zeit haben. Und die Offiziellen werden natürlich wegbleiben.

Vielleicht rufst Du, Lotte, wenn Du noch Zeit hast morgen oder übermorgen gegen 10 Uhr an, sei so gut.

In Eile alles Nette Euer OMG

Lieber Waldinger!

Bitte, bitte, sei mir um Gotteswillen nicht böse, ich konnte nichts hören lassen bis jetzt und muß mich auch heute ganz kurz halten und Dich um Geduld bitten – denn ich kam von Europa mit einem sehr schmerzhaften Hexenschuß zurück, der mich drei Wochen arbeitsunfähig machte, dann kam mein Asthma, das auch jetzt noch anhält – ich bin dauernd in einer Blutkur und habe dabei ungeheuer viel Arbeit, soviel, daß ich nur die allerdringendste Geschäftspost erledigen kann.

Ich schreibe meinen Roman – nach viermaliger Umarbeitung – zu Ende, er muß bis Ende März beim Verleger sein. Dann erscheinen jetzt Ende Februar die Neuauflage des *Dekameron*, Ende März *Leben meiner Mutter* und ebenso *Die Erben des Untergangs* (jener Zukunftsroman, den Du ja vom Vorlesen bei Ropers kennst) um die gleiche Zeit. Mein neuer Roman soll zu meinem 65. Geburtstag am 22. Juli rauskommen. Da sind nun Korrekturen auf Korrekturen in Haufen da und meine Frau und ich lesen jede Nacht bis 2 Uhr, weil alles so schnell gehen muß. Wie soll man da noch zum Briefschreiben kommen.

Nur rasch: Ich war in München, hatte dort, wie Du vielleicht gelesen oder gehört hast, Krach, weil ich im Cuvilliéshaus in der Lederhose las, was natürlich die Stadt in zwei Parteien um mich spaltete. Es war sehr lustig für mich. Die Herren Autoren dort hab ich gründlich kennen gelernt – lauter kriechende Betbrüder und gewesene Nazis, die jetzt nichts mehr wissen. Ich habe in München, Stuttgart, Frankfurt, Berlin, Baden-Baden und Wien viele Bandaufnahmen meiner *Kalendergeschichten* gelesen, die jetzt gesendet werden. In Wien gabs natürlich auch Krach – der Kurier schrieb genau wie in München der Merkur, ich sei Kommunist und »erst kürzlich mit durchschlagendem Lacherfolg« in Moskau gewesen. Der Genosse Pollak von der AZ [Arbei-

terzeitung] empfing mich natürlich gleich, aber der Kurier
schien ihm maßgebend gewesen zu sein, er tat in der AZ
nichts, offenbar wollte er meinen großen Abend in der
Volkshochschule zum Mißerfolg machen – dort aber mußten
sie von einem kleineren Saal in den größten umziehen, und
es wurde ein großer Erfolg. Der PEN-Club mit Csokor an der
Spitze war sogar da, der hatte vorher einen Empfang für
mich in der »Linde« mit viel Reden gemacht.
Ich war später in der Schweiz am Grab Th. Manns und bei
Katja Mann, besuchte Hermann Hesse in Montagnola und
fuhr auf acht Tage nach Nervi zur Erholung, ging wieder zurück nach München und Frankfurt, von da nach London,
von dort aufs Land in Yorkshire zu Freunden und flog endlich nach 4 Monaten nach N Y zurück. War im Lager Dachau,
besuchte meine alten KZ-Freunde und die in Wien und hab
mir genug gesehen – nie möchte ich nach Deutschland, ich
sagte es schon beim Empfang: »New York ist mir die liebste
Stadt« – ach so, in Berlin bei der Grundsteinlegung der West-
akademie der Künste, wo ich ja Mitglied bin, war ich auch,
dann noch bei einem Freund in Hamburg, sah in Berlin Wieland, seinen Bruder, Ihering, Huchel, Arnold Zweig und
dessen Frau. Berlin hat mir am besten gefallen – alles andre
Westdeutsche ist satt, arrogant und von einer literarischen
und politischen Frechheit, die ankotzt. München hasse ich
geradezu schon.
Sobald ich dazukomme schick ich Dir, um nicht soviel berichten zu müssen, Artikel aus Deutschland, die Dich informieren. Bruckner war leider schon sehr krank irgendwo auf
dem Land, da konnt ich ihn nicht sehen.

Nun leb wohl für heute, viele Grüße an
Deine Frau wie immer Dein OMG

AN ELSE UND GUSTAV FISCHER   3. 5. 1959

Graf liebt New York ungemein – »Ich habe eigentlich gar nichts von der Stadt,
es ist nur ein Fluidum, das mich immerzu umgibt«, auch wenn er »ganz ere-
mitisch« in seiner Kammer sitzt. Der Roman [*Flucht ins Mittelmäßige*] war eine
Hundearbeit, noch bis zu den hektischen Korrekturen. Mirjam, zurück aus Israel, läßt sich ganz von ihrer Arbeit verschlingen. »Vielleicht ist sie bereits in
jenem Lebensstadium, wo man überhaupt nichts mehr sehr lebenswert findet
und das Nachdenken darüber fürchtet.« Er dagegen ist »voll Lebensdrang«,
möchte reisen und – was er in Eichendorffs Lied »In einem kühlen Grunde«

projiziert – »tun, was mir gefällt«. Wenn er könnte, wie er wollte, würde er nach Rußland reisen, das habe ihn immer angezogen. Warum verdammt man die Deutschen – er selber tut es »leider« auch – insgesamt als Hitleranhänger, aber niemand ebenso die Russen, die doch Stalins Schandtaten »mitmachten«? Da ist »irgendein Widerhaken«, das müßte man tagelang diskutieren und tut es doch nicht. »Schrecklich!«

[. . .] Warum haben wir Menschen nie den Mut, uns über alles wegzusetzen und unserer Natur, unserem Wesen nachzugehen, ach, da muß man verdienen, da muß man die Zeit ausnützen, da muß man Haushalt führen, da muß man Bücher aus Eitelkeit schreiben, da muß man Gott weiß was planen, vorausdenken, einteilen und befürchten, und zum Schluß steht man da in einer unendlichen Leere und Fadheit und weiß nur, man hat fast sein ganzes Leben sinnlos vertan, statt eben zu leben. Wir sind ein grauenhaft verquastes Gevölke! Es ist nämlich gar nicht wahr, was – weiß Gott, aus welchen Absichten das geschieht – man allerorten schreibt und schreit und philosophiert und uns partout glauben machen möchte, nämlich, daß uns alle die Angst vor dem Atomkrieg so niederhält. Es ist die Angst vor uns selber, die uns nicht zum Leben kommen lassen will, es ist das Eingesponnensein in tausend lächerliche Dinge, die uns von kindauf mitgegeben worden sind, es ist die tiefe unausrottbare Lebensfeigheit, die uns alle so unglücklich macht, so unfrei, so schauerlich gefangen im Alltäglichen. Uns bestimmt ja der Nachbar, die Umgebung, die eingeführte Moral usf. viel mehr, als der gute Marx es gemeint hat. Er war ja nur ein oberflächlicher Hegelianer und er selber ist ja nur in seine Ideen geflüchtet, wie wir alle, um nichts selber leben zu müssen. So machens ja jetzt die meisten, die nicht mehr weiterwissen: Sie gehn nämlich nicht in sich und leben sich, sie flüchten in den Katholizismus, in die Psychoanalyse und auch ins Quäkertum wie meine lieben Freunde Gustav und Else. »Gott ist tot« hat der mir tief verhaßte Nietzsche proklamiert und bis zum Heidegger und Sartre herab klopfen sich nun diese Superphilosophen an die beklommene Brust und stellen nochmal fest und kommen mit ihrem – ach, so wortreichen Tiefengeschwätz – immer nur dahin: »Jeder ist sich selber der Nächste«, du mußt bei dir anfangen. Aber fängt einer etwa bei sich an – ich habs bis jetzt nicht bemerkt. In der Flucht in irgendetwas Glaubens- oder Vernunftähnli-

ches, in »Ideen« versuchen wir einen Halt zu bekommen und verlieren dadurch das eigene Leben.
Leben, leben muß man, meine ich, leben und sonst nichts. So einfach klingt das, und keiner kann's!
[. . .] In meinem neuen Roman stehen all diese Dinge, ich glaube, er ist für meine Freunde schrecklich, für die simple Leserschaft vielleicht sogar sehr langweilig. [. . .]

AN HUGO HARTUNG   II. II. 1959

Lieber Freund Hartung!

Heute kommt Dein Brief an, vielen Dank. Ich kann leider nicht auf alles antworten, denn meine Lage ist schlimm. Seit drei Tagen liegt meine arme, furchtbar leidende Frau im Todeskampf. Ich habe über drei Monate Tag und Nacht an ihrem Bett verbracht, und mußte sie nun doch wieder ins Hospital bringen lassen, weil auch meine Kräfte fast erschöpft sind. Sie liegt nun dort völlig apathisch, wird künstlich ernährt, kann kaum noch reden und durch die vielen schmerzstillenden Injektionen schläft sie die meiste Zeit, und wenn sie wirklich für einige Minuten die Augen öffnet, erkennt sie ihre Umgebung nicht gleich, hat kein Zeitgefühl mehr und redet unzusammenhängend. Ihr könnt Euch denken, was das allein schon für eine grauenhafte Qual für mich ist, diesen Zerfall – den ich ja schon die ganzen Monate bisher sah – mit ansehen zu müssen, ohne auch nur im geringsten helfen zu können. So ist natürlich alles für mich unmöglich: Arbeit und irgendwelches Planen. Ich gehe tatsächlich herum wie ein halber Traumwandler und wache nachts trotz des Schlafpulvers noch stets drei- bis viermal auf, weil ich noch immer das Gefühl habe, ich muß an ihr Bett.
Neben dem allen aber ist noch etwas anderes nicht minder drückend: Die Hospital-, Medizin- und Arztkosten haben meine Mittel beinahe erschöpft. Ich überlege schon (was ich im Krieg schon einmal machen mußte), irgendeinem Wucherer die in Aussicht stehende Summe für irgendein kommendes Buch zu überschreiben. Gottseidank hatte ich das letztemal das Glück, daß Freunde den Wucherer abzahlten, aber ich habe keine reichen Freunde. Und meine nunmeh-

rigen Bücher in Deutschland werden wohl etwas anerkannt, aber sehr schlecht abgesetzt, die Vorschüsse sind längst, längst draufgegangen. Da denk ich nun in meiner Not, ob es nicht möglich wäre, daß mir eventuell die Akademie durch die Befürwortung von Dir und einigen anderen mir wohlwollenden Kollegen, wenigstens für diese schlimmste Zeit eine Summe von ca. 10 000 bis 15 000 DM als Förderungszuschuß geben könnte. Dir wird die Summe hoch vorkommen, aber bedenke, daß das höchstenfalls 2 500 bis 3 000 Dollar sind, und wenn Du Dir ausrechnest, daß ich 28 Dollar für das Hospitalzimmer täglich zahlen muß, daß [ich für] die Tag- und Nachtschwester, die bei meiner Frau sein muß, 24 Dollar entrichten und dem Arzt (außer allen Medikamentenkosten) für jeden Besuch nochmal 10 Dollar zahlen muß, also beinahe 70 Dollar jeden Tag – so kannst Du Dir ungefähr errechnen, wie schnell meine wenigen Reserven dahingeschmolzen sind und wie dringend notwendig so eine Hilfe ist. Du mußt nämlich denken, daß wir wohl im »Blue Cross« (einer privaten Krankenkasse) sind, aber da bekomme ich *nach* aller Behandlung nur ca. ein Drittel ersetzt.

Nach drei Monaten hat nun auch die Gehaltszahlung an meine Frau aufgehört und die einzige Einnahme, die ich gegenwärtig habe, ist meine Entschädigungsrente aus Deutschland von monatlich 142 Dollar. Davon kann man nicht einmal als alleiniger Mensch allerbescheidenst hier leben. Wohl helfen mir Freunde, soweit sie eben können, aber das sind immer nur Tropfen auf den heißen Stein. Ich weiß mir auch in dieser Hinsicht keinen anderen Rat mehr, als Dich inständigst zu bitten, ungesäumt (verzeihe mir das drängende Wort) mit Herr von Buttlar und den anderen maßgebenden Herrn zu sprechen, vielleicht hilft man mir doch.

Und nun gehe ich wieder ins Spital und sitze bei einer Sterbenden. Sei nicht ungehalten über diesen Brief, lieber Freund.

Herzlich Dein OMG

Am gleichen Tag, an dem Graf diesen Brief schrieb, starb seine Frau Mirjam.

Ich danke Euch sehr, sehr herzlich für Euren lieben Brief zu Mirjams Tod, er war einer der wenigen, die echt und aufrichtig geklungen haben und die alte Freundschaft, die leider durch soviel mißliche Umstände in den letzten Jahren so abgebröckelt ist, strahlte aus jedem Buchstaben. Jetzt, wo ich mich langsam wenigstens ein wenig von dem schrecklichen Schock erfange, weil ich einfach wie ein Irrsinniger Tag und Nacht arbeite, nun kriecht natürlich die Einsamkeit bei jedem Einhalten erst recht aus allen Ecken und Enden. Und überall muß ich an Mirjam denken, alles, alles ist sie. Die vier Monate, die sie so schrecklich schmerzhaft hat leiden müssen, hab ich fast jeden Tag und Nacht an ihrem Bett zugebracht, und Ihr könnt Euch denken, was ich ausgestanden habe, da mir ja die Ärzte nach der elftägigen Untersuchung im Mount Sinai Hospital gleich sagten, es sei alles hoffnungslos. Zusehen, wie der liebste Mensch buchstäblich vor einem zerfällt – zuletzt wog Mirjam nur noch 98 Pfund – und ihn fortwährend anlügen müssen, es war grausig. Dabei hat auch sie gewußt, daß sie sterben muß, und ich habe es erst nach Ihrem Tod erfahren – wie unsagbar tapfer war sie doch. Es ist wirklich so, wie ichs auf die Trauerkarte drucken ließ, ich hab neben meiner Mutter durch Mirjams Tod mein Bestes verloren. Es ist sehr, sehr leblos und einsam um mich, sogar die Katze hab ich – da sie Tag und Nacht gejammert hat – weggeben müssen. Es ist oft erschreckend still um mich, denn Menschen kann ich kaum sehen, treffe kaum einmal wen.

OMG IM JAHRE 1960

VII.

RÜCKBLICK. BEMÜHUNGEN
UM DEN WELTFRIEDEN

1959-1967

In seinen letzten Lebensjahren erlebte Graf noch einmal einen starken Aufschwung seines geistigen Schaffens, bedrückt allerdings durch die Verschlechterung seines Gesundheitszustands. Seit Jahren stark an Asthma leidend, war er besonders empfindlich gegen die starken Temperaturschwankungen und die zunehmende Luftverschmutzung von New York und brauchte teure medizinische Behandlungen und Kuraufenthalte. Außer drei weiteren Europareisen in den Sommern 1960, 1964 und 1965 verbrachte Graf wiederholt ein paar Wochen im Winter in Arizona, dessen trockenes Klima ihm besser zusagte. Begleitet wurde er nun von seiner dritten Frau, einer deutsch-jüdischen Emigrantin namens Gisela Blauner, die er 1962 geheiratet hatte und deren fröhliches Naturell seinem eigenen Hang zu Lebensgenuß und -freude sehr entgegenkam.

Die letzte Lebensperiode brachte Graf einige größere Ehrungen und eine neu beginnende Anerkennung seines literarischen Schaffens, die erst nach seinem Tod weiter in das Bewußtsein der Kritik und der Leserschaft gedrungen ist. Besonders stolz war er auf die Erteilung der Ehrendoktorwürde durch die Wayne State University in Detroit, Michigan, am 4. Februar 1960. Seit 1963 ließ er (der sich sonst immer gegen Formalitäten gesträubt hatte) das »Dr. h. c.« auf seinen Briefkopf setzen (auf einer oft verschickten ironischen Anpreisung seiner Werke sogar direkt über die Bezeichnung (»Provinzschriftsteller«). Seit 1956 war er Gründungsmitglied der Akademie der Künste in Berlin (West), 1964 wurde er korrespondierendes Mitglied der Akademie der Künste der DDR. 1962 erhielt er eine »Ehrengabe« der Stadt München; den begehrteren Münchner Kulturpreis, zu dessen Stiftung Graf selbst Ende der zwanziger Jahre angeregt hatte, hat man ihm zeitlebens vorenthalten. In seinem letzten größeren Werk wandte sich Graf wieder der eigenen Vergangenheit zu. Die Fortsetzung seiner Autobiographie

Gelächter von außen (1966), reichte bis zum Beginn seines Exils. Daneben schrieb er wieder Erzählungen aus dem Bereich seiner bayrisch-ländlichen Herkunft und des großstädtischen Milieus in München. Einige davon sind noch zu seinen Lebzeiten in Sammlungen von Erzählungen aus seinem Gesamtschaffen erschienen, z. B. *Der große Bauernspiegel* (1962) und *Größtenteils schimpflich* (1962). Andere, darunter eine umfangreiche Sammlung *Jedermanns Geschichten,* harren noch der Veröffentlichung. Kurz vor Grafs Tod wurde die Einleitung zu einer Anthologie seiner Lieblingsgedichte u. d. T. »Zurück zur Sentimentalität! Sonderbares Vorwort zu einer geplanten Sammlung alter und neuer Lyrik« in der »Süddeutschen Zeitung« gedruckt.

Graf befaßte sich in seinen letzten Lebensjahren wie in seiner frühen Jugend wieder intensiv mit den Werken anderer Autoren. Unter anderem las er die jungen deutschen Nachkriegsschriftsteller und versuchte dann mit ihnen in ein briefliches Gespräch zu kommen. Dabei setzte er sich nicht nur mit literarischen Fragen auseinander, sondern appellierte immer auch eindringlich an die politische Verantwortung der Adressaten. Das bloße Experimentieren mit literarischen Formen lehnte er ab. Mit seinem eigenen Beispiel und durch persönliche Zusprache suchte er die aktive Stellungnahme bekannter deutscher Gegenwartsautoren (u. a. Günter Grass, Rolf Hochhuth, Walter Jens) zu verstärken. Mit der Sorge über die großen politischen Gefahren der Gegenwart (militärische Auseinandersetzung der Großmächte, drohender Einsatz von Atom- und Neutronenbomben, neuerwachender Nationalismus in vielen Ländern) ist Graf am 28. Juni 1967 im Mt. Sinai-Krankenhaus in New York aus dem Leben geschieden.

Der »schrecklichste Schock« flaut allmählich ab und wird durch Alltagssorgen verdrängt. Hartung war bei der Akademie und bei anderen Stellen sehr hilfreich.

[. . .] Der Münchner Schutzverband der Schriftsteller – von dem ich wirklich nichts will – schickte 54 Dollar. Der Bayrische Rundfunk kündigte an, er schickt 500 DM, also 125 Dollar. Vom Bayrischen Rundfunk, der mich liebt und mit mir gesinnungsgleich steht, die Spende anzunehmen, stört mich nicht. Der Brief, den er schrieb, war auch echt kameradschaftlich und klang durchaus nicht »wohltäterisch«.

Nein, lieber guter Freund Hugo, wenns mir auch saumäßig schlecht geht, von bestimmten »Stellen« will ich nichts und es ist mir wahrhaft peinlich, wenn so für mich rumgebettelt wird – diese Herren im Münchner Schutzverband sind mir sehr, sehr zuwider, wie überhaupt ganz München! Die sollen niemals sagen können, sie haben mich unterstützt!

Bitte, lieber Freund, ich nehme an, Du verstehst das – solche Vereine und »Stellen« für mich um Hilfe angehen, tu das nicht!

Dann hat hier (ich kenne Bruno Werner nur flüchtig) bei meinem Schwager das bundesdeutsche Generalkonsulat und die Washingtoner Gesandtschaft – für die ich, wenn irgendeine deutsche oder deutschamerikanische Veranstaltung gemacht wird, nie vorhanden war – angefragt, ob es wahr ist, daß ich durch den Tod meiner Frau in eine Notlage gekommen bin. Ich weiß ja nun nicht, ob das grad richtig ist, ich möchte nicht sozusagen Wohltatenempfänger des Adenauerstaates durch irgendeinen Herrn Werner werden. Das klingt für Dich, der Du wahrscheinlich mit bestem Willen und Glauben alle Hebel in Bewegung setzt, vielleicht fast beleidigend, aber, mein Gott, lieber Freund, ich kann nicht anders, ich bin kein irgendwoher gewehter Bettler. Sei nicht böse, guter Freund, wenn ich Dich bitte, *solche* Stellen keineswegs anzugehen für mich. Laß schnell was hören, wenn Du kannst. [. . .]

»Flüchtig« erwähnt Graf noch, daß er am 4. 2. 60 von der Wayne State University den Ehrendoktor erhalten soll. »Die Amerikaner – denen ich nie nachgelaufen bin – scheinen besser zu wissen, wer ich bin, als alles was da in Deutschland sich aufplustert«. Hartung kündigt Graf am 28. 2. 1960 einen Betrag von 1000 Dollar aus dem Verfügungsfonds des Bundespräsidenten an, vermittelt durch Staatssekretär Bleek. Er schreibt dazu: »Nochmals: habe keine Bedenken die Hilfe von dieser Seite anzunehmen: Staatssekretär Bleek ist nicht nur ein nobler, sondern auch ein ganz und gar integrer Mann, den ich seit fast 20 Jahren kenne – keiner von denen, um deretwillen Du nicht mehr nach Deutschland zurückzukehren wünschst.«

AN HUGO HARTUNG   19. 2. 1960

Wie Du wahrscheinlich schon aus den Zeitungen oder von der Akademie erfahren haben wirst, bin ich jetzt Doktor h. c. an der Wayne State University geworden. Der Akt und alles Drum und Dran war sehr feierlich. Ich aber hatte sehr seltsame Gefühle dabei, da ich mir endlich also von meinem Wucherer 500 Dollar pumpen mußte zu 20 Prozent, um nach Detroit zu kommen. Na, nun sieht es dank des großen Interesses, das diese Staatsuniversität an meinem Schaffen hat, ein bißl besser aus – sie wollen ein Schulbuch von meinem *Lehrer Männer* machen und meine Reden und Betrachtungen deutsch und englisch rausbringen, freilich hab ich noch keinen Vertrag, aber die feste Zusage von den drei Leitern des Deutschdepartements der Universität. Da wird ja schließlich was einkommen, damit ich meine Schulden an den Wucherer abzahlen kann. [. . .]

Von der Heuss-Stiftung kam noch nichts, vom Süd-[West]deutschen Rundfunk in Stuttgart 1 000 DM als ›Ehrengabe‹. Sich in Deutschland eine Existenz schaffen möchte Graf nach den letzten Geschehnissen nicht. Ihm graut davor, daß dort »die braune Pest« wieder aufkommt.

AN FRANZ UND TRAUTL MÜLLER   22. 2. 1960

Bitte, seid wirklich nicht verstimmt, weil ich so lang nichts hab hören lassen. Es ging mir, nach Mirjams schrecklichem Tod, monatelang sehr schlecht innerlich und äußerlich – und ganz ists immer noch nicht vorbei. Ihr könnt Euch das denken, was es heißt, mit einem Menschen vierzig Jahre zusammenzuleben, liebend, streitend und kämpfend, leidvoll und freudig, wie eben das Leben es bringt – und dann wird einem dieser Mensch, dem man als einzigem alles vertraut hat, weggenommen, weggerissen auf immer. Ich hab anfangs wirklich nicht gewußt, was ich tun soll – zurück nach dem mir keinesfalls zusagenden Deutschland von jetzt, oder irgendwo sich verkriechen auf der Welt.
Schließlich hab ich mich durchgebissen, indem ich mich ein-

fach wie ein Besessener in die Arbeit stürzte. Das war gut so, freilich, meine Gesundheit hat darunter ziemlich gelitten. Ich arbeitete Nacht für Nacht bis 4 oder 5 Uhr morgens und konnte meist nur etliche Stunden schlafen. So nahmen meine Asthmaanfälle schrecklich zu, meine Augen litten und sonst fühlte ich mich durch das ewige Stubenhocken und Sitzen auch nie ganz wohl.

Der Ehrendoktor kam ihm »vollkommen überraschend«, weil er »nie etwas den Amerikanern zuliebe getan« hat, »im Gegenteil«, sich 20 Jahre lang zum radikalen Pazifismus bekannt hat.

[. . .] Also nun der Ehrendoktor, trotzdem ich immer noch nicht Englisch kann. Ihr solltet das erlebt haben. Als ich hinkam nach Detroit, sollte ich eine kleine Tischrede vor den Professoren aller Fakultäten halten, und ich sagte sogleich, ich kann nur Deutsch. Der Präsident beruhigte mich, und zwar echt kameradschaftlich und sagte, ich sollte nur sprechen, wie ich kann. Wir waren bei diesem Dinner fünf Ehrendoktor-Kandidaten, die anderen vor mir hielten alle eine Dankrede in Englisch, sie durfte nur zwei bis drei Minuten dauern. Dann kam ich, und an meinem Tisch saß der Stellvertreter des Gouverneurs von Michigan mit seiner Frau, so und ich sprach, wie hart der Weg vom Bäckerbuben von Berg bis zum Ehrendoktor gewesen sei, und daß ich es mir nie leicht gemacht hätte mit meinem Schreiben, und daß ich als Elfjähriger meinen ersten literarischen Preis gewann und zwanzig Mark und die ledergebundene Ausgabe von Walt Whitmans »Grashalme« bekam, die ich dann beim Brotaustragen auswendig lernte. Seither, sagte ich, sei mir Amerika geistig halbwegs vertraut, und zum Schluß bekannte ich, daß ich stets gegen Krieg und jede Gewalt war, deswegen im Ersten Weltkrieg den Befehl verweigert hätte und erschossen werden sollte, und in Amerika – betonte ich ausdrücklich – tat ich dasselbe, weshalb ich zwanzig Jahre kein Bürger und dann doch einer wurde. Das, bekannte ich, sei echte Demokratie und ein solches Amerika werde ich immer hochschätzen, aber *nur* ein solches. Als ich endigte – ein Professor übersetzte satzweise ins Englische – stand die Frau des Stellvertreters vom Gouverneur ostentativ auf und drückte mir beide Hände, und alle kamen und drückten mir die Hand und waren tiefbewegt.

Später, bei der eigentlichen Doktorwürdeverleihung im Freimaurertempel, standen *nur* bei mir die zehntausend Besucher auf und klatschten Beifall. Das ist gewiß erhebend; ich muß also doch ein bißl bekannt und geschätzt sein in der Welt, ob durch meine Bücher oder wegen meiner Haltung weiß ich nicht. Immerhin – in Deutschland, in Bayern oder gar in München würde das nie und nimmer vorkommen, da möchten sie mich am liebsten totschweigen, und seit meinem letzten Buch (ich schreib nochmal dem Verleger, daß ers Dir schickt) würden es die Sozialdemokraten am allermeisten, obgleich ich sie gar nicht einmal angegriffen habe darin.

Dieser Roman kostete mir viel Arbeit – fünf Jahre lang! Fünfmal hab ich ihn umgeschrieben und fünfmal durchlitten, denn es ist ein wahres Schmerzensbuch, ein Bekenntnis, wie es keiner dieser großen »Künstler« wagt, sie schreiben eben nur »Kunst« und nicht Wahrheit.

Müller möchte ihm bitte fünf seiner alten Bücher aufzutreiben suchen, von *Finsternis* bis zu *Chronik von Flechting.*

[. . .] Aber bitte, laßt das mit dem »Doktor«, ich bin und bleibe der Oskar wie immer, für Euch und alle, nur für [die] intellektuellen Scheißkerle nicht, denen imponiert ja sowas und das ist ganz gut.

AN ERNST WALDINGER   1. 6. 1960

Graf arbeitet Tag und Nacht und sieht dabei keinen Menschen: am Essayband *An manchen Tagen* und an der »Großen Bauernfibel« [erschienen als *Großer Bauernspiegel*]. Pläne für die Deutschlandreise im Sommer.

[. . .] Es ist alles so entsetzlich in dieser Zeit, daß ich wirklich oft schlaflos bin, und nach dem Scheitern der Pariser Gipfelkonferenz glaubte ich wahrhaftig, am nächsten Tag fallen die Bomben. Was bedeuten da noch unsere Worte, lieber Ernst? Die Zeit Tolstois und Gandhis ist vorbei, das 20. Jahrhundert hat nichts von der Humanitas des 19. übernommen, wir werden den Mond und verschiedene Planeten erobern, aber den Menschen endgültig einbüßen, d. h. es wird etwas heraufkommen, das der Vorstellung, die wir vom Menschen haben, nicht mehr im entferntesten entspricht. Was soll man da tun als Schriftsteller, als Dichter?

»Kunst« machen? Diese »Kunst« hat es bis jetzt nicht fertig gebracht, den Menschen Vernunft beizubringen und sie halbwegs zivilisiert zu machen – also bescheiden wir uns, nette Unterhalter zu bleiben. Das Wort und die »Kunst« sind herabgesunken zu kleinen »hobbies«. [. . .]

In seinem Roman »steht doch schon drinnen, wie froh ich wär, mein Leben gemütlich als kleiner Spießer zu beschließen«.

AN ROBERT WARNECKE   18. 11. 1960

Aus der geplanten englischsprachigen Gesamtausgabe durch die Wayne State University wird nichts. / Der Gotteslästerungsprozeß, den die mutigen Studenten von »konkret« wegen ihres »Nato-Vaterunser« bekommen, »hilft nur«, und »konkret« scheint Graf eine »nötige Nachfolge« des »einst so glanz-vollen« Simplizissimus. / Jung schreibt endlich wieder, auf Grafs Drängen hin.

[. . .] In Locarno besuchte mich der liebe Richard Katz, den ich ja als Reiseschriftsteller ungemein liebe und mit dem ich schon lang in Briefwechsel stand, in der Clinic. Und zuletzt, als ich schon ausgehen durfte, traf ich Remarque, mit dem ich sofort in allem, was Literatur und Politik betraf, einig ging. Er hat dort unten ein herrliches Haus und arbeitet wie ein Wilder an immer neuen Romanen. Ich schätze ihn sehr, wenn er auch hin und wieder ein schwächeres Buch schreibt, er will jedenfalls dasselbe wie ich mit seinem Schreiben: Warnen und ändern, und nicht nur Kunst.
Das nehmen ihm, da er Erfolg hat, alle seine Neider übel und schweigen ihn sozusagen in Literaturkreisen tot oder stellen ihn als »Unterhaltungs«-Schriftsteller hin. Dafür lobt man heutigentags jedes manierierte, grundlangweilige Buch, das sich sehr prätentiös gibt, ins Himmelhohe. Mein Gott, wie lange werden solche Machwerke leben? [. . .]

AN OSKAR ANGELUS   1. 12. 1960

[. . .] Sie meinen, in der Steinwüste New York müßte ich mich eigentlich kaum wohl fühlen. Das ist durchaus falsch geraten, ich lebe seit fast 25 Jahren hier und keine Stadt der Welt hat mir je so zugesagt, in keiner habe ich mich (ein-schließlich München und Wien) je so daheim gefühlt, denn ich bin ja ein radikaler Stadtmensch und könnte nie einsam oder in einem Dorf auf dem Lande leben, ich liebe das Anonyme hier so, man ist unbehelligt, man ist einer wie alle und niemand kümmert sich um einen, keiner schnüffelt und ist neugierig oder neidisch.

Deutschland hat mir diesmal viel schlechter gefallen als 1958 – die deutsche Überheblichkeit ist gemischt mit einer Unterwürfigkeit Fremden und Reicheren etc. gegenüber, und drunter glimmt ein geradezu unausrottbarer *barbarischer Antisemitismus gerade im Volk,* nicht etwa höheren Orts, bei den Regierenden etwa, nein – Hitler hat nachhaltiger, als man glauben möchte, gewirkt – im Volk, bei den Friseuren, den Kellnern, den Taxichauffeuren und Spießern in den Wirtshäusern. Es ist mitunter erschreckend, ich erlebte sogar einen starren Antisemitismus bei scheinbar antihitlerischen Intellektuellen und in der Sozialdemokratischen Partei. Es waren viele Freunde von mir, die, als ich sie drauf aufmerksam machte, wie erschreckend ihre Haltung ist, das gar nicht begriffen, die dies gar nicht als Antisemitismus empfanden, wenn sie beispielsweise sagten: »Na ja, da haben natürlich wieder die Juden die Hand drauf« und ähnliches. [. . .]

Graf lobt dagegen die deutsche Presse. Bis er sich die nächste Europareise gestatten kann, wird es wohl lange dauern.

AN ROBERT WARNECKE   24. 2. 1961

Grafs Geschichten aus der Stadt sollen heißen »Im alten Stil erzählt« [später vorgesehen als *Jedermanns Geschichten*].

[. . .] Ich glaube, ich habe Dir erzählt, daß ich seinerzeit bei der Vorlesung in der Westberliner Akademie der Künste meine Vorlesung ausdrücklich damit einleitete, daß ich sagte, der Schriftsteller sei vor allem ein erzählender Unterhalter. Mir kommen alle jene Dichter, die – wahrscheinlich, weil ihnen nichts einfällt – auf jede Handlung verzichten, als überhebliche Publikumsbetrüger vor. Ich bin und war – wenn ichs auch manchmal recht ironisch sagte – stets der Auffassung, daß der Dichter schließlich auch Rücksicht auf das Lesepublikum nehmen muß, natürlich nicht in einem frömmelnden Sinn, wie etwa, daß er keine Schichten verstimmen darf! Ganz im Gegenteil, für mich war das Mittel des erzählerischen Unterhaltens stets Kritik und Entlarvung des Schlechten und Hinführung zum Guten. Darum eben betrachtete ich stets Tolstoi und Gotthelf als meine besten Lehrmeister, sie »wirkten« durch ihr Schreiben. Kunst um der Kunst willen ist soviel wie »Dichter für die Dichter« – das mündet alles in Snobismus und Sterilität. [. . .]

Seit dem Tod seiner Frau merkt Graf: ihm fehlen, obgleich er viele Menschen hat, die rechten Freunde.

AN FRANZ JUNG   11. 4. 1961

Jung hat aus Wien und Paris geschrieben, Graf geht ein auf Emil Szythia, Cläre Goll in New York, den Maler Dabringhausen in Paris, Ruth Fischer, Herzfelde, der jetzt in Berlin lebt.

[. . .] Hier einen kleinen Scheck, der Dir vielleicht ein bißl hilft, mehr geht leider jetzt nicht. Besser, Du hockst Dich nach Ascona oder gehst wieder nach Amerika, denke ich. In Ascona kann man sich (es sind eine Unmenge deutscher Dichter, Künstler und Filmleute dort, auch der Otten, der Mehring und der Andersch) eventuell noch durchschlagen in Deiner Art.

AN KURT PINTHUS   o. D. [vor dem 29. 4. 1961]

Lieber, unverwüstlicher Freund Pinthus!

An allem, was Du als Literatur-Pionier, Schriftsteller, Gelehrter und Persönlichkeit bist, bewahrheitet sich, was ich seit jeher felsenfest glaube: Menschen Deiner Art kehren gleichsam im Alter wieder in ihre beste Jugend zurück. Und das einfach deswegen, weil sie den Tücken und widerlichen Unsinnigkeiten der dahinrinnenden Zeit nicht die geringste Chance geben, sie mattzusetzen. Glücksnaturen wie Du haben offenbar von ihrem Lebensanfang an einen unzerstörbaren, erstaunlich geschmeidigen Optimismus mitbekommen, gleichsam eine wunderbare Legierung aus funkelnder Gescheitheit, tapferem Humor und höchster Bildungslust im Innern.
Darum konnten Dir die Bitternisse und Miseren der Emigration nichts anhaben, darum wahrscheinlich hast Du Deine zwei gefährlichen Augenoperationen so glücklich über-

standen, und darum erst recht hat auch Deine geistige Leistung – die Entdeckung, Sammlung und Stabilierung des
Expressionismus und seine nunmehrige triumphale Anerkennung – schließlich den verdienten Erfolg errungen, wie
sich jetzt an der hohen Auflage Deines bahnbrechenden
Werkes »Menschheitsdämmerung« zeigt.
Wie ruf ich Dir immer zu, wenn Du auftauchst, lebhaft,
heiter und immer geselligkeits- und trinkbereit?
»In Staub mit allen Feinden Brandenburgs!« Und wir lachen
beide, weil uns dabei stets die Lust eines frechen Justaments
überkommt. Und heut', an Deinem 75. Jubeltag, möcht' ich
diesen Kleistspruch allen moralinsauren Konformisten und
Nonkonformisten, allen Snobisten und Banausen zum Trotz
ummodeln und Dir unsern zukünftigen Wahlspruch entge-
genrufen: »In Staub mit allen Feinden des Geistes und der
Kunst!«

In diesem Sinne, Dir das erste Glas, alter Freund!
OMG

Veröffentlicht im »Aufbau«, New York, Jg. 27, Nr. 18, Zeitgeist Nr. 145,
5. 5. 1961

AN DEN AUFBAU-VERLAG   1. 6. 1961

Mit ausführlichen Geschäftsanfragen

[. . .] Möglicherweise ist es Ihnen auch amtlich noch nicht
gestattet worden, meine Autobiographie neu aufzulegen,
weil man doch seinerzeit – mir und meinem Frankfurter Verleger unbegreiflicherweise – die zwei Bücher von mir *Die
Erben des Untergangs* und *Die Flucht ins Mittelmäßige* in der
DDR beschlagnahmt hat, obgleich der Deutschlandsender
[?] das erstere damals hochgerühmt hat. Gottes und St. Bü-
rokratius' Wege, kann man da nur sagen, sind uner-
forschlich und wir armen Menschen – Sie als Verleger und
ich als Autor – müssen uns damit wohl abfinden.

Graf war den Sommer unerreichbar, in New Jersey, und ist dort »ins wüstere Arbeiten hineingekommen«. Das »Nebenwerk« *An manchen Tagen* bekommt »komischerweise« die besten Kritiken. Waldingers letzte Gedichte haben an Bildkraft und Klang gewonnen.

[. . .] In München bringt jetzt der Goldmann-Verlag nur mein *Dekameron* raus als [Taschen-]Buch, meine wirklich ernsten Dinge halten die Gimpel nicht für tauglich, und so steh ich immer als »bayrisches Urviech« da, hols der Teufel. In der Ostzone erleben meine Bücher hohe Auflagenziffern: *Unruhe um einen Friedfertigen* 90.000 mit der Taschenausgabe, *Mitmenschen* vierte Auflage, eben kam auch wieder *Wir sind Gefangene* neu raus in der vierten Auflage und ist schon im 40. Tausend, in der Westzone erleben meine besten Bücher nichts von all dem, sie kommen über 3.000 nicht hinaus. [. . .]

Graf liefert Material für »Vorpropaganda« und für einen Klappentext zum *Großen Bauernspiegel.* Er hebt »einen wesentlichen Punkt« heraus, »die Behandlung des mystisch-religiösen Sektierertums«.

[. . .] Was mir beim Abfassen der Geschichten vorschwebte, war die Idee, ein *ganzes* Bild des Bauernlebens – und nicht nur des Bayrischen – in all seiner Vielfältigkeit zusammenzufassen, also eigentlich eine chronikartige Einheit, eben ein »Spiegel«, der den *Bauernmenschen* schlechthin zeigt, den Menschen in seinen Handlungen, seiner Arbeit und seiner Landschaft. Schon deswegen ist dieses Geschichtenbuch für mich gleichsam eine Fortsetzung vom *Leben meiner Mutter,* sozusagen verbreitert und vertieft. Darum eben kam es mir darauf an, das Inhaltsverzeichnis beim »Einst« zu beginnen und beim »Jetzt« zu beenden, wie etwa der essayartige Abschluß »Bild und Geschichte eines bayrischen Dorfes« zeigt. In der Absicht dieses Zusammenfassens trifft sich das Buch mit den Geschichten Gotthelfs: Das Kleine, Detaillierte und das Große reihen sich aneinander, das drastisch Heitere und das grausig Ernste. Wenn ich ohne jede Bescheidenheit einmal sagen soll, wie ich das Buch einschätze, so halte ich es [für] weit über

Thoma und die Christ hinausgehend, schon deswegen, weil es umfassender ist und nicht mehr im Heimatlichen allein, sondern im Menschlichen, Schicksalsmäßigen das Ziel der Gestaltung sieht. Der *Große Bauernspiegel* steht für mich demnach ungefähr zwischen Reymonts »Polnischen Bauern« und den Volkserzählungen Tolstois. Das klingt sehr überheblich, lieber Herr Doktor. Ich bedaure nur, daß der Desch-Verlag meine drei wichtigsten Bauernromane, die dies bestätigen würden, nicht herausgeben will,

nämlich *Der harte Handel, Die Heimsuchung, Unruhe um einen Friedfertigen.*

AN THERESE GRAF UND ANNEMARIE KOCH 1. 7. 1962

Deine Schilderung, was jetzt in Berg alles erstanden ist, liebe Resl, hat mich sehr interessiert. Mein Gott, das wird ja rein städtisch: Eine protestantische Kirche, zwei Bankfilialen, eine schöne Apotheke und ein ganz modernes Lebensmittelgeschäft und – sogar ein eigenes Rathaus!! Man glaubts kaum, und kommt in der Vorstellung nicht recht mit, weil ich mir nicht recht vorstellen kann, wo denn diese neuen Gebäulichkeiten im Dorf alle placiert sind. Das würde mich ganz besonders interessieren!

Fehlt nur noch ein modernes Hotel. Wenn Graf Geld hätte, würde er es seiner Tochter geben, daß sie eins aufmacht. Oder Resl soll's dem Eugen schreiben, der interessiert sich vielleicht dafür, als »Geschäftsmann«.

[. . .] Und nun ist natürlich in Berg bereits der Idiotenlärm der wildgewordenen Sommerfrischler und Fernautler, ich kann mirs denken. Ginge ich wirklich einmal nach Bayern – ich würde mir schon so ein verstunknes Bauernfleckerl oder Waldstück suchen, daß keiner so schnell hinmöchte oder hinfinden würde. Der Gleinser hat mich ja herumgefahren, ich weiß also noch so Gegenden. Wenn ich das von Berg lese, mein Gott, wenn ihr in New York in meiner Wohnung und Gegend wärt, das ist ja dagegen fast idyllisch still. Jetzt um 5 Uhr nachmittags ists ruhig wie auf einem mittleren einstigen bayrischen Dorf, könnt Ihr Euch das vorstellen?
Da geht man natürlich nicht weg, wenns nicht unbedingt notwendig ist. Hier fühl ich mich geborgen und »heimatlich«.

Der Ricarda einen Extragruß, sagt ihr, daß ich einen sehr großen Respekt und viel Liebe für sie habe, und wenn ich einmal ganz groß bei Kasse wäre, würd ich sie rüberfliegen lassen. Junge Menschen sollen die weite Welt sehen, da verlieren sie den Provinzblick und den idiotischen Patriotismus und werden Bürger der ganzen Welt, Menschen wie alle andern. Das ist die beste Gegenwirkung gegen Kriege.

AN ELSE UND GUSTAV FISCHER   14. 7. 1962

Graf freut sich, daß seine Schwester Nanndl anfängt zu malen, naiv, mit billigen Wasserfarben, aber mit großem Spaß. Er ist gerührt, daß ihm Hermann Hesse ein wunderhübsches Aquarell über seinen letzten Brief gemalt hat, sicher keine Kunst, aber das »frischt ihn auf«. Von der Westberliner Akademie war er wieder nach Europa eingeladen, aber er hat ein Mißbehagen, arbeitet lieber an seinen *Jedermanns Geschichten*, einer Sammlung aller Erzählungen und Novellen ohne Dialekt [noch unveröffentlicht].

[. . .] Mein Gott, Ihr schreibt, das Lenchen ist zwar reich aber nicht sehr glücklich verheiratet, ist das nicht schrecklich? Das Leben ist so kurz und wir dummen Menschen fürchten immer noch die Scheine mit den Zahlen drauf, die Geld geheißen werden und das »Leben« sichern sollen! Dieser Irrsinn terrorisiert uns, statt daß wir endlich daran gehen, nachzudenken, was denn das »Leben« ausmacht, was unser Sinn ist auf dieser Welt und in diesen schauerlichen Zeiten.

Graf berichtet zum Kontrast von einer alten lieben Bekannten aus München, jetzt bei seinem Stammtisch in New York, die alle großartigen Stellungen aufgegeben hat und von wenig Geld nur lebt, wie sie selbst will. Er nennt sie »uns allen weit überlegen, weil sie den Mut hat – wie sie sagt – ›menschenartig‹ zu leben«.

O, wann werden wir begreifen, daß als Mensch auf der Welt sein – wie immer sie aussehen mag – heißt: Jene tiefe Heiterkeit und Einsicht zu erwerben, daß einen nichts mehr anficht, daß man endlich so lebt, wie es einem in den *Sinn* gegeben wird. Uns haben die *Fakten* zu gespenstischen Wesen gemacht, es ist grauenhaft, wenn ich darüber nachdenke. [. . .]

Graf gratuliert Lissner (zum 60. Geburtstag) als einem »geduldigen, hartnäk-
kigen Schwimmer gegen den allgemeinen Strom der Zeit«. Veröffentlicht im
»Aufbau«, New York, 27. 7. 1962.

[. . .] Damals als das braune Monstrum Deutschland zum
rauchenden Trümmerhaufen gemacht hatte, dachte jeder
nur ans Überleben, ans eigene Durch- und Fortkommen.
Und wem sollte man das verargen? Du mit Deiner tapferen
Frau und Deinen Kindern warst in genau der gleichen
schauerlichen Bedrängnis und hattest kaum die Mittel für
die eigene Existenz. Und dennoch nahmst Du verwaiste Ne-
gerkinder zu Dir und zogst sie auf wie Deine eigenen
Kinder. Und niemand erfuhr sonderlich viel davon. Diese
Tat, mein Teurer, war größer als Vieles, was laut und prot-
zend um Dich herum als »groß« gerühmt wurde.
Du warst auch einer der ersten, der auf alle jene, die von der
braunen Barbarei wegen ihrer geistigen und künstlerischen
Haltung ins Exil getrieben worden sind, als Feuilleton-Re-
dakteur der mutigen »Frankfurter Rundschau« nachdrücklich hingewiesen hat. Du schufst die Brücke zwischen
draußen und drinnen und hast mit Geist und Tapferkeit
gegen jene muffigen Kreise gekämpft, die durchaus die
Trennung zwischen Emigrations- und einheimischer Kunst
und Literatur aufrecht erhalten wollten.

AN JOSEF TIETZ   16. 8. 1962

[. . .] Es hat mich wahrhaft gerührt, daß Du im stillen so unentwegt für mich gewirkt hast, obgleich ich in meinem
letzten Brief, der wohl schon lang-lang zurückliegt, so bitter
über die Partei, der Du angehörst, loswetterte. Meine Stellungnahme zu dieser Partei, das will ich Dir auf keinen Fall
verschweigen, ist inzwischen keineswegs anders geworden
– mag man mir nun immer wieder entgegenhalten, ich
stünde der jetzigen bundesdeutschen Wirklichkeit zu fern,
um ein einigermaßen zutreffendes Urteil abzugeben. Wer
als sich sozialistisch nennende Partei den Kommunisten den
Marxismus und den Sozialismus überläßt, die beides nach
sowjetischer Machtpolitik ummodeln, der kann nicht mehr
darauf rechnen bei ernsthaften Menschen Sympathie zu

finden. Da hilft auch die ganze Überredungstaktik und der
blonde Charme unseres Knoeringen nichts mehr. [. . .]

Graf schreibt dies »keinesfalls« aus Erbitterung. Aber er sieht bis heute, daß
die SP[D und Ö], »die seit 46 die größten Chancen hatte, durch ihre schauerliche Zick-Zackhaltung diese Provinzialität noch steigert«.

AN HUGO HARTUNG   20. 9. 1962

Mein Gott, es ist eine Ewigkeit her, seit wir einander geschrieben haben. Allmählich – so ists schon auf der Welt und
im Leben – verlieren sich die Kontakte, oder sie lockern sich
zum mindesten. Jeder hat seine Sorgen, jeder geht seinen
Weg, jeden packen die verworrensten Interessen und Ideen
und reißen ihn hinein, ohne daß er's eigentlich will und
merkt. So scheint's wohl auch mit uns beiden mit der Zeit
gekommen zu sein. Nun, immerhin habe ich noch immer
das gute Gefühl, daß sich, trotz unseres gegenseitigen
langen, langen Schweigens, nichts an unserer Freundschaft
geändert hat, und ich hoffe doch, es ist bei Dir ebenso. [. . .]

Hartungs »Wunderkinder« findet Graf gelungen. / Hartung möge im Gespräch mit Kolmsperger »ein bißl mithelfen«, daß Graf endlich mal den
Münchner Kulturpreis bekommt.

AN HEINRICH BÖLL   8. 12. 1962

Dieser Tage brachte mir ein Bekannter Ihren »Brief an einen
jungen Katholiken«, und ich möchte Ihnen aufrichtig dafür
danken. Es ist nicht nur das, daß ich mit allem, was Sie darin
sagen, durchaus übereinstimme. Erstaunlich für mich war
auch, daß sich Ihre Katholizität, die als Grundhaltung wohl
auch die meine ist, in all dem Schrecklichen, was wir mitmachen mußten, eher gestärkt als geschwächt hat, während die
meine schon durch zuviel Zweifel, Glaubensunfähigkeit
und Verzweiflung kaum mehr erkennnbar ist. Es war nur
gut, daß ich schon als ganz junger Mensch auf Tolstoi stieß,
an den ich mich, so gut und schlecht das eben ging, zu
halten versuchte. Was mich an Ihrem Brief so einnimmt, ist
eben die klare Forderung, die Tolstoi in seinem Schreiben
und Leben wahrgemacht hat, nämlich daß der Schriftsteller
(als der schreibende geistige Mensch) zu dem, was er
schreibt und öffentlich erklärt, auch stehen muß, daß es also

keine Unverbindlichkeit dem Wort gegenüber gibt. Mir aber will es vorkommen, als seien die meisten heutigen, uns nachkommenden deutschen Schriftsteller nur darauf aus, eine äußerst kunstvolle »große Literatur« zu machen und als ob sie gar nicht mehr begriffen, daß dies eine unabweisbare menschliche Verpflichtung ist. Freilich können sie sich darauf berufen, daß sie keinen Tolstoi als forderndes Beispiel haben und hatten. Sie, lieber Herr Böll, haben mir durch Ihren schönen Brief einiges von meinen Zweifeln genommen. Dafür danke ich Ihnen ganz besonders. [. . .]

Graf schickt ihm zwei Bücher und sieht Berührungspunkte zu Bölls Auffassungen vor allem in seinem Briefwechsel mit Thomas Mann zu dessen 70. Geburtstag.

AN DEN OBERBÜRGERMEISTER   24. 12. 1962
HANS-JOCHEN VOGEL UND DEN STADTRAT VON MÜNCHEN

Graf soll eine Ehrengabe der Stadt München, 5.000 DM, erhalten. Er weiß nicht, wem er besonders danken soll, den Anregern (einer Kommission) oder den Spendern (Kulturreferat und Vollversammlung des Stadtrates, einschl. OB), also läßt er seinen Dank »all den beteiligten Herren« »gleichmäßig« ausrichten. Das geschieht »ohne irgend einen ironischen Unterton«, nur aus einer »ehrlichen Befangenheit«, da natürlich die Ehrung eine Freude und das Geld »äußerst willkommen« ist.

[. . .] Ganz besonders gut las sich für mich in dem erwähnten Brief, daß die maßgebenden Herren als Grund für die Ehrengabe mein »bedeutendes literarisches Werk und meine besondere Verbundenheit mit der Stadt München« gelten ließen. Das verführt mich zu der verwegenen Annahme, daß einige dieser Herren, um zu einer solchen Auffassung zu gelangen, zum mindesten das eine oder andere meiner wesentlichen Bücher kennen, die München und Bayern erzählerisch behandeln. Mir selber ist leider eine solche »Bedeutung« noch nie aufgegangen, und ich kann, genau genommen, auch der allgemeinen Ansicht nicht zustimmen, daß erst die Zeit und Zukunft über die Bedeutung eines solchen Werkes entscheiden. Fragt man nämlich, wer im Gegensatz zum Schrifttum anderer Länder bei uns seit ungefähr 1890 bis heute an zäher Dauerhaftigkeit und einer immer noch wachsenden Millionen-Leserschaft alles sogenannte »Bedeutende« weit, weit überholt hat, so stehen buchstäblich und tatsächlich nur zwei Namen da: Karl May und Ludwig Ganghofer.

Es bleibt also einem heutigen Geschichten- und Romanver-
fasser, wie ich einer bin, nichts anderes übrig, als zu tun,
was er kann, und es bei der eigenen Befriedigung darüber
bewenden zu lassen. Eben deswegen habe ich die mir ganz
und gar entsprechende Berufsbezeichnung »bayrischer Provinzschriftsteller« gewählt, und ich glaube, damit auch
meine Verbundenheit mit München und meiner bayrischen
Heimat am besten zu manifestieren. Man wird allerseits ein-
bekennen müssen, daß München, auch wenn es sich in
dieser Zeit rein äußerlich noch so rasch zu einer Millionen-
Weltstadt hinaufentwickelt, seine zwingende Einmaligkeit
nur dann nicht verliert, wenn es seine strotzend gesunde
Rustikalität und seine weltoffene, heitere Kunstfreudigkeit
stets unverstellt beibehält. Nichts anderes versuche auch
ich, und ich glaube, es steht dies einem Menschen meinesgleichen genau so wenig schlecht zu Gesicht wie unserer geliebten Stadt München. [. . .]

AN ANNY SCHAAL   Scottsdale/Arizona, 22. 1. 1963

Graf ist zur Erholung von seinem Asthma im Wüstenklima von Arizona. Er
schickt ihr *Größtenteils schimpflich,* weil »viel von unserer ersten Jugend
drinnen ist« und weil »gerade jetzt das Lachen nötig« ist.

[. . .] Die jetzigen Menschen in Deutschland (ich lese doch
die neuen, inzwischen hochkommenden Schriftsteller zum
Teil) sind grundanders, sie haben zuviel mitbekommen von
all dem Schrecklichen, das dieser Dreckhitler angerichtet
hat. Sie sind sehr skeptisch, arg arrogant und dabei hochta-
lentiert auf eine Weise, die mich immer wieder erstaunt, sie
können viel mehr im Technischen als wir alten Leute, aber es
fehlt mir die Wärme drinnen, vielleicht ist das eine Sentimentalität. Ich frage mich aber doch immer, wenn ich so
hochgepriesene neue deutsche Romane lese, ob man das
wohl in hundert Jahren noch lesen wird und kennt. So,
meine ich, ists aber wohl immer gewesen: Die Generationen
verstehen einander nicht mehr, und sie wollen es wahrscheinlich auch gar nicht. Schließlich aber zeigt sich dann
doch, was dauernd bleibt, es geht bloß sehr lange her, bis
das eintritt. [. . .]

Soeben habe ich Ihr Stück »Der Stellvertreter« ausgelesen. Es hat mich nicht nur tief aufgewühlt, es hat mich ebenso ermutigt, denn ich fand darin alles, was mich seit meinen Anfängen als schreibender Mann bewegt und geleitet hat, so mutig und klar ausgesprochen, daß man es endlich nicht mehr umdeuten kann, mit anderen Worten, daß es jeden Leser oder Besucher Ihres Stückes zur Entscheidung zwingt. Es sind auch in Ihren Zwischen- und Regiebemerkungen Dinge gesagt, und mit einer Präzision gesagt, die ich uneingeschränkt bewundere. [. . .]

Die meisten heutigen Schriftsteller, auch Celan, umschreiben das Gräßliche, »schonend und um irgend eines Effektes willen«, statt es schlicht zu sagen. Zum Zweck der Veröffentlichung (Der Streit um Hochhuths ›Stellvertreter‹, Basel und Stuttgart 1963) fügte Graf noch einen Absatz hinzu:

Noch eins möchte ich sagen: Meines Wissens ist noch in keinem Dichtwerk die Gestalt des Teufels, gleichsam als beklemmende Inkarnation des Bösen, so furcherregend und eindringlich und noch dazu mit so glaubhafter Kraft seines immerwährenden Vorhandenseins gestaltet worden als im ›Stellvertreter‹ – dieser Doktor läßt uns bei jedem Auftauchen erzittern. Dagegen verblassen alle bisherigen – meist symbolistisch andeutenden – Darstellungen. Das Unheimliche und Schreckliche dieser Figur allein schon verrät höchste dichterische Substanz.

AN KURT DESCH 14. 7. 1963

Graf dankt für die mit »liebender Sorgfalt« ausgestatteten Frühjahrsneuerscheinungen.

[. . .] Geärgert hat mich, daß man über so eine anrüchige politische Figur, über so ein aufgeblähtes bundesdeutsches Karl-May-Männchen mit hitlerischen Ambitionen derart dicke, geradezu tierisch ernst aussehende, repräsentativ wirkende Bücher auf den Markt bringt und den sauberen Herrn immer wieder zu einer Wichtigkeit macht, die nur mehr ganz ordinär belacht werden kann. Mag der Inhalt auch noch so hieb- und stichfest gegen ihn und die Anrüchigkeit der bundesdeutschen »Demokratie« [sein] – für die meinungslose Öffentlichkeit bleibt dieser Herr Strauß populär, er bildet sozusagen die stetige »head line« wie einst Hitler! *Nur das* erreicht man, nichts anderes, denn den ach, mit so pedantischer Akribie aufgebauten Text lesen höchstens einige politisch interessierte Kreise um den »Spiegel«. Solche »Entlarvungen« bewirken das Gegenteil, schade für das stirnrunzelnde Professoren-Argumentieren Kogons und das hektische Wettern Kubys und das brave Zusammenklauben all der Daten – hätte Herr Strauß großen Witz, würde er sich bei den Autoren herzlich bedanken, er würde den braven Leuten je eine Kiste Bier schicken.

Von den *Kalendergeschichten* möchte er nur den ersten Teil, überarbeitet und ergänzt, jetzt veröffentlichen.

[. . .] Im übrigen habe ich meine sozusagen »städtischen«, also dialektlosen Erzählungen, die zum Teil im zweiten Teil der Ihnen vorliegenden *Kalendergeschichten* enthalten sind, sorgfältig durchgesiebt, ebenfalls gründlich durchgearbeitet und um *viele* Erzählungen erweitert, so daß sie wohl nur in einer *zweibändigen* Ausgabe herausgebracht werden könnten. Dieses Werk, das aber für jeden Verleger ein ziemliches Risiko an Kosten sein würde, ließe ich nur erscheinen unter dem Titel *Jedermanns Geschichten*. Da ich es für ein wirklich repräsentatives Werk meiner Epik halte, das deutlich zeigt, daß ich nicht nur ein bayrischer Bauernerzähler bin, will ich lieber abwarten, bis die Zeit dafür kommt und sei's auch, daß ich darüber ins Gras beißen muß. Dieses Stück Arbeit ist mir zu kostbar und zu wichtig.

AN ELSE UND GUSTAV FISCHER   19. 7. 1963

Graf ist seit Wochen grämlich, unschlüssig, ohne Arbeitslust, auch, wie G. Fischer von sich geschrieben hatte »dösig und leer im Kopf«. Er tut nichts als lesen, sogar (zum erstenmal [?]) seine eigenen Bücher mit Überraschung und Spannung. Als »wahres Trostbüchlein« liest er »die herrlichen und gescheiten Aphorismen der alten Ebner-Eschenbach«.

[. . .] Ein Autor aus dem jetzigen Deutschland gefällt mir noch sehr: H. Böll. Er ist Katholik, aber er empört sich über seine Mitkatholiken (ganz besonders in seinem letzten, al-

lerdings nicht grad gelungenen Roman »Ansichten eines
Clowns«) auf oft sehr anregende Weise. Sein Roman »Haus
ohne Hüter« aber ist ausgezeichnet. Böll ist seit seinen Anfängen Erfolgsautor in Deutschland, was einigermaßen zuversichtlich in bezug auf die kommende deutsche Literatur
ist. [. . .]

AN PHILIPP BÖTSCH   29. 8. 1963

Der Vorsitzende der Münchner Bäckerinnung hatte angefragt, in welchem
von Grafs Büchern seine Vergangenheit als Bäcker dargestellt sei. Graf empfiehlt ihm *Wir sind Gefangene, Das Leben meiner Mutter, Größtenteils schimpflich*
und schickt die Erzählung »General Vogel« mit. Zur Unterstützung seiner
Verbreitung bittet er Bötsch, 100 Werbezettel in seinen Briefen zu verschicken.

[. . .] Den Münchner Bäckermeistern gehört seit den Jahren
nach der Revolution meine Sympathie, und auch *das* ist
einer der Gründe, weshalb ich Ihnen so ausführlich und bereitwillig antworte. Sie, diese in der Bäckerinnung vereinigten Meister, zeigten in jenen Jahren, da alles verhetzt
war, wahre Menschenwürde und Mannesmut. Was Sie
wohl kaum wissen dürften und was wahrscheinlich schon
längst vergessen ist, wagten sie: Nachdem die zusammen-
gewürfelte Landsknechtsarmee der schnell angeworbenen
Zeitfreiwilligen, die man »Regierungstruppen« nannte,
1919 in München einzog und »Ordnung« machte, trieben
zwei Leutnants mit einem Trupp solcher Freiwilliger die im
Lager Puchheim befindlichen kriegsgefangenen Russen, die
schon lange vergeblich auf ihre Heimreise warteten, in die
Sandgrube bei Lochham und erschossen sie allesamt mit
Maschinengewehren! Und was war das Verbrechen der
armen Russen gewesen? Sie waren aus Dankbarkeit, weil
ihnen der damalige (und später ermordete) Ministerpräsi-
dent Kurt Eisner Freiheit gewährt hat und das Versprechen
gab, sie, sobald normale Verkehrsverhältnisse es erlauben
würden, nach ihrer russischen Heimat abzutransportieren
. . . nur deshalb waren sie geschlossen im Trauerzug für
Eisner mitmarschiert! Dafür erschoß man sie!!!
Niemand wagte dagegen aufzutrumpfen, denn er hätte sogleich zu gewärtigen gehabt, als »Kommunist« erschossen
zu werden. Und eben da errichteten die Münchner Bäcker-

meister in jener Sandgrube, wo die Leichen der unschuldig erschossenen Russen verscharrt worden waren, einen einfachen Grabstein mit der Inschrift: »Hier wurden nach der Niederschlagung der Münchner Revolution die kriegsgefangenen Russen aus dem Lager Puchheim von Regierungstruppen erschossen, ehe sie in die Heimat wollten. Wandrer halte ein und gedenke ihrer. Auch sie waren einer Mutter Sohn.«

Diese tiefmenschliche Ruhmestat habe ich jenen tapferen Meistern nie vergessen. Es wäre, glaube ich, wohl an der Zeit, wieder einmal nachdrücklich daran zu erinnern.

Bötsch teilt Graf am 20. 9. 63 das weitere Schicksal der Tafel mit: Hitlers Chauffeur Julius Schreck, 1936 gestorben, wurde auf dem gleichen Friedhof in Gräfelfing nahe dem Russengrab beerdigt. »Nachdem es aber für einen Teutschen Menschen damaliger Heldenprägung selbst im Tod nicht zumutbar war, neben erschossenen Russen beerdigt zu sein, wurde die Gedenktafel 1936 entfernt.« Sie wurde nach dem Krieg von der Gemeinde Gräfelfing neu angefertigt.
Eine ausführliche Darstellung gibt Graf in seinem Artikel »Das Russengrab von Gräfelfing«, in: »Abendzeitung«, München, 30. 10. / 1. 11. 1964.

AN WULF KIRSTEN   29. 8. 1963

Den anonymen *Altmodischen Gedichten eines Dutzendmenschen* gegenüber sind die Kritiker unsicher. Von der jetzt »allein maßgebenden Jugend« findet Graf nur Hochhuths »Stellvertreter« wirklich stark. Enzensberger, Schnurre, Grass, Andersch, Koeppen »usf.« »halten sich nur ans reine Künstlerische«. Zu den älteren drüben: Herzfelde ist nur als Erzähler gut. Uhse war ein großes Talent. Seghers hat ungeheuer nachgelassen.

[. . .] Was Sie über Ihre Lebenssituation schreiben ist wohl (freilich gradmäßig sehr unterschiedlich) hier und in der Bundesrepublik nicht viel anders. Das technisierte 20. Jahrhundert, das nur noch den ausführenden Befehlsempfänger kennt, muß erst wieder erfüllt werden mit der Humanitas des 19. – und eben dafür sind die Geistigen und ganz besonders die Schriftsteller da. Das war und ist immer noch meine Meinung. Freilich genügt nicht ein solcher Brief, um dies deutlich zu machen. Immerhin halte ich es nicht für ungefährlich, wenn z. B. hier in den USA und im Westen eine in der Sattheit zynisch oder zum mindesten vollkommen gleichgültig gewordene Generation der nachkommenden Jugend Oberwasser gewinnt. Ich kann von mir nicht behaupten, daß ich prüde bin, aber wenn ich sehe, daß diese Jugend einzig und allein in den Illustrierten-Sex mündet, dann graust mir. Es ist zum Kotzen – und davon ist die durchaus beste Literatur, die heranwächst, angefressen – ich weiß nicht, wo da die Zukunft sein soll.

Nun leben Sie für heute wohl, guter Freund Kirsten, ich hoffe nun, Sie durchstehen die Düsternisse, die heute jeder unseresgleichen mitmachen muß, bleiben gesund und halten sich wie seither eben an jenes vielverachtete, scheinbar Unreale, ans Ideale, das letzten Endes immer noch lebenskräftigere Beweise erbrachte als sonst irgendwas.

AN EUGEN GRAF   30. 9. 1963

Die herrliche Herbstfärbung, wie nirgends in Europa, bringt Graf auf die Tage am Schwarzen Meer anno 34.

[. . .] Die neun Wochen in der Sowjetunion – ich bereiste den ganzen russischen Süden in der bayrischen Tracht, Lederhose, Samthut und Joppe und war in einem Tag der berühmteste Mensch in Moskau, es war urlustig – werde ich nie vergessen, obgleich ich nie Kommunist war und Stalin von Anfang an ablehnte. Er sah aus wie der »Schmauzbauer« von Kempfenhausen, und das war ein niederträchtiger Rohling. Ich gehe heute noch nach Gesichtern.

Das russische Volk liebte ich seit ich die russischen Schriftsteller las, sie sind alle wie unsere selige Mutter, und ich schrieb das ja auch im Epilog zum Mutterbuch.

Verdruß und Erfolg mit Verlagen, aber das wird Eugen nicht so interessieren. Ärger mit Lenz und Unverständnis für dessen ganz verworrene, naive Geschichten in schlechtem Englisch.

[. . .] Sonst aber fühle ich mich in Deutschland ziemlich fremd, alle alten Freunde sind meistens von Hitler umgebracht worden oder gestorben – die Landschaft, ja, die ist ewig schön, soweit sie nicht durch lauter protzige Villen verunstaltet ist, aber die Menschen sind nicht mehr nach unserem Gusto. Als ich 1958 drüben war, fuhr ich mit einem Freund durch ganz Oberbayern in alle Bauerndörfer – ich hab bloß noch etliche echte gefunden, schade. Ich habe immer nur mit ganz einfachen Menschen und Bauern verkehrt, höchstens mit ein paar Malern, mit Schriftstellern fast nie. Der einzige Thomas Mann war einer, den ich wirklich liebte. Jedesmal besuche ich sein Grab, genau wie das von unserer Mutter. Der hat auch mich gern mögen, obwohl wir oft politisch stritten. Einer von meiner Generation ist noch da, den ich gern mag, der Remarque, er lebt in der Schweiz, wo ich ihn besuchte. [. . .]

AN GÜNTER GRASS   4. 10. 1963

Graf, der jetzt die deutsche Literatur der nachfolgenden Generation liest, findet einen Austausch zwischen Schriftstellern über ihr Schaffen nützlicher als die Literaturkritik der Zeitungen. Aber mit Aufrichtigkeit, ohne Eitelkeit und Empfindlichkeit. Er hat Grass einige seiner Bücher geschickt und bittet ihn um das gleiche.

[. . .] Nun aber, erlauben Sie mir, Ihnen einiges zu Ihrem »Roman«, der für mich durchaus kein geschlossenes Kunstwerk ist, zu sagen. »Die Blechtrommel« weist Sie vielmehr als den zukünftigen Meister der Kurzgeschichte aus, der vielleicht viel-viel später eine gewaltige und über alle Zeit beständige Chronik schreiben kann. Sie sind – nehmen Sie das nicht als eine Schmeichelei – ein ungewöhnlich erfindungsreicher und überströmend starker Fabulierer, der meiner Meinung nach eben deshalb des Guten sehr oft zuviel tut und dann, als wäre ihm das Ganze schon beinahe zuwider, ganz abrupt aufhört. Aufhört, aber nicht abschließt, denn bei der »Blechtrommel« hat man das Empfinden, Sie könnten jetzt nochmal soviel dazu erzählen und kämen immer noch zu keinem Schluß. Das eben ist im Fall dieses Romans die Schwäche. Ich bin ein sehr langsamer und – wenn ich so sagen darf – genießerischer Leser und lese ein Buch, das mir einen starken Eindruck gemacht hat, im Leben oft (es liegen meist zehn oder mehrere Jahre dazwischen) zwei und dreimal, um mir endlich bestätigen zu können, daß es wirklich überdauern wird. Mit Ihrem Buch wird es mir wohl ebenso ergehen. Dennoch finde ich, daß Sie Ihre Breiten und (sicher genau bedachten) Wiederholungen zugunsten des Ganzen vermeiden hätten sollen. Immer wieder – gleichsam, um eitelkeitshalber den heutigen Lesern zu beweisen, daß man in allem beschlagen ist, in Psychoanalyse ebenso wie in kenntnisreicher Ironie etc. – die

Aufzählung der Jugend- und Pubertätseindrücke, das macht Ihren »Roman« nicht stärker, im Gegenteil, es ermüdet, ja, sogar ich hatte manchmal das Empfinden, daß man ganze Kapitel weglassen könnte. Darunter leidet dann der große starke Glanz, die gewaltige Eindruckskraft solcher Stellen wie etwa das Zusammentreffen mit dem Zaubermeister und der schönen Zigeunerin oder (um nur einiges zu nennen) die Schilderung im Keller beim Eindringen der Russen, wenn der irrtümliche Vater Oskars das Hakenkreuzzeichen verschluckt, die erste Zeit in Düsseldorf und das Zustandekommen der Jazzkapelle. Wie unheimlich greifbar können Sie Menschen hinstellen, lieber Herr Grass, Frauen wie Männer! Wie echt ist die Erzählung der Jugendbande, ach, und so vieles. Ich brauche Ihnen das nicht zu sagen. Was einem ganz und gar gelungen, das spürt man körperlich!

Sie haben genau da angefangen, wo einst der deutsche Roman anfing, nämlich beim abenteuerlichen Simplizissimus, nur ist bei Ihnen all das, was uns an Kenntnis und Erkenntnis im Leben und Künstlerischen unterkam, mit dazugekommen. Aber eben, weil Sie an überreicher Fabulierkunst alle anderen übertreffen und sich nicht um »Literatur« kümmerten, als Sie diesen monströsen »Roman« schrieben, darum gelang Ihnen dieses Stück schieres Leben. Und Sie haben außerdem noch den robusten Humor, der Sie überlegen macht. Alles ist noch Chaos – aber es ist dieses Buch (nach meiner Kenntnis) die bisher einzige Dokumentation des zwanzigsten Jahrhunderts, alles Vorherige ist noch neunzehntes.

Und eben deswegen beschwöre ich Sie: Schreiben Sie Kurzgeschichten! Darin werden Sie größer sein als O'Henry, Hemingway, Maupassant, Tschechow und Johann Peter Hebel. Damit wird Ihr Schaffen Weltliteratur.

Entschuldigen Sie meine Übertreibungen, aber glauben Sie mir, ich schreibe das, weil ich die deutsche Literatur unsagbar liebe und mich stets aufrichtig freue, wenn daraus etwas hervorgeht, das eben geistig und künstlerisch sich in der ganzen Welt einbürgert. Das ist uns Deutschen noch sehr wenig gelungen.

Ein Brief »von Schriftsteller zu Schriftsteller«, also ohne sonstige Berufstitel.
Graf hat von Jens »Nein. Die Welt der Angeklagten« und »Der Blinde« gelesen.

[. . .] Um es gleich zu sagen, und dies ohne jede Schmeichelei: Sie sind ein sehr guter Schriftsteller und ein höchst
sauberer, sprachfrommer Prosaist. Schon das allein wirkt an
Ihren Büchern wohltuend.
Natürlich merkt man Einflüsse in der Diktion, im Ausbau
einer Situation, in der Menschenbetrachtung und geistigen
Haltung, die meiner Meinung nach etwa von Dostojewski
über Kafka bis zu Thomas Mann und Musil reichen. Aber
wer wäre denn so vermessen, dies je abzustreiten. Irgendwo
fängt jeder einmal so an, und es kommt nur darauf an, inwieweit er diese Einflüsse zum Abbild seines eigenen
Durch- und Zu-Ende-Denkens gemacht hat, so daß es ihm
Werkzeug für seine unverwechselbare persönliche Gestaltung wird.
Ihr Buch »Nein« hat mich zwei Nächte lang nicht mehr
schlafen lassen, denn es hat viel eindrucksvoller und echter
auf mich gewirkt wie etwa Koestlers »Sonnenfinsternis«
oder Orwell's »1984«, wenngleich die Menschen darin – was
vielleicht beabsichtigt ist – bis auf Sturm schemenhaft
bleiben. Bei Koestler handeln und leben die Menschen, bei
Ihnen und bei Orwell geht es um die konsequente Durchführung einer bis ins Letzte durchdachten Idee, wobei gleich
dazugesagt sein soll, daß Orwell zu mechanistisch und flach
verfährt. Bei Ihnen merkt man, Sie haben im Denken wahrhaft gelitten, das macht Sie zum Dichter und gibt Ihrer tief
pessimistischen Anklage die niederschmetternde Wucht.
Ich mache zwar nur höchst ungern den Unterschied zwischen Dichter und Schriftsteller, aber ich finde in Ihrem Falle
keinen anderen Ausdruck dafür, höchstenfalls könnte ich
sagen hoffnungsloser Moralist. Ists nicht merkwürdig, daß
Sie die Wärter in all ihrer empfindungslosen Sturheit noch
am meisten »menschlich« glaubhaft zu machen verstehen?
Dieser Abschaum ist Ihnen am empfindlichsten unter die
Haut gegangen. [. . .]

Lieber Wieland!

In dem Heft von »Sinn und Form«, das einige Glückwün-
sche für Walter Ulbricht zu dessen 70. Geburtstag enthält,
finde ich auch eine solche Huldigung von Dir. Ich will nun
Ulbricht gewiß zugestehen, daß er ein zwar sturer, aber wil-
lensstarker Mensch ist, der weiß, was er will, und ich zweifle
nicht, daß [er] – was für Arbeiter, die nicht stehenbleiben
wollen, immer charakteristisch ist – sich mit der ihm eigenen
Energie weitergebildet hat, aber die Art wie in diesen Glück-
wünschen von ihm daherfabuliert wird, ist tief verlogen und
ekelhaft kriecherisch, und das schlimmste Beispiel dafür ist
Dein Elaborat, weil es ganz offen unwahr ist, wie Du wohl
weißt.

Ich war nie mit Ulbricht bei Dir im Prager Malikverlag, um
die verschiedenen Einwände gegen meinen Roman *Der Abgrund* zu dritt durchzusprechen. Du hast Dir das einfach,
wahrscheinlich, weil Dir in Deiner zynischen Liebedienerei
nichts anderes eingefallen ist, aus den Fingern gesogen. Du
kannst mir nicht entgegenhalten, daß ich etwa Ulbricht nicht
kannte. Ich lernte ihn damals, als man mich zum Vorsitzenden des Volksfront-Komitees in der CSR machen wollte,
bei Budzislawski kennen, was ich ablehnte. Hätte ich ihn
also bei Dir im Verlag einmal zu sehen bekommen, müßte
ichs doch wissen!

Mann, Wieland, haben wir denn deswegen gegen Hitler gestanden und dessen Verhimmelung durch seine üblen Tra-
banten stets gebrandmarkt, um nun genau dasselbe unter
Ulbricht zu betreiben?! Beim Lesen Deines »Glückwun-
sches« wurde mir speiübel, und Du wirst begreifen, daß
damit unsere alte Kameradschaft aufgehört hat.

OMG

Herzfelde war über den Brief »wütend und verletzt«, gab sich aber trotzdem
Mühe, Graf »vernünftig zu antworten« (am 6. 11. 63). Daß Graf die Begegnung mit Walter Ulbricht im Malikverlag für »offen unwahr« erklärt, führt
Herzfelde auf eine Erinnerungslücke Grafs zurück. Sie hätten nicht zu dritt,
sondern in größerem Kreis über den *Abgrund* gesprochen, keiner hätte nach
Namen gefragt (wie in der Illegalität üblich), Ulbricht sei noch nicht so bekannt gewesen, und Grafs Zusammentreffen mit Ulbricht bei Budzislawski
liege wohl erst zwei oder drei Jahre später. Was Graf »kriecherisch« nenne,

liege an »der wirklichen Differenz« zwischen ihnen, nämlich daß Herzfelde »dasselbe« wolle wie Ulbricht: die Restauration ganz Deutschlands »nach Art der Bundesrepublik« verhindern, die DDR zu einem »beispielhaften Staat« entwickeln, der die Klassenkämpfe »im übrigen Deutschland« beeinflußt. »Ich nehme nicht an, daß Du meinst, der Klassenkampf sei überwunden«, Herzfelde kann nicht vergessen, daß sie in der Emigration zusammengearbeitet haben, auch wenn Graf »die kommunistischen Revolutionäre nur bis Lenin einschließlich eingeleuchtet« haben und der Eindruck von »Männern wie Masaryk und Gandhi« stärker war. Im »Streben nach einer menschenwürdigeren, friedlicheren Zukunft« seien sie trotz der räumlichen Entfernung und gewissen Entfremdung seit 1949 »einig«.

Trotz dieses Versöhnungsversuchs waren die Freundschaft und die Korrespondenz hiermit beendet.

AN ROBERT NEUMANN   1. 11. 1963

Graf hat Neumanns »Leichtes Leben« gelesen, »diese starke, grundaufrichtige Confession«.

[. . .] Abgesehen aber von all dem, abgesehen vom Abenteuerlichen Ihres Lebens hat mich vor allem die anekdotenhaft aufgelockerte, unprätentiöse Art Ihres Erzählens fasziniert. Das liest sich alles, als säßen Sie am Tisch und erzählten diese Geschichten ohne Absicht und Hintergedanken. Das habe ich mein Leben lang – insbesondere in meinen Bauern- und Kalendergeschichten – vergeblich versucht. Ich beneide Sie wahrhaftig darum.

Eins finde ich in Ihrem Buch ganz groß und unübertreffbar: Die Seiten 42 bis 50 mit den Titeln »Fiktion der Zeit« und »Emigration des Marcus«. Sie haben darin das Wesen der Emigration – unser vergebliches Aufbäumen, unsere Verzweiflung und unser endgültiges Nichtmehrwissenwohingehören – so tief und so zutreffend ergründet wie keiner vor Ihnen. [. . .]

Graf dankt für drei signierte Bücher und lobt Jens, daß er das »Nicht-alt-
werden-wollen« literarisch »tiefer« als er selbst erfaßt habe. In seiner Aufdek-
kung des »künstlerischen Urtriebes« sieht er ihn auf der Stufe von Thomas
Mann, Rilke und Kafka. Er warnt ihn vor zuviel »Bildungsbeflissenheit«, die
seit Thomas Mann in der deutschen Literatur grassiert und z. B. Doderer ganz
ungenießbar macht.

[. . .] Es mag kindisch von mir sein, aber ich mag schon die
Zitierung von griechischen und anderen Göttern nicht, ich
bin so vulgär, daß erst vom 15. Jahrhundert an für mich das
eigentliche europäische Leben beginnt, alles was davor
liegt, kommt mir stets fremd, fast wie alte, zerfallene Steinfi-
guren vor. Das ist vielleicht blamabel, weiß Gott, aber es ist
halt so.
[. . .] Es kommt mir nämlich, nach all dem Schrecklichen,
das wir durchleben mußten, wertlos vor, wenn wir Schriftsteller einander nicht die Wahrheit sagen. Wenn man z. B.
den erst kürzlich herausgebrachten Briefwechsel Tsche-
chows mit Gorki liest, wie wohltuend, wie schön ist so eine
Aufrichtigkeit. Nur so haben Auseinandersetzungen etwas
Fruchtbares.
Nun, wissen Sie was mich, seit ich nun die letzten Bücher
von Ihnen gelesen habe, beinahe erschreckt und bedrückt
hat? Sie sind geradezu seit der ersten Zeile ein Fertiger,
einer, bei dem es einfach nicht mehr weiter geht. Ihr Buch
»Nein« hat schon alle Vollendung, alle geistigen und dichterischen Qualitäten der folgenden Bücher. Niemals werden
Sie etwas Mittelmäßiges schreiben, immer etwas tief Interes-
sierendes, in seiner Art Überraschendes – aber ich glaube,
wenn jemand nun alle diese Bücher nacheinander liest, freut
er sich an den Vorzügen und gesteht sich doch: Wachsen
kann der nicht mehr, es geht, wie gesagt, nicht mehr weiter
bei ihm. [. . .]

OMG (ANONYM) AN LUISE RINSER   20. 1. 1964

Luise Rinser hatte sich (am 21. 12. 63) bei dem unbekannten Verfasser der
»Altmodischen Gedichte« bedankt und Vorbehalte gegen sein Ideal der anonymen Kunstproduktion gemacht. Den Ausdruck vom »ganzen schönen
Irrtum des Lebens« beanstandet sie: Leben sei »eine Tatsache, eine gute
sogar«. Grafs Gedicht »Wunsch für die Sterbestunde« erinnerte sie an Karl
Valentins letzten Satz: »Dös wan i g'wußt hätt', daß Sterb'n so schön is!« Graf
erwidert als der »anonyme Dutzendmensch«: Er findet seine Gedichte nicht

so gut, um mit ihnen als Autor zu glänzen. Seine »lyrischen Götter« sind seit jeher: Goethe, Eichendorff, Mörike, C. F. Meyer, Storm, etwas Liliencron und Dehmel, viel Rilke, Hofmannsthal und – Brecht, dazu Trakl, Lichtenstein, Herrmann-Neisse. Die Deutschen verstehen sich, laut Nietzsche, »zu sehr aufs Berauschen«. George ist ihm deshalb immer verdächtig. Thomas Mann mußte für seine »Betrachtungen eines Unpolitischen« »schwer büßen und leiden«, bis er zur »Synthese des Schönen mit dem Humanen« kam. Das Fehlen des »sittlich Verbindlichen« im Deutschen, im Unterschied zum Rußland Tolstois und Indien Gandhis, sei der Hintergrund für das Aufkommen des »blutsäuferischen Monstrums« Hitler.

Um es vor allem zu sagen: Die Zusendung an Sie erfolgte, weil ich Ihren »Lobel aus Warschau« gern mag, aber ganz besonders Ihr Buch »In der Mitte des Lebens« schätze. Leider hat seit »Daniela« eine überzeugte, nach meinem Dafürhalten aber nicht gläubig hinnehmende Katholizität überhand genommen, die Ihrem Talent nicht zuträglich ist. Rein gewachsener, großer Katholizismus tritt in der deutschen Literatur nur bei der Handel-Mazzetti und bei der le Fort auf, die viel zu gescheiten Franzosen Claudel und Mauriac oder Bernanos wirken schon deswegen nicht so eingängig und zwingend, weil sie zu ihrem Gläubigsein meist eine spekulativ-geistige Stellung einnehmen. Was aber nach der europäischen Katastrophe an Katholischem wieder heraufkam ist nichts als Ausflucht und eine Art resignierte Einsicht, die sich schließlich zur Überzeugung versteift. Wirkliche Gläubigkeit schließt Überzeugung aus. Letzteres aber führt immer auf irgendeine Weise zur Nutzanwendung, literarisch oder im Leben. Denken Sie nur an Tolstoi, der aus dem Evangelium eine ethische Gebrauchsanweisung machen wollte, und daran zerbrach. Aber das nur nebenbei, entschuldigen Sie meine Geschwätzigkeit. Ich komme selber aus dem Katholizismus und habe darüber mein Leben lang so intensiv nachgedacht, daß ich nunmehr fast am Rand des Nihilismus stehe. Das ist kein schöner Zustand.
[. . .] Und zu Ihrem Einwand gegen meine Forderung, es sollte überhaupt jede Literatur anonym erscheinen – ich glaube doch, daß es dann ein präziseres Beurteilen der wirklichen Qualität gäbe. Von wegen Ihrem »die Person, die sich dem Publikum stellt« – das könnte man ruhig den Film- und Bühnengrößen und den Herren der Politik überlassen, aufs Literarische übertragen kommt dabei stets sehr schnell die Verschmelzung so einer Person mit einem gewissen Zeittyp

heraus. Dieser Typ verwischt sich oft bei »Saisonschluß«
schon, das Werk, das eingeht in alle, ist der Beweis dafür,
daß da einer die Sprache aller so unvergeßlich gesprochen
hat wie ein – Volkslied.

[. . .] Mag Albert Schweitzer oder der Papst gegen das Verbrechen der Atomversuche auftreten, man liest die Bekundungen in den Zeitungen, fertig. Nicht das geringste geschieht deswegen. Ein einziger Mensch, *nur einer* (!!), Ber-
trand Russell, läßt es nicht beim Wort bewenden und erreicht immerhin einiges. Er allein ist für mich eine »Person,
die sich der Öffentlichkeit stellt«, so wie ich es verstanden
haben will.

Mein Gott, und da soll man noch ein groß' Aufheben machen mit seiner mehr oder weniger talentierten Schriftstellerei? Ich weiß nicht, liebe Frau Rinser – mir ist in der Anonymität wohler als meinen erfolgreichen Kollegen.

AN ERICH MARIA REMARQUE Scottsdale, Arizona, 11. 4. 1964

Graf möchte Remarque gern im Sommer wiedersehen, und zwar gesund. Ihm
liegt sehr daran, »daß die paar wenigen gleichgerichteten Schriftsteller erhalten bleiben, auf die es – meiner Meinung nach – ankommt«.

[. . .] Ich habe in den letzten Vorwintermonaten, als es mir
in New York gesundheitlich nicht gut ging, viele neue deutsche Autoren gelesen, und zwar immer gleich alles von
jedem, und ich schrieb auch an einige ziemlich kritisch. Die
Antworten waren hochinteressant, aber sehr oft ein solches
Konglomerat von Phrasen und Überheblichkeiten, daß ich
schließlich ärgerlich die Frage stellte: Und was wird nun
sein, wenn sich die Woge Eurer scheinbar so breiten Publi-
kumserfolge verebbt hat und es kommt plötzlich eine gefährliche Krise oder gar Krieg, bei dem ja sowieso nichts
mehr zu fragen ist? Aber setzen wir den Fall, die großen
Kräche setzen ein, die Krise wirft wieder Millionen Arbeitslose auf die Straße – wird diese breite Öffentlichkeit etwa
nach Euch fragen und sich danach richten, was ihr für eine
Haltung einnehmt, um ein Beispiel zu haben? Aus wirds
sein mit Eurem Kunstspielen und wieder wird sich alles dem
nächstbesten Bluthund von Diktator in die Arme werfen!
Als Antwort bekam ich: Das müsse sich erst zeigen. Nun,
wir erlebten es anno 33, daß niemand in Deutschland fragen

konnte, was tut Thomas Mann, was Gerhart Hauptmann, und die hatten doch auch eine »breite Öffentlichkeit«, nicht wahr? *Das* meine ich mit dem »worauf es ankommt.« [. . .]

AN FRANZ MÜLLER   Scottsdale, Arizona, 12. 4. 1964

Müller hat ein paar Manuskripte Grafs vom Feder-Verlag geholt, er soll sie ihm aufheben. Zum 70. Geburtstag wird anscheinend in München nichts geplant – die »Ehren« sind Graf wurscht, aber für den Buchverkauf wären sie wichtig.

[. . .] Wie sollen da die Massen des Volkes je zu einer eigenen Meinung kommen und an der »Politik« teilnehmen – man gibt dem Volk Oktoberfeste und Bockbieranstiche und Faschings und Sommertouristen und alles ist da zum Augenauswischen, damit nur ja keiner aufwacht vom katholischen Schlaf. Du solltest einmal hier sehen, wie die Neger jetzt im Verein mit den sympathisierenden Weißen politisch arbeiten, da rührt sich was, das sind keine Maulaufreißer, sie legen sich zu hunderten einfach auf die nackte Straße und bringen den ganzen Verkehr ins Stocken, die Schutzleute müssen jeden einzelnen wegtragen und auf die Polizei fahren, und so geht das nun schon ein ganzes Jahr und nimmt immer noch zu. Das ist Kampf und denkende Politik. Jetzt nehmen sogar schon katholische, protestantische und jüdische Geistliche an solchen Demonstrationen massenhaft teil und lassen sich genau so festnehmen. Nun ist man in Washington aufgeregt und arbeitet fieberhaft an der strikten Durchführung der Civil Rights, das heißt das Recht der Gleichberechtigung aller Bürger, das bis jetzt nur auf dem Papier stand, und das man nicht durchführen konnte, weil jeder Staat hier berechtigt ist, bestimmt eigene Gesetze für sich zu machen. Das heißt man hier »Föderalismus«, und den versucht nun die Bundesregierung endlich zu schlagen. Du siehst, hier ists interessanter und lebendiger als in dem vollgefressenen Europa. [. . .]

AN KURT PINTHUS   Berlin, 5. 7. 1964

Graf hat von Juni bis August sein »Standquartier« in Berlin. Die Sender machen große Aufnahmen von seinen Sachen; die Buchhändler kennen seinen Namen nicht! Mit den jungen Studenten kommt er viel zusammen, in Veranstaltungen in West- wie in Ost-Berlin.

[. . .] In Berlin (jetzt sind grad die Filmfestspiele) herrscht das regste Weltstadtleben, und mir gefällt es hier am besten. Ich habe sogar im Sinn eventuell ein Jahr oder zwei Jahre hier zu bleiben, um endlich bei den lieben Deutschen ein wenig mehr Fuß zu fassen, denn so gehts ja nicht weiter. Zudem muß ich endlich einen festen Verlag finden, der *alle* Bücher von mir nimmt, nicht – wie Desch – nur die Bauern-bücher. Momentan verhandle ich mit dem Propyläenverlag, aber ich glaube, dort wird es nichts. Die Leute warten auf weiß Gott was für neue Dichter, vor allem muß man ihnen gleich sagen, man schreibt einen neuen großen Roman oder sowas. Ich hab jetzt komischerweise ein kleines Märchen- und Legendenbuch, das in der Behandlung der Negerfrage bis zum Kindermärchen reicht, fertig und halbfertig einen Band phantastische Geschichten, das ich unter dem Titel »Die blaugrüne Oase« rausgeben will, dann schreibe ich meinen großen politischen Roman *Der Abgrund* nach den neuesten Forschungen um und will ihn unter dem Titel »Der Weg in den Schrecken« [endgültiger Titel *Die gezählten Jahre*] rausbringen, aber wo ist der Verleger? [. . .]

AN MARTA FEUCHTWANGER   Berlin, 6. 7. 1964

Graf dankt Frau Feuchtwanger für ihren Zuspruch, denn Leser hat er »un-wahrscheinlich wenig«, bei allen schönen Ehrungen.

[. . .] Sie sind offenbar von meiner engsten Starnbergersee-heimat, wo ich jahrelang Brotbub war und auf meinen langen Gängen die damals hochmodernen Ibsen, Strind-berg, Hauptmann und Thomas Mann etc. immer laut vor mich hingelesen habe. Die Bauern hielten mich mit vollem Recht für spinnert, aber wie glücklich war ich damals!!!
Und: Ja, die Hitlerzeit? Denselbigen Menschenmetzger hab ich schon in den Revolutionsjahren und später in Schwabing näher kennen gelernt, da war er noch Spitzel im bayrischen Kriegsministerium und trieb sich als »Kunstmaler« in den Kaffeehäusern und Ateliers rum. Er hing sich an jeden von uns und redete in Gesundbeterart germanisch auf so ein Opfer ein, bis er eine Abfuhr bekam. Leider hat er sich das genau gemerkt, mich hat er 33 nicht mehr erwischt, aber viele meiner Freunde, die jetzt tot oder Krüppel sind. [. . .]

Lieber Paetel!

Dank für Deinen Brief. Auf allzustarkes Drängen von
Freunden und Verwandten habe ich mich in letzter Zeit etliche Male »versöhnt« – und es war jedesmal eine peinliche
Sache, ja, regelrechte Pleite! Ich will das Dir und mir er-
sparen, und finde es besser, wir lassen es bei der beste-
henden Art unseres Nebeneinanders.

OMG

AN GUSTAV STARZMANN   20. 10. 1964

Graf schreibt Starzmann auf dessen Anfrage, welche von seinen Büchern wie-
deraufgelegt sind (*Unruhe* leider nur in der DDR, und auch dort lange ver-
griffen).

[. . .] Ich schreibe Ihnen das, lieber Herr Starzmann, weil
man viele meiner Bücher wie auf ein stilles Übereinkommen
bei den Buchhändlern boykottiert und auch sonst tot-
schweigt, soweit es nicht bayrische Bauernbücher sind. Man
will mich auf Grund meines *Bayrischen Dekameron* durchaus
als Nachfolger Thomas sehen oder gar nur als bayrischen
Spaßmacher. Vielleicht können Sie wenigstens in Ihrem Be-
kanntenkreis – und ich vermute, es sind da hauptsächlich
junge Menschen darunter – mithelfen, dies ein bißchen ab-
zustellen. In Berlin z. B. las ich vor einigen Studenten- und
Gewerkschaftsklubs und merkte auf einmal, daß diese Jugend durchaus für mein Schaffen empfänglich ist. Und auf
die Jugend, die, nach meinem Dafürhalten, nicht von den
heutigen Manieristen und schnell Hochgerühmten mißleitet
werden soll – auf *die* kommt es mir an!

AN WALDEMAR VON KNOERINGEN   31. 10. 1964

Knoeringen hatte am 28. 9. 64 wegen des Kulturpreises geschrieben: »Mir ist
nun auch klar, daß Du selbst einen Teil der Schuld daran trägst, wenn Dir die
Leute so zurückhaltend begegnen. Du weißt nun selbst, wie die Situation hier
ist und daß die Welt sich weiterdreht: für Traditionen und Erinnerungen aus
der Vergangenheit ist leider wenig Verständnis geblieben.« Graf geht vier
Seiten lang auf den Kulturpreis und die Vergabepraktiken der Stadt München
ein, in denen er (besonders als der Preis an die nur durch ihren Vater be-
rühmte Tochter Freuds fiel) eine gezielte Veranstaltung sieht, ihn als den
längst fälligen Preisträger zu übergehen.

Obgleich ich mir darüber im klaren bin, daß Du bei Deiner Überbeschäftigung nicht in der Lage bist weder Zeit, noch allzuviel Energie für den Fall Kulturpreis an mich zu opfern, muß ich Dich nun doch mit diesem langen Brief behelligen. Sei versichert, es ist das *letzte Mal*, daß ich mich damit befasse, denn es kommt ja schon beinahe so vor, als glaube man allseits, ich wollte ihn erbetteln.

Ich sah und sehe die Sache ganz anders an. Es handelt sich dabei vielmehr um das Prestige Münchens! Das scheint man – mit wenigen Ausnahmen – bei meinen Freunden nicht begriffen zu haben. Ich kann Dir das aufgrund der Abschrift des Briefes, den Hohenemser an den Prof. von der Heydt in Arizona geschrieben hat, am besten beweisen. Ich bitte Dich nur, das *streng vertraulich* zu behandeln. Die Information gilt also bloß für Dich!

Hohenemser – der offenbar wie auch Du und andere nur einige Bücher, das meiste aber nur dem Namen nach kennt – begründet in diesem Brief die Ablehnung der Zuerkennung des Kulturpreises an mich sehr aufschlußreich, indem er die bisherigen Preisträger Heisenberg, Bruno Walter, Buber und Schmidt-Rottluff gegen mich ins Treffen führt. Zugegeben selbst, daß er, um dem Preis internationales Ansehen und einen besonderen Glanz zu geben, in der Hauptsache die Träger auch international hält, bestätigt er auch zugleich, daß weder München noch Bayern eine Persönlichkeit gleichen Formates aufzuweisen hat. Ganz zweifellos ist das für die Stadt und das Land keineswegs schmeichelhaft, ja, beinahe beleidigend.

[. . .] Lieber Waldemar, es geschieht wirklich zum ersten Mal in meinem Leben, daß ich mich selber loben muß, obgleich mir so etwas stets tief zuwider war und ist und obgleich ich mich halb aus Ulk und aus überlegener Ironie öffentlich immer verkleinere und einen »mittelmäßigen Schriftsteller« oder einen »Provinzschriftsteller« nenne. Nur witzlose Leute wie etwa der Münchner Kulturdezernent nehmen allem Anschein nach das ernst.

Ich möchte nun aber doch einmal fragen, ob Werke wie *Wir sind Gefangene, Das Leben meiner Mutter*, der Roman *Unruhe um einen Friedfertigen*, mein *Großer Bauernspiegel* und die als klassisch bezeichneten *Kalendergeschichten* nicht die Bedeutung haben wie etwa die Leistung der Bruno Walter, Buber und Schmidt-Rottluff, wobei doch Heisenberg gar nicht zum Vergleich herangezogen werden kann, weil seine Bedeutung auf einem ganz anderen Gebiet liegt. So wie man heute noch den »Abenteuerlichen Simplizissimus« und Rousseaus »Bekenntnisse« kennt und liest, wird es auch bei *Wir sind Gefangene* der Fall sein, und *Das Leben meiner Mutter* kann ruhig neben »Gösta Berling« und anderen Werken der Weltliteratur stehen, und ein so hochangesehener Literaturkritiker wie der verstorbene Werner Mahrholz rühmte an meinen Bauerngeschichten, »daß man sie auch noch in hundert Jahren mit der gleichen Anteilnahme lesen wird«.

[. . .] Wenn also Hohenemser und mit ihm wohl auch Kästner – ganz abgesehen von ihrer Abneigung und Feindschaft gegen mich – meine Bedeutung eben für München und Bayern in der Welt und der Literatur verkleinern oder ganz abstreiten, so ist das ein frecher Affront gegen diese Stadt und das ganze Land! Daß man dies nicht erkennt, ist geradezu beschämend für urteilsfähige Menschen wie Du und Deinesgleichen, denn damit machen sie das Zugeständnis, daß München und Bayern in dieser Hinsicht nicht zählen!

Das ist – glaube es mir – mein tiefster Grund, in bezug auf den Kulturpreis verärgert zu sein. Ich als Person spiele dabei wirklich nur die zweite Rolle. Fände ich auch nur einen einzigen Münchner Dichter, der dafür eher in Betracht käme, ich würde genau so argumentieren.

Und nun noch wegen dem, was Du in Deinem Brief als »Zurückhaltung« mir gegenüber schreibst. Kommt die vielleicht von der lächerlichen Angelegenheit, daß ich anno 1958 in der Lederhose auftrat und bei den feinen Leuten nicht im schwarzen Frack las? Oder hat sie was mit Politik zu tun? Um die öffentliche Meinung habe ich mich nie viel geschert, und ich provoziere stets, wenn ichs für richtig finde, manchmal freilich aus reiner Lust, um den Haufen der Witzlosen und Voreingenommenen zu schockieren. Ob sich das gut oder schlecht für mich auswirkt, danach habe ich noch nie gefragt. Verquickt man aber diese »Zurückhaltung« mit meiner literarischen Leistung, so ist das einfach hanebüchen.

Und, wenn ich Dich recht verstehe, wenn Du sagst, man habe heute kein Verständnis mehr dafür, mich aufgrund der

»Traditionen und Erinnerungen aus der Vergangenheit« zu schätzen, dann muß ich doch sagen, daß ich das höchst fehl am Platze fände. Ich bin keine verstaubte Traditionsfigur aus der Vergangenheit, sondern ein durchaus bauernnüchterner Zweckmensch, der nicht *aus* der Zeit geraten ist, sondern *in* ihr lebt und wirkt, und zwar durchaus in der heutigen Zeit. Mir sind große Sozialleistungen und die gegenwärtige Weltpolitik weit wichtiger als Sentimentalität ob des Vergangenen. Eine gute Wohnsiedlung bedeutet für mich mehr als der schönste gotische Dom. [. . .]

AN FRANZ UND TRAUTL MÜLLER   29. 3. 1965

Müller möchte sich um die (bisher ausgebliebene) Nachzahlung der Pensionerhöhung kümmern./Auch in dem »brutal kapitalistischen Land Amerika« ist die »Methode Gandhi«, im Kampf um die Gleichberechtigung der Neger, die richtige.

[. . .] Und hier in allen Städten die dauernden, sehr mutigen Demonstrationen gegen den ganzen Unsinn in Vietnam und die Gasbenützung der hiesigen Armee – Ihr glaubt nicht, wie ungemein stark hier grade die studentische Jugend, weiblich und männlich, beteiligt ist! Und in Deutschland sah ich noch so vorzeitliche Narren mit Käppchen und bunten Schärpen und Kaisergesinnung!!! Es ist zum Speien, daß man dieses Gesochs nicht zugrundelacht, wirklich, nur zugrunde*lacht*!!

AN WILLY BRAUNSDORF   20. 4. 1965

Von der »Büchergilde« ist Graf auch noch in der Entfernung und anhand des Festbandes angetan: eine »echt kulturelle Organisation, in welcher auch die Menschen, die dazugehören, ein menschliches Verhältnis zueinander haben«. Wenn er diesmal wieder nach Berlin kommt, möchte er wieder einen kleinen Gildenabend machen.

[. . .] Leider bin ich nicht mehr dazugekommen, Ihnen genau über meinen Besuch beim Kulturdezernenten – ich vergaß seinen Namen – in Berlin zu berichten. Es war jedenfalls wenig erfreulich, der gute Mann redete ganz kurz, daß er mich natürlich aus meinen Büchern kenne, und er habe leider wenig Zeit, er fragte aber sogleich, als ich ganz kurz meine Absicht, eventuell nach Berlin zu übersiedeln, äußerte: »Da muß ich nun ganz brutal fragen, was wollen Sie für eine Wohnung ausgeben?« Ich sagte kurz, was ich für eine Wohnung brauche und was sie unbedingt haben müsse, und da sagte er, ja, er müsse gleich wieder weg, sein Stellvertreter (ein Herr, dessen Name ich auch vergessen habe) würde alles weitere mit mir durchsprechen. Nun, es wurde ungefähr so, als sei ich in eine Agentur für Wohnungsvermittlung gekommen.

Der Herr war sehr freundlich, schilderte die verschiedenen Möglichkeiten und Schwierigkeiten, machte auch ein paar Notizen, und wir gingen. Das war alles. Seither habe ich, was ich ja auch erwartete, nie wieder etwas gehört, und es ist mir natürlich die Lust vergangen, auf diesem Weg eventuell zu einem Berliner Domizil zu kommen. Jetzt, nachdem sich meine Krankheit verschlimmert hat, dürfte sich so etwas überhaupt nicht verwirklichen lassen. Es wäre also für mich und meine Frau eine Belastung, wenn Sie, lieber Herr Braunsdorf, hier irgendetwas weiteres unternehmen wollten, denn Sie haben Ihre Zeit und Arbeitskraft wahrhaftig für andere Angelegenheiten nötig. Komme ich wirklich nach Berlin, so kann ich die kurze Zeit, die ich dort bin, immer in der Akademie unterkommen.

[. . .] Sicher ist [es] notwendig, der Bertelsmann Buchgemeinschaft, die hier einen sehr großen Erfolg hat, ein bißchen entgegenzuarbeiten, denn die wesentlichen Leser entscheiden sich schließlich doch für die Büchergilde Gutenberg.

AN HANS-JOCHEN VOGEL   26. 8. 1965

Lieber, verehrter Herr Oberbürgermeister!

Auf Ihre vielfachen Anfragen, ob ich nicht in meine ursprüngliche Heimat zurückkommen will, kann ich Ihnen heute, nach langen, sehr eingehenden Überlegungen mein Jawort geben. Ich brauche Ihnen nicht zu sagen, daß mir dieser Entschluß nach fast 30 Jahren Exil und Diaspora nicht leicht geworden ist und daß mir beim Überdenken der Schwierigkeiten, welche eine solche Rückübersiedlung mit sich bringt, etwas bange wird. Ich würde Ihnen deshalb, lieber Herr Oberbürgermeister, von Herzen dankbar sein, wenn Sie mir dabei behilflich sein wollten.

Mit sehr ergebenen Grüßen Ihr OMG

Verehrte Anna Seghers!

So oft ich ein Foto von Ihnen sehe, erinnere ich mich an Ihre »Fischer von [St.] Barbara«, an »Das siebte Kreuz« und Ihre Erzählungen, und es wird mir warm bei der Erinnerung, denn die Eindrücke, die ich immer wieder unverwelkt, neu und so nahe nachempfinde, bleiben immer ein Gewinn für mich. Traurig bin ich nur manchmal, daß ich Ihnen dafür nie dankbar die Hand drücken konnte. Leider hindert mich meine jahrelange Krankheit, öfter nach Berlin zu kommen, um dies nachzuholen.

Die Zeit, die wir durchlebt haben, verehrte, liebe Anna Seghers, gibt uns auf, nicht mehr Floskeln in unseren Büchern und persönlichen Äußerungen zu benutzen. Wir müssen beim lapidaren Wort bleiben, das aussagt, was wir meinen. Ich wünsche Ihnen weiterhin gute Gesundheit und die Kraft und Unbehindertheit, Ihr Werk fortzusetzen, die man dazu braucht.

Von ganzem Herzen Ihr OMG

Ich danke Dir sehr herzlich und aufrichtig für die Übersendung Deines schönen Gedichtbandes »Ich kann mit meinem Menschenbruder sprechen« und ganz besonders hat mich Deine handschriftliche Widmung gefreut. Ich las schon fast alle Gedichte, was nicht oft bei mir vorkommt, las sie, weil mich die ersten zwei Eingangsverse sogleich dafür einnahmen. Ich fand, daß Du in Deinem Streben mit größter Einfachheit dasjenige, was Du sagen willst, vollgültig erreicht hast und freute mich darüber, wie aufgelockert Deine Sprachbewältigung inzwischen geworden ist. Gedichte – ich nenne nur einige – wie »Nähe der Nacht« – »Der Jungwald« – »Herbst in Amerika« – »Himmel über New York« und noch

mehrere beweisen, daß man auch heute noch, ohne in ein sentimentales Lirilarum zu verfallen, bildkräftige Naturge- dichte schreiben kann, die nicht nur sprachlich eingängig, sondern auch voll frischer eindringlicher Bildkraft bis zum Schluß bleiben.
Ganz besonders interessiert haben mich Deine lyrischen Charakteristiken Freuds (der große Mann steht da lebendig vor einem), Theodor Kramers (wie tief hast Du dessen in- nerste Natur erfaßt!), dann der Vers an Weinheber und die zwei liebenden Brochgedenkverse oder die jüdischen Ge- dichte »Sabbathausgang« – »Tröstliches Wissen« und den zum Greifen herzwarmen lebendigen »Spiegelschwank«, wie gut liest sich das alles! [. . .]

Er könnte noch viel mehr darüber schreiben, nennt weitere Titel, aber seine »verdammte Atemnot« begrenzt seine Zeit an der Schreibmaschine.

AN HUGO HARTUNG   16. 1. 1966

Graf ärgert sich mit den sehr schlampig gemachten Korrekturen zu *Gelächter von außen*. Er verfolgt in den Protokollen die Aktivität der West-Berliner Aka- demie. Zum Colloquium über Rilke und [Thomas] Mann wäre er gern ge- kommen. Neugierig wäre er auf die Behandlung des Themas »Aufklärung« heutigentags, und den geplanten Gedenktag für Heinrich Mann findet er sehr schön. In der »sonst prachtvollen ›Gesamtausgabe‹« im Aufbau-Verlag ver- mißt er die Assi-Romane. »Madame Legros« mit ihrem »verhaltenen Frei- heitspathos« sollte zu der Gedenkfeier gespielt werden.

[. . .] Grade H. Mann müßte, meiner Meinung nach, aus der Vergessenheit gerissen und in die Sattheit der Bundesrepu- blik hineinprovoziert [!] werden. Er sah immerhin als einer der ganz Wenigen unsere ganze deutsche Misere voraus. Und Werke wie die drei Romane der Herzogin von Assi, »Die kleine Stadt« und vor allem sein Heinrichroman ragen weit über alles heutige Literaturgematsch hinaus. Er ist ak- tueller denn je. Und mußte sterben, verkannt und verbittert! Eine ewige deutsche Schande! [. . .]

AN GÜNTER GRASS   16. 1. 1966

Graf sieht in Grass' Wahlreden »mit herzlicher Genugtuung« die Bestätigung seiner alten These von der sozialen Verpflichtung der Schriftsteller. Die beste Rede findet er die zur Verleihung des Büchner-Preises, als Grass »jenes Pu- blikum vor (und wahrscheinlich auch gegen) sich gehabt« haben muß, das ihn ansportne. Böll und Andersch namentlich anzugreifen, war richtig, Graf fehle nur noch Enzensberger u. a. »Linke«. Mit Andersch sprach Graf auch selbst (immerhin war dieser einst in München Leiter einer kommunistischen Zelle), nur zu kurz. Graf glaubt, man muß »all diese Menschen einzeln stellen und – beschämen oder aktivieren«.

[. . .] Zu Ihren Wahlreden möchte ich mir nur einige kritische Einwände erlauben, und das geschieht nur deswegen, weil ich einige Erfahrungen im Laufe meines politischen Wirkens gemacht habe, die für Sie und Ihre Mitkämpfer vielleicht von Nutzen sind. Sie hatten vollkommen recht, daß Sie Ihre Aktion außerhalb der eigentlichen SPD-Agitation hielten und sozusagen auf jenen Teil der Wähler abstimmten, [der] z. T. überhaupt unpolitisch oder nur literaturintelligenzlerisch oder mittelständlerisch war. Man kann ja heutzutage auch in einer reinen SPD-Parteiversammlung nicht mehr vom »Arbeiter« reden, den »Proleten« von damals gibt es ja heute in solchen Ländern wie der »Bundesrepublik« nicht mehr, er ist sogar in kommunistischen Gebreiten nur noch eine leere Phrase. Man muß sich also – so pathetisch das klingen mag – wieder an das »Volk« wenden, an eine Masse ohne Klassenbewußtsein, wohl aber mit einem (wie ich es stets behauptet habe) sehr ausgeprägten Nutzungsbewußtsein. Dieses »Volk« will das absolut Lapidare, untermischt mit viel Humor. Redner wie Hitler und Adenauer haben das fast seismographisch klar begriffen, und selbst – wenn man es aufs Literarische überträgt – die Sprache Ihres arg befehdeten Brecht verdankt diesem »Seismographischen« die Wirkung. Das bedeutet keineswegs ein Hinabsteigen ins Vulgär-Banale. Schillers »Tell« ist volkstümlich und doch dichterisch gültig. Ich nehme an, Sie verstehen, was ich da meine.
Wichtig, am allerwichtigsten allerdings wäre eins: Diejenigen Schriftsteller, die weiter politisch (und besonders in Wahlzeiten als Redner) wirken wollen, müßten – genau wie seinerzeit die jungen bolschewistischen Intelligenzler und später die Nazis – in Dörfer und kleine Städte übersiedeln und dort »dem Volk aufs Maul schauen«, aber auch die ganz kleinen Verhältnisse solcher Gegenden kennen lernen und dies in ihre Agitationsreden miteinbeziehen. Es darf in solche Reden – grob gesprochen – weder eine Literatur noch eine große Politik hineingemixt werden, die Menschen, die

gewonnen werden sollen, müssen bei jedem Wort merken, daß einer spricht, der ihre Verhältnisse und ihr Leben kennt. Mir blutete seinerzeit stets das Herz bei den Wahlfeldzügen in der Zeit vor Hitlers Machtübernahme, wenn zum Beispiel (nicht nur die Plakate) so ein Kommunist plötzlich daherkam mit seinem »darum schützt den einzigen Arbeiter- und Bauernstaat, die Sowjetunion!« Es taten mir dabei direkt die falschen Zähne weh. Dann kam der Nazi und redete nur vom elenden Bezirksamtmann Soundso und von den hundsgemeinen Steuern etc. – und hatte gewonnen.

Die Sozialdemokratie zum Beispiel (wenigstens weiß ich das von der bayrischen) bildet jetzt Funktionäre und Redner, die sicher einmal tüchtig in der späteren Verwaltung etc. sind, aber die so herangezogenen Redner, die ich hörte – mein Gott!

Doch genug, ich bin gar nicht sicher, ob Sie die Zeit und Geduld aufbringen, meinen langen Brief zu lesen, lieber Herr Grass. Lassen Sie mich nur noch danken für die schönen, mutigen Worte, die Sie in Ihrer Büchnerrede für uns Emigranten sagten.

AN MARTA FEUCHTWANGER   17. 1. 1966

Glückwunsch zu ihrem 75. Geburtstag »als Ihr erster Landsmann und einer, der Sie schon immer sozusagen durch die Luft sehr gern hatte«.

[. . .] Ich bin ein unbeholfener Gratulant, liebe Frau Marta, und das Blamable für mich ist, daß ich auch solche Privatbriefe nicht mit der Hand schreiben kann, weil leider zwei halblahme Finger an meiner rechten Hand meine Handschrift schon nach etlichen Sätzen unleserlich machen. Ich will also annehmen, daß Sie das als Entschuldigung gelten lassen.

Sie wissen, liebe Frau Marta, wie hoch ich Ihren allzufrüh verstorbenen Mann als Mensch und Schriftsteller geschätzt habe, und diese ehrliche Bewunderung ist geblieben. Stets aber, wenn ich ihm einen Brief schrieb, dachte ich Sie dabei hinzu, da ich ja wußte, was für eine aufopfernde Lebensgefährtin Sie diesem unvergessenen Manne waren. Das ist nicht eine schnellhingedachte Floskel. Glauben Sie mir, ich weiß, was – um es auf bayrisch zu sagen – so ein guter Zusammenstand für beide Teile bedeutet, denn mir ist nach vierzig Jahren meine beste Frau, die mich in all der Zeit ertragen hat, weggestorben, und ich empfinde mit jedem Tag, den ich älter werde, was ich da verloren habe. Als Lion Feuchtwanger starb, war bei all meiner Traurigkeit über diesen Verlust für die Welt und die Literatur mein erster Gedanke auch bei Ihnen. Leider machen mich solche Hiobsbotschaften stets sprachlos. Darum schrieb und schreibe ich in solchen Fällen nicht. Die schmerzliche Vorstellung, was diese unwiderrufliche Entzweiung für ein schwerer Schlag für Sie war, quälte mich, denn es ist mir dabei immer, als zerbräche eine unsichtbare, grausame Macht eine nie wiederholbare Einheit, zu der zwei Menschen in einem langen Leben geworden sind. Man mag das nun sentimental oder pathetisch oder sonstwie heißen, mir kommt das eben so vor. Eins nur kann den überlebenden Teil einer solchen Einheit aufrechterhalten und trösten, liebe Frau Marta: Daß der Verstorbene eine Aufgabe hinterlassen hat, sein Werk zu erhalten und es der stumpfen Welt immer wieder in Erinnerung zu bringen. Das ist immerhin ein warmer Schimmer von echtem Glück, und es ist nicht gering. So bleibt mein Herzenswunsch zu Ihrem heutigen Geburtstag der, daß Sie noch lange gesund und unbeirrt dieser guten Aufgabe erhalten bleiben sollen. [. . .]

Graf schließt mit dem zum »Alter« passenden George-Vers vom »Rundgang zu zwein«.

AN BERNWARD UND GUDRUN VESPER   19. 1. 1966

Obgleich es schade ist, kann Vesper jetzt natürlich nicht in die USA reisen, nachdem er es den Schriftstellern als Charakterlosigkeit vorgeworfen hat. Die »Voltaireflugschriften« sind lobenswert, aber ebenso wirkungslos wie die unzähligen Aufrufe von Gruppen und Verbänden gegen den Vietnamkrieg. Luther-King ruft seine schwarzen Brüder nicht zum Widerstand auf. Der Papst hat nichts gegen Spellmanns »Feste-druff-Rede« in Vietnam. Einzig die amerikanischen Hausfrauen mit ihren Boykottaktionen zeigen, wie es zu machen ist: »Immer-wieder-bemerkbar-Machen«!

[. . .] Mein Gott, unternommen habt Ihr allerhand: Neue Wohnung, Heirat und für Nachfolge gesorgt. Also wächst bald alles etwas ins Familienmäßige, was manchmal gar nicht schlecht ist, wenn man sich nicht davon leiten läßt, sondern das Drum und Dran an Alltäglichem *automatisch* erledigt. Der »Bürger« besteht doch darin, daß er – einmal Fa-

miliengründer geworden – dies zu seinem Ein und Alles macht. Aus diesen Millionen »Familiärer« wächst dann das fast unbezwingbare Spießige und Verfilzte, das auch die blutigste Revolution nicht wegschaffen kann. Eben über dieses Problem wollte ich immer mit Euch und Euresgleichen gründlich diskutieren.
[. . .] Und schrieb ich nicht, Ihr sollt nicht Berliner Provinzler werden? Ihr müßt raus aus dem Berliner Literatenghetto, ins ganze Bundesgebiet ausstrahlen. Seht Euch doch Eure Feinde an, die Wühlmäuse der NPD! Lernt doch, wie die Nazis groß geworden sind, das war alles rüde Kleinarbeit jahrelang!
Es ist unmöglich heute mit der SPD oder KPD zu gehen, es muß endlich der Weg für die große Linke gefunden werden.
[. . .]

AN DEN FACKELTRÄGER-VERLAG   28. 2. 1966

Einiger Ärger und etwas Zustimmung beim Satz des *Bayrischen Lesebücherl.*

[. . .] Ganz und gar aber muß ich es ablehnen, daß Sie die uralten, abgestandenen Simplizissimuswitze zu den Bildern mitdrucken, denn a) könnte der Eindruck entstehen, als sei ich der Urheber dieser Witze und b) passen sie auch durchaus nicht zum sonstigen Text meiner Geschichten, im Gegenteil, sie verderben den Eindruck. An der Auswahl der Bilder merkt man auch, daß Sie keine allzugute Kenntnis des Bäuerlich-Bayrischen besitzen. Viele davon haben – selbst wenn man sie karikaturistisch nehmen will – keine Gültigkeit mehr! Es sind auch keineswegs die besten von Thöny. Vielleicht – falls noch Zeit ist – senden Sie mir eine Auswahl der bei Ihnen liegenden Illustrationen, damit ich Ihnen in der Wahl zur Hand gehen kann. Ich habe auch, wie Sie sehen, bereits an manche Bilder Anmerkungen hingeschrieben, wohin dieselben am besten passen.
Haben Sie denn für »Bilgerius Wild« nicht einen altbayrischen Soldaten mit Mütze, Thöny machte solche meisterhaft. Für »Echte Frömmigkeit«, bitte eine alte Bäuerin, nicht eine Münchner Gemüse- und Geflügelhändlerin!! [. . .]

Guttenbrunner hat Graf gesiezt. Graf nimmt das Duzen aber ernst: Wem immer er das Du anbietet – »ganz gleich, ob nüchtern oder betrunken« –, der ist ihm »einer meinesgleichen«. / Bei Csokor letztes Jahr fühlte er sich »in jener Luft, die unsereins braucht«.

[. . .] Genug davon. Deine Nachricht, daß mein Buch *Wir sind Gefangene* sich im Erinnern so oft verlebendigte, wenn irgendwelche politischen Bedrohungen etc. in der Nazizeit sich gegen Dich auswirkten, ist immerhin wohltuend für mich, der von all seinem Schreiben recht wenig hält. Mein neues Buch *Gelächter von außen* wird Dir das vielleicht noch mehr begreiflich machen. Je älter ich nämlich werde, umso nachhaltiger arbeite ich daran, nicht mehr literarisch zu schreiben und gewertet zu werden. Als heißer Leser, als inniger Liebhaber guter Verse, als aufrichtiger und tief genießerischer Bewunderer wirklicher Dichter – wird mir mein Geschreibe immer unwichtiger und lächerlicher, ich will tatsächlich darauf hinaus, ein lustiger Wirtshausunterhalter zu werden, weiter nichts.

[. . .] Freilich, an die jetzigen »linken«, ach so kühn schreibenden westdeutschen Schriftsteller darf ich nicht denken, da bewölkt sich alles in mir. Was für erbärmliche komische Käuze, was für blindwütige Erfolgsjäger ohne den geringsten Sinn für das Selbstverständliche, nämlich als Intellektuelle aufs riskanteste gegen den unbeschreiblich niedrigen Ausrottungszug gegen Vietnam zu wirken – was tun sie? Sie sagen nicht wie Sartre ihr entschiedenes Nein zu diesem verlogenen Schwindel und weigern sich, nach USA zu kommen, o, nein, sie gieren danach als Gruppe 47 und PEN-Club, nun endlich auch nach USA zu kommen, Princeton mit ihren Vorträgen heimzusuchen und auf idiotischen Banketten und Parties zu glänzen. Auch das, lieber Freund, ist einer der Gründe, warum ich »Provinzschriftsteller« und Rentner sein will.

Womit übrigens nicht gesagt sein soll, daß ich die gleichen Burschen in Ostdeutschland [nicht] genau so widerlich finde und verachte. [. . .]

Graf hält Grass' deutsches Trauerspiel »Die Plebejer proben den Aufstand«
zwar für mißlungen, aber das behandelte Problem für zentral für jeden
Schriftsteller, »der als sozialer Moralist wirken will«. Er lobt ihn für das politische Engagement im Wahlkampf und zieht eine für ihn notwendige Folge-
rung: gegen den »grauenerregenden Krieg Amerikas« anzugehen. Er sieht
Grass selbst in der Rolle des »Chefs« in seinem Stück.

[. . .] Sie wissen, daß J. Paul Sartre es eben aus diesem
Grunde abgelehnt hat, zu Vorträgen nach USA zu kommen.
Sie, lieber Herr Grass, stehen heute in der ganzen Welt als
stellvertretend für das beste jetzige deutsche Schrifttum da,
und Sie können sich denken, daß sehr viele meinesgleichen
von Ihnen dasselbe erwarten. Ein Verzicht Ihrerseits auf die
Ihnen gebotene Gastprofessur an der Columbia-Universität
und Ihre Ablehnung, an der kommenden PEN-Club-Ta-
gung in New York teilzunehmen, würden unbestreitbar
eine weit nachhaltigere Wirkung haben als all die papie-
renen Proteste gegen den fürchterlichen Vietnamkrieg.
Ganz abgesehen davon, daß ein solcher Schritt Ihrem literarischen Ruhm auch eine weltweite menschlich-moralische
Leuchtkraft gäbe, würde dadurch wohl auch das ziemlich
geschädigte Ansehen der deutschen Geistigen in der gesitteten Welt wieder einiges dazugewinnen. Zudem glaube
ich, daß dies auch eine ganz gute Lektion für alle jene so
schrecklich »linken« Kollegen wäre, die sich geradezu drum
reißen, an der beschämenden PEN-Tagung teilnehmen zu
dürfen.

OFFENER BRIEF AN IHRE HEILIGKEIT, PAPST PAUL IV. 3. 6. 1966

Im Namen Ungezählter meinesgleichen, die Tag und Nacht
in zermürbender Angst und hoffnungsloser Ohnmacht da-
hinleben, appelliere ich in der höchsten Gefahr, in welcher
sich unsere Menschenwelt befindet, an Eure Heiligkeit und
bitte inständig um Hilfe. Dazu ermutigen mich die nie erlah-
menden, unbeirrbaren Bemühungen Eurer Heiligkeit, die
Christenheit aller Kontinente und Nationen zu vereinigen.
Vor allem aber klingt mir immer noch die oftmals wiederholte flehentliche Beschwörung Eurer Heiligkeit vor den
Vereinten Nationen im Ohr: »NIE WIEDER KRIEG! NIE
WIEDER KRIEG!« Gleich mir haben Millionen wahrhaft

Friedliebender in tiefer Ergriffenheit diese göttliche Mahnung mitangehört, und ein leichter Hoffnungsschimmer erhellte ihre bedrängten Herzen. Doch die Machthaber der Welt blieben taub. Aus diesem Grunde bitte ich Eure Heiligkeit, das biblische Gebot »DU SOLLST NICHT TÖTEN!« erneut und mit allem Nachdruck zur strengen, unabdingbaren Verpflichtung für jeden einzelnen Gläubigen zu machen und im Vatikan dahin zu wirken, daß jeder

    a) der für eine Kriegserklärung verantwortlich ist,

    b) jeder, der an Kriegshandlungen teilnimmt,

und c) jeder, der wissentlich an der Herstellung und Perfektion von nuklearen Vernichtungswaffen mitarbeitet

unnachsichtlich die kirchliche Exkommunikation zu erwarten hat. Nur Eure Heiligkeit als Stellvertreter des alleinzigen Gottes auf Erden hat die Macht, diese heilsame Maßnahme zu ergreifen. Niemand kann Eure Heiligkeit daran hindern. Nicht nur die Millionen der Gläubigen, auch das Gewissen der gesitteten Welt steht auf Ihrer Seite! Nur so wird wieder wahr und wirksam werden der gewaltige Prophetensatz: »UND DAS WORT IST FLEISCH GEWORDEN UND HAT UNTER UNS GEWOHNT.« Nur so wird die Kirche Petri zum Friedensstifter der Welt! Nur so wird sie zum dauernden Segen für die heimgesuchten Völker!

OMG

Der Nachlaß ist voll von Entwürfen, die aber nur immer neue Einzelwörter in ein ihm von Anfang an vorschwebendes Schema des Zuredens und Beschwörens einfügen (und immer allgemeiner werden). In der Masse der Verbesserungen liegt ein Zettel, handschriftlich: »Flehender werden!«
In früheren Fassungen forderte Graf noch: »alle menschenschlächterischen Kriege und vor allem den Ausbruch eines drohenden Vernichtungskriegs mit nuklearen Waffen« zu verhindern. Er sprach von dem »unbeschreiblich grauenhaften Krieg in Vietnam«; dieser »brennt ein ganzes Land aus und verwandelt es in eine kahle Wüste«. Diese Argumentation übernahm er dann in sein Anschreiben an die Redaktionen. Der »Münchner Merkur« druckte es mit ab. Die endgültige Fassung (vom 3. 6. 66) verschickte Graf ab 15. 6. an eine große Zahl von Redaktionen und, nachdem zahlreiche abgelehnt hatten, an immer mehr Zeitungen in allen westeuropäischen Ländern und den USA. Von »FAZ«, »Spiegel« und »TIME« erfuhr er, sie druckten »grundsätzlich keine Offenen Briefe« ab. Die »NZZ« gestand immerhin, daß sie »für diese etwas ungewöhnliche Form der politischen Meinungsäußerung nicht recht gerüstet« sei (24. 6. 66 an Graf). Die meisten englischen/amerikanischen Redaktionen schickten den Brief aus »Mangel an Platz« zurück. »The New Sta-

tesman« formulierte, der Brief sei »nicht geeignet zur Veröffentlichung im New Statesman« (29. 7.). An manchen Zeitungen wie der (im 1. Exiljahr für Graf äußerst wichtigen) »Arbeiter-Zeitung«, Wien, ging er an die Feuilleton-Redaktion und von da zurück an Graf. Einige Redaktionen gaben ihm den Rat, er solle seinen Brief direkt an Seine Heiligkeit schicken.

Veröffentlicht wurde der Brief schließlich in: »Die Tat« (Zürich), »Münchner Merkur«, »Werkhefte« (München), »Die Mahnung« (Berlin), »Frankfurter Hefte«, »konkret« und in einigen englischen und amerikanischen Zeitungen.

Graf sammelte in seinen letzten Jahren Zeitungsnachrichten über Proteste gegen den Vietnamkrieg (und andere Kriege), wollte mit ihnen ein öffentliches Tribunal unterstützen (das dann erst ein Jahr nach seinem Tod als 1. Bertrand-Russell-Tribunal in Berlin (West) stattfand).

AN ANNEMARIE KOCH   3. 7. 1966

Die »Ehrengaben« der »Freunde O. M. Grafs« hat Graf als »erbärmlich« zurückgewiesen: er möchte kein »Wohltätigkeitsempfänger« sein. Vogel [Münchens OB] scheint darüber verschnupft zu sein. Es soll nicht darüber geredet werden, »denn der Vogel selber will vielleicht das beste, den möcht ich nicht ärgern«.

[. . .] Im übrigen wird mir diese Bundesrepublik mit dem Notstandsgesetz und der Aufrüstung von USA Gnaden denn doch langsam ganz und gar unsympathisch. Diese Sozialdemokraten – sogar zum Notstandsgesetz sagen sie »bedingt« ja, statt es rundweg abzulehnen als freche Zumutung.

AN JOSEF EBERLE, »STUTTGARTER ZEITUNG«   12. 7. 1966

[. . .] Wegen der Ablehnung des Abdruckes meines offenen Briefes an den jetzigen Papst (die Zahl VII. statt VI. ist leider ein sehr störendes Versehen) möchte ich doch noch einiges sagen. Das, was Du »viel zu allgemein gehalten« nennst, war beabsichtigt, um englische und amerikanische Zeitungen abdrucksgeneigt zu machen, denn irgendein Hinweis auf die grauenhafte Schlächterei in Vietnam in diesem offenen Brief selber würde geschadet haben. Du machst Dir keinen rechten Begriff von der eigentümlichen Patriotie, die hier, trotz der scharfen Kritik an Regierung und Vietnamkrieg, immer mehr um sich greift, weil nach und nach eine Art von Sendungsbewußtsein im ganzen Land aufkommt. Sehr geschickt von oben her geleitet, fangen plötzlich sehr breite Schichten an zu glauben, nur USA sei imstande die Freiheit auf der Welt zu erhalten und alle anderen Nationen vor dem Bolschewismus oder vor dem wirtschaftlichen Zerfall zu retten. Wenn man sich insbesondere mit den Jungens und Mädels der Mittelschulen auf Debatten einläßt, staunt man, wie »patriotisiert« die sind und welchen fanatischen Haß sie gegen alle Demonstranten gegen den Vietnamkrieg haben. Dabei ist diese Jugend durchaus fortschrittlich und benimmt sich äußerst tapfer, wenn es um die Gleichberechtigung der Neger geht, für »Medicare« und alle Reformen innenpolitischer Natur, weil sie glaubt, nur in USA sei so etwas möglich – kurzum, es wird nicht mehr allzulange dauern zu einem »USA über alles in der Welt« und am »amerikanischen Wesen wird die Welt genesen« etc. [. . .]

Graf wollte im Gegensatz zu Autoren, die die Kirche wegen früherer Versäumnisse angreifen, »den Vatikan vor die Entscheidung stellen«, nämlich »faktische Einhaltung des Wortes« fordern.

AN RUTH LIEPMANN   18. 8. 1966

Erst jetzt, nachdem ich nach schwerer Krankheit endlich aus dem Mount Sinai Hospital heimgekommen bin, erfahre ich zufällig vom Tod Ihres Mannes und bin darüber sehr bedrückt, denn er war einer ganz meines Geistes: Ein kompromißloser Kriegsgegner und Kämpfer für die Verträglichkeit der Menschen.

Ihm selbst geht es nicht gut (innere Blutungen), er liegt zur Untersuchung im Hospital, und die Ärzte schweigen verdächtig.

[. . .] Sie sehen, es steht nicht allzugut bei mir. Was mich am meisten niederdrückt, ist, zu erleben, wie einer nach den anderen meiner Weggenossen wegstirbt, wie es leer wird um einen! Und da macht man sich dann immer wieder den Vorwurf, wieso und warum man nicht immer wieder den Kontakt miteinander gehalten und ausgebaut hat. Nun ist Ihr lieber tapferer Mann, einer von den wenigen Schriftstellern, die stets für das, was sie schrieben auch öffentlich einstanden – nun ist auch er nicht mehr, und wir sahen einander nur flüchtig und einmal!! Schrecklich!
Und für Sie hat nun schon lange das kalte Einsamsein angefangen. Mein Gott, wie gerne wären wir heuer wieder nach Europa und nach Zürich gekommen und hätten Sie besucht, alles war schon fest geplant, – da kam das Elend mit der Krankheit!

Ich weiß nicht, was ich raten und sagen soll, liebe Frau Ruth, ich gestehe Ihnen nur, daß ich sehr traurig bin und an den schweren Schlag, den Sie erhalten haben, oft und oft denken muß.

AN GERD-KLAUS KALTENBRUNNER,   2. 9. 1966
VERLAG KURT DESCH

[. . .] Nun lese ich im »Monat«, daß Sie in der Inselsammlung ein Bändchen Arbeiten des von mir seit langem hochgeschätzten Franz von Baader herausgebracht haben. Baader, der für mich keineswegs der Mystiker ist, als den [viele] ihn ansehen, sondern – wenn ich so sagen darf – ein tiefsinniger Ratiochrist, beschäftigte mich ungefähr in meinen Anarchistenjahren 1917 bis 1923, und ich glaube, er hat mir viel beigebracht, da er auch sehr viel Wesentliches vorweggenommen hat, darauf sich heutige kleine Geister etwas zugutetun. [. . .]

Graf dankt Kaltenbrunner für die »aufmerksame« Versorgung mit Kritiken und Resonanz auf seine Veröffentlichungen und bittet ihn um das Bändchen.

AN HANS-JOCHEN VOGEL   10. 10. 1966

[. . .] Ich wollte erst alle sogenannten ärztlichen »Tests« abwarten, und die sind nun seit zwei Tagen endlich – teils im Mt. Sinai Hospital und teils von meinem Arzt – gemacht worden. Was sich da ergeben hat, schließt eine dauernde Rückkehr in meine Heimat aus, es könnte sich – je nach den Wetterverhältnissen und meinem Gesundheitszustand – höchstenfalls in manchem Jahr ein mehrmonatlicher Aufenthalt dort ermöglichen lassen.
Glauben Sie mir, lieber guter Herr Oberbürgermeister, ich schreibe diesen Brief schweren Herzens und ich bedauere aufrichtig, daß ich Sie und den von Ihnen ins Leben gerufenen Kreis der »Freunde Oskar Maria Grafs« nun vergeblich bemüht habe, aber mein Gesundheitszustand hat sich im letzten Jahr bedenklich verschlechtert, so daß ich mir nicht mehr allzuviel zumuten darf. [. . .]

Grafs Asthma ist viel schlimmer geworden; eine Neuralgie zwingt ihm täglich 8-10 Togaltabletten ein. Er kommt an guten Tagen höchstens zu etlichen Briefen und kann keineswegs regelrecht arbeiten.

Viele Redakteure und einzelne Bekannte wie Unbekannte (darunter ein Bundeswehroffizier, ein Zeuge Jehovas, ein junger Israeli) wandten sich nach der Veröffentlichung des Offenen Briefes an den Papst auch persönlich an Graf und schrieben ihm Einwände, z. T. auch ihre Zustimmung. Graf antwortete allen oder fast allen persönlich. Sein Vetter Groß hatte (am 23. 10.) ihm vorgeworfen, er sei doch eigentlich überzeugt, daß es keinen Gott gebe, und verleugne hier diese »Wahrheit«. Faktisch greife er die »autoritative Haltung« der Kirche nicht an, sondern bestätige sie. Graf antwortete, er sei weder ein »kirchenfrommer Katholik« geworden noch ein »windiger Heuchler«, da die Großens ihn offenbar für einen »eiskalten Atheisten« halten. Die konventionelle Anrede des Papstes und der Appell an den »Vertreter Gottes« soll die »Herausforderung« dieses ganzen Briefes nur noch unterstreichen.

[. . .] Meine Herausforderung bestand und besteht darin, daß ich von dem höchsten Träger der katholischen Religion verlange, sich an die Lehre des katholischen Glaubens zu halten, also nicht zu rufen: »Nie wieder Krieg« und dann doch kompromißhaft mit den weltlichen Mächten herumzutaktieren. Hätte zum Beispiel jener Papst, der zur Hitlerzeit auf dem Stuhl Petri saß, Hitler und alle Nationalsozialisten exkommuniziert, so wäre das eine entscheidende Tat gewesen, auch wenn die Nazis sich darum nicht gekümmert hätten – die ganze Welt wäre viel entschiedener gegen das Dritte Reich aufgestanden! So aber hat dieser selbige Papst herumlaviert, und Hunderttausende vergasen lassen.

Was ich in meinem Brief verlange ist nichts anderes als ein Bekenntnis Roms zur Gewaltlosigkeit und vollkommen klaren, entschiedenen Kriegsgegnerschaft, denn mir als Schriftsteller, der stets für das, was er geschrieben hat, eingestanden ist, bedeutet das Wort eben zugleich eine Tat. Du und viele haben mir entgegengehalten, der arme Papst hätte ja damit gar nichts gegen die politischen Mächte der Welt ausgerichtet und wahrscheinlich wäre das sehr abträglich für die katholische Kirche, sie hätte womöglich viele Gläubige verloren und natürlich auch so – rein wirtschaftlich – sehr viel eingebüßt. O ja, ganz gewiß – aber sie wäre als eine gewaltige, reine geistige Macht vor allen Menschen dagestanden, und wahrscheinlich hätten sich sogar viele, sehr viele dazu entschlossen in ihre Front einzutreten!

Was heißt denn das ganze Gewäsch von »Wachsamkeit« etc. wenn es nur dazu führt, daß alle, sobald eine große Gemeinheit auf der Welt geschehen ist, feststellen, *daß* das empörend ist und weiter geschieht nichts?

Ich liebe solche leeren Floskeln nicht. Jetzt zum Beispiel müht sich Rom darum, daß – wie es viele Menschen in allen Ländern in offenen Aufmärschen und Steuerverweigerungen etc. tun – endlich der schändliche Krieg in Vietnam durch ein einsichtiges Nachgeben der Amerikaner aufhört. Er appelliert an die Regierungen. Diese Regierungen beteuern ihm, dem bekümmerten Papst, tränentriefend, aber ja, wir sind jederzeit bereit zu den und den Bedingungen Frieden zu machen! Aber es wird weiter bombardiert, es werden weiter die grausamsten Gemeinheiten auf beiden Seiten der Kriegsführenden begangen, fertig. Und nun geht man auch schon überall viel schärfer und brutaler gegen die Demonstrationen gegen den Vietnamkrieg vor. Es wird noch viel, viel ärger werden – und Rom wird zusehen!

Und neben diesen »Friedensbemühungen« des Papstes betreibt er auch noch eine Propaganda, man müßte dem Hunger auf der Welt energischer Einhalt gebieten – warum verzichtet Rom (bekanntlich ist die katholische Kirche die reichste der Welt!) [nicht] auf die Hälfte seiner Millionenbesitztümer, um die Armen und Hungernden auf der Welt zu füttern? Mit barmherzigkeitstriefenden Worten ist nichts getan, ein Glaube, der so zu einer starren, mit allen politisch-wirtschaftlichen Mächten der Welt verfilzten Organisationsform geworden ist, die man »katholische Religion« nennt – ein solcher Glaube existiert nur noch in ganz wenigen einzelnen, die wahrscheinlich von Rom aus als Ketzer bekämpft werden. In dem, was man als »katholische Religion« heutigen Tages versteht, ist kein solcher Glaube mehr enthalten.

[. . .] Ich habe mich stets als »religiösen Sozialisten« deklariert und bleibe auch dabei, ich bin also durchaus kein flacher, langweiliger Atheist und Freidenker oder wie sich diese Leute sonst heißen. Schließlich fußt der ganze Sozialismus auf dem einfachen Wort »Liebe Deinen Nächsten wie Dich selbst«. Oder hast Du darüber nie nachgedacht?

Wie hat meine selige Mutter immer gesagt? »D' Schlechtigkeit auf der Welt is net umz'bringa, bloß *mir* derfa net schlecht sei'.« Das ist mir neben Tolstois Lehre stets der Lebensleitsatz geblieben, es stellt alle hochgescheite Philosophie in den Schatten.

So, vielleicht hab ich Dir jetzt halbwegs ausgedeutscht, daß ich mich anhand des Papstbriefes nicht etwa zum »Glauben meiner Kindheit« zurückbekehrt habe. Ich schicke Dir übrigens mit gleicher Post meinen Zukunftsroman *Die Erben des Untergangs*, den Du vielleicht noch nicht einmal gesehen und gehört hast. Darin kannst Du lesen, wie ich mir die Welt ungefähr wünschen würde, und vor allem habe ich darin einen Papst gezeichnet, der ganz meiner Vorstellung von Christlichkeit entspricht. Vielleicht interessierts Dich und vielleicht hast Du ab und zu Zeit zu lesen.

AN DEN BAYERISCHEN RUNDFUNK   25. 11. 1966

Es freute mich, daß auch Sie von meiner Rede über Ludwig Thoma eingenommen sind und sie aussenden wollen. Doch halte ich es nicht für sehr glücklich, diese Rede, die sowohl von vielen Professoren amerikanischer Universitäten als auch von der deutschen Presse als das Beste, was über Thoma jemals gesagt worden ist, bezeichnet wurde, erst vereinzelt eventuell im September 1967 auszusenden, statt sie in Ihre Hauptveranstaltung zu Thomas 100. Geburtstag einzubauen. Wenn auch Eugen Roth wesentliches über den Dichter in seiner Einleitung zur Gesamtausgabe der Werke Thomas aussagt, so glaube ich der Art nach und aufgrund meiner Bauernbücher gerade diesem meinem großen Landsmann am nächsten zu stehen. Auch ist anzunehmen, daß sehr viele Hörer höchst befremdet sein würden, wenn mein Name als Mitwirkender bei der Hauptveranstaltung fehlen würde. [. . .]

AN ROBERT MINDER   3. 12. 1966

Wie gut das für mich klang, daß ein Mensch mit mir in bezug auf den Herrn Heidegger übereinstimmt, können Sie erst ganz begreifen, wenn ich Ihnen sage, daß diese lange, lustige Sache von mir noch jede deutsche Zeitschrift und Zeitung (Schweiz und Österreich miteingerechnet!) brüsk abgelehnt hat, meist sogar mit oberlehrerhaft streng-höhnischen Begleitbriefen. Ja, sogar als mein Buch erschienen war, wies mich ein Herr Singer im Berliner »Tagesspiegel« wie einen Schulbuben zurecht. So geht's eben. Ich muß darüber nur lachen.

Daß Sie nach Thoma und Queri fast wie von selber auf meine *Kalendergeschichten* kamen, wirkt besonders aufmunternd auf mich, da kein Mensch dieses mir liebe Buch zu kennen scheint und alle Verleger bis jetzt keine Lust zeigen, es neu herauszubringen.

Ja, ich kannte Rilke sehr gut, und er stieß bereits in meiner frühesten Anfängerzeit auf mich, was mir viel half. Über mein Bekanntwerden mit Thomas Mann habe ich ja nun ausführlich in meinem neuen autobiographischen Buch *Gelächter von außen* berichtet. Ich darf wohl sagen, wir standen einander (trotz der Mann'schen Steifheit, die nach meinem Dafürhalten eine tiefe Skepsis und Unsicherheit den Menschen gegenüber war) sehr nahe. Ich liebte ihn und halte sein Werk wirklich (neben Brecht) als das Größte, was wir Deutsche an Geist und Kunst bisher der Welt gegeben haben.

Im übrigen – Sie fragen nach Döblin und meinem Verhältnis zu ihm. Ich schätze ihn sehr, eben weil er kein Mann-Epigone war. Persönlich kannten wir einander nur von einigen Parties in New York.

Auf Ihren angekündigten Essayband bin ich sehr gespannt und freue mich schon sehr auf den erweiterten Heidegger-Essay. Mein Gott, lieber Herr Professor, wie recht haben Sie, wenn Sie schreiben, wie die Welt auf diesen Messkircher hereingefallen ist. Das frage auch ich mich immer wieder.

AN ALFRED ANDERSCH   27. 12. 1966

Graf »schätzt und bewundert« Andersch vor allen anderen »Gleichstrebenden« aus der jüngeren Generation.

[. . .] Nehmen Sie, bitte, lieber Herr Andersch, diese Lobsprüche nicht als dickaufgetragene Schmeichelei. Ich bin ein fast nihilistisch skeptischer Beurteiler literarischer Werke einschließlich meiner eigenen. Dennoch befällt mich, wenn ich auf ein vollendetes Gedicht, eine nach meinem Dafürhalten wunderbar abgerundete Novelle oder einen zwingend starken Roman stoße, eine fast kindliche Sentimentalität, eine unerklärlich beglückende, fast brüderliche Hingabe, die ich freilich immer niederzukämpfen versuche, weil ich mich schäme, was mir in den meisten Fällen nur schwer gelingt. Hätte sich diese Sentimentalität erst in den letzten –

sagen wir – zehn Jahren bei mir eingestellt, so würde ich sie für eine Altersnarrheit, ein Zeichen langsam beginnender Senilität halten – sie ist aber von Jugend auf, insbesondere auf literarischem Feld, gleichgeblieben. Also, denke ich, kann sie nichts Unnatürliches und Gemachtes sein. Das ist wohl auch der tiefere Grund meiner fast süchtigen Leselust.

Diese eigentümliche Lust führt mich stets dazu, Bücher in Abständen von fünf oder auch zehn Jahren noch und noch einmal zu lesen, und das Herrliche dabei ist, daß ich in diesen geliebten Werken immer neue Entdeckungen mache. Was ich aber in letzter Zeit wirklich als Altersnarrheit empfinde, ist, daß ich nunmehr auch meine *eigenen* Bücher (freilich nur die Autobiographien und Romane oder Bauerngeschichten) lese und urkomischerweise das alles ganz neuigkeitsmäßig aufnehme – wahrhaft mit Spannung und sogar mitunter mit unverhohlenem Respekt, denn Sie müssen bedenken, daß ich, wenn eine Arbeit einmal fertig und gedruckt ist, kein Wort, keine Szene, rein gar nichts mehr davon weiß. Jede kleine oder große Geschichte, jedes Buch ist mir, nachdem's einmal gedruckt ist, völlig gleichgültig und fremd.

Und nun auf einmal während meiner langwierigen quälenden Krankheit dieses seltsame Durchlesen und beinahe hektische Mitleben, ja, wirklich und wahrhaftig, manchmal sogar Begeistern. Das ist wie ein Erstaunen über mich selber, eine stolze Freude, daß ich also doch was fertiggebracht habe, das sich sehen lassen kann. Würde mich aber beispielsweise bei dieser Beschäftigung jemand überraschen – sogleich würde ich leicht hämisch lächeln und etwa sagen: »Hmhm, ganz unterhaltend der Mist . . . Ich versteh' bloß nicht, warum die Bücher so wenig gekauft werden . . .«

Jedes Lob nämlich hat mich seit jeher – insbesondere, wenn es mir ein Mensch sozusagen ins Gesicht gesagt hat – ganz und gar verlegen und beinahe datterig gemacht. Mein tief eingewurzeltes Mißtrauen gegenüber so ungenanten Schmeichlern, meine Unfähigkeit, dasjenige, was ich schreibe, für wichtig und vollendet zu halten, verderben mir dann selbst das Wohlwollen der bestgewillten Menschen. Dabei – und *das* wird wohl bei jedem ernsthaften Künstler der Fall sein – ist das alles doch nur ein überhebliches, fast krankhaft hochmütiges Verbergen des brennenden Ehrgeizes, verflucht noch einmal!

Nach diesem allzulangen Klage-Sermon komme ich zuletzt doch noch mit einer Bitte an Sie, zu der mir unser erstes Zusammenkommen, oder vielmehr die Erinnerung daran, den Mut gibt. Da fiel ich doch gleich, kaum daß wir uns begrüßt hatten, mit meinem Lob über Ihre »Rote« über Sie her und ließ das Ihrige über meinen Roman *Die Flucht ins Mittelmäßige* gar nicht aufkommen, sondern tat dies mit ein paar Worten ab. Nun eben habe ich meinen Roman zum zweiten Mal gelesen und wage doch Ihnen gegenüber zu gestehen, daß es ein guter, ein wichtiger, und wahrscheinlich einer der wenigen Romane ist, die über Mentalität und Wesen von Emigranten gültig berichten. Ich fand auch beim zweiten Lesen auf einmal das starke Atmosphärische so getroffen, daß sich ein ernsthafter Leser dem nicht entziehen kann. [. . .]

Andersch möchte bitte, da der Roman seit der Pleite des Nest-Verlags »im Ramschgrab« liegt, den Walter-Verlag für eine Neuauflage interessieren.

AN ROLF RECKNAGEL   14. 1. 1967

Recknagels ›fanatische Kriminalistik‹ im Fall Traven hat sich nun reichlich gelohnt. »Fast aus dem Nichts«, aus einer kleinen Beobachtung von Graf, ist das »hoch- und breitgewachsen«. Er gratuliert ihm zur verkauften Auflage von 30.000.

[. . .] Sie dürfen, lieber Rolf Recknagel, meinen kleinen spöttischen Einwand gegen die fortwährende Bezeichnung »volksverbundener Schriftsteller« nicht so ernst nehmen. Mir hängt jedenfalls so ein schulmäßiges oder gar parteipolitisches Klassifizieren stets zum Hals raus. Ich bin seit eh und je auf Seiten der ausgebeuteten Kleinen gegen die macht- und raffgierigen Großen, bin nie Mitglied irgendeiner Partei gewesen, weder der SPD, noch der KPD, weil ich gegen die Bonzen und für die Arbeiter bin und war. Ich bin seit vor dem Ersten Weltkrieg etwas wie ein religiöser Sozialist und selbstverständlich Pazifist, wie ich das ja immer bewiesen habe. [. . .] Also paßt so ziemlich gar keine Bezeichnung auf mich, am ehesten noch »linksradikal«. Aber sooo wichtig ist das alles nicht, man mag mich nennen wie immer. [. . .]

Graf spürt zu deutlich, wie seine »unberechenbare Krankheit« ihn hernimmt. Fischers sollen seine *Flucht ins Mittelmäßige* lesen, da hat er ein Stück Emigrationsproblem behandelt, nicht das politische wie im *Abgrund*, sondern das »privatalltägliche«. Damit er nicht ganz verfault in seiner »unmöglichen Senilität«, hat er Plattenaufnahmen von seinen Geschichten gemacht und zu Neujahr wie immer eine Reihe seiner Lieblingsgedichte am Stammtisch vorgetragen.

[. . .] Ich wollt' ich könnte bloß endlich einmal wieder arbeiten, aber alles in mir ist leer, hols der Teufel. Vielleicht bin ich wirklich »ausgeschrieben«, wie man einst von Heinrich Mann in den letzten Jahren sagte. Er hatte zuletzt ein ganz primitives viel jüngeres Mädchen während der »Volksfrontzeit« in Frankreich geheiratet, die aus tiefem Proletariat kam und so gar nicht ins Mann-Milieu paßt. Sie soff, fuhr sehr leichtsinnig mit dem Auto, bekam viele Strafen deshalb und nahm sich, weil sie die letzten Verkehrsstrafen zugestellt bekam (so wenigstens erfuhr ich) das Leben. Die Thomas Mannschen (er vor allem) nannten sie insgeheim »eine Hure«, wie Du in der Autobiographie Kortners nachlesen kannst. Heinrich Mann starb sehr, sehr einsam. So ein großer Schriftsteller mußte elend vor die Hunde gehen! Das schmeckt bitter. Erinnert Ihr Euch noch, als wir ihn in Brünn mit einer Reihe anderer Leute im Hotel sahen. Er hatte seine halb blöde Tochter aus erster Ehe dabei, und es erging einem bei ihm immer (wenigstens in den ersten Anlaufminuten), als wehte eine eisige Lübecker Kälte daher. [. . .]

»Belämmerter« Gesundheitszustand und geringe Arbeitsfähigkeit. *Leben meiner Mutter* gibt es jetzt in der Büchergilde und *Bolwieser* als Taschenbuch./ Graf braucht notwendig zwei oder drei Exemplare von *Abgrund*, die schwer aufzutreiben sind. Müller möchte bitte alles versuchen.

[. . .] Der hundsgemeine Krieg gegen das arme Vietnam geht trotz des Weltprotestes weiter, und es ist kein Absehen, wohin das nun noch führen soll. Eins aber kann man doch mit einiger Genugtuung sagen: Das ganze vernünftige Amerika steht auf gegen diese wahnsinnige Gewaltpolitik der Verbrecherclique, die uns regiert. Da könnten sich andere Völker und insbesondere die linken Kreise der Bundesrepublik ein Beispiel nehmen. Aber seitdem die Herrn Wehner und Brandt einträchtig mit dem Herrn Kiesinger (schon sein seifig-freundliches Gesicht stößt mich jedesmal ab) [regieren?], scheint ja nun die Masse der Konsumvereinssozialdemokraten ganz und gar still und fügsam zu sein. [. . .]

AN ROBERT MINDER   10. 2. 1967

Graf lobt die »wohltemperierte Rationalität«, »Wissensfülle« und »Klarheit« von Minders Essayband »Dichter in der Gesellschaft«. Er hebt Essays über Fontane, Moorlandschaften, Hebel, Brecht und Döblin hervor. Mit Hölderlin und Jean Paul kann er wenig anfangen.

[. . .] Sie rechnen auf Seite 241 auch Stefan Zweig zu jenen deutschen Schriftstellern – Rilke, Musil, Döblin, R. A. Schröder und Thomas Mann –, die in Kriegsbegeisterung anno 14 »mit deliriert« haben. Stefan Zweig war von Anfang an Pazifist und machte nie mit. Neben Hermann Hesse dürfte er der einzige deutsche Schriftsteller von Rang gewesen sein, der gegen den Irrsinn offen und mutig Stellung nahm. Daß Musil und Döblin auch zu den Kriegsbejahern gehörten, habe ich bisher nicht gewußt. [. . .]

AN HEINRICH MEYER   28. 2. 1967

Graf freut sich über Meyers Briefe: »so reich an Wissen, an Atmosphäre und Humor sind diese zu Papier gebrachten Gespräche«. Meyer hat sogar Familienfotos geschickt, Graf hat nur ein fünf Jahre altes von sich. Gegen die »Pauschalverdammung« der jungen Dichter hält er wenigstens Andersch und Grass hoch. Jens habe nach Grafs letztem Brief [s. 16. 1. 64] nicht mehr geantwortet: »Die guten Leute sind so empfindlich und verstehen jetzt, nachdem wir doch durch die Höllenwelt der Hitlerei und des Zweiten Weltkriegs gegangen sind, noch immer nicht, daß man sich nicht mehr belügen darf, daß man keine literarischen Elogen wie vor 1933 mehr schreiben darf und kann!« Meyer kann zu Recht verbittert sein: Seine »offene und mutige Art« liebt man nicht, aber die anerkannte Thomas Mann'sche Ironie, die »urban-kulant« bleibt, liegt weder Meyer noch Graf. Zum Trost für Meyers geringe Verbreitung bei »Leuten vom Bau« gibt Graf an, wie seine Werke übersehen und wenig verkauft werden. Nur das ihm »zuwidere« Dekameron, »das ich einmal in der Geldnot hinschmiß«, geht und prägt überall seine literarische Stellung.

[. . .] Eins muß ich Ihnen leider gestehen: Ich kenne die amerikanischen und englischen Schriftsteller, die Sie nennen, alle nicht und kann mich also da auf keine Diskussion mit Ihnen einlassen, ich bin ziemlich begrenzt in meinen Literaturkenntnissen und hätte – mein Gott, und man ist doch schon 72! – noch soviel nachzuholen! Aber vielleicht kommt meine Enge und Begrenztheit im Wissen um weltliterarische Werke auch daher, daß ich so ein behäbiger, stockiger Bayer bin, der nicht mehr viel annehmen will. Es ist mir schon – sagen wir – die mitteleuropäische Literatur zuviel, ich kenne nur die großen älteren Franzosen, die Russen und zum ganz geringen Teil die Engländer, die Amerikaner, die Skandinavier, vielleicht noch einige Italiener und Spanier aus der Zeit um 1800 und die Spanier neueren Datums, wie Unamuno, Ortega y Gasset, Lorca etc.

[. . .] Ihre Verdammung Brochs, Musils und Kafkas verstehe ich nicht. Ich halte (Broch kannte ich noch sehr gut) sie für wirklich sehr bedeutende Dichter, wenn ich auch (mit Ausnahme Kafkas, der mir immer fremd blieb, der aber nicht hierhergehört) Broch und Musil noch immer Dichter »in der Nachfolge Thomas Manns« nennen würde, während erst Hans Henny Jahnn über Thomas Mann hinauswuchs und trotz vielem Abstrusen in seinem gewaltigen Werk der neue, große, wegweisende Dichter ist, aus dem alle nunmehr schreibenden 47 geschöpft haben. Bewußt oder unbewußt. Jahnn und Brecht stehn als Einleiter der deutschen Dichtung des 20. Jahrhunderts da, alles vorherige ist – und dazu rechne ich auch mich – 19. Jahrhundert.

Kafka scheint mir ja auch zum großen Teil eine »Inside«-Angelegenheit der Snobisten auf der ganzen Welt zu sein. [. . .]

AN KURT DESCH   7. 3. 1967

Graf sucht eine Münchner Schallplattenfirma für eine Lesung aus seinen eigenen Geschichten. Seit Jahren arbeitet er an einer Sammlung von Lieblingsgedichten seiner Generation. Er erinnert nochmal an frühere Beschwerden und

[. . .] hätte auch gern gewußt, welche Abmachungen Sie mit dem Aufbau-Verlag Berlin in bezug auf eine Herausgabe des *Dekamerons* gemacht haben. Gestern nämlich schrieb mir der Aufbau-Verlag, er hätte von Ihnen eine Lizenz zur Herausgabe einer Auswahl der Dekamerongeschichten erworben, die er nun als *Bayrisches Dekameron* herausbringt. Ich bin neugierig, wie züchtig diese Auswahl aussieht, um nur ja die DDR-Bürger nicht zu schockieren. Das soll durchaus kein Vorwurf gegen Sie sein, mich wird so ein zugestutzter Dekameron nur belustigen. Wichtig ist mir nur, ob dabei für mich irgendein Honorar abgefallen ist. [. . .]

3. 5. 1967 [Postkarte]

Da haben Sie mir in meinem Krankenelend eine kleine Auf-
heiterung gebracht, und ich danke Ihnen herzlich dafür. Ich
komme mir nun viel bedeutender vor, seitdem ich in Österreich jugendgefährdend bin.
Ich warte mit Spannung auf die Fahnenabzüge meines Bei-
trags für Ihr Buch und wäre Ihnen sehr dankbar, wenn Sie
nach meiner Korrektur ca. 10 Abzüge davon für mich machen lassen könnten. Je eher ich das Honorar erhalte, umso
besser.

AN ERNST WALDINGER   5. 5. 1967

[. . .] Mit meinem Gesundheitszustand steht es recht miserabel, besser ist fast nichts geworden und wie lange das noch
dauert, das wissen die Götter. Leider wird man in einem solchen Zustand menschenscheu, denn man kann ja nie be-
rechnen, wann meine Schmerzanfälle einsetzen und die
ganzen Manipulationen dem Besucher vorzumachen, ist
ihm kaum zuzumuten. Deshalb wirst Du es verstehen,
wenn ich mich immer mehr verkrieche und nichts hören
lasse.

AN HANS-JOCHEN VOGEL   14. 5. 1967

Graf dankt Vogel für seinen ehrlichen Willen, ihm zu helfen. Er ist wochenlang arbeitsunfähig und kann Briefe nur noch diktieren.

[. . .] Offen gestanden, habe ich diesmal wirklich Sehnsucht
nach Bayern. [. . .]

AN HANS-JOSEF MUNDT, VERLAG KURT DESCH   11. 6. 1967

Grafs Vorwort zu seiner geplanten Sammlung alter und neuer Lyrik [»Zurück
zur Sentimentalität!«, erschienen in der »Süddeutschen Zeitung«, 3.-4. 6. 67]
stammt noch aus einer weniger von Krankheit geplagten Zeit. Die Einleitung
dazu von Dr. Goldschmidt findet Graf verfehlt.

[. . .] Wieso ich plötzlich ein »sozialdemokratischer«
Schriftsteller sein soll und in die Nähe von Schlamm und
Staiger gerückt werde, ist mir unbegreiflich. Aber es hat
mich immerhin gefreut, daß der Beitrag in einer sehr weit

verbreiteten Zeitung erschien. Wie Sie ja wissen, habe ich
nie irgendeiner politischen Partei angehört, aber ich empfinde gerade in der heutigen Zeit die Verantwortung der
Geistigen viel dringlicher als je. Das habe ich ja einigermaßen in meinem Vorwort angedeutet.

Ich verfolge sehr genau die Richtung, welche die verschiedenen Literaturgruppen einschlagen, und bin tief enttäuscht, daß man nach dem schauerlichen Niederbruch in
die Hitlerbarbarei in diesen Kreisen immer noch nicht begreift, worauf es ankommt, und statt dessen sinnlos herum-
experimentiert.

Ich hoffe, daß ich dieses Jahr doch noch nach Deutschland
komme und würde mich gerne mit Ihnen einmal gründlich
darüber unterhalten. [. . .]

ERLÄUTERUNGEN ZU DEN BRIEFEN

vor dem 20. 5. 15

Walt Whitman: Graf hatte, angeblich als Elfjähriger [nach Recknagel und nach Verlagsangaben 1910] in einem Preisausschreiben des Reclamverlags eine Übersetzung von Whitmans »Grashalmen« als Preis erhalten und alsbald auswendig gelernt. S. hier den Brief an Müllers, 22. 2. 60.

9. 7. 26

Steinicke-Saal: Fest- und Versammlungssaal des Buchhändlers Steinicke in der Adalbertstraße 15 in Schwabing, der in den zwanziger Jahren ein Zentrum der Münchner Literatur und der kritischen Intellektuellen überhaupt war.

30. 5. 27

Straßbiller: Im *Gelächter von außen,* wo Graf eine (nachträglich) erweiterte Fassung des »Bestechungs«briefes vorlegt, nennt er den wirklichen Adressaten: den auch von ihm aufrichtig geschätzten Literaturkritiker Josef Hofmiller (S. 394).

Rechtsanwalt: Graf nennt an der gleichen Stelle den »Anwalt unseres Schutzverbandes«, Justizrat Seidenberger (der sich schon nach Grafs Verhaftung im Mai 1919 mit Erfolg für ihn eingesetzt hatte).

8. 8. 31

Bayrischer Bauernroman: gemeint ist »*Der harte Handel*«.

Vagabundenroman: gemeint ist »*Einer gegen alle*«.

13. 11. 31

Manfred: Im »Roten Aufbau« 14/31 (1. 9. 31) war Manfred George als Redakteur des »Tempo« von 21 »revolutionären Intellektuellen« scharf angegriffen worden, weil er einen »Vorkämpfer der Schauspielerei« verächtlich zu machen gesucht habe, weil er im Kampf der Gegenwart den hilflos Unparteiischen spiele und, obwohl er die geistige Kapazität zu einer entschiedeneren Haltung hätte, sich als »getreuen Polizeifeuilletonisten«, dazu noch im Gewand eines »Sympathisierenden«, erwiesen hätte. (Manfred George war der Halbbruder von Grafs zweiter Frau Mirjam.)

Zörgiebelblatt: Zörgiebel, sozialdemokratischer Polizeipräsident von Berlin, ließ am 1. Mai 1929 auf die trotz Verbots demonstrierenden Arbeiter schießen, seitdem Inbegriff für die revolutionsfeindliche Hauptrichtung der SPD.

22. 11. 33

Hitlerwahl: Am 12. 11. 33 erste Wahl nach Verbot aller anderen Parteien. Die NSDAP erhielt nach eigenen Angaben 92 Prozent. Gleichzeitig »Volksentscheid«, ob die Politik, die zum Austritt aus dem Völkerbund geführt hat, gebilligt werde: 95 Prozent Jastimmen.

Der Wasserburger: Karl Wähmann, Maler in Untersteppach bei Wasserburg am Inn, bei dem Graf in den letzten Jahren der Republik viele Wochen verbracht hatte.

Neue Deutsche Blätter (NDB): Monatliche, anfangs weit verbreitete Literaturzeitschrift der Emigranten, Prag 1933-35, redigiert von Herzfelde, Graf, Seghers und einem ungenannten Illegalen in Berlin (Jan Petersen). Ausführliche Beschreibung bei H. A. Walter, »Deutsche Exilliteratur«, Bd. 7, Neuwied 1974, S. 273-95.

Semigranten: Zusammenziehung aus: semitische Emigranten, Wortbildung vermutlich nicht von Graf.

4. 6. 34

Roman: Brunngraber arbeitete an einem Roman über den Gegensatz des bürgerlichen und antibürgerlichen Weltbilds, Titel »Wehe den Lebenden!«. Er fand keinen Verleger dafür (an Graf 21. 12. 34).

Der Mann, den Graf beschuldigt hat: Auch Brunngraber nennt ihn nicht; er legt für ihn »beide Hände und den Kopf ins Feuer«. Er werde mit einem anderen »Mann namens Trebitsch« verwechselt, der Rechtsanwalt aus dem 2. Bezirk und schon 1933 aus der Partei ausgetreten sei (15. 5. 34 an Graf).

24. 7. 34

Gegenangriff: »Antifaschistische Wochenschrift«, hg. von Bruno Frei, Prag 1933-36.

20. 10. 35

Volksfront in Frankreich und Laval: Sozialisten, Radikalsozialisten und Kommunisten schlossen am 14. 7. 35 ein Bündnis, das bei den Parlamentswahlen 1936 die Mehrheit erhielt und das Kabinett Laval ablöste (bis 1938).

16. 12. 35

Lorant, Stefan: »I Was Hitler's Prisoner«, London 1935.

28. 3. 36

Karl: gemeint ist Karl Schmückle

Jourgaz: damals größter Zeitungs- und Zeitschriftenverlag in der Sowjetunion.

Literarische Monatsschrift: »Das Wort«, Redaktion Brecht, Feuchtwanger, Bredel, erschien 1936-39 in Moskau, zunächst im Jourgaz-Verlag, später im Verlag Meshdunarodnaja kniga.

5. 11. 37

Henleins Teplitzer Provokation: Schlägerei zwischen seiner SdP (ausgelöst durch den führenden Parlamentsabgeordneten der SdP K. H. Frank) und der tschechischen Staatspolizei am 17. 10. 1937. Der »an sich völlig belanglose Vorfall« (J. W. Brügel) sollte »die sudetendeutsche Autonomieforderung in den Vordergrund der europäischen Politik stellen« (Hencke).

17. 2. 38

American Guild for German Cultural Freedom: 1937 auf Initiative des Prinzen zu Loewenstein gegründet, vergab monatliche Stipendien an geflohene oder vertriebene Gelehrte, Künstler, Schriftsteller u. a. (gebunden an ein Projekt in Arbeit).

29. 6. 38

Heinz Stroh: Schriftsteller, erst wenige Tage vor dem Kongreß in die deutsche Gruppe des PEN aufgenommen, »mißfiel« nach Angaben von Graf und Herzfelde (in ihrem Brief an R. Olden, 3. 7. 38) »hochgestellten tschechischen Persönlichkeiten« wegen in Prag bekanntgewordener finanzieller Vorgänge. Auf Vorhaltung verzichtete er auf weitere Teilnahme am Kongreß. Gegen die Schwester von Heinrich Eduard Jacob hatte es in Wien einen »Kriminalprozeß« gegeben. In seinem Buch »Der große Europäer Eduard Beneš«, Mährisch-Ostrau 1938 [offensichtlich erst nach dem PEN-Kongreß erschienen], schrieb Stroh voll Hochachtung über das tschechische Volk und seinen Präsidenten.

3. 7. 38

PEN, Tagungen im Exil und *Olden:* s. dazu die gründliche Dokumentation, »Der deutsche PEN-Club im Exil 1933-48«, hg. W. Berthold und B. Eckert, Frankfurt 1980.

14. 10. 38

Schutzverbands-Versammlung: Am 7. 10. 38 hatte sich, auf Drängen Grafs und anderer nach New York verschlagener deutscher Schriftsteller, die GAWA = German-American Writers Association gegründet. (Die Mitglieder faßten es als »Gründung« auf, obgleich vorher schon eine so benannte, aber wenig aktive Organisation bestanden hatte.) Graf nennt sie auch mit dem deutschen Namen SDAS = Schutzverband deutsch-amerikanischer Schriftsteller, womit er, wie auch in seiner Verbandspolitik, die Kontinuität mit dem SDS der Weimarer Republik, der im Exil in Paris neu gebildet wurde, unterstreicht. Die Hauptaufgabe war, die noch in Europa, vor allem in den gefährdeten Ländern verbliebenen Kollegen (mit einem sehr weiten Begriff von Schriftstellern) zu retten oder zu unterstützen, des weiteren Arbeits- und Existenzmöglichkeiten für die nach Amerika Gekommenen zu suchen. Graf war Präsident der GAWA, solange sie bestand (bis zum Sommer 1940). Vizepräsident war Ferdinand Bruckner, später Bruno Frank. Ehrenpräsident war Thomas Mann. Sekretär war Grafs Schwager Manfred George.

13. 1. 39 an Bredel

FC: gemeint ist Franz Carl Weiskopf

Verlag 10. Mai: Anfang 1939 in Paris gegründet, zur Publikation von Werken deutscher Autoren, die seit der Besetzung der ČSR (bei der auch die Druckerei des Malik-Verlags beschlagnahmt wurde) in ihren Publikationsmöglichkeiten stark eingeschränkt waren. Der Name erinnerte an den Tag der Bücherverbrennung 1933. Die Schirmherrschaft übernahm die Internationale Vereinigung der Schriftsteller. Es konnten nur zwei Bücher veröffentlicht werden: Heinrich Manns »Mut« und Bredels »Begegnungen am Ebro«. Geplant waren Veröffentlichungen von Seghers, H. Kesten u. a.

355

11. 3. 39

(erste Eintragung unter diesem Datum)

Leaque of American Writers: entstanden 1935, unterstützte auch deutsche Schriftsteller im Exil und lud sie zu ihren Kongressen 1935, 37, 39 und 41 ein. Seit 1939 als kommunistische Tarnorganisation verdächtigt, nach 1941 aufgelöst.

Preisausschreiben der American Guild zur Förderung junger Autoren, um ihnen eine Publikation in europäischen oder amerikanischen Verlagen zu ermöglichen. Unter den 240 eingesandten Manuskripten wurde A. Benders Buch »Es ist später, denn ihr wißt« mit dem 1. Preis ausgezeichnet (blieb aber wegen der Kriegsereignisse ungedruckt). Graf hatte den ersten Teil von *Das Leben meiner Mutter* eingereicht.

»Aufbau«: Ende 1934 als »Nachrichtenblatt des Deutsch-Jüdischen Klubs New York« gegründet, wurde seit 1939 (wegen der steil ansteigenden Emigration in die USA) zur »weltweit gelesenen Wochenzeitung« (H. A. Walter). Chefredakteur war Grafs Schwager Manfred George.

14. 3. 39

Brief an die Guild: Empfehlungsschreiben Grafs für Menne vom gleichen Tag.

Nur Kapitäne: Menne bestätigt diese Ungleichbehandlung voll (mit vielen Namen), berichtet aber auch die Erleichterung im nachhinein: Die Verhaftung der Freunde unterblieb vollständig – wegen »anderweitiger Beschäftigung der Gestapo« und wohl auch wegen Sabotage der tschechischen Behörden. Inzwischen konnten sie über Gdingen nach London ausreisen (an Graf 12. 4. 39).

19. 12. 39

Mr. Dies: Vorsitzender des »Dies Committee on Un-American Activities«, gegründet im Sommer 1939 gegen kommunistische Agitation mit Duldung (nach der Wochenzeitung Hollywood Now sogar Förderung) der Tätigkeit von (amerikanischen) Nazis.

15. 7. 40

Auernheimers Ermordung: Der österreichische Schriftsteller Raoul Auernheimer war nach der Besetzung Österreichs nach Dachau verschleppt worden und wurde bald darauf als tot gemeldet. Der PEN-Kongreß in Prag ehrte ihn mit einem schweigenden Gedenken aller Delegierten (s. 3. 7. 38 an R. Olden). Später wurde bekannt, daß er lebte. Er wurde entlassen und konnte ebenfalls in die USA entkommen.

10. 6. 40

»Bruder Hitler«: Aufsatz von Thomas Mann 1938.

27. 9. 41

»In der Sackgasse«: unvollendeter, nie veröffentlichter Roman, in Grafs Nachlaß auch unter den weiteren Titeln: »Dämmerung, Nacht und Morgengrauen«, »Die Letzten«, »Dunkler Gast«, »Monolog mit Johanna« (zweiter Teil: »Geliebte Johanna«).

27. 2. 42

Konkretes, Referenz: Graf hatte Frank und Mann als zwei der »Zeugen« bei der Fremdenregistrierung angegeben, die ihn schon in Deutschland gekannt hatten.

15. 5. 42

Goethefeier: Die »Tribüne« (lockerer Zusammenschluß von Emigranten in New York, 1941-45, vor allem für kulturelle Veranstaltungen, weniger politisch als die GAWA) veranstaltete zum 110. Todestag Goethes eine Feierstunde, unter dem Patronat deutsch-amerikanischer Organisationen und einem Ehrenausschuß von über 70 Persönlichkeiten. Im Zentrum stand eine bühnenmäßige Lesung von »Fausts Tod«.

24. 5. 43

Bert-Brecht-Club: Prag 1934-38, amtlich zugelassener Verein, auf Initiative von Herzfelde und Weiskopf gegründet, auf Anstoß einer »Dreigroschenoper«aufführung, veranstaltete Feiern, Vorträge, Lesungen, Aufführungen und politische Aussprachen. Graf war Mitglied, Kersten »zählte dazu«.

24. 11. 43

Beinahe Deutschlehrer in Princeton: Albert von Eerden wollte Graf 1943 zum Lehrer in Princeton machen, das scheiterte (so die offizielle Begründung) an der generellen Ablehnung von »enemy aliens« durch diese Universität (Eerden an Graf 19. 7. 43).

9. 2. 46

Thomas-Mann-Briefe und Molo: Berühmt gewordener Streit um die Rückkehr von Thomas Mann und gegenseitige Vorwürfe von Emigranten und anderen, die in der Heimat unter Hitler »ausgeharrt« hatten, dokumentiert z. B. in: Deutsche Literatur im Exil 1933-45, hg., H. L. Arnold, Bd. 1: Dokumentation, Frankfurt 1974, S. 245-268.

18. 1. 47

Pechels Buch: gemeint ist das Buch »Deutscher Widerstand« von Rudolf Pechel, Zürich 1947.

1. 6. 48

Bruno Frank: »Du sing Dein Lied . . .« – drittes der »Drei Zeitgedichte«, veröffentlicht in: »Die Sammlung«, Januar 1934, H. 5, S. 237.

27. 4. 49

Erinnerungen einer Überflüssigen: Titel der Autobiographie von Lena Christ (1912).

Moritz Reiser: Titel des Romans von Karl Philipp Moritz (4 Bde., 1785-94).

25. 2. 54

Mitteldeutscher Aufruhr: Märzkämpfe 1921 in Thüringen. Einmarsch der Sicherheitspolizei nach hohem Wahlerfolg der Kommunisten. Generalstreik in Mansfeld und den Leuna-Werken, bewaffnete Kämpfe. Über 100 Tote, über 2500 Jahre Zuchthaus-Urteile.

16. 12. 54

Freund in San Francisco: gemeint ist Franz Jung. Die »Grabrede für einen Freund«, aus der Graf wiederholt vorgelesen hat, findet sich in Grafs Nachlaß.

26. 8. 56

Wiedergutmachung: Am 25. 4. 56 wurden Graf für seine Bibliothek 12.893 DM, am 29. 8.56 für seine Ölgemälde 14.150 DM zuerkannt. Für Schäden in seinem beruflichen und wirtschaftlichen Fortkommen wurde ihm ab 1. 11. 53 eine monatliche Rente von [zunächst] 500 DM ausbezahlt.

19. 10. 63

Ulbricht zum Geburtstag: In Heft 2/3 von »Sinn und Form« 1963, S. 168 f., neben Bredel, Felsenstein, Anna Seghers, Helene Weigel, Arnold Zweig. Für Herzfelde ist ein »nächtliches Arbeitsgespräch« mit Ulbricht und Graf über dessen *Abgrund* ein typisches Erlebnis, an dem er Ulbrichts Auftreten gegenüber Künstlern (»als Fragender zugleich Kritiker«) entwickelt.

29. 3. 65

Gesochs: abschätziger Ausdruck für sozial oder intellektuell niedrigstehende Volksgruppen, bei Graf eher auf Charakter und Engagement bezogen.

7. 3. 67

»Züchtige Auswahl«: In der Taschenbuchausgabe des *Dekameron,* Aufbau-Verlag 1967, der ersten Ausgabe in der DDR, fehlen gegenüber der Desch- und Goldmann-Ausgabe folgende 6 Geschichten: Der bestrafte Lurer, Das Sauohr, Der Überfall, Dinggei, Der Dirnreiter, Der Zeck. Für 1984 ist eine vollständige Ausgabe (wieder als Taschenbuch) vorgesehen.

3. 5. 67

Jugendgefährdend: Das österreichische Innenministerium verbot am 7. 4. 67 die Verbreitung von Grafs *Dekameron* an Personen unter 16 Jahre, da es auf 10 einzeln angeführten Seiten »Schilderungen überwiegend derber, geschmackloser und ordinärer Episoden sexueller Natur« enthielte und die sittliche, geistige und gesundheitliche Entwicklung Jugendlicher »durch Reizung der Lüsternheit und Irreleitung des Geschlechtstriebes« schädlich beeinflussen könne.

Ihr Buch: »Außerdem. Deutsche Literatur minus Gruppe 47 = wieviel?«, hrsg. v. H. Dollinger, 1967; Literaturanthologie zum 20. Jahrestag der Gründung der Gruppe 47; enthielt einen Auszug aus Grafs *Flucht ins Mittelmäßige.*

VERZEICHNIS DER BRIEF-STANDORTE

Wir danken den vielen Briefempfängern und Erben, die uns Briefe aus ihrem Privatbesitz zur Verfügung gestellt haben. Wir danken auch denen, deren Briefe wir nicht oder nur auszugsweise veröffentlichen konnten.

Wir danken außerdem den unten aufgeführten Bibliotheken und Archiven (nachstehend nach den Orten geordnet) für Briefe an die folgenden (in Klammern aufgeführten) Empfänger:

Akademie der Künste, Berlin (West) (Brandenburg, Bruckner, PEN-Club Berlin, Reichsstelle zur Förderung des deutschen Schrifttums).

Akademie der Künste der DDR, Berlin (DDR) (Becher, Dietz, L. Frank, Cläre Jung, Schmückle, Schöneseiffer, H. Schrimpf).

Deutsche Bibliothek, Frankfurt am Main (American Guild for German Cultural Freedom, Berendsohn, Höllriegel, League of American Writers, Loewenstein, R. Olden, H. Stroh).

Deutsches Literaturarchiv, Marbach a. N. (Badenhop, Beuttenmüller, Claassen, Cotta, Dietrich, George, Großhut, Hesse, Lamey, Lehmann, Moersch, Pinthus, Przyhoda, Viertel).

Zentrales Staatsarchiv der UdSSR für Literatur und Kunst, Moskau (Bredel, Erpenbeck, Herzfelde, Maria Osten, Rokotow, Scheinina, Redaktion »Das Wort«).

Bayerische Staatsbibliothek, München (Echo der Woche und Bayerischer Jugendring, GAWA, Hutchins, Kolmsperger, außerdem Kopien der meisten überhaupt erhaltenen Briefe von und an Graf).

Stadtbibliothek, München (Brandenburg, Branz, Conrad, Halbe, Held, Koelwel, Klaus Mann, Alfred Neumann, Romacker, Stefl).

UB Albany/New York (Gode von Aesch, Paetel)
UB Southern Illinois, Arbondale/Ill. (Piscator)
UB John Hopkins University, Baltimore /Md (Kurrelmeyer)
Staatsbibliothek Berlin (West) (Hartung)
Zentralinstitut für Literaturgeschichte der Akademie der Wissenschaften der DDR, Dr.-Edgar-Weiß-Nachlaß (Grünberg)
UB Harvard, Cambridge/Mass (Gannett, Trotzki)
Institut für deutsche und ausländische Arbeiterliteratur Dortmund (Gog)
Stadt- und Landesbibliothek Dortmund (Tau)
University of New Hampshire, Durham, N. H. (Großhut)
Staats- und UB Hamburg (Richard und Ida Dehmel, »Parlament«)
Arbeitsstelle für Exilliteratur Hamburg (Juster)
Jewish National and UB Jerusalem (Ben Gavriel)
Bundesarchiv Koblenz (Menne)
UB Kopenhagen (Karin Michaelis)
Archiv der Hansestadt Lübeck (Berendsohn)
Institut für Zeitgeschichte München (Hoegner, Paetel)
Stadtarchiv München (Vogel)
Institut für Publizistik Münster (Lindt)
Leo Baeck Institute, New York (Kersten, Picard)
Stadtbibliothek Nürnberg (Fleischlen, Literarischer Verein New York)

UB Southern California, Pacific Palisades/Cal. (Feuchtwanger)
Institute for Advanced Studies Princeton, New Jersey (Einstein)
Literaturarchiv Sulzbach-Rosenberg (Kirchmeier)
Dokumentationszentrum des österreichischen Widerstands, Wien (Wäh-
    mann, Waldinger)
Wiener Stadt- und Landesbibliothek (J. L. Stern)
Eidgenössische Technische Hochschule Zürich (Thomas Mann)

PERSONEN-REGISTER

Bergengruen, Werner, Schr., 1892-1964: 222.

Bernanos, Georges, frz. Schr., 1888-1948: 321.

Bernfeld, Siegfried, Filmmitarb. Kr., Journ., 1901 (W.) – 81 (N. Y.) E: 38 GB, 39 US: 13, *154 f.*

Beumelburg, Werner, Schr. 1899-1963: 159.

Bloch, Ernst, Phil., 1885-1977, E: 33 CH, 38 US; 49 DDR, 61 BRD: 129 f., 138, 143, 153, 180 f., 210.

Böll, Heinrich, *1917 (K.), 1. Köln, 72 Nobelpreis f. Lit.: *307 f.* 312, 332.

Bötsch, Philipp, Bäckermeister, *1907, Geschäftsf. d. Innung in M. von 1939-1972: *312 f.*

Borchert, Wolfgang, Schr., 1921-47: 222.

Brandenburg, Hans, Schr., 1885 (Barmen)-1968 (Bingen): *222 f.*

Brandenburg-Polster, Dora, Malerin, *1884 (Magdeburg): *229 f.*

Brandt, Willy, *1913, E: 33 N, 37 Sp., 38 N. 40 S; 45 Wdtl., 66-69 Vizekanzler unter Kiesinger: 348 f.

Branz, Gottlieb, Gewerkschafter, aktiv im Wid., 1896 (M.)-1972 (M.): *9, 77, 285 f.*

Branz, Lotte, aktiv im Wid., *1903 (Regensburg), 1. M.: *9, 285 f., 297 f.*

Braunsdorf, Willy, Buchdr., Schausp., Filialleiter d. »Büchergilde«, *1914 (B.): *328 f.*

Brecht, Bertolt, 1898-1956, E: 33 CH, DK, 39 S, 40 Finnl., 41 US; 47 CH, 48 SBZ: 115, 172 f., 182, 184, 268, 270, 275, 321, 332, 345, 349 f., 354, 357.

Bredel, Willi, Schr., 1901 (Hamb.) – 1964 (B. DDR), E: 34 CS, SU, 37 Sp., 38 F, 39 SU; 45 SBZ: 94, 100, 104, *105-7*, 108, *112 f.*, 115, *131 f.*, 133, 354 f.

Brentano, Clemens, 1778-1842: 198.

Bretholz, Wolfgang H., Publ., Dipl., 1904-1969. E: 33 CS, 38 PL, 39 Rum., 40 US; 48 CH: 215.

Breuer, Robert (eig. Lucian Friedländer), Journ., Schr., 1878-1943, E: 33 CS, F, 40 Martinique: 171.

Britting, Georg, Schr., 1891-1954: 255.

Broch, Hermann, Schr., 1886-1951, E: 38 GB, US: 331, 350.

Bruckner, Ferdinand, (eig.: Theodor Tagger), Schr., 1891 (W.)-1958 (B.), E: 33 A, F, 36 US; 51 BRD: 125, 135, 138, *178*, 287, 355.

Brügel, Franz, Lyr., 1897-1955, E: 34 CS, 36 SU, 38 F, 41 GB; 45 CS: 114, 120 f., 133, 165, 171, 185, 198, 216.

Brüning, Heinrich, 1885-1970, Reichskanzler 30-32, E: 34 Westeur., US; 39 US: 142.

Brunngraber, Rudolf, Schr., 1901 (W.)-1960 (W.): *83-85*, 354.

Brusch, Adolf: 60.

Buber, Martin, Relig. phil., 1878-1965: 326

Budzislawski, Hermann, Journ., 1901-78, E: 33 CH, 34 CS, 38 F, 40 US; 48 SBZ: 210, 318 f.

Büchner, Georg, 1813-37: 12, 331-33.

Burschell, Friedrich, Schr., Üs., 1889-1970, E: 33 F, 34 CS, 38 GB; 54 BRD: 129, 137.

Busch, Wilhelm, 1832-1908: 186.

Buttlar, Herbert v., 1912-76, 56-64 Gen. Sekr. d. Akademie d. Künste Berlin (West): 290.

Camus, Albert, frz. Schr., 1913-60: 270, 281.

Carossa, Hans, Schr., 1878-1956: 236, 280.

Celan, (eig. Anczel), Paul, Lyr., 1920-70: 310.

Cervantes, Miguel de, 1547-1616: 187, 255.

Christ, Lena, Schr., 1881-1920: 223, 304.

Chruschtschew, Nikita, 1894-1971: 269, 271.

Claassen, Eugen, (»Genia«), Verleger, 1895 (Zürich)-1955 (Hamb.): 255, 260.

Claassen, Hilde, geb. Brüggemann, *1897 (Linnig), 1. Hamb: 255, 260.

Claudel, Paul, frz. Schr., 1868-1955: 321.

Wedekind, Frank, Schr., 1864-1918: 27.

Wehner, Herbert, KPD- u. SPD-Pol., *1906 E: 34 Saar, 35 CS, PL, F. u. a. 37 SU, 41, S; 46 Wdtschl.: 348 f.

Weil, Felix J. (»Lix«), Soz.wiss., Ök., Geldgeber d. Malik-Verlags, 1898-1975, E: ca. 30 Arg., 36 US: 153.

Weinheber, Josef, Lyr., 1892-1945: 331.

Weininger, Hans, ö. Phil., 1880-1903: 223.

Weiskopf, Franz Carl, Schr., 1900-55, E: 38 F, US; CS, Dipl. in US, S, China; 53 DDR: 65, 131 f., 138, 169, 180 f., 215, 268, 357.

Wells, H. G., engl. Schr., 1866-1946: 123.

Wennerberg, Brynolf, schwed.-dt., Maler, Graph., 1866-1950: 31, 15, 295.

Werner, Bruno, Botschafter in Washington: 15, 295.

Whitman, Walt, am. Lyr., 1819-92: 24 f., 297, 353.

Wiechert, Ernst, Schr., 1887-1950: 194, 206, 222.

Wieland: s. Herzfelde, Wieland.

Wilhelm II. 1859-1941: 29.

Wilsbeck, Alfred, Journ., in 50er J. in Starnberg: 251 f.

Wimmer, Thomas, 1887-1964, 48-60 OBB v. M.: 284.

Winder, Ludwig, Schr., 1889-1946, E: 39 GB: 120.

Wirth, Joseph, 1879-1956, 21-22 Reichskanzler E: 33 CH; 48 Wdtl.: 141.

Wolf, Friedrich, Schr., Arzt, 1888-1953, E: 33 A, F, SU, 35 US, 38 F, 41 SU; 45 SBZ: 92-94.

Wolfenstein, Alfred, Schr., 1883-1945, E: 34 CS, 38 F: 184.

Wolter, Karl Kurt, Schr., Journ. *1905 (Worms), l. M. seit 20er J.: 56 f.

Wronkow, Ludwig, Journ., Pressezeichner, 1900-82, E: 33 F, 38 US: 120.

Zerfaß, Julius (Ps.: Walter Hornung), Journ., Schr., SPD-Pol., 1886-1956, 33 KZ Dachau, E: 34 CH: 77, 98, 100, 114.

Zohn, Harry, Germanist, *1923 (W.), l. Mass., E: 39 GB, 40 US: 238.

Zschocke, Heinrich D., Schr., 1771-1848: 142.

Zuckmayer, Carl, Schr., 1896-1977, E: 38 CH, 39 US; 51 CH: 222.

Zühlsdorf, Volkmar v., Publ., Geschäftsf. d. Am. Guild, *1912, E: 33 A, 36 GB, 37 CH, 38 US; 46 Wdtl.: 134.

Zweig, Arnold, Schr., 1887-1968, E: 33 Pal.; 48 SBZ: 275, 287.

Zweig, Stefan, Schr., 1881-1942, E: 38 GB, 41 Bras.: 161,222, 253, 349.

ERWÄHNUNGEN VON GRAFS WERKEN

Expressionistische Jugendwerke (1917-1922): 20-22, 26, 28, 31, 33, 44, 255.
Die Traumdeuter (1924): 41, 60.
Die Chronik von Flechting (1925): 60, 298.
Die Heimsuchung (1925): 47, 49, 60, 268, 305.
Finsternis (1926): 298.
Wunderbare Menschen (1927): 47, 74.
Wir sind Gefangene (1927): 7, 16, 41, 47-49, 53-55, 67, 75, 177 f., 238, 254 f., 274, 280, 302 f., 312, 326 f., 336.
Das bayrische Dekameron (1928): 41, 143, 154, 184, 242, 286, 303, 325, 349-51, 358.
Kalendergeschichten (1929): 41, 50 f., 74, 88 f., 265, 278, 286, 311, 319, 326, 245.
Bolwieser (1931): 42, 57 f., 71, 197, 242, 279, 348.
Dorfbanditen (1932): 61.
Notizbuch des Provinzschriftstellers (1932): 8, 42, 61.
Einer gegen alle (1932): 42, 56, 60, 62 f., 71, 114, 180, 232.
Der harte Handel (1935): 41, 56, 58, 89, 114, 304.
Der Abgrund (1936): 14, 66, 81, 84, 87, 89, 96 f., 99 f., 105 f., 108, 110, 115, 180, 318 f., 324, 348.
Anton Sittinger (1937): 96 f., 108, 114-16.
Der Quasterl (1945): 115, 215, 238.
Das Leben meiner Mutter (1946): 8, 39, 49, 66, 118, 120, 126, 129, 136, 154, 178 f., 197, 238, 242, 264, 276, 286, 303, 312, 314, 326 f., 348, 356.
Unruhe um einen Friedfertigen (1947): 158, 182, 187 f., 197, 303 f., 325 f.
Die Eroberung der Welt/Die Erben des Untergangs (1949): 158, 168-71, 179, 209, 214, 220, 223, 225 f., 242, 253, 258, 286, 302, 344.
Mitmenschen (1950): 215, 234, 303.
Der ewige Kalender (1954): 214, 245.
Die Flucht ins Mittelmäßige (1959): 213, 245 f., 250, 253, 264-66, 277 f., 286 f., 298 f., 302, 347 f., 358.
An manchen Tagen (1961): 213, 253, 298, 303.
Der große Bauernspiegel (1962): 294, 298, 303 f., 326.
Altmodische Gedichte eines Dutzendmenschen (1962): 158, 313, 320-22.
Größtenteils schimpflich (1962): 294, 309, 312.
Er nannte sich Banscho (1964): 158, 160, 165, 169.
Gelächter von außen (1966): 14, 293 f., 331, 336, 345.
Bayrisches Lesebücherl (1966): 335.

Akademie d Künste
Berlin - Dahlem

2. Sept. 58

Lieber Manfred!

    Damit Du siehst, wie Berlin mich
empfangen & geehrt hat - im Gegensatz zu
München! - dies Zeitungsausschnitte. Vor
vielen Jahren hätte mich die Akademie hier,
und es sind nicht nur sehr junge und
nähere Leute, es sind nächstes Jahr auch
was ganz Grosses. Die Darmstädter mit
ihren Kasack-Klassikern ist nur eine Gegenseitige Bauchräucherung - hier aber wird
gekämpft und es geschieht was, dank des
Berliner Amerikaners Rockfeld aus Detroit,
der eine Million Dollar für das Gebäude,
was jetzt gebaut wird, gab. Auch der Feier
der Grundsteinlegung war alles da von
der Ostleuten Johrig, der mich sehr herzlich be-
grüsste, über den Berliner Bürgermeister
Brandt usw. Ich wurde von Vorsitzenden
Scharoun (ein Architekt) namentlich be-
grüsst in der Rede und es gab grossen
Gebraus. Du und Ihr müsst grade hie